Evelyne Lever

Marie Antoinette
Das geheime Tagebuch

Evelyne Lever

Marie Antoinette
Das geheime Tagebuch

Aus dem Französischen von
Elisabeth Heresch

Amalthea

Bei der Übersetzung ins Deutsche wurde in Hinblick auf Marie Antoinettes Herkunft bei der Wahl zwischen sprachlichen Varianten – etwa »Sonnabend« oder »Samstag« – der österreichischen Form der Vorzug gegeben.
Französische Titel wurden mit den Namen der Personen in der Orginalform beibehalten; die Titel von französischen Theaterstücken wurden nur dann übersetzt, wenn es sich um hierzulande allgemein bekannte Werke handelt.

Dieses Werk erscheint mit dankenswerter Unterstützung
des Französischen Kulturministeriums,
Sektion Staatliche Buchförderung (Centre National du Livre).

Besuchen Sie uns im Internet unter:
http://www.amalthea-verlag.de

Umschlaggestaltung: Wolfgang Heinzel
Umschlagbild: Gemälde von Marie Antoinette
von Elisabeth-Louise Vigée-Lebrun
(Archiv für Kunst und Geschichte, Berlin)
Herstellung und Satz: VerlagsService Dr. Helmut Neuberger
& Karl Schaumann GmbH, Heimstetten
Gesetzt aus der 11,5/14 Punkt Adobe Garamond
Druck und Binden: Ueberreuter Buchproduktion, Korneuburg
Printed in Austria
ISBN 3-85002-517-9

Inhalt

Vorbemerkung

Nein, Marie Antoinette hat nie Tagebuch geführt. Dieses ist das Gedankenspiel eines Historikers. Ich habe mich damit begnügt, meine Feder der jungen Erzherzogin für jenen Lebensabschnitt zu leihen, der mit ihrer Ankunft am französischen Hof im Jahre 1770 begann und am 10. August 1792 endete – dem Tag, der den Sturz der Monarchie bedeutete. Nichts ist erfunden. In den wenigen Fällen, wo ich die weißen Flecken der Geschichte zu füllen hatte, ließ ich mich einzig von meiner langjährigen engen Vertrautheit mit der Person und ihrer Zeit leiten. Marie Antoinette erhebt keinerlei literarischen Anspruch, sie schreibt nicht für die Nachwelt, sondern nur für sich allein, ohne ihr Geschriebenes je zu lesen oder anderen gefallen zu wollen. Die Königin erzählt sich selbst den Lauf der Ereignisse und hält ihre Freuden, Hoffnungen und Ängste bis in die Details ihres täglichen Lebens fest, das mit jenem des Königreichs untrennbar verbunden ist.

E. L.

Erläuterungen zu Begriffen des Textes

S.M.	Seine Majestät
Dauphin	Ältester oder einziger Sohn des Königs, Kronprinz
Dauphine	Ehefrau des Dauphins
Le Dauphiné	Französische Provinz nahe Grenoble an der italienischen Grenze, 1343 den Valois mit der Bedingung gegeben, dass der Thronfolger stets nach ihr benannt würde
Monsieur	Ohne Namensnennung ist der nächstjüngere Bruder von Ludwig XVI., Comte de Provence, gemeint
Madame	Ehefrau des zweitältesten Königssohns
Mesdames	Hier sind die vier Töchter von Ludwig XV. gemeint, somit Tanten von Ludwig XVI.
Papa Roi	Eigentlich »Königvater«, Anrede des regierenden Königs Ludwig XV. durch seinen Enkel Ludwig und Marie Antoinette
Bruder, Schwester	Anrede sowohl für leibliche Geschwister als auch für die des Ehepartners; so nennt Marie Antoinette auch ihre Schwager und Schwägerinnen »Bruder« und »Schwester«
Livre	Französische Währung, auch »Pfund«, entspricht 20 Sous
Louis d'or	»Goldener Ludwig«, entspricht 24 Livres
Ecu	Goldmünze, entspricht 3 Livres, benannt nach dem königlichen Lilien-(Wappen-)Schild
Taler	Keine französische Währung, Marie Antoinette spricht von der österreichischen Silbermünze
Meile, Lieue	Französisches Längenmass, nicht identisch mit der englischen Meile, variiert sogar unter den Provinzen Frankreichs, entspricht ca. 4 km
Pouce	Altes Längenmass, entspricht 1 Zoll, ca. 2,7 cm
Fuss	Englisches Längenmass, entspricht ca. 0,3 m
Assemblée	Ratsversammlung
Tiers	Von »tierce« – »Drittel« – der dritte Stand, der neben dem des Klerus und des Adels in der Ständeversammlung vertreten ist
Magistrate	Bezeichnung für höhere Beamte, auch Richter
Notable	Von lat. »notabilis« – »bemerkenswert« – als Angehörige der privilegierten Oberschichte vom König in die Notablenversammlung berufen, allgemein: Männer von Amt, Vermögen, Bildung.

1770

14. Mai – Ich werde wohl nicht schlafen können nach dem Tag, den ich gerade erlebt habe. Ich bin also hier, beim König und bei Monsieur le dauphin, dem Thronfolger, der übermorgen mein Mann sein wird. Wie mir das Herz klopfte, als meine Karosse an der Lichtung hielt! Ohne mich um die Etikette zu kümmern, lief ich so schnell ich konnte auf S.M. zu, die mich mit einem prächtigen Gefolge erwartete. Ich glaube, mein Hofknicks ist mir gut gelungen. Der König hat mich aufgehoben und lächelnd angesehen. Er ist noch sehr schön, und ich bin sicher, dass ich ihm gefalle. Aber was für eine Enttäuschung, als er mir seinen Enkel vorstellte! Der sieht ihm gar nicht ähnlich! Das ist ein großer schüchterner Junge mit keinem besonders schönen Gesicht. Er hat mir einen zarten Kuss auf die Wange gedrückt, kein Wort gesagt und nicht einmal gewagt, mich anzusehen – während der ganzen Fahrt bis zum Schloss Compiègne. Sein Großvater hat den ganzen Part der Konversation übernommen. Monsieur le dauphin, den ich unbemerkt beobachtete, sah aus, als wäre er auf dem Weg zur Hinrichtung.

Unsere Ankunft im Palais hat viel Aufhebens gemacht. Alle wollten mich sehen. Der König hat mir die einzelnen Mitglieder der Familie vorgestellt, die ab nun auch die meine sein würde, die Prinzen und Prinzessinnen von Geblüt ebenso wie die vielen Höflinge, die ich vom Namen her schon kannte – dank den Unterweisungen meines lieben Abbé de Vermond, der als Vorleser bei mir bleiben wird. Er ist die einzige Person, die mir vertraut ist, nachdem mich mein österreichisches Gefolge in Straßburg verlassen hat. Ich muss jetzt alle Franzosen erobern, angefangen von meinem Mann – doch gerade der scheint am wenigsten geneigt zu sein, mich kennenlernen zu wollen.

15. Mai – Monsieur le dauphin ist kaum gelöster als gestern. Gott sei Dank kümmert sich der König um mich, als sei ich seine künftige Frau. Eine verkehrte Welt! Heute Abend hat sich im Schloss La Muette beim Souper etwas Sonderbares abgespielt. Eine Dame, die unter allen anderen hervorstach, mischte sich unter uns. Mit ihrem weißen Kleid und ihrem Schmuck wirkte sie wie eine überirdische Erscheinung. Ihre Schönheit und Eleganz stellte alle anderen Damen in den Schatten. Wäre ich schon fünfundzwanzig, wäre es mein Traum, so auszusehen wie sie. Zugleich hat mich etwas verwirrt. Es lag etwas – ich weiß nicht – Emotionelles und Indiskretes in der Art und Weise, wie sie mich ansah. Man hat sie mir nicht vorgestellt. Alle gingen irgendwie gekünstelt mit ihr um – außer dem König, der sie nicht aus den Augen ließ. Als nach dem Souper S.M. und seine Enkel nach Versailles aufgebrochen waren, wollte ich mithilfe der Comtesse de Noailles, meiner Hofdame, meine Neugier befriedigen. »Comtesse Du Barry ist da, um den König zu unterhalten«, erklärte mir diese etwas verlegen. Da brach ich in Gelächter aus und gab zur Antwort: »In diesem Fall will ich ihre Rivalin sein!« – Madame de Noailles war schockiert. Ich hatte ja nicht alles wissen können. Du Barry ... Du Barry – bei Abbé de Vermond, der mich in die Geschichte der großen französischen Familien eingeführt hat, war dieser Name nie vorgekommen. Es gibt zweifellos vieles, was Mama nicht weiß – oder mir nicht sagen wollte. Aber vergessen wir das alles. Morgen heirate ich.

1. Juni 1770 – Ich glaube, die Kaiserin wäre mit ihrer Tochter zufrieden, hätte sie sie seit ihrer Ankunft in Frankreich beobachten können. Ohne mir selbst Komplimente zu machen, die ich nicht verdiene, glaube ich doch, alle meine Pflichten mit Grazie und Würde erfüllt zu haben. Obwohl ich noch nicht ganz fünfzehn Jahre alt bin, wusste ich meinen Rang zu vertreten, was nicht immer leicht war. Seit meiner Hochzeit haben wir einen solchen Wirbel an Festen erlebt, dass ich nicht mehr weiß, wo mir der Kopf steht.

Am Tag der Zeremonie, als ich inmitten einer neugierigen und bewundernden Menge den berühmten Spiegelsaal durchschritt, glaubte ich, durch einen Traum zu wandeln. Ich hatte mich lange im Spiegel meines Gemachs betrachtet; noch nie hatte ich so schön ausgesehen. Mein golddurchwirktes Brokatkleid betonte meine schlanke Taille, und meine Lockenfrisur erhöhte noch meine Kopfhaltung. Ich weiß, dass ich berufen bin, eine Krone zu tragen, und ich bin stolz darauf. Ich muss mich all diesen Franzosen als würdige Tochter der Kaiserin Maria Theresia präsentieren. Doch was hätte ich nur dafür gegeben, die Augen dieses armen Dauphin glänzen zu sehen! In seinem gold- und diamantenbestickten Gewand sah er immer noch unbeholfen aus. Nach dem Gottesdienst ist mir etwas Peinliches passiert. Bei der Unterschrift im Heiratsregister ist meine Feder kaputtgegangen und ich habe einen riesigen Tintenklecks gemacht. Gott sei Dank hat das niemand gemerkt.

Abends musste man die schreckliche Etikette des öffentlichen Beischlafs über sich ergehen lassen. Wir haben uns ins Bett gelegt – in Anwesenheit des Königs und des Hofstaates, wie es der Brauch an diesem Hof verlangt. Ich habe mich auf diese Prüfung vorbereitet. Ich konnte sogar das Lächeln bewahren, als wir uns vor dieser Menschenmenge hinlegten, obwohl mich deren Aufgeregtheit irritierte. Schließlich wurden die Vorhänge zugezogen. Man öffnete sie wieder, um sie neuerlich zu schließen. Wie im Theater. Aber als der Vorhang endgültig zu war, sollte mein Leben als Frau beginnen. Das dachte ich zumindest. Meine liebe Mama hat mich gut vorbereitet auf das, was mich erwartete, aber ich gebe zu, dass ich an den Annäherungsversuchen dieses Knaben zweifeln musste, der mir nicht die mindeste Aufmerksamkeit entgegengebracht hatte. So ist auch die ganze Zeit nichts passiert. Rein gar nichts. Ich bin schließlich eingeschlafen. Als ich aufgewacht bin, war mein Mann schon längst weg – auf der Jagd.

Ich fand mich allein mit dem Abbé de Vermond und Madame de Noailles wieder. Der Abbé sah mitgenommen aus. Dagegen bemühte sich meine Hofdame eifrig, mir die Feinheiten der Etikette zu erläutern. Es war zum Sterben langweilig. »Haben Sie gut geschlafen?« rief der Dauphin mit seiner Fistelstimme, als er ein paar Stunden später zurückkam. »Ja«, habe ich gestammelt. Und gleich war er wieder weg.

Der ganze Hof weiß, dass unsere Ehe nicht vollzogen worden ist. Wie erniedrigend! Dafür hat sich der König mir gegenüber sehr herzlich gezeigt. Er hat meine Hände geküsst. »Mein Enkel ist nicht sehr zärtlich«, hat er lachend gesagt, als wollte er das Benehmen von Monsieur le dauphin entschuldigen. Ich habe geseufzt und zurückgelächelt. Gott sei Dank haben neun Tage lang ununterbrochen Feste, Bälle und Opernvorstellungen in geradezu erschöpfender Abfolge stattgefunden, und dadurch kam ich gar nicht erst dazu, an diese unglaubliche Situation zu denken, überhaupt, als die Bevölkerung in die beleuchteten Gärten eingeladen war. Man tanzte in den Lustgärten, die Komödianten gaben Vorstellungen, alle vergnügten sich. Ich applaudierte. Aber Papa Roi (so nennen wir ihn) wollte nicht, dass ich hinuntergehe und mich unter die Prinzen, Prinzessinnen und Höflinge mische. Das fand ich sehr schade.

Gestern hat mir Papa Roi erlaubt, mit Mesdames – seinen Töchtern, die jetzt meine Tanten sind – nach Paris zu fahren. Die Festivitäten, die von der Stadt zu Ehren unserer Hochzeit organisiert wurden, sollten gestern mit einem riesigen Feuerwerk ihren Abschluss finden. Beim Gedanken daran, dass ich nun in diese Hauptstadt einziehen würde, die von ganz Europa so sehr bewundert wird, konnte ich mich vor Freude kaum halten. Aber als wir beim Cours-la-Reine ankamen, wurde uns klar, dass etwas Schlimmes passiert war. Ein düsteres Gerücht hing in der Luft. Zerlumpte Männer liefen überall umher. Die Karosse hielt an. Unsere Leute kehrten bald zurück und teilten uns mit, dass sich gerade etwas Dramatisches am Beginn der neuen Rue Royale ereignet hatte. Zahlreiche Menschen, die vom Louis XV-Platz her gekommen waren, um die Illuminierung der Boulevards zu bewundern, sind in mangelhaft zugeschüttete Gruben gefallen und dort erdrückt worden. Wir mussten umkehren. Ich war sehr betroffen.

Von dieser Nachricht war mein Mann erschüttert und er sandte sofort Leute aus, um den am schlimmsten Getroffenen so gut wie möglich zu helfen. Zum ersten Mal haben wir ein paar Worte gewechselt. Also haben Monsieur le dauphin unter Ihrer gleichgültigen und rauen Schale doch eine Seele?

8. Juni – Jetzt, wo die Festivitäten vorbei sind, fühle ich mich ziemlich einsam in Versailles, diesem riesigen Labyrinth, dessen Geheimnisse zu kennen ich noch weit entfernt bin. Die Pracht der Gemächer lässt mich kalt. Wenn ich die Augen schließe, sehe ich mein geliebtes Schönbrunn vor mir, so fern und so nah zugleich. Ich denke an Mama, an meine Schwestern, meine Brüder, und ich möchte weinen. Hier muss man auf jedes Wort achten, das man sagt, und auf alles, was man tut. Ich habe das Gefühl, ständig beobachtet zu sein, als wäre ich stets im Begriff, etwas falsch zu machen. Und in einem solchen Fall bin ich sicher, dass man mir nichts sagen würde, sondern sich alle nur über mich lustig machten, und zwar gleich am nächsten Tag.

*Gott sei Dank!** Soeben habe ich einen Brief von der Kaiserin bekommen. Comte de Mercy-Argenteau, ihr Botschafter, hat ihn mir diskret übermittelt. Meine liebe Mama ahnt, dass mein Leben nicht ganz so leicht ist, wie man meinen könnte, aber ihre Ratschläge sind ziemlich schwer zu befolgen. »Sie sind Untergebene Ihres Gemahls und schulden ihm Gehorsam«, hatte sie mir vor meiner Abreise gesagt. Wie kann ich einem Ehemann gehorchen, der seinen heiligsten Pflichten nicht nachkommt und vor allem nichts von mir verlangt? Heute behauptet Mama in ihrem Schreiben, eine glückliche Ehe sei das einzige wahre Glück auf dieser Welt. Dazu gehören aber zwei, die das wollen und die Vereinigung auch vollziehen. Und zu allem Überfluss fügt sie auch noch hinzu, alles hinge von der Frau ab, wenn sie nur nachgiebig, sanft und unterhaltsam ist. Monsieur le dauphin interessiert es wohl kaum, ob ich nachgiebig bin (was ich nie sein

---

* Im Originaltext deutsch

werde). Was meine Sanftheit betrifft, die auch ihre Grenzen hat, muss er erst einmal imstande sein, sie zu erfahren. Und was schließlich das Kapitel »unterhaltsam« anlangt, übertreffe ich ihn mühelos. Daran kann niemand zweifeln. Außer ihm selbst natürlich. Das ist ein Mann aus Holz. Seit unserer ersten Begegnung hat er mir auch nicht das leiseste Zeichen von Zuneigung oder Wohlgefallen gegeben, weder in der Öffentlichkeit noch wenn wir allein sind. Ich habe beschlossen, mich an seine Tanten zu halten, die seit dem Tod der verstorbenen Dauphine, als er erst dreizehn Jahre alt war, ihm die Mutter ersetzt haben. Mama betont, sie seien voll der Tugend und Weisheit. Ich werde versuchen, mir ihre Sympathie zu erwerben, um die des Dauphins zu erringen. Ich sehe keine andere Möglichkeit.

9. Juli – Die Damen haben mir den Schlüssel zu ihren Gemächern gegeben, sodass ich jederzeit zu ihnen kommen könnte, wenn mir danach wäre. Die älteste, Madame Adélaide, gibt den Ton an. Die beiden anderen – die gute dicke Madame Victoire und Madame Sophie, die eher an eine kleine Maus erinnert – tun nichts, ohne sie nach ihrer Meinung zu fragen. Sie waren nie verheiratet. Und doch, nach den Bildern, die ich von ihnen gesehen habe, hätten sie durchaus Gefallen erwecken können. Ich habe gehört, man hätte für keine von ihnen je genug Mitgift aufbringen können. Die Armen! Madame Louise, die jüngste, ist soeben ins Karmeliterkloster Saint Denis eingetreten. Wir haben ihr am Tag nach meiner Ankunft in Compiègne einen Besuch abgestattet. Sie wird bald den Schleier nehmen. Muss man nicht verzweifelt sein, dass man es soweit kommen lässt? Zur Stunde scheint mir, dass ich bei unseren Tanten, die sich viel Gedanken über uns machen, eine Familie gefunden habe. In ihrer Gesellschaft scheint sich der Dauphin auch viel ungezwungener zu fühlen. Er hat Madame Adélaide anvertraut, ich sei nach seinem Geschmack. Er hat sich mir gegenüber ein wenig verändert.

Nach über einem Monat habe ich nun erfahren, was zu vermuten mir fernlag. Ich weiß endlich, wer diese Madame Du Barry ist: eine Kurtisane! Man sagt sogar, sie beziehe eine Pension von der Gourdan, der berühmtesten Zuhälterin von Paris. Ich hätte niemals gedacht, dass der König so tief gefallen sein könnte. Er kann einem wegen seiner Schwäche für ein solches Geschöpf leid tun. Beim Spiel kam sie zweimal neben mir zu sitzen. Ich habe mich gehütet, mich in eine Konversation mit ihr einzulassen. »Ich bin gebraten«, murmelte sie immer wieder. Was für eine komische Formulierung um auszudrücken, dass sie verloren hat! Sie spricht anders als die Damen am Hof hier. Ihre Redeweise riecht nach Volk. Das ist es, scheint mir, was S.M. unterhält! Monsieur le dauphin, der weggefahren ist, um im Jagdpavillon von Saint Hubert mit seinem Großvater zu soupieren, zeigte sich bei seiner Rückkehr schockiert: die Barry führt diese Unterhaltungsgesellschaften an, wo man sehr lockere Reden führt.

Er will nicht mehr daran teilnehmen, und die Tanten bestärken ihn darin. Er gestand mir, er wüsste und sähe sehr wohl die Dinge, über die er mit niemandem zu sprechen gewagt hätte, aber jetzt hätte er genügend Vertrauen mir gegenüber, um mit mir darüber zu reden. Die Sitten an diesem Hof seien erschreckend: die schamlosesten Freiheiten seien hier an der Tagesordnung. Als wir auf das heiße Eisen zu sprechen kamen, sagte er mir, er sei sich wohl der ehelichen Situation bewusst und verfolge einen Plan, an den er sich halten wolle. Er versprach mir, in Compiègne, wo wir den Sommer verbringen werden, würden wir wirklich Mann und Frau. Ich antwortete ihm, nachdem wir nun schon in vertrauter Freundschaft zusammenleben sollten, müsste er offen mit mir über alles sprechen. Zum ersten Mal hatten wir ein längeres Gespräch. Er verhehlte nicht, dass er Choiseul hasst, der unsere Heirat arrangiert hatte und der, wie ich weiß, nicht mit Lob über mich spart. Beunruhigend.

12. Juli – Der König liebt nichts so sehr wie die kleinen Fahrten zu seinen Lustschlössern. Also sind wir hier im Schloss Choisy, unter dessen Dach seine Liebesaffaire mit Madame de Pompadour begonnen hatte. Sie hatte sich überall eingemischt und ihren Einfluss auf den Monarchen benutzt, um ihn von einer Allianz mit meiner lieben Mama zu überzeugen. Choiseul, der viel von ihr hielt, hat ihr seinen

Erfolg zu verdanken. Die Eltern meines Mannes sowie meine Tanten hassten sie und nannten sie Hurenmutter. Sie ließen auch durchblicken, Choiseul hätte den seligen Dauphin und dessen Frau vergiftet. Das scheint mir allerdings unwahrscheinlich. Auch bin ich sehr vorsichtig mit meinem Mann, wenn ich über diesen Minister spreche, denn er hegt den gleichen Verdacht wie seine Tanten. Ich bin darüber ziemlich unglücklich. Er hält Choiseul für das Geschöpf einer Favoritin ohne Abstammung. In jedem Fall sind es heute nicht mehr bürgerliche Emporkömmlinge, die den Hof regieren, sondern es ist eine kleine Straßenente, die hier Königin spielt. Welche Schande! Ich vermeide es, sie zu treffen, selbst wenn ich dadurch Papa Roi weniger sehe.

Hier oder in Versailles verbringen nicht wir die Zeit, sondern er vertreibt sie uns, indem er uns überallhin mitnimmt. Es ist immer derselbe Alltag. Ich stehe um neun oder zehn Uhr auf, spreche meine Morgengebete, frühstücke und gehe zu meinen Tanten, wo ich den König treffe. Um elf komme ich zurück, um mich frisieren zu lassen. Zu Mittag bittet man ins Privatgemach: alle können eintreten – zumindest die Höflinge genießen dieses Privileg. Ich lege mein Rouge auf und wasche mir vor allen die Hände. Anschließend verlassen die Herren den Raum und ich beende meine Toilette, indem ich mich vor den Damen fertig ankleide. Wir gehen zur heiligen Messe. Danach speise ich in der Öffentlichkeit mit Monsieur le dauphin. Wir essen beide ziemlich schnell. Um halb zwei sind wir fertig und ich folge meinem Mann in sein Appartement. Wenn er beschäftigt ist, kehre ich in meines zurück. Ich lese, schreibe oder arbeite, denn ich bin dabei, eine Weste für den König zu verfertigen, die kaum Fortschritte macht, aber ich hoffe sie mit Gottes Hilfe in ein paar Jahren fertig zu stellen. Um drei Uhr gehe ich wieder zu den Tanten, wo der König sich um diese Zeit aufhält; um vier Uhr erscheint der Abbé bei mir; um fünf Uhr kommt der Clavecin-Lehrer. Um halb sieben, wenn ich nicht spazieren gehe, statte ich noch einmal den Tanten einen Besuch ab. Um sieben Uhr spielt man. Beim Cavagnol-Spiel, das mich zu Tode langweilt, denke ich an etwas anderes, wobei ich stets zu lächeln versuche und ein liebenswürdiges Wort zu denen sage, die mich umgeben. Aber manchmal kann ich mich nicht halten und muss hinter meinem Fächer lachen, wenn mir manches zu himmelschreiend komisch vorkommt. Um neun Uhr soupieren wir beim König, bei meinen Tanten oder bei mir. Wenn der König nicht da ist, warten wir bis dreiviertelelf. Da lege ich mich auf ein großes Canapé und schlafe, bis er kommt. Danach gehen wir zu Bett. Monsieur le dauphin teilt immer mein Bett, aber er zeigt nicht das mindeste Zeichen von Zärtlichkeit. Ich warte also auf unsere Reise nach Compiègne.

17. Juli – In Choisy habe ich mich ein bisschen zu früh gefreut, die Barry als Opfer eines schönen Affronts zu sehen. Man gab ein Schauspiel in einem so kleinen Saal, dass nicht einmal die ganze Suite der königlichen Familie Platz fand. Die Damen des Palais, die sich auf die ersten Bänke gesetzt hatten, weigerten sich, der Favoritin Platz zu machen, die von den Duchesses de Mirepoix und de Valentinois begleitet war. Diese Weigerung verursachte einen echten Skandal. Es fielen pikante Anspielungen. Comtesse de Gramont übertönte mit ihrer Stimme alle anderen. Ihre schroffe Behandlung der Favoritin führte dazu, dass diese wütend in die Richtung entschwand, aus der sie gekommen war. Wir waren kaum nach Versailles zurückgekehrt, als Madame de Gramont auch schon vom König in eine Entfernung von fünfzehn Meilen vom Hof verbannt wurde. Sie steht Choiseul sehr nahe und gehört auch zu meinem Hof. Man ist auch sogleich zu mir gekommen, um mich zu bedrängen, bei Papa Roi zu intervenieren. Was soll ich tun? Glücklicherweise ist Mercy immer da und gibt mir mit seinen Ratschlägen eine Orientierung. Er hat mir Vorsicht gepredigt: Ich darf mich keinesfalls gegenüber dem Souverän kompromittieren, für uns alle ist er der höchste Herr. Ich muss mir angewöhnen, meine persönlichen Angelegenheiten mit ihm zu regeln. Mercy ließ mich bei dieser Gelegenheit wissen, dass der Einfluss von Mesdames nicht gut für mich sei. In gewissen Dingen hätten diese Prinzessinnen mich vom König entfernt. Ich solle ihnen weniger Vertrauen schenken und nicht wiederholen, was ich in ihren

Privatgemächern höre, es könnte womöglich gegen mich verwendet werden.

18. Juli – Ich habe meinen Großvater wegen Madame de Gramont gesprochen. Ich sagte ihm, ich bedauerte, dass eine meiner Damen sich zu unpassenden Äußerungen hätte hinreißen lassen, dass ich nicht die Motive zu ergründen suchte, die S.M. veranlasst hätten, die Comtesse zu bestrafen, dass es mich jedoch geschmerzt hätte, sie verbannt zu wissen, ohne dass er mich davon mit einem Wort unterrichtet hätte. Papa Roi war verlegen. Er küsste mich und versprach mir, mich von nun an immer über seine Entscheidungen auf dem Laufenden zu halten, die er meinen Hof betreffend fällen würde. Laut Mercy war mein Vorstoß nicht vergeblich. Der König würde mich nicht mehr wie ein Kind behandeln, und ich könnte, wenn ich mich regelmäßig an ihn wandte, damit so manche Intrige und Kabale hier vereiteln.

27. Juli – Der König und der Hof sind nach Compiègne gezogen, aber ich bin mit Monsieur le dauphin in Versailles geblieben, denn er leidet an einer Magenverstimmung, weil er zuviel Süßigkeiten gegessen hat. Ich pflege ihn und leiste ihm Gesellschaft. Er scheint zufrieden.

14. August – Monsieur le dauphin legt ein fürwahr merkwürdiges Verhalten an den Tag. Unter dem Vorwand, krank zu sein, schläft er nicht mehr bei mir. Natürlich schwätzt alles darüber. Wir sind Gegenstand eifrigen Flüsterns und zweideutiger Scherze. Bin ich etwa nicht hübsch und gut gebaut? Ich habe keinerlei verborgene Mängel. Papa Roi scheint sich keine Sorgen wegen unserer ehelichen Situation zu machen. »Das kann sich sehr wohl dann abspielen, wenn man es am wenigsten erwartet«, behauptet er. Ich bin wütend und besorgt zugleich. Monsieur le dauphin ist unberechenbar, zugleich gutmütig, sensibel, aber so ungeschickt. Er hat noch nie eine Frau gehabt, und ich glaube, ich übe eine gewisse Wirkung auf ihn aus –

abgesehen von allen guten Methoden, die ich bei ihm anwende. Ich hege tiefes Misstrauen gegenüber Duc de La Vauguyon, seinem alten Erzieher, der noch die beiden Brüder meines Gemahls unter seinen Fittichen hat – Comte de Provence und Comte d'Artois. Ich habe diesen Herrn dabei überrascht, als er an unserer Tür lauschte, und mein Mann kann das bezeugen. Ich spüre, dass er unserer Ehe feindselig gegenübersteht und fürchte wohl, er hat alles getan, um seinen Schützling davon abzuhalten, sich mir zu nähern. Ich hasse ihn und lasse ihn das auch spüren. Niemals richte ich das Wort an diesen Schurken. Sobald er in meine Nähe kommt, kehre ich ihm den Rücken. Mercy hat mir gesagt, ich sollte mehr Diplomatie an den Tag legen. Was tut's! In diesem einen Fall folge ich nicht seinem Rat. Zwischen uns herrscht Kriegszustand. Ich habe über ihn mit Monsieur le dauphin gesprochen. Er gesteht freimütig ein, dass seine Erziehung in jeder Hinsicht wertlos war. Ich glaube, er hegt selbst keine Wertschätzung für seinen alten Erzieher – und für Madame Du Barry nur Verachtung. Er behauptet, man müsse dem Frieden zuliebe Vorsicht walten lassen. Ich halte diese Einstellung für ziemlich feige.

Ich habe erfahren, dass der selige Dauphin, Vater meines Ehemannes, mehrere Monate gebraucht hatte, bis er seine erste Ehe vollzog. Dabei hat er seine Frau geliebt. Kürzlich, an einem der Abende bei meinen Tanten, konnte ich nicht mehr an mich halten und fragte den Prinzen: »Sie sind mein Gemahl – wann werden Sie mein Mann sein?« Die Prinzessinnen waren von meiner Kühnheit überrascht. Mein Gatte nahm den Angriff mit Humor, beantwortete ihn aber nicht. Wir stehen immer noch am gleichen Punkt.

In Compiègne wird noch öfter gejagt als in Versailles. Monsieur le dauphin gibt sich den Jagden mit einer Intensität hin, die erstaunlich ist. Ich bleibe dabei mit meinen Tanten im Wagen, aber ich zöge es vor, diese Ausflüge zu Pferd zu unternehmen. Ich werde den König um die Erlaubnis bitten, reiten zu lernen.

Duc de Choiseul, den ich hier öfter treffe als in Versailles, spricht zu mir wie ein Vater. Er versichert mir, ich könnte den König lenken, wenn er eines Tages Madame Du Barry wegschicken würde. Man müsse, sagt er, Begeisterungsfähigkeit und Fröhlichkeit an den Tag legen und mit ihm ohne Furcht oder Verlegenheit sprechen. Ich gestehe, ich kann mir nicht vorstellen, welchen Einfluss eine Prinzessin von fünfzehn Jahren auf einen Monarchen ausüben könnte, der das schönste Land Europas seit mehr als vierzig Jahren regiert! – Ich habe den Eindruck, dass mein lieber Minister nicht viel von meinem Gemahl hält. Ich habe ihm wohl erklärt, dass dessen kleine äußere Mängel von der Erziehung herrührten, die er erhalten hat, er hegt aber nach wie vor seine Zweifel.

Mitten in den Kabalen, die das Leben an diesem Hof trüben, frage ich mich, ob meine teure Mama mein Verhalten gutheißen würde. Ich kann nur Mercy und dem Abbé vertrauen, die von der Kaiserin beauftragt sind, über mich zu wachen. Sie sind jedoch auch Ratgeber, sie führen mich, aber sie sind keine Freunde. Ich hätte so gerne Freunde meines Alters. Meine Tanten benehmen sich manchmal wie alte kleine Mädchen. Eine Lappalie bringt sie zum Lachen oder in Wut. Ich fühle mich dann fast erwachsener als sie. In Wien hatte ich meine Brüder und vor allem meine Schwestern. Wir haben uns wie verrückt amüsiert. Wir – Karoline und ich – waren so feste Komplizinnen, dass Mama uns getrennt hat. Dafür ist es uns gelungen, heimlich zu korrespondieren. Sie mochte mich besonders. Jetzt regiert sie in Neapel mit einem Ehemann, der noch sonderbarer ist als meiner. Ich kann nicht den Brief vergessen, den sie kurz nach ihrer Hochzeit an Comtesse de Lerchenfeld geschrieben hat: »Wenn ich daran denke, dass ihr Schicksal vielleicht dem meinen ähnlich ist«, sagt sie, als sie von mir spricht, »würde ich ihr gerne ganze Bände darüber schreiben, denn ich gebe zu, dass man ein Martyrium leidet, das umso größer ist, als man noch dazu immer den Anschein geben muss, glücklich zu sein.« Ich gebe zu, dass ich mehr Glück habe als sie. Das Königreich Frankreich und jenes von Neapel sind nicht zu vergleichen. Arme Karoline. Werden wir uns je eines Tages wiedersehen? Die Schwestern meines Mannes werden sie nie ersetzen. Clothile und Élisabeth sind nur zwei Kinder, die noch unter der Obhut von Comtesse de Marsan stehen. Der traue ich nicht. Sie versteht sich besonders gut mit Duc La Vauguyon. Was die beiden Brüder des Dauphins betrifft, weiß ich nicht recht, was ich von ihnen halten soll. Die Natur hat Monsieur de Provence nicht verwöhnt. Er ist sehr dick, hat einen schwerfälligen Gang und plustert sich gerne auf. Er erinnert mich an einen Truthahn und weckt nicht die geringsten geschwisterlichen Gefühle in mir. Lieber habe ich Comte d'Artois. Er ist schön und elegant. Er ist prachtvoll anzusehen und wirkt wie ein fröhlicher Lebemann. Man beobachtet ihn sehr genau.

Wenn ich mich sehr einsam fühle, spiele ich mit den Kindern meiner Kammerfrau, was Madame de Noailles wenig gefällt. Ich habe gebeten, dass man mir einen Mops kauft. Ich habe schon zwei andere Hunde, durch die es in meinem Appartement drunter und drüber geht. Mercy machte mich auf die Ungelegenheiten aufmerksam, die ein drittes Haustier mit sich brächte. Das ist mir egal. Man kann mir diese Laune nicht abschlagen.

12. September – Bei der Rückreise von Compiègne haben wir bei Prince de Condé Halt gemacht, der uns großartig aufnahm. Ich hatte mehrmals Gelegenheit, mit Choiseul zu sprechen, der mir nie zuvor soviel Interesse geschenkt hat. Werde ich jetzt eine wichtige Person? Gott sei dafür gedankt, dass ich nicht mit der Favoritin zu verkehren hatte. Der König trug mir gegenüber größtes Wohlwollen zur Schau. Im Übrigen war mir nie langweilig. Unentwegt fanden Jagden und Unterhaltungen statt.

In Versailles, wo wir am 31. August ankamen, nahm wieder unser gewohnter Alltag seinen Lauf. Der König hatte mich beauftragt, der Zeremonie im Kloster, bei der Madame Louise den Schleier nimmt, beizuwohnen; das hat vorgestern stattgefunden, und zwar bei den Karmelitern in Saint-Denis. Was für eine ergreifende Zeremonie! Unser Heiliger Vater, der Papst, hatte sein Bedauern ausgedrückt, nicht daran teilnehmen zu können. Der Nuntius hat ihn vertreten. Als ich mit meinem gesamten Hofgefolge beim Konvent eintraf, kam mir meine Tante Louise im Hof entgegen. Man hätte meinen können, sie sei für einen großen Ball aufgemacht mit ihrem silberdurchwirkten, mit goldenen Blumen bestickten und von allerlei Steinen funkelnden Gewand. Wir küssten einander, und der Nuntius reichte uns das Weihwasser. Beim Einzug in die Kirche hätte man gut und gern meinen können, wir schreiten zu einer Hochzeitszeremonie. Eine ansehnliche Anzahl von Prälaten umgab den Chor, und im vom Licht erhellten Kirchenschiff konnte ich viele Höflinge ausmachen, deren Gesichter mir nun schon bekannt sind. Der Bischof von Troyes bestieg die Kanzel und sprach die Predigt, die uns ziemlich nahe ging und zu Tränen rührte, als er etwa das Opfer einer Prinzessin ansprach, die als Büßerin den Entbehrungen gegenüber den Genüssen des weltlichen Lebens den Vorzug gäbe. Nach Beendigung der Predigt verneigte sich Madame Louise tief vor uns, bevor sie sich unter den Klängen der von den königlichen Musikern gespielten Hymne »O Gloriosa« zurückzog. Bald darauf kehrte sie im weißen Novizinnengewand zurück. Ich zitterte, als ich ihr den Umhang, den Schleier und die Schulterbinde anlegte. Für diese Welt ist sie gestorben, und ich muss immer daran denken, dass ich es war, die ihr das Totengewand überreichte. Aber sie hat das keineswegs so gesehen. Nunmehr zur Schwester Thérèse de Saint-Augustin geworden, warf sie sich mit über der Brust gekreuzten Armen auf einem von Rosen gesäumten Teppich zu Boden und empfing das Weihwasser, das die Priorin versprühte, während die Gesänge von »Veni Creator« und »Pater noster« den Raum erfüllten. Madame Louise will ihr Leben dem Gebet für die Bekehrung des Königs widmen.

Ich war sehr bewegt, als ich nach Versailles zurückkam. Ich frage mich, wie eine Prinzessin sich von den »schmachvollen Banden, mit denen man an der Welt und ihren Menschen hängt« so leicht lösen kann, wie es Monsieur Corneille in einer seiner Tragödien formuliert hat.

18. September – Monsieur le dauphin hat mir versprochen, dass ich übermorgen seine Frau sein werde. Ich habe die Neuigkeit meinen Tanten gemeldet.

22. September – Ich bin in Verzweiflung aufgelöst. Monsieur le dauphin ist nicht zu mir gekommen. Madame Adélaide hielt es für angebracht, ihm Ermahnungen zu erteilen, und mein armer Ehemann war so eingeschüchtert, dass er sein Versprechen brach. Was für ein Pech! Der ganze Hof weiß über meine Enttäuschung Bescheid, dank Madame de Narbonne, der engen Freundin von Madame Adélaide, die ihr das anvertraut hat. Wie kann es nur derartig geschwätzige und indiskrete Menschen geben, die solche Dinge ausplaudern?!

15. Oktober – Monsieur le dauphin hat mir gegenüber das gleiche Versprechen vor drei Tagen wiederholt, aber nicht gehalten. Ich will gar nicht mehr daran denken. Am Abend schlafe ich ruhig im alten Appartement der Königin, das an jenes des Königs angrenzt, ein. Wir sind jetzt in Fontainebleau, und ich ziehe dieses Schloss allen anderen vor. Vielleicht, weil Fontainebleau »Schöner Brunnen« bedeutet – wie Schönbrunn. Hier ist es in der Natur viel abwechslungsreicher als in Versailles oder in Compiègne. Die Felsen im Wald erinnern ein wenig an ein Gebirge. Ich habe die Mode eingeführt, auf Eseln auszureiten. Die Damen meines Hofs, die mir auf diesen gutmütigen Tieren wie aufgespießt folgen, scheinen diese Art der Zerstreuung nicht zu goutieren. Macht nichts!

Anderntags bin ich von meinem Esel gefallen. Alle sind sehr besorgt herbeigeeilt, aber ich habe gesagt: »Holen Sie Madame de Noailles, damit sie uns sagt, was die Etikette vorsieht, wenn sich eine künftige Königin von Frankreich nicht auf einem Esel halten kann!« Alle haben gekünstelt gelacht, während ich aufstand, um sogleich wieder zu verschwinden. Sie waren nicht besonders erfreut. Solange ich nicht ein Pferd besteigen darf, werde ich eben auf einem Eselsrücken ausreiten.

18. Oktober – Ich denke sehr oft an meine liebe Mama. Wenn ich Zeitungen lese, stürze ich mich begierig auf alle Artikel, die Wien und die Länder unseres Reiches betreffen. Meine Phantasie treibt mich zu allerlei verrückten Vorstellungen.

Als ich las, dass eine Pestepidemie in Polen wütet, sagte ich mir, wenn sie die Grenzen unserer Länder erreichte, wäre die Kaiserin gezwungen, die Hofburg zu verlassen und nach Brüssel zu flüchten. Der König könnte mich dann nicht hindern, zu ihr zu eilen. Wie können mir nur solche Gedanken in den Sinn kommen?

Ich wurde zur Realität zurückgeholt, als ich einen Brief von meiner Mutter erhielt. So herzlich dieser auch ist – er ist auch ziemlich streng. Ich weiß nicht, wer sie informiert, aber sie scheint über die kleinsten Details meines Lebens Bescheid zu wissen. Sie wirft mir vor, nicht auf meine Kleidung zu achten, mich schlecht zu halten und keine Fischbeinmieder zu tragen. Bestimmt hat sie keine Ahnung davon, dass man hier die Taille bis zum Ersticken zuschnürt. Ich werde sicher nie diesen schrecklichen Panzer anlegen. Scheinbar habe ich nicht regelmäßig und ernsthaft genug Hof gehalten. Aber wie soll man stundenlang die langweiligen Komplimente und künstlichen Liebenswürdigkeiten aushalten? Kürzlich habe ich weder mit Duc de La Vallière noch mit de Biron und schon gar nicht mit Maréchal d'-Armentières gesprochen. Das hat Aufsehen erregt. Und wenn schon. Ach! Hätten nur alle Herren das Temperament von Choiseul und die Damen wenigstens ein bisschen echte Heiterkeit! Wenn nur alle diese Leute jünger und weniger steif wären! Es müssen alle begreifen, dass ich eine Prinzessin bin, die keine Lust hat, sich zu den Spielen einer anderen Altersstufe zwingen zu lassen, und die keinen »prince charmant« gefunden hat! Diesbezüglich sagt mir Mama, es sei nichts verloren, ich dürfe nicht die Geduld verlieren und müsse doppelt so zärtlich sein. Geduld – die glaube ich schon seit einer guten Weile an den Tag zu legen und wie sollte ich doppelt so zärtlich sein zu einem Mann, der anders ist als die anderen? Liebe Mama, wie sehr machen Sie es mir heute schwer!

20. Oktober – Man redet viel über die Hochzeit von Comte de Provence. Er wird nächstes Jahr eine Prinzessin aus dem Haus Savoyen heiraten. Ich will keine Rivalin haben. Ich bin auch schon entschlossen, sie kühl zu behandeln. Ich bin ihr durch meinen Rang, meinen Geist und meine Anmut überlegen. Natürlich hat mich Mercy zu diesem Thema instruiert: Man müsse um jeden Preis verhindern, dass sich innerhalb der königlichen Familie zwei gegnerische Parteien bilden. Wir werden ja sehen. Aber was wird passieren, wenn die Barry sich ihre Freunde im Haus der Savoyer sucht?

21. Oktober – Viele unserer jungen Aristokraten führen ein ausschweifendes Leben und frequentieren Schauspielerinnen und Tänzerinnen. Man spricht hier von einer gewissen Mademoiselle Bèze von der Oper, die Prince de Lambesc, Prince de Guémené und Marquis de Liancourt eine schmachvolle Krankheit gegeben hat. Diese Person hat die Kühnheit, sich im Schloss zu zeigen – ungeachtet des Verbots, das ihr ausdrücklich auferlegt worden war. Man hat sie ins Spital gebracht. Der junge Prince de Lamballe, der mit dieser Art Mädchen zu verkehren pflegte, war so schwer infiziert, dass er daran starb. Er war erst einundzwanzig Jahre alt! Ich habe seine kleine Witwe gesehen. Ihre großen traurigen Augen haben mich unendlich berührt. Wie sehr sie wohl leiden musste! Angeblich kümmert sie sich nun um ihren Schwiegervater, Duc de Penthièvre, der sehr fromm ist. Glücklicherweise verbringt sie auch manchmal glückliche Stunden bei Duc und Duchesse de Chartres im Palais Royal in Paris. Die Duchesse, Schwester von Prince de Lamballe, lebt im Schatten ihres Mannes, den sie wahnsinnig liebt. Er verdient es nicht. Er ist ein arger Wüstling, der seine Zeit bei Parties in schlechter Gesellschaft verbringt. Der König kann ihn kaum mögen. Er hält ihn für imstande, das Parlament zur Opposition gegen seine Herrschaft aufzubringen.

22. Oktober – So ein Pech! Mama verlangt von mir, ihr Rechenschaft über meine Lektüre zu geben. Ich werde ihr nie zu gestehen wagen, dass mich die Bücher, die mir Abbé de Vermond vorschlägt, zu Tode langweilen. Ich tat so, als interessierten mich die »Briefe« von Comte Tessin, die für den Prinzen von Schweden verfasst sind; ich habe bei gewissen Passagen der »Moralischen Bagatellen« von Abbé

Coyer gelacht, weil er sich über komische Eigenschaften der Franzosen lustig macht. Das ist alles. Es wird nötig sein, dass mir Vermond eine Antwort für die Kaiserin eingibt. Nachdem meine Erziehung beendet ist, wozu will man mir dann mit all diesen Geschichten zusetzen? Bin ich schließlich nicht eine verheiratete Frau, auch wenn Monsieur le dauphin immer noch nicht seine ehelichen Pflichten erfüllt hat? Der König hat ihm wegen seiner Kälte mir gegenüber Vorwürfe gemacht. Er hat ihn bezüglich unserer ehelichen Situation lange ausgefragt. Mein Mann hat ihm geantwortet, dass er mich liebe, dass er aber noch etwas Zeit bräuchte, um seine Schüchternheit zu überwinden. Wir werden ja sehen. Ich werde nicht die ersten Schritte tun.

3. November – Mama ist wirklich sonderbar. Nachdem sie mir die Vorzüge meiner neuen Familie angepriesen hatte, geht sie nun daran, sie offen zu kritisieren. Sie findet, ich sollte in Versailles den Ton angeben, weil die anderen dazu nicht imstande seien, sich nicht auf anständige Weise amüsieren könnten und nicht geschaffen seien, zu repräsentieren. Manchmal schilt meine Mutter mich wie ein Kind, aber heute scheint sie zu vergessen, dass ich erst fünfzehn Jahre alt bin.

6. November – So. Mama fängt wieder mit ihren Belehrungen an. Sie behauptet, ich riskierte, keine Kinder bekommen zu können, wenn ich reite. Zur Zeit steht Schwangerschaft gar nicht zur Diskussion: Monsieur le dauphin hat sich nicht geändert. Er verbringt seine ganze Zeit auf der Jagd und kehrt erschöpft heim, sodass wir einander kaum zu Gesicht bekommen. Gestern Abend ist er ein bisschen früher zurückgekommen. »Sie sehen, ich bin pünktlich zurück«, sagte er mir mit verschämter Miene. Ich habe während der ganzen Aufführung, der wir Seite an Seite beiwohnten, geschmollt. Ausnahmsweise wollte er eine Erklärung dafür haben, aber ich genoss es, mich ihr zu entziehen. Schließlich habe ich ihm sehr energisch eine Predigt gehalten und ihm dabei die ganzen Missstände seiner wilden Lebensführung vor Augen geführt. Er hat seine Verfehlungen eingesehen und mir versprochen, sie abzustellen. Heute morgen war er sanft wie ein Lamm.

6. Dezember – Immer noch nichts.

24. Dezember – Der König hat soeben Choiseul entlassen. Es ist unglaublich. Mercy scheint sehr beunruhigt zu sein. Ich habe ihn nur sehr kurz gesehen, und er hat mir empfohlen, mir meine Enttäuschung nicht anmerken zu lassen.

25. Dezember – Heute habe ich meine religiösen Pflichten erfüllt und allen Gottesdiensten beigewohnt, was mich glücklicherweise gehindert hat, mich zur großen Sache des Tages zu äußern. Mein Mann hat weder Freude noch Schmerz gezeigt. Vielleicht wollte er vermeiden, mir zu missfallen, denn seit einiger Zeit erweist er mir Aufmerksamkeiten, die ich bis dahin von ihm nicht gewöhnt war. Heute abend, bei meinen Tanten, habe ich nur von dieser Schmach geredet. Man sagt, es sei Madame Du Barry gewesen, die das alles bewerkstelligt hätte, weil der Minister ihr gegenüber zu dreist seine Meinung geäußert hätte. Es würde mich nicht wundern. Diese Frau ist zu allem fähig. Choiseul ist ohne mir Adieu zu sagen gegangen, was ich bedaure, aber es ist zweifellos besser so. Man meinte, er stünde mir zu nahe. All das ist ziemlich traurig, denn ich verliere einen Mann, der mein Vertrauen genoss. Jetzt wird Mercy der einzige sein, der mich führt.

1771

30. Januar – Monsieur le dauphin gibt sich große Mühe, mir zu gefallen. Er hat tanzen gelernt und begleitet mich immer zu den Bällen von Madame de Noailles. Jetzt ist er ungezwungen genug, um sich mit den Damen zu unterhalten. Wenn wir allein sind, benehmen wir uns wie gute Freunde, aber er flirtet nicht ein bisschen und unternimmt keinerlei Annäherungsversuche. Er hat mir soeben gestanden, er bekäme immer wieder Angst, und das hätte ihn stets daran gehindert, unsere Ehe zu vollziehen, und diese Angst würde immer schlimmer. Der König ließ ihn von einem Arzt untersuchen; dieser fand nichts Beunruhigendes. Eine ganz schön verrückte Situation. Glücklicherweise kann ich meine Zweifel und Hoffnungen mit Princesse de Lamballe teilen, die meine enge Freundin geworden ist. Sie versteht mich besser als jeder andere.

9. Februar – Der Kronprinz von Schweden ist mit seinem jüngeren Bruder in Versailles angekommen. Er reist incognito unter dem Namen Comte de Gotland. Er hat mit dem König soupiert.

12. Februar – Comte de Gotland ist zu meinem Ball gekommen. Ein merkwürdiger Mann, undefinierbar. Man könnte nicht sagen, dass er schön ist – trotz seiner bemühten Eleganz. Er spricht wenig, obwohl er über perfekte Französischkenntnisse verfügt. Er macht den Eindruck, als langweile er sich – und plötzlich lebt er auf, ohne ersichtlichen Grund. Er gilt als gebildet und als Anhänger philosophischer Sekten. Man hat mir zugetragen, dass er Choiseul sehr schätzt, was ihn mir aber auch nicht interessanter gemacht hat.

1. März – Alles spricht nur vom Prinzen von Schweden – er ist Hahn im Korb der Pariser Salons. Mehrmals ist er schon nach Versailles gekommen, um der Favoritin seine Aufwartung zu machen. Er besaß sogar die Unverschämtheit, ihr ein mit Juwelen besetztes Armband für ihren Hund zu schenken! Wir werden ihn aber bald los sein. Heute Abend in der Oper kam man, um ihm das Ableben seines Vaters, des Königs Adolf Friedrich, mitzuteilen. Die Nachricht macht im Augenblick in ganz Versailles die Runde. Papa Roi, der gerade zu Bett gegangen war, stand wieder auf, um sich zu erkundigen, wie er den neuen Souverän behandeln soll. Vielleicht wird er ihm gleich morgen einen Besuch abstatten müssen.

2. März – Gott sei Dank, der Schwede bewahrt sein Incognito bis zum Ende seines Aufenthalts in Frankreich, was für alle angenehm ist. Bei seiner Rückkehr nach Stockholm wird er unter dem Namen Gustave III. gekrönt werden.

5. März – Ich bin in hellster Verzweiflung. Papa Roi will mir Vorwürfe machen. Er hat Madame de Noailles zu sich gerufen, um ihr mitzuteilen, dass er ungehalten sei: Ich wäre zu lebhaft; ich wäre zu wenig zurückhaltend in der Öffentlichkeit, besonders mit den jungen Leuten im Jagdgefolge, die ich den Proviant tragen lasse. Und vor allem findet S. M., dass ich zu frei redete. Ich liefe Gefahr, mit meinen Bemerkungen innerhalb der königlichen Familie Missstimmung zu säen. Es stimmt, dass ich mich nicht geniere zu sagen, was ich von Madame Du Barry halte. Meine Tanten bestärken mich darin, und ihre Ansichten über dieses Geschöpf sind noch ärger als meine. Ich bin sicher, dass ich ihr diese Standpauke zu verdanken habe. Madame de Noailles hat versucht, mich zu verteidigen. Der König hat sie unterbrochen und keinen Zweifel daran gelassen, dass er wüsste, woher die schlechten Ratschläge kämen, die ich erhalte. Mercy übt Druck auf mich aus, dass ich mich mit meinem Großvater ausspreche. Das werde ich nie wagen.

6. März – Gestern abend habe ich meinen ganzen Mut zusammengenommen und bin zum König gegangen. Ich habe ihm gesagt, dass es mich betrübte, dass er nicht genügend Zuneigung und Vertrauen zu mir hat, mir selbst zu sagen, was ihm vielleicht missfällt. Er schien verlegen und lächelte. Er küsste mir die Hände und umarmte mich, ohne auf seine Ansichten zurückzukommen. Ich atme auf.

22. März – Monsieur le dauphin hat die Nacht bei mir verbracht. Eine merkwürdige Nacht, fürwahr. Wir haben viel und ganz freundschaftlich geplaudert. Ich habe versprochen, nichts von ihm zu verlangen, solange er sich nicht bereit fühlt, seine ehelichen Pflichten zu erfüllen. Wenn ich daran denke, dass ich das alles noch Mama erzählen muss ... Zum Glück hegt man am Hof hier die Vorstellung, dass unsere Ehe endlich vollzogen ist. Mercy hat mir versichert, alles zu tun, um diese falsche Nachricht zu bestätigen. Wenigstens wird man uns eine Weile in Ruhe lassen.

16. April – Wir haben einer außergewöhnlichen Zeremonie beigewohnt, die man hier den »Großen Gerichtstag« nennt: der König hat seine Parlamente durch eine neue Kammer ersetzt, die nach seinem Willen handeln soll. Diese Maßnahme scheint Monsieur le dauphin ebenso zufrieden zu stellen wie seinen Großvater. Aber ich habe den Eindruck, dass die Anhänger von Monsieur de Choiseul – die ziemlich zahlreich sind – das kaum gutheißen werden. Was mich betrifft, ich verstehe von all diesen Dingen gar nichts. Leider sind die Staatsangelegenheiten der einzige Gesprächsstoff bei Hof und selbst in unserer Familie. Es ist zum Sterben langweilig. Bei meinen Tanten wird das Verhalten der Minister und vor allem das der Prinzen von Geblüt kritisiert, die sich fast alle auf die Seite der alten Parlamente gestellt haben. Ohne eine feste Meinung zu haben, bin ich jedoch gezwungen, mich zu äußern, wenn man mich fragt. Ich bleibe vorsichtig – außer zum Thema Favoritin. Der König empfängt jetzt seine Minister bei ihr. Sie sind ihr voll ergeben. Die Generäle, die Künstler und sogar die Bischöfe liegen ihr zu Füßen. Sie entscheidet über alles, die Theateraufführungen, die Bälle, die Feste und sogar die Arbeiten, die am Schloss vorzunehmen sind. Wenn ich das

Geringste für die Einrichtung in meinen Appartements verlange, prüft sie meine Forderungen. Es ist unfassbar! Zur Zeit organisiert sie den Hof der Comtesse de Provence, die wir nächsten Monat erwarten. Sie placiert Damen bei dieser Prinzessin, die ganz ihr ergeben sind. Es scheint, als wolle man eine Savoyen-Partei formieren, die der meinen gegenübersteht. Als führte ich eine Partei an! Inzwischen wüsste ich gerne, wer diese Marie-Joséphine de Savoie wirklich ist.

11. Mai – Wir sind heute morgen nach Fontainebleau abgereist, um die Prinzessin von Savoyen zu empfangen. Nach dem, was ich gehört habe, glaube ich keinen Grund zu haben, in irgendeiner Hinsicht eifersüchtig auf sie zu sein. Hoffentlich wird sie nicht vor mir schwanger.

12. Mai – Die Comtesse de Provence ist klein, hässlich und ohne Grazie. Sie spricht wenig. Papa Roi scheint enttäuscht, aber ihr Gemahl hat sie so überschwänglich empfangen, dass alle meinten, es sei ehrlich. Ich habe sie mit allen nur möglichen Gesten der Zuneigung aufgenommen. Auf der Fahrt in der Karosse und beim Souper hatte der König nur für mich Augen. Ausnahmsweise machte Monsieur le dauphin einen glücklichen Eindruck und betrachtete mich beinahe zärtlich.

13. Mai – Heute Morgen ist der König im Hausmantel in meine Appartements gekommen – durch die Verbindungstür, die seit dem Tod der Königin geschlossen gewesen war. Er hat sich selbst seinen Kaffee zubereitet und ist fast zwei Stunden plaudernd hier geblieben, wie er es seinerzeit mit der Mutter meines Gemahls getan hatte. Alle Mitglieder der Königsfamilie sind uns besuchen gekommen. Es herrschte fröhliche Laune.

15. Mai – Mir schien, als erlebte ich meine eigene Hochzeit wieder, als wir der des Comte und der Comtesse de Provence beiwohnten.

Es waren allerdings weniger Menschen da, zumal die Prinzen von Geblüt seit der Parlamentsaffäre verbannt sind. Die Feste sind weniger prunkvoll. Mein Provence-Bruder schien viel glücklicher zu sein als Monsieur le dauphin in der gleichen Situation. In der Kapelle sprach er das »Ja« feierlich und so laut aus, dass wir darüber fast peinlich berührt waren. »Ich wollte am liebsten, dass es bis Turin zu hören ist«, hat er voll Stolz Comte d'Artois erklärt. Was für ein Tartuffe!

Beim Diner hat er alles getan, um auf Kosten meines Mannes zu glänzen, während seine traurige Ehefrau, eingezwängt in ihre Hoftracht, nicht ein einziges Wort hervorbrachte. Wie wir mussten auch sie die Qual des öffentlichen Beischlafs über sich ergehen lassen. Ich konnte nicht anders als die arme Kleine bemitleiden, als ich ihr das Hemd gab, wie es am Hof hier der Brauch ist. Als ich wieder zu mir zurückgekehrt war, bin ich weinend in mein Bett gesunken. Monsieur le dauphin ist bald darauf zu mir gekommen. Er hat mich mit Zärtlichkeiten überhäuft, was sonst nie seine Art ist. Er hat mir versprochen, ich würde bald ganz seine Frau sein. Er möchte nicht, dass ich daran auch nur im Geringsten zweifle. Er ist überzeugt, dass ein Mann ausschweifend zu werden droht, wenn er schon in jungen Jahren seine Ehe vollzieht, und dass Kinder sehr junger Eltern von schwacher Konstitution seien und das Risiko bestehe, dass sie nicht lange leben würden. Von seinen Worten in den Schlaf gewiegt, bin ich schließlich eingeschlummert.

16. Mai – Comte de Provence verbreitet lautstark, er sei in der Hochzeitsnacht viermal glücklich gewesen. Alle wollen das glauben. Ich zweifle daran. Und wenn es schon wahr wäre! Ich versuche, dem Rat meiner lieben Mama zu folgen und liebkose meinen Mann doppelt so sehr.

21. Mai – Comtesse de Provence sieht nicht glücklich aus. Ich schüchtere sie ein, obwohl ich alles tue, um ihre Zuneigung zu gewinnen. Sie ist ziemlich gebildet, hat aber provinzielle Manieren. Sie hat sich geweigert, Rouge aufzutragen. Ihr Mann musste sie darum bitten und ihr versichern, dass sie ihm damit große Freude bereite und für ihn unendlich hübscher sei. »Also, Madame de Valentinois, tragen Sie mir Rouge auf, und zwar viel, damit ich meinem Mann noch besser gefalle«, hat sie ihrer Hofdame gesagt. Selbst mit ihrem Rouge sieht sie nicht wie eine von hier aus. Wird sie es jemals schaffen? Heute Morgen habe ich sehr gelacht, als ich überraschend zu einem Gespräch von Monsieur le dauphin mit seinem Bruder stieß. »Wie finden Sie Ihre Schwägerin?«, fragte Monsieur de Provence in der überheblichen Art, wie er sie immer gegenüber seinem älteren Bruder an den Tag legt. – »Nicht besonders. Ich würde mir kein Bein ausreißen, um sie zu meiner Frau zu haben«, hat mein Gemahl gelassen geantwortet. – »Ich bin sehr erleichtert, dass Sie es mehr nach Ihrem Geschmack getroffen haben. Wir sind alle beide glücklich, denn meine gefällt mir außerordentlich«, hat der Comte de Provence zurückgegeben – dabei hat er innerlich gekocht vor Wut.

20. Juni – Endlich gewinnt Comtesse de Provence, wenn man sie besser kennt. Sie scheint nicht für Madame Du Barry eingenommen zu sein, sie ist sanft, gefällig und eher fröhlich. Ich glaube, sie mag mich gern. In Marly, wo wir ein paar Tage verbrachten, hat sie mir gestanden, dass ihre Ehe nicht vollzogen sei und dass das nicht ihre Schuld wäre. Ich glaube, sie ist sehr unglücklich.

22. Juni – Duc d'Aiguillon, der neue Staatssekretär für Auswärtige Angelegenheiten, ist der königlichen Familie quasi als Minister präsentiert worden. Er ist ein Geschöpf der Favoritin. Ich habe es für richtig befunden, nicht das Wort an ihn zu richten. Mercy schien darüber verstimmt.

28. Juni – Jetzt liege ich schon drei Tage mit starkem Schnupfen und Fieber im Bett. Der Abbé hat das ausgenützt, um mir in allem Respekt Predigten zu erteilen. Der König und mein Mann haben mich mehrmals besucht. Monsieur le dauphin versäumt keine Gelegenheit, mir seine Zuneigung zu zeigen.

1. Juli – Jetzt, da es mir wieder gut geht, sehe ich meinen Mann gar nicht mehr. Er verbringt sein Leben auf der Jagd. Ich habe ihm deswegen eine sehr lautstarke Szene gemacht. Als er sich in sein Appartement zurückzog, um meinen Vorhaltungen zu entgehen, bin ich ihm gefolgt und habe weiter getobt über seine Gewohnheiten, die seine Gesundheit zerstören und seinen Hang zur Rohheit fördern. Zu meiner großen Überraschung hat er zu weinen begonnen. Ich konnte selbst nicht meine Tränen zurückhalten. Unsere Aussöhnung war sehr zärtlich.

19. Juli – Wie immer um diese Zeit halten wir uns wieder in Compiègne auf. Monsieur le dauphin und ich leben in gutem Einvernehmen mit Comte und Comtesse de Provence zusammen. Es ist mir nicht unangenehm, mich mit meinem Bruder zu unterhalten, aber ich hüte mich vor ihm. Ich verstehe mich nach wie vor sehr gut mit seiner Frau. Wir folgen den Jagden in derselben Kutsche, und ihre Gesellschaft ist amüsanter als die meiner Tanten.

Heute abend wollte Mercy mich dringend sprechen. Aber er muss ein paar Tage warten. Ich muss jetzt gleich mit dem König soupieren. Morgen ist der Tag mit Gottesdiensten gefüllt, mit Spiel und Großer Tafel; Montag große Jagd; Dienstag und Mittwoch will ich schreiben, danach werde ich ihn empfangen. Er schien verstimmt, weil es so spät sein würde.

25. Juli – Meine Haltung gegenüber Madame Du Barry wird am Hof hier wie eine Staatsaffäre behandelt. Mercy hat mich beinahe angefleht, ihr ein Wort zu schenken. Es heißt allgemein – behauptet er – ich begriffe nicht, welche Rolle sie beim König einnimmt, folglich solle ich sie behandeln wie die anderen Damen, die am Hof präsentiert werden. Wenn ich sie weiter ignorierte, wäre Großpapa empört. Mercy möchte, dass ich mich wieder an S.M. wende, um ihn über mein Verhalten aufzuklären. Ich werde das nicht tun, denn ich habe dazu nichts zu sagen. Ich habe lediglich versprochen, mehr auf meine Äußerungen zu achten, öffentlich wie privat.

26. Juli – Welch wundervolle Überraschung heute morgen! Man hat mir von der Kaiserin ein Schreibzeug aus Porzellan, das die Hofburg darstellt, überbracht. Ich habe sofort die Fenster meiner teuren Mama gesucht. Ich stellte mir vor, wie sie ihr Appartement verlässt und zurückkommt, mit jener majestätischen Würde und zugleich Einfachheit, wie sie nur ihr selbst zu Eigen sind. Ich musste weinen. Wie leicht doch das Leben in Wien war! Der Hof der Kaiserin ist nicht ein Herd von Intrigen und üblen Nachreden wie hier. Ich habe Mitleid mit meinem Bruder Ferdinand, der bald unsere Länder verlassen wird, um Prinzessin Marie Béatrix d'Este zu heiraten. Ich weiß aus eigener Erfahrung, was es bedeutet, weit weg von seiner Familie zu leben. Glücklicherweise schreibt mir Mama oft. Sie predigt mir ständig Geduld mit Monsieur le dauphin und meint, es sei nichts verloren. Wir seien ja noch so jung. Zugleich wünschte ich, alles sei schon vorbei.

30. Juli – Ich hatte keine Zeit, ernsthaft mit Mercy zu sprechen. Ich konnte ihm nur rasch zuflüstern, ich beglückwünschte ihn dazu, dass er gestern bei Comtesse de Valentinois mit Madame Du Barry soupiert hat. Worüber ich wütend bin.

31.Juli – Ich hätte mir nicht träumen lassen, was sich soeben zugetragen hat. Der König wollte Mercy treffen, um mit ihm über mich zu sprechen. Nicht in seinen Appartements, sondern bei Madame Du Barry! Gottseidank war die Favoritin bei der Unterredung nicht anwesend. Das wäre der Gipfel gewesen. Dort hat Papa Roi gesagt, dass ich, nachdem mein Mann noch nicht imstande sei, mich zu führen, kaum den Fallen entgehen könne, die man mir stelle. Man erteile mir schlechte Ratschläge, wenn man mir empfehle, Personen seines engsten Kreises schlecht zu behandeln (er hat das Wort »misshandeln« gebraucht!). Weiters beauftragte er Mercy, sein Botschafter bei mir zu sein, um mich zu überzeugen, meine Haltung zu ändern. Mercy möchte, dass ich mich persönlich an den König wende. Er rät mir, mich mit Monsieur le dauphin darüber zu beraten und meinen Tanten kein Wort zu sagen.

1. August – Bei der Jagd ist der König gekommen und hat sich zu mir in die Kutsche gesetzt. Er hat mich auf seine Knie genommen und tausend Mal gestreichelt. Er sprach mit keinem Wort über die Dinge, die mich belasten. Ich fühlte mich beschämt. Um weitere Zwistigkeiten zu vermeiden, beschloss ich, an Madame Du Barry ein paar Worte zu richten. Monsieur le dauphin ist einverstanden. Madame Adélaide will nicht, dass ich mich vor dem König rechtfertige. Sie behauptet, er hasst große Erklärungen.

6. August – Mercy zögert nicht, mich vor den Ratschlägen meiner Tanten zu warnen, die absolut dagegen sind, dass ich mit Papa Roi darüber spreche. Aber was wird aus mir, wenn sie auf mich böse sind? Ich bin schon so weit, dass ich nichts mehr zu tun wage.

10. August – Morgen werde ich Madame Du Barry beim König-Spiel ansprechen. Mercy wird die Favoritin zurückhalten, bis ich bei ihr vorbeigehe, und da werde ich mich an sie wenden.

11. August – Alles ist danebengegangen. Wie ausgemacht, unterhält sich am Ende des Spiels Mercy mit der Barry. Ich gehe als erste und sage ein paar Worte zu jeder der Damen, an denen ich vorbeigehe. Plötzlich bricht Madame Adélaide mitten in den Kreis ein und erklärt in kategorischem Ton: »Es ist Zeit, sich zurückzuziehen, gehen wir. Wir werden den König bei meiner Schwester Victoire erwarten.« Ich bin meiner Tante gefolgt. Bei Madame Victoire hat Madame Adélaide in Gegenwart von Monsieur le dauphin gewaltige Schimpftiraden gegen Mercy losgelassen, der – sagte sie – sich in Dinge einmische, die ihn nichts angingen. Sie allein wüsste, wie mit dem König umzugehen sei. Ich habe versucht, meinen Botschafter zu verteidigen, aber meine Tante war zu aufgebracht, um mir zuzuhören. Als sie sich etwas beruhigt hatte, ließ sich Monsieur le dauphin vernehmen: »Was mich betrifft, glaube ich, dass Monsieur Mercy Recht hatte und Sie irren.« Madame Adélaide wurde rot wie ein Hahn. Sie musterte ihren Neffen missbilligend, wie sie es noch nie getan hatte. Ich war zu bestürzt, um etwas vorzubringen. Ich empfinde bei allem doch eine gewisse Dankbarkeit meinem Mann gegenüber.

30. August – Wir sind gestern abend nach Versailles zurückgekehrt. Alles war gut bis zu dem Augenblick, als mir Mercy einen Brief der Kaiserin überbrachte. Sie richtet nur Warnungen und Vorwürfe an mich: Ich machte mich allzu sehr über andere Leute lustig und legte keinen Respekt denen gegenüber an den Tag, denen er gebührt. Aber gebührt er ihnen wirklich? Wenn Mama nur selbst sehen und beurteilen könnte, was sich hier abspielt, sie hätte, glaube ich, mehr Nachsicht für mich.

10. September – Mercy möchte mich um jeden Preis der Obhut von Mesdames entziehen. Er behauptet, ihr Verhalten sei immer nur von Leichtsinn und Bequemlichkeit geleitet gewesen. Zweifellos hat er Recht. Ich würde gerne ohne ihre Ratschläge und Scheltereien auskommen, aber mein Mann fühlt sich nur bei ihnen ungezwungen. Wenn ich ihnen den Krieg erkläre, wird er sich von mir entfernen, und ich werde verzweifelt allein sein.

12. September – Rein gar nichts läuft hier so wie in Wien. Ausschließlich Mercy und der Abbé sind ehrlich mir gegenüber. Heute ist der Botschafter wieder gekommen, um die Sache der Barry zu verteidigen. Diese Dame, die ihn bei sich empfangen hatte, wünscht, dass ich keine Aversion ihr gegenüber hege. Sie möchte mir nur gefallen und bleibt davon überzeugt, dass meine strikten Vorbehalte ihr gegenüber nur von meinen Tanten diktiert sind. Sie hat auch den König gebeten, Mesdames nicht mehr zu den kleinen Reisen nach Marly oder Choisy einzuladen. Ohne ihr etwas zu versprechen, hat Großvater ihr geantwortet, er sei es leid, dass seine Töchter Unannehmlichkeiten und Verstimmung in dieser Gesellschaft säten. Deshalb hat mich Mercy angefleht, derartige Einladungen des Königs nicht abzuschlagen und alles vor den Tanten vollkommen geheim zu halten. Ich weiß nicht mehr, was ich denken soll.

10. Oktober – Wie sehr ich mich heute morgen aufregen musste, als ich den Brief der Kaiserin las! Ich hätte nie gedacht, dass sie mich wegen einer Favoritin, die aus der Gosse kommt, so schelten würde. Sie behauptet, ich verfehlte mich gegenüber dem König schwer, wenn ich seine Maîtresse ignorierte, und die Abhängigkeit, in der mich meine Tanten hielten, sei schamlos. Wie sehr mir meine Mutter Angst macht, wenn sie großes Unglück auf mich zukommen sieht, falls ich nicht ihren Ratschlägen und denen von Mercy folgte! Und doch – ich habe gute Gründe zu glauben, dass der König gar nicht möchte, dass ich zur Barry spreche. Er hat mich nie darum gebeten. Er bringt mir auch mehr Zuneigung entgegen als je zuvor. Und außerdem wird sich diese Frau und ihre Clique nie mit einem Wort zufrieden geben. Alles wird wieder von Neuem beginnen. Ich brauche von niemandem geführt zu werden, wenn es sich um eine ehrenhafte Angelegenheit handelt. Meine teure Mama sollte das wissen. Ich bin trotzdem verzweifelt.

11. Oktober – Duchesse de Chartres hat soeben eine Fehlgeburt erlitten. Ihr Mann und ihr Vater spielen eine merkwürdige Komödie darum herum. Man hat ihr ein Mädchen gebracht, das gerade von einer armen Frau geboren worden war und sie glauben gemacht, es wäre das ihre. Sie hat es geküsst und man hat es ihr wieder weggenommen. Kurz darauf hat man das Kind seiner wahren Mutter zurückgegeben. Madame de Chartres glaubt, dass die kleine Prinzessin nach Saint Cloud gebracht worden ist, wo die Luft besser sein soll als in Paris. Man wird ihr die Wahrheit erst mitteilen, wenn ihr Zustand nicht mehr gefährlich ist. Wie traurig!

18. Oktober – Wir sind ziemlich beunruhigt. Die Comtesse de Provence hat die Blattern. Wir enthalten uns aller Vergnügungen, bis die Ärzte ein Urteil über ihr Schicksal abgegeben haben. Mir tut es nur um die Bälle leid.

28. Oktober – Comtesse de Provence ist gerettet. Sie hatte mehr Glück als meine kleine Schwester Josepha, die an dieser schrecklichen

Krankheit gestorben ist, wie auch die zweite Frau meines Bruders Joseph. Mama selbst war auch davon befallen. Sie lag schon im Sterben. Ebenso bangte man um das Leben meiner Schwester Marie-Christine und das ihres Mannes. Sie sind alle genesen. Das war das traurigste Jahr in Wien.

5. November – Ich habe keinen Brief von der Kaiserin zu meinem Geburtstag bekommen. Habe ich sie verärgert mit meiner heftigen Antwort auf ihren letzten Brief, der mir so wehgetan hat? Vielleicht liebt sie mich nicht mehr? Wenn das der Fall ist, was bleibt mir dann noch auf der Welt? Ich weine oft, wenn ich allein bin. Hier läuft alles stets den gleichen Gang: Jagden, Bälle, Opern, Komödien ... Trotz aller dieser Zerstreuungen bin ich traurig.

6. November – Mein Bruder Ferdinand und seine Frau haben Glück: Sie haben sich auf den ersten Blick ineinander verliebt und die Prinzessin wurde umgehend seine Frau. Ferdinand hat mir von seinem Glück berichtet. Er wird sicher ein guter Ehemann sein. Ich habe Monsieur le dauphin von dem, was er mir anvertraut hat, erzählt, ohne in vorwurfsvollen Ton zu verfallen. Er hat den Angriff heiter aufgenommen, schien aber doch ein wenig peinlich berührt. Ich glaube, er liebt mich sehr. Er versucht, mein Ehemann zu sein, ohne es zu werden. Ich weiß nicht, was ich tun soll. Ich fühle mich zwischen Traurigkeit und Scham zerrissen. Ich gestehe niemandem gegenüber die Gefühle ein, die mich bedrücken, nicht einmal meiner lieben Mama. Ich fühle mich verpflichtet, ihr zu versichern, dass ich immer noch guter Hoffnung bin und meine Ehe vollzogen wird, wenn Monsieur le dauphin seine Scham abgelegt hat. Warum habe ich nicht einen Mann wie Ferdinand?

8. November – Endlich ein Brief von der Kaiserin. Wie immer streng, aber der Zorn ist verraucht. Ich bin sehr gerührt und entschlossen, alles zu tun, was sie wünscht.

15. November – Heute abend bin ich vor Papa Roi errötet, der im Scherz sagte, er hätte keine Hoffnung mehr auf einen Nachfolger außer von Monsieur le Comte d'Artois. Zu meiner großen Überraschung hat sich Monsieur le dauphin Madame Victoire zugewandt und lachend gesagt: »Mein Großvater hält wenig von mir, aber er wird bald eines Besseren belehrt.« Wenn er nur die Wahrheit sagte!

20. November – Es gibt kaum Tage ohne Schikanen. Comte d'Artois hat mir berichtet, Duc de La Vauguyon, der frühere Erzieher des Dauphin, ließe sich in bösen Bemerkungen über mich aus. Comte de Provence schmeichelt den Ministern und versucht, eine Rolle zu spielen. Ich weiß nicht, welche das sein soll. Was seine Frau betrifft, bin ich wütend auf sie. In La Muette, wo sie sich für ihre Rekonvaleszenz aufhält, hat Madame de Valentinois ein Fest zu ihren Ehren gegeben. Man hat eine Komödie gespielt, in der die Vorzüge der Barry gerühmt wurden.

Diese Dame besaß im Übrigen die Kühnheit, bei dieser Vorführung zu erscheinen, und meine Schwester bereitete ihr einen besonderen Empfang. Welche Erniedrigung! Sobald ich erfuhr, was sich ereignet hat, bin ich nach La Muette gefahren. Ich habe Erklärungen von der Comtesse de Provence verlangt. Sie hat herumgestottert und schließlich gestanden, dass ihr Ehemann ihr zu all dem geraten hätte. Das hat meinen Zorn nur verstärkt. Ich bin so schnell wie meine Pferde konnten, nach Versailles zurückgefahren und habe Comte de Provence gesucht. Er war bei meinen Tanten. Vor diesen habe ich ihm einen großen Krach wegen seiner Doppelzüngigkeit gemacht. Diesmal wusste er nichts zu entgegnen. Ich bin jetzt sicher, dass er sich vollkommen der Partei der Favoritin ausliefert. Ich hatte kurz darauf auch den Beweis dafür, als ich bei seinem Arbeitszimmer vorbeikam, dessen Tür offen war. Er sprach gerade mit Duc d'Aiguillon – so laut, dass man alles hören könnte, was geredet wurde. Dieser schreckliche Minister bietet an, eine der Kammerzofen der Favoritin bei Comtesse de Provence einzustellen. Mein Bruder findet dieses Arrangement ganz nach seinem Geschmack. Wenn ich daran denke, dass wir gezwungen wären, alle vier zusammenzuleben!

Ich bin zu meinem Mann gelaufen, um ihm alles zu erzählen. Ich gebe zu, bei all seinen Schwächen ist Monsieur le dauphin unendlich mehr wert als Comte de Provence. Ich habe ihm gesagt, dass ich von seiner Anständigkeit und seiner Offenheit sehr beeindruckt bin. Er hat gelächelt und mich geküsst. Er versteht meine Wut, aber er hat mir empfohlen, keinen Zwist im Schoß der Familie zu säen. Wir müssen mit Vorsicht agieren und so tun, als vergäßen wir das Vorgefallene. Ich glaube, er hat Recht. Mercy würde mir sicher das Gleiche raten.

10. Dezember – Ich spiele beim Tagebuchschreiben Verstecken, denn ich fürchte immer, dass man mich beim Schreiben entdeckt. Heute ist Comtesse de Provence wieder bei uns gewesen. Sie ist noch sehr rot, aber die Blattern haben sie nicht allzu sehr gezeichnet. Ich war besonders liebenswürdig zu ihr, was sie in Verlegenheit zu bringen schien. Ich weiß, dass sie wörtlich ausführt, was ihr Mann ihr diktiert, vor allem aus Angst und Dummheit. Ich bin umso misstrauischer, als ihre Schwester bald Comte d'Artois heiraten soll. Werden sie auch der Partei der Favoritin angehören? Der Einfluss, den diese Frau auf den König nimmt, kennt keine Schranken. Sie ist die Königin. Die Gnaden, die Mesdames erbeten hatten, sind ihnen nie gewährt worden, und sie tut alles, um Papa Roi von seiner Familie zu entfernen.

15. Dezember – Die Unterredung, die ich soeben mit Mercy hatte, hat mich ganz schön beunruhigt. Wenn ich weiterhin der Barry so offensichtlich meine Verachtung entgegenbringe, laufe ich Gefahr, den König endgültig zu verstimmen, was die Allianz, die zwischen ihm und meiner teuren Mama geschlossen ist, gefährden könnte. Ich war mir nicht im Klaren, dass die Dinge so schlimm liegen könnten. Was es mich auch kosten mag, ich bin jetzt entschlossen, alle Liebenswürdigkeiten jener Frau zu erweisen, die ich so sehr hasse.

31. Dezember – Ich habe Mercy versprochen, morgen, am Neujahrstag, in den sauren Apfel zu beißen.

1772

1. Januar – Es ist getan. Ich habe zur Barry gesprochen. Wie es an diesem Hof Tradition ist, kommen am ersten Tag des Jahres alle offiziell eingeführten Damen und erweisen der Königsfamilie ihre Reverenz. Heute vormittag ist die Favoritin mit Duchesse d'Aiguillon und Maréchale de Mirepoix zu mir gekommen. Ich habe ein paar Worte gewechselt mit Madame d'Aiguillon, die ich nicht mag, dann bin ich direkt bei der Barry vorbeigegangen, habe mich ganz ungezwungen ihr zugewandt und gesagt: »Es sind ziemlich viele Menschen heute hier in Versailles.« Dann habe ich mich Madame de Mirepoix gewidmet. Nach dem Diner habe ich Mercy in Anwesenheit von Monsieur le dauphin getroffen und erklärt, dass diese Frau nie mehr einen Ton von mir hören wird. Mercy meint, man müsse vermeiden, den König vor den Kopf zu stoßen, indem man unangemessenen Starrsinn demonstriere. Monsieur le dauphin gab ihm lächelnd recht. Heute abend hat Papa Roi mich besonders liebevoll behandelt. Scheinbar hat man mir bei Duc d'Aiguillon Lobeshymnen gesungen. Dafür haben meine Tanten mich so arg gescholten, dass ich weinen musste. Ich habe meinen Widerwillen überwunden, damit gutes Einvernehmen zwischen unseren beiden Familien herrscht, aber mein Herz wird immer für die meine schlagen. Es würde das Unglück meines Lebens bedeuten, wenn es zwischen ihnen Zwistigkeiten gäbe. Mich schaudert allein bei der Vorstellung. Ich hoffe, dass das nie passieren wird und dass ich zumindest nicht den Anlass dazu liefern werde. Meine Pflichten hier sind sehr schwer zu erfüllen und werden es immer sein.

15. Januar – Ich langweile mich. Es ist kalt. Ich huste. Ich höre brav auf Mercy und den Abbé. Was unsere Zerstreuungen anlangt, so sind es immer die gleichen: Jagd, Ausritte zu Pferd, ein Ball und zwei Aufführungen pro Woche, König-Spiel, Soupers mit den Provences, denen gegenüber ich mich zwinge, fröhlich, zuvorkommend und liebenswürdig zu sein … – Der König hätschelt mich wie nie zuvor. Zugleich empfinde ich ein gewisses Unbehagen in seiner Gegenwart. Seit Monsieur le dauphin versucht, seine Ehe mit mir zu vollziehen, bin ich mir über gewisse Dinge, die mir bis dahin entgangen waren, viel mehr im Klaren. Ich will mir nicht ausmalen, dass unser Großvater sich solchen eher abstoßenden Handlungen mit dieser Kreatur hingibt, aber ich muss einfach jedes Mal daran denken, wenn ich ihn sehe und er mich küsst. Es überkommt mich einfach. Und nachdem er alles über unsere intime Misere weiß, bin ich sicher, dass er darüber mit seiner Maîtresse spricht. Diese Frau, die als das gilt, was man eine Liebesdienerin nennt, muss sich ganz schön über mich lustig machen. Was für eine Erniedrigung!

23. Januar – Meine liebe Mama liegt möglicherweise im Todeskampf. Sie wurde zweimal zur Ader gelassen. Oh mein Gott! Beschützet sie, ich flehe Euch an. Seit heute früh bin ich nur beim Gebet mit dem Rosenkranz, den mir die Kaiserin geschenkt hat. Monsieur le dauphin ist mit mir gekniet und hat meinen Schmerz geteilt.

24. Januar – Ich bin beruhigt. Die Kaiserin war von einer Entzündung in der Wange heimgesucht worden, die bei ihr hohes Fieber verursacht hat. Ihre Unpässlichkeit hat acht Tage gedauert. Duc d'Aiguillon hat mir schreckliche Angst eingejagt, als er mich gestern gefragt hat, wie es ihr geht, ausgerechnet vor der Zeremonie zu Ehren von Kardinal de La Roche-Aymon, der den Kardinalshut bekommen sollte. Nachdem ich nichts von der Indisposition meiner Mutter gewusst hatte, glaubte ich, sie befände sich schon in den letzten Zügen, und er wagte nur nicht, es mir zu sagen. Ich war zu sehr erschüttert, um der Audienz des Kardinals beizuwohnen. Glücklicherweise habe ich heute früh erfahren, dass meine teure Mama außer Gefahr ist und dass sie wie gewohnt ihre Regierungsgeschäfte wieder aufgenommen hat. Mercy mag behaupten, Duc d'Aiguillon hätte nur in bester Absicht mit mir so gesprochen, wie er es getan hat – ich bleibe vom Gegenteil überzeugt. Er ist der Allianz gegenüber zu feindlich gesinnt, um ein großes Herz für mich zu haben.

27. Januar – Papa Roi hat Monsieur le dauphin geschrieben und ihn gefragt, wann er seine Ehe zu vollziehen gedenke. Dieser Brief hat meinen Mann verstimmt. Ich glaube, er wird dem Großvater nicht antworten. Er hat seinen Arzt konsultiert, der ihm geraten hat, Bäder zu nehmen. Wir werden sehen.

4. Februar – Es ist immer noch so kalt. Ich bemühe mich, Mercys Ratschläge zu befolgen. Ich behandle Duc d'Aiguillon und Kanzler Maupeou, der mir übertrieben Reverenz erweist, so gut wie nur möglich. Alle diese Gesichter noch dazu in der Fastenzeit – das macht mich trübsinnig und verdrossen. Es gibt kaum junge Leute um uns, vor allem seit die Prinzen von Geblüt verbannt sind. Gottseidank erzählt mir Prinzessin de Lamballe, was sich bei Duc de Chartres in Paris, im Palais-Royal und im Schloss von Saint-Cloud zuträgt. Dort amüsiert man sich gut. Man empfängt dort Menschen mit Esprit ebenso wie Überfromme, Moralisten gleichermaßen wie leichte Frauen. Man verlangt nur zwei Dinge: guten Ton und gute Manieren. Üble Nachrede ist von Gesprächen ausgeschlossen. Die Unterhaltung ist weder seicht noch allzu bedeutungsvoll. Nachdem das Palais Royal an die Oper angrenzt, können alle beim Prinzen eingeführten Personen zu ihm zum Souper kommen, ohne eigens eingeladen zu sein. Nach dem Souper sucht man die Logen auf, um der Vorstellung beizuwohnen. Duc und Duchesse de Chartres geben ausgelassenere Bälle, als sie bei uns stattfinden. Werde ich je eines Tages hingehen können? Ich bedaure sehr, dass Duc und Duchesse de Chartres nicht mehr nach Versailles kommen können. Sie würden es beleben. Der Prinz betrügt seine Frau auf das Unverschämteste mit jungen Mädchen, aber sie leidet nicht allzu sehr darunter, weil er weiterhin mit ihr schläft. Sie hofft, bald schwanger zu werden.

7. Februar – Ich sehe die Favoritin fast nie und sage nichts Unfreundliches mehr über sie. Ich muss mich dabei manchmal allerdings sehr zurückhalten. Letzte Woche ging sie zu Monsieur Vernet, einem Marinemaler, der seinen Pavillon in Luciennes sehr hübsch gestaltet hat. Sie fand zwei Bilder nach ihrem Geschmack und wollte sie erwerben. Vernet entgegnete ihr jedoch, dass ein Ausländer von hohem Adel sie ihm bereits abgekauft hätte und er sie ihm so bald wie möglich senden müsse. Was kümmerte das seine Herrin! Ein paar Stunden später ließ sie die Bilder von ihrem Personal holen und deren Urheber einen fünfzigtausend Livres-Schein, zahlbar durch Monsieur Beaujon, Hofbankier, aushändigen. Die Barry, die sich einbildet, Kunstliebhaberin zu sein, hatte die Stirn, ein Standbild von König Charles I. von England von Van Dyck zu kaufen und dabei zu behaupten, es handle sich um ein Familienbild. Die Du Barrys hätten wohl gern, dass man glaubt, sie wären verwandt mit den Stuarts!

24. Februar – Der letzte Brief der Kaiserin und die Unterredung, die ich soeben mit Mercy hatte, machen mich träumen. Indem Mama die häufigen Unpässlichkeiten von Papa Roi anführt, will sie mir klarmachen, dass er sehr erschöpft ist und früher sterben könnte als wir denken. Der Botschafter hat mir dasselbe gesagt. In diesem Fall würde Monsieur le dauphin der Herr im Haus und ich die Königin. Diese ziemlich erschreckende Perspektive scheint mir unwahrscheinlich: Papa Roi geht es gut; er reitet täglich zu Pferd aus und geht spät zu Bett. Wie er leiden auch Monsieur le dauphin und Comte de Provence häufig an Verdauungsstörungen. Das beunruhigt niemanden mehr. Ich denke, meine liebe Mama und Mercy sehen die Dinge zu schwarz. Vielleicht wollen sie mich dazu bringen, die Mäßigung, die ich mir all denen gegenüber auferlegt habe, die ich nicht mag und die nicht zu mögen ich gute Gründe habe, beizubehalten. Ich habe natürlich Mercy versichert, alles in meiner Macht Stehende zu tun, die Allianz, die der Kaiserin so sehr am Herzen liegt, zu erhalten. Mercy will mir immer einreden, dass ihre Zukunft von mir abhinge, von mir allein. Die kleinste Unbesonnenheit könnte sie zusammenbrechen lassen, vor allem bei den Ministern, die Choiseuls Nachfolger sind.

26. Februar – Wieder neue Probleme. Meine Kammerzofen, die ich nicht kontrolliere, haben unbedachte Ausgaben gemacht. Seit ich an diesem Hof lebe, habe ich mich bei der Auswahl meiner Toiletten und Aufmachung immer auf meine dafür zuständige Hofdame verlassen. Sie schafft an. Nun stellt sich heraus, dass wir dreihundertfünfzigtausend Livres für meine Garderobe ausgegeben haben statt hundertzwanzig, wie vorgesehen wäre. Ich verstehe nichts davon. Wieder hat Mercy mir geholfen. Wir haben die Abrechnungen der Duchesse de Cossé, meiner neuen Garderobendame, genau geprüft. Und es wurde uns klar, dass die Kammerzofen unglaublich viel Missbrauch getrieben haben. Madame de Cossé wird das alles in Ordnung bringen müssen. Wie ärgerlich!

29. Februar – Duc de La Vauguyon ist gestorben. Ich werde nicht um ihn weinen. Monsieur le dauphin hatte ihn während dessen Krankheit nicht besucht. Er spürt, dass seine Erziehung durch das Versagen dieses Mannes so mangelhaft war, der ihm dazu noch schlechte Gedanken über seine Ehe mit mir in den Kopf gesetzt hat. Mein Mann, der das Rechtswesen und die Wahrheit in allem kennen möchte, versucht sich weiterzubilden. Wenn er nicht auf der Jagd ist, schließt er sich in sein Arbeitszimmer ein und verbringt Stunden mit Lesen und Arbeiten.

9. März – Der Karneval geht seinem Ende zu. Ich bin ein wenig erschöpft, aber ich habe mich gut amüsiert. Am Sonntag vor Aschermittwoch hat mein Arzt mir, zumal ich verkühlt war, nahe gelegt, mich zu schonen. Dazu hatte ich keine Lust. Montag hat Madame de Noailles einen Maskenball und ein großartiges Souper zu unseren Ehren gegeben. Ich habe begeistert zur Quadrille applaudiert, deren Figuren meinen Taufnamen bildeten. Ich habe bis drei Uhr früh getanzt, Comte und Comtesse de Provence sind bis sechs Uhr geblieben. Ich bin erst gegen Mittag aufgewacht am Faschingsdienstag, aber da hatten wir noch einen Ball, der um fünf Uhr begann und gegen halb elf endete. Ich habe mich erholt, aber mein Schnupfen hat nicht nachgelassen, sodass ich Samstag wieder ins Bett musste. Monsieur le dauphin ist es nicht besser ergangen. Heute morgen fühlen wir beide uns wieder vollkommen wohl.

15. März – Nun haben wir Fastenzeit. Wir halten Diät und erfüllen unsere religiösen Pflichten. Mein Beichtvater, Abbé Maudoux, hat mir das Buch Tobias mit einer sehr frommen Widmung gegeben. Ich lese jeden Tag einen Vers oder zwei. Abbé de Vermond nutzt die Gelegenheit zu Moralpredigten. Da ziehe ich sein Vorlesen vor. Er liest gut, mit gesetzter Stimme, und betont sehr gut und passend. Er hat die »Memoires« von L'Estoile ausgesucht. Es ist ein Tagebuch der Regierungszeiten von Charles IX., Henri III. und Henri IV. Man erfährt dabei Tag für Tag alles, was sich in der jeweiligen Zeit ereignet hat, die guten und schlechten Handlungen, Gesetze und Bräuche. Mir sind die Namen, Positionen und manchmal die Herkunft der Adeligen am Hof bekannt. Ich hätte lieber Romane, aber ich sage das meinem Berater lieber nicht. Das ist angeblich frivole und gefährliche Lektüre, die einen auf schlechte Gedanken bringt. Alle Frauen dürfen so etwas lesen, nur ich nicht. Prinzessin Lamballe hat den Kopf voll davon. Ich muss unbedingt eine Möglichkeit finden, daran zu kommen. Dazu werde ich keinen Abbé brauchen, und ich glaube nicht, dass ich dabei einschlafen könnte wie bei diesem Monsieur de l'Estoile, denn all das, was er erzählt, ist uns so fern.

25. März – Immer die gleiche Leier. Die Fastenzeit geht anscheinend nie zu Ende. Und das, während in Paris ungeachtet der kirchlichen Verbote auch noch weiter Tollerei und Tanz regieren. Gott sei Dank nehme ich Musikstunden. Diese gute Seele, Comtesse de Marsan, die hier die so genannte fromme Partei anführt, hat versäumt, sich ihrer Sünden zu entledigen. Sie ergeht sich in bösen Äußerungen über mich.

8. April – Wir verbringen viel weniger Zeit bei unseren Tanten. Jedenfalls ziehe ich die Gesellschaft von Comte und Comtesse de Provence vor. Wir sind im gleichen Alter und sie amüsieren sich gern. Comte d'Artois, der sich noch im Stadium der Ausbildung befindet, stößt oft zu uns. Ihn habe ich am liebsten. Aber ich komme nochmals auf Monsieur de Provence zurück. Er hat sich seit dem Tod von Duc de La Vauguyon verändert und mir Abbitte geleistet. Er hat mir versichert, er sei von seinem alten Erzieher fehlgeleitet worden, und Duc d'Aiguillon hätte ihn unglücklicherweise in die Partei der Favoritin hineingezogen. Er kennt dessen böse Neigung, Ränke zu schmieden, und will sich nicht mehr zu dessen Spielball machen lassen. Ich habe ihm zugehört ohne etwas zu sagen, was mich kompromittieren könnte. Möglicherweise liegt mehr Absicht als Gutwilligkeit in diesen Erklärungen. Ich tue so, als glaubte ich ihm wirklich. Derzeit sucht er mir zu gefallen; seine Frau zeigt sich sanft, entgegenkommend und aufmerksam. Kurz – wir sind zur Zeit in perfektem Einvernehmen.

18. April – Ich bin traurig, weil ich erfahren habe, dass meine teure Mama mit dem neuen Botschafter Frankreichs in Wien gar nicht glücklich ist. Es ist Prince de Rohan, Weihbischof beim Bischof von Straßburg, der mich bei meiner Ankunft in jener Stadt vor zwei Jahren empfangen hat. Er flößt der Kaiserin keinerlei Vertrauen ein. Er befleißigt sich negativer Äußerungen, die mit seiner kirchlichen Würde und seinem Ministerstand unvereinbar sind. Er kennt sich in den Staatsangelegenheiten schlecht aus. Sein Gefolge besteht aus Personen ohne Verdienste und mit schlechten Sitten. Und – wie meine Mutter wohl weiß – er ist der Allianz gegenüber feindlich eingestellt. Das ist noch das Werk von Monsieur d'Aiguillon! Was für ein Pech!

15. Mai – Es fällt mir sehr schwer, meinen Widerwillen gegenüber Duc d'Aiguillon zu verbergen. Ich bitte ihn nie um etwas und gebe denen, die durch meine Vermittlung eine Gunst von diesem Minister erbitten wollen, nie eine Antwort.

1. Juni – Obwohl wieder die schönen Tage da sind, verdrießt es mich. Monsieur le dauphin liebt mich zweifellos sehr, aber wir sind dabei immer noch keinen Schritt weitergekommen und haben auch nicht dieselben Vorlieben. Um Abwechslung in unsere Unterhaltungen zu bringen, gebe ich von Zeit zu Zeit bei mir Konzerte und habe Madame Clotilde, die jüngere Schwester von Monsieur le dauphin, animiert, auch bei sich welche zu veranstalten. Sie ist ein liebes Mädchen, das man schon zu verheiraten gedenkt. All das ist ziemlich wenig erheiternd. Ich träume davon, nach Paris zu fahren. Der Hof dort amüsiert sich viel besser als in Versailles. Papa Roi wird mir niemals erlauben, hinzufahren – nicht einmal mit einer kleinen Eskorte. Ich muss warten, bis die Stadt uns offiziell empfängt. Ich weiß nicht, wann diese Zeremonie stattfinden wird, auf die ich so ungeduldig warte. Ich nehme mir aber vor, Reitpferde in einer gewissen Entfernung zur Stadt bereithalten zu lassen, wo ich dann mit dem Wagen hinfahre, ein Pferd besteige und incognito durch die Boulevards streifen werde.

2. Juni – Mein schöner Plan ist ins Wasser gefallen. Schuld daran ist Madame Adélaide. Während Madame de Noailles sich erweichen ließ, wollte Madame Adélaide sie anweisen, mich von einer Dame, die in ihren Diensten steht, begleiten zu lassen. Madame de Noailles aber fand, dass dies ihrer Tochter zustünde, Duchesse de Duras, die als Hofdame im Palast berechtigt ist, mir bei meinen Ausritten zu folgen. Comtesse de Noailles und Madame Adélaide haben derart viele Probleme geschaffen, dass die Partie nicht stattfand.

4. Juni – Ich habe den Verdacht, dass Comte de Provence Monsieur le dauphin gar nicht mag. Nach dem Diner waren wir vier im Zimmer meines Bruders. Als mein Mann ein schönes Stück Porzellan, das auf dem Kamin gestanden war, in die Hand nahm, schien Monsieur de Provence so beunruhigt, dass ich darüber scherzte. In diesem Augenblick hat Monsieur le dauphin den Gegenstand fallen gelassen, und er ist in mehrere Stücke zerbrochen. Daraufhin hat sich Monsieur de Provence auf ihn gestürzt, ihm Faustschläge in die Rippen versetzt, was Monsieur le dauphin ihm zurückgegeben hat. Sie haben sich beide balgend am Teppich gewälzt. Ich war völlig kopflos. Ich hätte um Hilfe rufen sollen, aber ich wollte sie lieber trennen, was mir auch eine schöne Schramme an der Hand eingebracht hat. Schließlich sind wir alle drei aufgestanden, ganz rot im Gesicht und mit aufgelöster Kleidung. Die beiden Brüder haben sich versöhnt. Comtesse de Provence hat sich nicht von der Stelle gerührt. Sie war steif und stumm geblieben wie eine Statue. All das hat mich geschmerzt.

13. Juni – Comte de Provence ist eben sehr erkrankt. Die Ärzte sprechen von unberechenbaren Fieberanfällen mit hoher Temperatur. Er hat von der Galle erbrochen. Ich glaube, er isst zuviel. Seine Frau hat mir anvertraut, dass er heimlich oft Essbares stiebitzte. Es scheint ihm seit heute früh besser zu gehen, aber er hat alle seine Haare verloren.

18. Juni – Der ganze Hof fragt sich, ob unsere Ehe wirklich vollzogen ist. Mama, Mercy und Vermond bedrängen mich diesbezüglich ständig mit Fragen. Ich kann nicht mehr. Ich muss die ungeschickten Annäherungen meines armen Mannes über mich ergehen lassen. Ich habe keinerlei Lust, auch nur mit irgendjemandem darüber zu sprechen. Das ist ein Thema, das weder einen Kommentar noch einen Rat zulässt. Manchmal gerate ich ins Träumen, ich wäre eine einfache Prinzessin, die ungestört auf einem großen deutschen Landsitz bei ihrem Ehemann lebt, der stark und selbstsicher ist, der mich liebte, mich liebkoste und mir viele Kinder gäbe. Wir würden die Menschen um uns glücklich machen und selbst ein ruhiges glückliches Dasein genießen, das von niemandem gestört würde.

12. Juli – Ich bin weit von meinem erträumten ruhigen Glück entfernt. Seit Ende Mai sind die Armeen der Kaiserin in Polen einmarschiert, das geteilt werden soll, um das Gleichgewicht der Großmächte zu wahren. Meine teure Mama ist sehr besorgt, denn Frankreich ist vor dieser Intervention nicht konsultiert worden. Die Diplomaten unseres Kaiserhauses sollen erfahren haben, dass Duc d'Aiguillon versucht hätte, sich Preußen anzunähern, ohne Rücksicht auf unsere Allianz zu nehmen. Ich gebe zu, dass ich von all diesen Dingen nichts verstehe. Ich bin nur in einem Punkt sicher, nämlich dass es nichts Schlimmeres geben kann als den Bruch unserer Allianz. Mercy hat mir einen Brief meiner Mutter gezeigt, der mich sehr betroffen gemacht hat. »Ich werde mich nie von der eingegangenen Allianz lösen«, sagt sie hier. »Sollte aber Frankreich sich Preußen annähern, könnte ich nicht anders als – zu meinem großen Bedauern – sie ebenfalls zu ändern. Um diese Übel und Unbill für die Monarchie und die Familie abzuwenden, könnte nur meine Tochter, die Dauphine, ihrer Heimat diesen Dienst erweisen. Vor allem muss sie durch ihre stete Präsenz und Sanftheit das Wohlwollen des Königs fördern, sich bemühen, seine Gedanken zu erahnen, ihn durch nichts befremden und die Favoritin gut behandeln. Ich verlange keine Unterwürfigkeiten, sondern nur Achtung in Rücksicht auf das Wohl, das davon für uns und unsere beiden Höfe ausgehen kann. Vielleicht hängt die Allianz von ihr ab. Ich erwarte alles von ihrer Liebe.«

Aber wie soll ich es anstellen, die Gesinnung des Königs zu gewinnen? Wir sehen ihn sehr wenig und selten allein. Madame Du Barry hält ihn von seiner ganzen Familie fern. Und dann bin ich so jung, so unerfahren in allen politischen Angelegenheiten … Einzig Mercy kann mir helfen.

13. Juli – Ich habe lange mit dem Botschafter gesprochen, der mich spüren ließ, wie schmeichelhaft es für mich sei, dass die Kaiserin mich mit einer so wichtigen Aufgabe betraut, über dem Band zwischen unseren beiden Häusern zu wachen. Er hat versprochen, mir allen Rat zu geben, der mir nützlich sein könnte. Ich werde mein Bestes tun, um zur Erhaltung der Allianz beizutragen. Was würde aus mir, wenn es zu einem Bruch zwischen meinen beiden Familien käme? Ich hoffe, Gott wird mich vor einem solchen Unglück bewahren und mir die richtige Eingebung für das, was ich tun soll, schenken. Ich habe von ganzem Herzen darum gebetet.

20. Juli – Tausend Schwierigkeiten erdrücken mich. Manchmal weine ich, ohne zu wissen, warum. Ich habe das Gefühl, dass mich niemand liebt. Monsieur le dauphin ist sanft und gefällig, aber er steht mir ferner als meine Brüder. Ich wage nicht, über die intimen Angelegenheiten unserer Ehe zu schreiben, es wäre zu schwierig und vor allem zu traurig. Man kann solche Dinge vor allem niemandem anvertrauen, nicht einmal einem Tagebuch. Ich glaube, es würde mich noch mehr bekümmern und beschämen, wenn ich es niederschriebe. Und doch – es muss sein, dass diese Ehe vollzogen wird und dass wir am Ende Kinder haben. Die Situation einer Dauphine ohne Nachkommen ist sehr gefährdet … Mama und Mercy wiederholen das immer wieder.

22. Juli – Compiègne ist noch trister als Versailles. Nachdem wir den König wenig sehen, fahren alle unsere jungen Herren abends nach Paris, wo andere Freuden sie erwarten. In der Hoffnung auf bessere Tage mache ich regelmäßig dem König meine Aufwartung, der immer sehr liebenswürdig zu mir ist. Ich folge den Jagden in der Kutsche mit Comtesse de Provence, aber ich bevorzuge es, zu reiten.

23. Juli – Ich gebe mir Mühe, dafür zu sorgen, dass Eintracht in der Familie herrscht. Heute hat Monsieur le dauphin zum Spaß beim Piquett-Spiel seinem Bruder mit dem Stab auf den Arm geschlagen. Nach ein paar Warnungen, die meinen Mann nicht zur Vernunft brachten, riss ihm Monsieur le Comte de Provence den Stab aus der Hand. Ich meinerseits habe ihn geschnappt und zerbrochen, um diesem Streit ein Ende zu setzen. Heute abend musste ich Monsieur le dauphin die Leviten lesen, und er hat sanft und gehorsam zugehört. Ich gab ihm zu verstehen, welch ärgerliche Folgen derartige Kindereien nach sich ziehen können.

27. Juli – Wieder einmal habe ich dem Drängen Mercys nachgegeben, der mich anflehte, die Favoritin nach der Messe liebenswürdig zu empfangen. Sie ist gekommen, mir ihre Reverenz zu erweisen, gefolgt von der unvermeidlichen Duchesse d'Aiguillon. Ich habe zu ihr ein paar bedeutungslose Bemerkungen über das Wetter und die Jagden gesagt. Sie ist glücklich weggegangen, und der König erwies sich mir gegenüber bei der Großen Tafel mit lieben Aufmerksamkeiten erkenntlich.

1. August – Ich glaube, es ist das Beste für mich, wenn ich mein Verhalten nach Mercys Ermessen gestalte. Ich habe Monsieur le dauphin sowie Comte und Comtesse de Provence erklärt, dass Mesdames uns hinsichtlich der Favoritin schlecht beraten hätten, was uns alle in große Verlegenheit gebracht hätte. Niemand hat mir darin widersprochen.

4. August – Vorgestern habe ich Monsieur le dauphin gebeten, zum kleinen Souper des Königs mit der Barry an der Spitze zu gehen. Er hat sich dem gutmütig gebeugt. Gestern haben wir hier mit Großvater soupiert, der zweimal pro Woche kommt. Wie üblich hat Papa Roi sich um elf Uhr zurückgezogen, um zur Barry hinaufzugehen, wo er bis ein Uhr Piquett spielt. Während dieser Zeit sind wir zu Madame de Durfort gegangen, die für uns eigens eine Unterhaltung organisiert hatte. Die besten Komödianten von Paris haben für uns Proverbes gespielt – kurze Szenen, die ganz untheatralisch dargeboten werden. Monsieur le dauphin war so aufmerksam, Mercy an seine Seite zu setzen. Sie haben sich viel miteinander unterhalten.

6. August – Welche Aufregung es gestern bei der Jagd gegeben hat! Der König ist von einem Pferdefuß getreten worden. Er war ganz benommen, aber der Chirurg hat gesagt, es gebe keinen Grund zur Besorgnis. Ich bin sofort zu Großvater gelaufen, um ihn zu trösten. Er ist in meine Kutsche gestiegen. Als wir in die Lichtung einfuhren, wo er mich hier vor über zwei Jahren in Empfang genommen hatte, erklärte er, er wolle an eben dieser Stelle die Erinnerung an einen so glücklichen Tag würdigen und küsste mich mehrere Male.

15. August – Ich habe den König morgens und abends zu allen Gottesdiensten begleitet, die in der Pfarrkirche gefeiert wurden und in einer Prozession ihren Abschluss fanden.

28. August – Wir sind gestern nach Versailles zurückgekehrt. Ich habe seit fast fünfzehn Tagen nichts geschrieben, denn es gab nichts zu erzählen: Jagd und wieder Jagd, König-Spiel, Große Tafel – und immer die gleichen Gesichter. Trotz Hitze und schönem Wetter huste ich. Mein Arzt lässt mich Eselsmilch trinken. Meinem Provence-Bruder geht es nicht gut. Die Ärzte haben beschlossen, eine Wunde zu schließen, die sich in seiner Kindheit gebildet haben muss. Jetzt hat er Hautflechten an den Händen. Da er eine Perücke trägt, seit er seine Haare verloren hat, nennen wir ihn »Schopfprinz«.

7. September – Angeblich will der König Comte d'Artois mit der Schwester von Comtesse de Provence verheiraten, und Prinzessin Clotilde mit Prince de Piémont, deren Bruder. Ich habe den Eindruck, dass Madame de Provence ihrerseits Ränke flicht, um ihre Wünsche erfüllt zu sehen. Wir könnten uns am Ende eine Magenverstimmung von der Savoyen-Torte holen!

15. September – In ein paar Tagen soll der König dem Abnehmen der Stützen einer prächtigen Brücke beiwohnen, die soeben über die Seine gebaut worden ist, und zwar beim Dorf Neuilly. Das wird ein eindrucksvolles Schauspiel werden, das sich die Bewohner von Paris nicht entgehen lassen wollen. Ich hoffe, Großvater wird uns erlauben, ihn zu begleiten.

18. September – Meine Tanten haben es abgelehnt, sich zur Brücke von Neuilly zu begeben, weil die Barry den König begleiten wird. Wegen dieses Umstandes wollen sie auch uns diesen Ausflug nicht gönnen. Ich habe mich geärgert. Ich habe ihnen zu entgegnen gewagt, dass ich mich ihren Ansichten nicht anschlösse und überallhin ginge, wo wir in der Nähe von Papa Roi sein könnten. Madame Adélaide war verblüfft. Wir hatten einen ziemlich heftigen Wortwechsel, ehe ich nach Hause zurückkehrte. Wenn Mama das erlebt hätte, wüsste sie, dass ich nicht mehr zur Partei meiner Tanten gehöre.

19. September – Wieder ein Plan, der ins Wasser gefallen ist. Mercy hat mir nahegelegt, nur dann nach Neuilly zu fahren, wenn der König mich darum ersucht. Nachdem er das nicht getan hat, fahre ich nicht und Monsieur le dauphin fährt auch nicht. Ich habe jedoch meinen Tanten erklärt, dass der Entschluss, den ich fasste, lediglich mit dem Schweigen ihres Vaters etwas zu tun hätte. Madame Adélaide hat nichts geantwortet, aber ich spüre, dass sie sich immer mehr über mich ärgert.

23. September – Comte de Provence ist unberechenbar. Er hatte Monsieur le dauphin gegenüber wiederholt erklärt, Duc de La Vauguyon hätte ihn immer gedrängt, sich doch der Partei der Favoritin anzuschließen. Er habe dafür nur Schwierigkeiten geerntet. Heute stelle er sich vor, dass wir uns alle vier abseits zusammenschließen und unsere eigene Partei bilden könnten. Das ist meines Erachtens das Ärgste, was innerhalb der Familie passieren kann. Ich muss unbedingt mit meinem Bruder sprechen.

12. Oktober – In Fontainebleau, wo wir uns derzeit aufhalten, trinke ich immer Eselsmilch und schlafe jeden Morgen eine Stunde oder zwei, nachdem ich sie zu mir genommen habe. Diejenigen, die mich seit dem Frühjahr nicht mehr gesehen haben, finden, ich sei dicker geworden. Obwohl die Zeit hier sehr ausgefüllt ist, lese ich jeden Tag ein bisschen. Ich habe die »Anecdotes de la cour de Philippe Auguste« (Episoden vom Hof des Philippe Auguste) von Mademoiselle de Lussan begonnen. Es war natürlich der Abbé, der für mich diese Wahl getroffen hat. Wann werde ich echte Romane lesen dürfen?

14. Oktober – Bei der Jagd ist das Pferd von Monsieur le dauphin auf einem dicken Stein ausgeglitten und auf ihn gestürzt. Einer seiner Rittmeister ist ihm zu Hilfe gekommen. Gott sei Dank blieb mein Mann unverletzt. Er war so liebenswürdig und kam selbst, um es mir mitzuteilen, weil er fürchtete, dass ich sonst zu sehr erschrocken wäre. Dieser Unfall, der schlimme Folgen hätte haben können, wird mich nicht daran hindern, weiterhin den Jagden zu Pferd zu folgen, was auch immer meine teure Mama dazu sagt, die immer eine Katastrophe wittert.

17. Oktober – Wir versäumen keine Vergnügungen. Die Bälle folgen einer dem anderen, und dazu haben wir drei Aufführungen pro Woche: Dienstag eine Komödie, Donnerstag eine Tragödie und Samstag eine Oper. Seit ein paar Tagen hat Comte de Provence die Gewohnheit, jeden Morgen in mein Arbeitszimmer zu kommen, um ein wenig zu plaudern. Gestern hat er mir sechs eigenhändig geschriebene Seiten übergeben: Es sind Ratschläge darüber, wie ich mich verhalten soll, um mir ein engeres freundschaftliches Verhältnis mit dem König zu sichern, mehr Gewicht und Gehör in der königlichen Familie zu verschaffen und die völlige Ergebenheit des Hofes zu sichern. Er möchte auch, dass ich Papa Roi die Briefe zeige, die ich von Wien bekomme und dass ich mich weniger oft mit Mercy bespreche. Das alles genügt mir, ihm gegenüber misstrauisch zu sein.

19. Oktober – Zu Mittag hat Monsieur le dauphin zum ersten Mal sein Regiment inspiziert. Ich bin ihm in der Kutsche mit den gequälten Seelen der Favoritin gefolgt, Duchesse d'Aiguillon und Duchesse de Mirepoix: Mercy hatte mich beschworen, sie einzuladen. Bei der Ankunft des Königs hat Monsieur le dauphin selbst die Truppenbewegungen befehligt. Anschließend ist er die Ränge abgeritten und hat mir alle Offiziere vorgestellt. Ich habe jedem von ihnen eine Kokarde überreicht, angefangen von meinem Mann, der sie sofort an seiner Kappe befestigt hat. Er ließ zweihundert Louis-

Goldmünzen in seinem Namen an die Truppe verteilen und hundert in meinem.

22. Oktober – Die Kaiserin ist mit mir zufrieden, ihre Briefe bezeugen es. Es ist wahr, dass ich mich seit mehreren Wochen bemühe, ihrem Rat zu folgen wie auch den Ratschlägen von Mercy.

27. Oktober – Die Barry ist gekommen und hat mir ihre Aufwartung gemacht, wie Mercy mir angekündigt hat. Ich habe mich darauf beschränkt zu ihr zu sagen, dass das Wetter schlecht sei und man nicht spazierengehen könne. Sie schien zufrieden. Aber was mir weit mehr zu schaffen macht, ist, dass Papa Roi uns, Monsieur le dauphin und mich, morgen allein empfangen will. Ich zittere vor Angst.

28. Oktober – Wie erniedrigend! Papa Roi hat getreue Rechenschaft über den Stand unseres intimen Ehelebens verlangt. Ich bin errötet, anschließend erblasst und habe den Blick gesenkt, während mein Mann ohne die geringste Scham erklärte, dass er Versuche unternommen hätte, seine Ehe zu vollziehen, dann aber immer abgebrochen, weil er Schmerzen empfand, und dass er nicht wüsste, ob das auf eine Missbildung zurückzuführen sei oder andere Ursachen hätte. Wenn ich daran denke, dass die Barry jetzt am Laufenden über all das ist, heule ich vor Wut.

29. Oktober – Der König wollte Monsieur le dauphin allein sehen, um sich selbst ein Bild über dessen Zustand zu machen. Er schien erleichtert, denn das kleine Hindernis, das besteht, ist seiner Meinung nach lediglich eine Verletzung, wie sie bei Halbwüchsigen sehr verbreitet ist, und erfordert keine Operation. Er meint, wir legten viel Ungeschicklichkeit und Unwissenheit an den Tag. Er würde meinen Arzt beauftragen, uns Anleitungen zu geben. Aber jetzt weiß der ganze Hof, worum es in der Unterredung zwischen Papa Roi und uns gegangen ist. Monsieur le dauphin ist betroffen. Er stellt sich vor, dass am Morgen nach dem Vollzug seiner Ehe die gesamte Öffentlichkeit darüber informiert sein und die Augen auf ihn richten würde.

2. November – Gestern und heute habe ich allen Gottesdiensten beigewohnt und mich zurückgezogen.

3. November – Ich bin in der Kutsche der großen Saint-Hubert-Jagd gefolgt. Der König hat lange neben mir angehalten, aber ich konnte kaum erwarten, dass er mich wieder verlässt, denn seit unserer letzten Unterredung sterbe ich vor Scham in seiner Gegenwart.

12. November – Mercy hat mir gesagt, dass die Kaiserin sehr auf mich zählte, die freundschaftliche Beziehung zwischen unseren beiden Häusern zu festigen, denn es könnte zu einer weiteren Abkühlung zwischen ihnen kommen. Heute abend hat Papa Roi im Scherz zu mir gesagt: »Man darf nicht von den Angelegenheiten Polens in Ihrer Gegenwart sprechen, denn Ihre Eltern sind nicht der gleichen Meinung wie wir; das wird uns entzweien und ich werde Sie nach Wien zurückschicken.« An dieser Stelle hat er mich geküsst. Ich werde nichtsdestoweniger weiterhin Mercys Ratschlägen folgen. Man würde mir sehr Unrecht tun mit der Annahme, meine Heimat ließe mich gleichgültig.

28. November – Seit unserer Rückkehr nach Versailles sind die Jagden, Bälle und Theateraufführungen wieder aufgenommen worden. Ich habe keine Zeit zu schreiben.

15. Dezember – Ich versäume keine Gelegenheit mehr, dem König meine Aufwartung zu machen und seinen Wünschen zuvorzukommen, soweit ich sie erahnen kann. Es ist meine Pflicht, ihn zufrieden zu stellen, wenn ich dadurch dazu beitragen kann, die Union unserer beiden Häuser zu erhalten. Unser Familienleben gestaltet sich zur Zeit ziemlich ruhig. Comte de Provence ist weiterhin ständig in meiner Nähe, auch wenn sich unsere Gespräche nur um irrelevante Themen drehen. Meine Tanten tragen den Verlust ihres Einflusses mit Schmerz, und ich weiß, dass sie es sich nicht nehmen lassen, mich hinter meinem Rücken zu kritisieren und die Comtesse de Provence zu preisen. Da kann man nichts machen. Ich glaube, dass ich in diesem Jahr viel ernsthafter geworden bin, aber glücklich bin ich nicht.

1773

2. Januar – Ich frage mich, was dieses neue Jahr mir bringen wird. Ich habe erfahren, dass meine Schwestern Amelie und Karoline schwanger sind. Wann werde ich dasselbe von mir behaupten können?

Heute bin ich über Nachrichten aus Paris bestürzt. Im Bürgerspital Hôtel-Dieu war in der Nacht des 29. Dezember gegen ein Uhr früh ein Feuer ausgebrochen, und in den Untergeschossen brennt es immer noch. Man musste die Kranken in die Kathedrale und zum Erzbischof transportieren. Zehn Personen sind in den Flammen umgekommen und es gab noch viele weitere Todesopfer unter den Helfern. Der Erzbischof hat eine Untersuchung angeordnet. Ich habe tausend Taler geschickt. Ich habe nicht darüber gesprochen, aber man hat mir dafür Komplimente gemacht, die mir sehr peinlich waren. Ich habe angeblich ein Beispiel gegeben, dem man folgen wird.

15. Januar – Meine Montag-Bälle sind wieder aufgenommen worden; sie werden weiterhin abgehalten – bis Aschermittwoch. Die Prinzen sind in Gnade zurückgekehrt und kommen wieder an den Hof. Duc d'Orléans und Duc de Chartres haben uns einen Besuch abgestattet. Das gefällt mir. Zugleich finde ich, sie haben sich ganz unverschämt gegenüber dem König benommen – trotz ihrer untertänigen Sympathiebezeugungen. Sie haben es gewagt, ihm einen Brief zu schreiben, in welchem sie als Verteidiger des alten Parlaments auftraten. Man erzählt sich, dass Duc d'Orléans die Erlaubnis seines Großvaters benötigt hätte, seine Maîtresse, Madame de Montesson, zu heiraten, die in gewisser Hinsicht seine Madame Barry ist. Was Duc de Chartres betrifft – der ist Comtesse de Genlis verfallen, einer anderen Intrigantin ohne ebenbürtige Abstammung, über die man schreckliche Dinge erzählt. Sie ist die Nichte von Madame de Montesson. Heute sind sie aufeinander eifersüchtig und hassen einander.

Was für eine Familie! Laut Madame de Lamballe weiß die kleine Duchesse de Chartres nichts von alldem.

13. Februar – Vorgestern bin ich endlich nach Paris gefahren. Papa Roi hat uns erlaubt, den Ball der Oper zu besuchen. Noch nie habe ich mich so herrlich amüsiert. Ganz heimlich haben Monsieur le dauphin und ich mit Comte und Comtesse de Provence nach dem Souper Versailles verlassen. Wir waren alle maskiert. Kaum angekommen, waren wir auch schon von unzähligen Masken umgeben und in Tänze einbezogen. Was für ein Schauspiel! Elegante Kleider, verrückte Kostümierungen, Papiermasken und bemalte Gesichter, eine unglaubliche Mischung von Farben, ein Stimmengewirr, alles ständig in Bewegung ... Mich hätte von all dem Schwindel erfasst, hätte mich nicht Monsieur le dauphin festgehalten. Als wir schon eineinhalb Stunden lang da waren, hat man uns erkannt. Duc de Chartres und Duc de Bourbon, die im Palais-Royal tanzten, kamen zu uns und wollten uns unbedingt dazu bringen, zu Duchesse de Chartres tanzen zu kommen; aber ich habe mich entschuldigen lassen, zumal ich die Erlaubnis des Königs nur für die Oper hatte. Es hätte mir sehr leid getan, diesen außergewöhnlichen Ort eines Hofballs wegen zu verlassen. Wir sind um sieben Uhr früh nach Versailles zurückgekehrt. Dort besuchten wir noch die Messe, bevor wir uns schlafen legten. Alle sind erfreut, dass Monsieur le dauphin bei dieser Partie mit dabei war und es ihm anscheinend Spaß gemacht hat.

3. März – Seit man in Paris erwartet, wir würden wieder zum Opernball kommen, drängt sich dort stets eine große Menschenmenge. Ich hoffe, nächstes Jahr werden wir die Erwartung der Menschen nicht enttäuschen ...

15. März – Wie traurig doch die Fastenzeit ist!

16. März – Der König hat öffentlich erklärt, Comte d'Artois werde die Schwester von Comtesse de Provence ehelichen. Vor ein paar Tagen hat Monsieur de Boynes, Marineminister und guter Freund von Duc d'Aiguillon, uns beiden – Monsieur le dauphin und mir – eine Falle zu stellen versucht. Er hat uns »ganz geheim« wissen lassen, es hinge von ihm ab, ob Mademoiselle de Condé oder Princesse de Savoie Comte d'Artois ehelichen würde, dass er aber erst handeln wollte, wenn wir unsere Wahl getroffen hätten. Wir haben gezögert, uns dann jedoch weder für die eine noch für die andere ausgesprochen und schließlich geantwortet, wir wären ihm sehr verbunden, würden uns aber über jede Entscheidung des Königs, wie immer sie auch ausfiele, freuen und hätten dazu nichts zu sagen.

2. April – Was will man schon wieder von mir? Man quält mich und lässt mich nicht zur Ruhe kommen. Heute früh habe ich einen Brief von meinem Bruder Joseph bekommen. Er ist kurz und nüchtern. Er wirft mir vor, dass ich es mir im Fasching gut gehen ließ und nur daran gedacht hätte, mich zu amüsieren. Er behauptet, Freude sei der körperlichen Gesundheit sehr zuträglich, aber nicht für die Moral, wenn man sich allzusehr der Zerstreuung hingebe und die wesentlichen Dinge vernachlässige. Er will nicht gelten lassen, dass ich mich in vieler Hinsicht geändert habe. Mehr kann ich unter den herrschenden Umständen nicht tun. Schließlich führe nicht ich die Politik des Königreichs und werde nie den geringsten Einfluss auf Papa Roi haben.

12. April – Ich bin wütend. Als ich von Madame Victoire wegging, hielt ich mich mit Comtesse de Provence in einem kleinen Hof auf, um eine Sonnenuhr anzusehen. Als wir den Kopf hoben, ergoss sich über uns beide, meine Schwester und mich, der Inhalt eines großen Wassereimers, der von einem Fenster des Appartements der Barry ausgeschüttet wurde. Ich hatte gerade noch Zeit, das Kleid zu wechseln, bevor ich zum König hinaufging. »Sehen Sie, Papa, welchen Dingen man ausgesetzt ist, wenn man unter Ihren Fenstern vorbeigeht! Sie sollten wohl mehr Ordnung bei sich schaffen«, habe ich ihm gesagt. Etwas konsterniert fragte mich Großvater über die Umstände dieser Begebenheit aus und wollte wissen, von welchem Fenster das Wasser gekommen war. Ich habe es ihm gezeigt und mich darauf beschränkt zu wiederholen: »Von Ihrem Trakt« – ohne die Favoritin beim Namen zu nennen. Ein wenig verlegen überhäufte mich Papa Roi mit tausend Liebenswürdigkeiten und versprach, denjenigen, die etwas Derartiges angestellt hatten, eine Rüge zu erteilen.

17. April – Ich habe nur Unannehmlichkeiten. So, als man bei Madame Adélaide in Anwesenheit des Königs über Choiseul zu reden begann. Meine Tante behauptete, seine Verbannung hätte die Religion in Frankreich gerettet, wobei sie argumentierte, es wäre sein Plan gewesen, sie von Grund auf zu zerstören. Ich habe diesem Gespräch mit einer so missbilligenden Miene zugehört, dass dies Madame Adélaide auffiel und sie mich zur Rede stellte. Ich musste mich sehr zusammennehmen, um nicht in Wut zu geraten. Ich habe ihr geantwortet, ich kümmerte mich weder um Anschuldigungen noch um die Verteidigung von Ministern, denn ich wäre in keiner Machtposition und hätte auch nicht den Wunsch, ihr Verhalten aufzuklären. Ich habe aber doch hinzugefügt, dass Duc de Choiseul an der Erhaltung der Allianz zwischen unseren beiden Höfen offenbar sehr viel gelegen und dass meine Heirat unter seiner Ministerschaft zustande gekommen war, und dass diese Gründe ausreichten, um mir Schmerz zuzufügen, wenn ich Schlechtes über einen Mann hören müsste, dem ich mein Glück verdanke. Wie auch immer mein Glück beschaffen sein mag!

25. April – Im Auftrag der Kaiserin hört Mercy nicht auf, mit mir über die Politik des Königreichs und die Bande, die zwischen unseren beiden Höfen wieder enger werden sollten, zu sprechen. Ich habe den Eindruck, er bereitet meine Erziehung zur künftigen Königin vor. Er hat mir gegenüber nicht verhehlt, dass ihm der Zustand des Königs Sorgen bereite. Er möchte, dass ich mir angewöhne, mich regelmäßig mit meinem Mann zu besprechen, um eines Tages imstande zu sein, ihn zu führen. Das wird nicht leicht sein. Monsieur le dauphin vertraut sich nur ungern jemandem an und braucht immer lange, um sich festzulegen. Werde ich es jemals schaffen, das zu tun, was meine teure Mama wünscht? Die Kaiserin weiß, wie sehr ich sie liebe und respektiere. Ich werde am Ende noch etwas von Politik verstehen.

3. Mai – Ich habe schriftlich eine Art Notizkalender angelegt, der einen Stundenplan von jedem Tag enthält. Nach meinen Morgengebeten werde ich meine Musikstunde nehmen, meine Tanzstunde, sodann widme ich eine Stunde der Lektüre. Nach meiner Morgentoilette werde ich zum König gehen. Mit der Messe und dem Mittagessen wird die erste Tageshälfte zu Ende sein. Ich werde dann noch eineinhalb Stunden auf Lektüre verwenden, ehe ich promeniere oder auf die Jagd gehe. Nach meiner Rückkehr werde ich mit Monsieur le dauphin sprechen und danach anderen Mitgliedern der königlichen Familie einen Besuch abstatten. Ich habe diesen Plan Mercy gezeigt, der mich ermahnte, mich strikt daran zu halten.

15. Mai – Papa Roi wollte sich mit mir allein unterhalten, um zu erfahren, ob unsere Ehe vollzogen ist, denn Monsieur le dauphin verbringt alle seine Nächte in meinem Schlafzimmer. Es war mir so peinlich, dass ich in Tränen ausbrach. Ich habe nur gestammelt, mein Mann sei schon weiter als früher. Wie hätte ich zugeben können, dass mein Arzt oft bei uns ist, wenn mein Mann versucht, aus mir seine Frau zu machen? Wenn er uns verlässt, versichert Lassone uns immer, er habe gute Hoffnung. Und wenn ich ihm sage, dass ich heftige Schmerzen empfinde, antwortet er, Monsieur le dauphin würde bald »die Rose pflücken«. Niemand kann sich vorstellen, was ich insgeheim durchmache.

9. Juni – Ich habe gestern einen Tag erlebt, den ich nie in meinem Leben vergessen werde. Monsieur le dauphin und ich haben unseren Einzug in Paris gehalten und alle nur vorstellbaren Ehrungen bekommen. Aber was mich am meisten berührte, waren die Liebenswürdigkeit und Begeisterung dieses armen Volkes, das hergebracht worden war, um uns zu sehen, trotz der Steuern, mit denen es belastet ist. Als unser Zug sich durch die Tuilerien bewegte, war die Menschenmenge so dicht, dass wir drei Stunden lang nicht imstande waren, voranzukommen oder umzukehren. Monsieur le dauphin hat mehrmals die Garden ermahnt, niemanden zu schlagen, was sehr gute Wirkung zeigte. Glücklicherweise wurde trotz der gewaltigen Menge, die uns überallhin folgte, niemand verletzt. Auf dem Rückweg des Ausflugs sind wir eineinhalb Stunden auf einer offenen Terasse verweilt. Ich wüsste nicht, wie ich den jubelnden Empfang, der uns bezeugt wurde, beschreiben könnte. Bevor wir uns zurückzogen, grüßten wir die Menge, was wieder zu einem Ausbruch der Freude geführt hat. Mein Mann hat wunderbar auf alle feierlichen Ansprachen geantwortet. So etwa, dass wir glücklich seien, in unserem Land so leicht die Zuneigung eines ganzen Volkes zu gewinnen. Es gebe nichts Kostbareres als das.

24. Juni – Wir sind vergangene Woche in die Oper gefahren und gestern ins Théâtre-Français. Jedes Mal, wenn wir in die Hauptstadt einfahren, feuert man bei den Invalides und der Bastille einen Kanonenschuss ab, um anzukündigen, dass wir kommen. Überall, wo wir vorbeifahren, wird uns zugejubelt. Nachdem es im Theater dem Publikum verboten ist, den Schauspielern in Anwesenheit des Königs und der Prinzen zu applaudieren, habe ich vom Großvater die Erlaubnis erbeten, auf diesen Brauch nicht Rücksicht nehmen zu müssen. Und es war ich, die das Signal zum Applaus gegeben hat – zur größten Freude der Schauspieler und des Publikums. Ich hoffe, oft wieder nach Paris zu kommen.

17. Juli – Es verdrießt mich immer in Compiègne; hier fallen mir die Schwächen von Monsieur le dauphin mehr auf. Ich habe nie bei einem Prinzen derart plebeische Vorlieben gesehen. Ich versuche ihn davon abzuhalten, seine Zeit damit zu verbringen, mit Arbeitern diverse Materialien, Balken und Pflastersteine wegzuschaffen. Er widmet ganze Stunden dieser mühsamen Tätigkeit, von der er völlig erschöpft und staubbedeckt zurückkehrt. Und derselbe Mann legt eine unglaubliche Müßigkeit an den Tag, wenn es darum geht, seinen ehelichen Pflichten nachzukommen. Der einfachste Arbeiter hätte kein Problem damit …

22. Juli – Es ist vollbracht; ich glaube nun wirklich Dauphine zu sein, aber ich bin nicht ganz sicher. Ich bin frühmorgens zum König gegangen. Im Augenblick, als der Türsteher die beiden Türflügel öffnete, fragte der König, wer käme. »Es ist meine Frau«, hat Monsieur le dauphin geantwortet, der sich bei seinem Großvater befand. Da kam es vom Großvater mit einem Lächeln: »Mit welchem Recht nennen Sie sie nun so?« Mein Mann gab zurück, er hätte jetzt alles Recht dazu. Papa Roi war ganz gerührt, nahm jeden von uns an der Hand und führte uns in sein Arbeitszimmer. Und dort teilte ihm Monsieur le dauphin mit, dass unsere Ehe vollzogen ist. Der König war in hellster Freude und küsste uns. Natürlich weiß der gesamte Hof über die Nachricht Bescheid.

24. Juli – Ich hasse es, den König um eine Gunst zu bitten. Ich musste es gestern dennoch tun, und zwar für Madame de Gramont, die nun schon seit drei Jahren verbannt worden war, weil sie sich gegenüber der Favoritin unangemessen verhalten hatte. Papa Roi hat nichts zu mir gesagt, mir aber heute morgen einen kleinen Brief in eher nüchternem Ton gesandt, und der Inhalt erstaunt mich: »Sie sind schlecht beraten, meine liebe Tochter, um die Rückkehr von Madame de Gramont zu bitten; so etwas kann Ihnen nur von der Partei der Choiseuls eingegeben worden sein, mit der Sie verkehren. Der Zugang, den Sie diesen Personen gewähren, steht nicht in Einklang mit den Ratschlägen, die Sie von der Kaiserin erhalten; somit glaube ich, das Beste, das ich für Sie tun kann betreffend Ihr Ansuchen, ist, mit niemandem darüber zu sprechen.« Dieser Brief ist sicher bei der Favoritin geschrieben worden. Ich sterbe vor Schmach und vor Angst. Vermond hat mir geraten, Papa König zu antworten und mich zu entschuldigen, dass ich der Choiseul-Partie gefolgt bin. Er hat mir einen sanften, respektvollen und festen Brief diktiert. Der König hat nichts dazu gesagt.

1. August – Die Regel ist heute früh gekommen. Ich bin also nicht schwanger. Ich habe es ja geahnt.

2. August – Die Barry hat gestern triumphiert. In Begleitung von Duchesse de Laval und einer Comtesse de Montmorency hat sie ihre Nichte bei Hof eingeführt, die junge Vicomtesse Du Barry. Weder der König noch Monsieur le dauphin haben ein Wort an sie gerichtet. Es gab überall, wo dieser Präsentationszug hinkam, ein so großes Gefolge, dass man kaum die Vorzimmer durchqueren konnte. Ich habe die drei Damen ohne große Umstände empfangen, ihren Gruß erwidert, sie aber mit keinem Wort bedacht. Abends beim Spiel habe ich sie ignoriert. Ich weiß, dass Comte und Comtesse de Provence mit ihnen gesprochen haben. Der König zeigte keinen Unmut mir gegenüber, denn er war den ganzen Abend lang sehr gut gelaunt.

6. August – Ich habe einen langen Spazierritt zu Pferd unternommen, was mir eine ganz schöne Predigt von Mercy eingetragen hat: ich gefährdete den Thronfolger. Nachdem es nichts dergleichen gibt, werde ich weiter nach Belieben reiten.

13. August – Seit heute morgen fahre ich selbst einen kleinen Wagen mit zwei Rädern und Deichseln, den man hier »Cabriolet« nennt, und man folgt mir zu Pferd. Das ist viel amüsanter als die Gespräche mit Mercy. Mein lieber Botschafter will mir einreden, der König altere, fühlte sich isoliert, ohne Trost vonseiten seiner Kinder oder von seiner Umgebung und habe keine Quelle der Unterstützung zu erwarten außer von mir. Was für ein merkwürdiger Gedanke! Mercy beharrt darauf, dass ich daher eine gewisse Rolle bei ihm spielen könnte. Er meint, ich sollte lernen, meine Kräfte besser einzuschätzen. Und dann kam Mercy auf das Kapitel Monsieur le dauphin zu sprechen. Er gesteht ihm seine guten Eigenschaften zu, meint aber, er würde niemals die Kraft noch den Willen aufbringen, allein zu regieren. Wenn ich es nicht schaffte, ihn zu führen, würden sich andere dessen annehmen, und das wäre nicht wünschenswert. Dabei bin ich noch nicht einmal achtzehn Jahre alt!

30. August – Ich bin glücklich, wieder nach Versailles zurückzukommen; Papa Roi hat uns versprochen, dass wir wieder nach Paris fahren dürfen.

20. September – Paris ist wirklich eine erstaunliche Stadt. Wir sind zum Jahrmarkt von Saint-Ovide auf der Place Louis-XV gefahren. Nicht einmal in Wien habe ich ein solches Schauspiel erlebt. Sobald man die kleinen Holzhäuschen, die den Platz umgeben, von der anderen Seite her betritt, wird man von einem echten Taumel erfasst. Die Düfte der Waffel strömen einem entgegen, und man weiß nicht, wo man zuerst hinschauen soll, in die Auslagen der Geschäfte oder auf die Possenreißer, die Seiltänzer, die Vorführer der weisen Affen oder die Gaukler, die tausend Nummern zeigen. Wir gingen weiter und gerieten mitten in eine Menschenansammlung, die uns ohne Ende applaudierten. Wie sehr man uns liebt! Ich wäre so gerne in die kleinen Buden eingetreten, wo man Bilder, kleine Gebetskirchen, Blumensträuße, Spielzeug, Lebkuchen, Schwertkordeln, Handschuhe, Musselinestoffe und unzählige Kleinigkeiten verkauft, die ich gerne aus der Nähe betrachtet hätte – wie es die Frauen vom Hof tun, die auch hierher kommen, um sich zu amüsieren.

Ich habe eine Gemäldeausstellung besucht, wo ich besonders das Brustbild von Monsieur le dauphin bewunderte, das in Tapisserie gewebt ist, sowie das des Kaisers und das meiner lieben Mama. Ich hoffe, bald wieder hierher kommen zu können, um die anderen Bilder zu sehen. Wir wohnten Aufführungen der Oper, der Comédie Française und der Comédie Italienne bei. Der König hat mir gestattet, ohne Protokoll hinzugehen, nur in kleiner Toilette und mit wenig Personen im Gefolge. Ich glaube, ich werde jede Woche zumindest einmal in die Hauptstadt fahren können. Ich weiß, dass meine Auftritte fabelhaften Erfolg haben. Hier liebt man mich und sagt mir das auch. Ich bin die Königin all dieser lieben Pariser. Kurz – mein Leben ist dabei, sich zu verändern!

21. September – Ich hatte eine erfreuliche Überraschung, den Besuch eines treuen Dieners der Kaiserin, Baron de Neny. Er hat mir eine Knopflochbrosche aus Diamanten von meiner lieben Mama überbracht und mir von meiner ganzen Familie berichtet. Ich war zu Tränen gerührt.

16. Oktober – Ich glaube, heute habe ich wirklich etwas Gutes getan. Als ich in der Kutsche der Jagd folgte, geriet ich plötzlich in eine Menschenmenge. Ich ließ meine Pferde anhalten und erfuhr, dass ein unglückseliger Bauer von einem Hirschen, den die Hunde jagten, erfasst und schwer verletzt worden war. Ich stieg sofort aus; ich ging auf die Frau dieses armen Mannes zu, die ohnmächtig geworden war, und gab ihr Duftwässer zu riechen, die sie wieder zu sich kommen ließen. Dann brach sie in Tränen aus; ich weinte mit ihr. Niemand wagte etwas zu tun. Ich befahl, die Bäuerin in meinen Wagen zu setzen, mitsamt ihren zwei Begleiterinnen, und sie zu sich nach Hause zu bringen. Ich gab ihr das ganze Geld, das ich bei mir hatte. Hoffentlich überlebt dieser Mann seine Verletzungen. Ich lasse mich ab morgen an am Laufenden halten. Man hat mich sehr gelobt, aber ich bin der Meinung, dass man in einem solchen Fall nicht anders hätte handeln können als ich es getan habe.

28. Oktober – Alles spricht nur von der Hochzeit von Comte und Comtesse d'Artois, die nächsten Monat stattfinden wird.

14. November – Wir haben Comtesse d'Artois zwei Meilen von Fontainebleau entfernt empfangen. Sie ist klein, hat einen ziemlich hellen Teint, ein schmales Gesicht, eine lange Nase, die unschön endet; auch die Augen sind klein, aber der Mund ist groß, was eine unregelmäßige Physiognomie ergibt; die Züge haben nichts Gewinnendes und sind ziemlich gewöhnlich. Was ich aber noch viel misslicher an dieser Prinzessin finde, ist der Mangel an Charme in ihrem Wesen, ihre Schüchternheit und der verlegene Eindruck, den sie macht. Sie spricht kein Wort. Ich könnte keinen Grund haben, auf sie eifersüchtig zu sein. Ich habe mir natürlich nichts von meinen Gedanken anmerken lassen. Ich spreche über meine neue Schwester mit viel Wohlwollen und Verständnis und bringe ihr jede nur vorstellbare Liebenswürdigkeit entgegen. Comte d'Artois hat sie mit Begeisterung empfangen.

23. November – Wir feiern, wie es üblich ist, die Hochzeit des jüngsten unserer Prinzen. Die Braut hat seit ihrer Ankunft hier nichts an Schönheit gewonnen. Ich bin dennoch ziemlich beunruhigt. Schon in der ersten Nacht hat Comte d'Artois sie zu seiner Frau gemacht. Er verfügt über Erfahrung, wie sie sich seine älteren Brüder nie angeeignet haben. Ich würde sterben, wenn diese Piemonteserin vor mir schwanger wird. Man muss sagen, dass Monsieur le dauphin wieder ebenso nachlässig in der Erfüllung seiner ehelichen Pflichten geworden ist wie er es in der Vergangenheit gewesen war. »Haben Sie mich wirklich gern?«, hat er mich gefragt, als er mich umarmt hielt. – »Ja, und ich schätze Sie auch immer mehr«, habe ich ihm geantwortet. Er schien sehr gerührt und versprach, dass in Zukunft alles besser würde.

16. Dezember – Die Dreistigkeit der Barry geht entschieden zu weit und übertrifft alles, was man sich vorstellen kann. Sie ließ mich wissen, dass sie bereit sei, sich beim König zu verwenden, dass er mir Diamanten-Ohrgehänge, die siebenhunderttausend Livres wert sind, schenke. Wie unverschämt! Ich habe mich jeglicher verletzender Bemerkungen enthalten. Auf diesen in höchstem Maß unangebrachten Schritt habe ich lediglich geantwortet, ich besäße genügend Diamanten und hätte nicht die Absicht, ihre Anzahl zu vergrößern.

1774

12. Januar – Comte d'Artois verlangt, dass seine Ehefrau weder mit der Barry noch mit irgendeiner der Frauen ihrer Gesellschaft spricht. Diese Äußerungen sind dem König zugetragen worden und haben zu dessenVerstimmung gegenüber seinem Enkel und Madame d'Artois geführt, die im Übrigen gar nicht zu einer eigenen Meinung fähig ist. Sie legt keine einzige positive Eigenschaft an den Tag, sagt nichts, interessiert sich für nichts und wirkt stets unbeteiligt und scheu, was man an diesem Hof kaum schätzen wird. Seit seiner Hochzeit lässt es der Prinz manchmal an Respekt vermissen, wie er ihn Monsieur le dauphin und mir schuldet. Ich habe dennoch die Methode, alles, was er so Verrücktes anstellt, mit Humor zu nehmen, weil ich ihn gern mag. Von den drei Brüdern ist er der leichtfertigste, aber auch der amüsanteste. Nachdem wir jeden Abend mit den Provences soupieren, wollte ich, dass sich die junge Familie uns anschließt. Da Comte d'Artois meine Vorliebe fürs Theater teilt, haben wir beschlossen, ganz geheim Komödie zu spielen. Wenn Papa Roi darüber Bescheid wüsste, wäre er vielleicht dagegen, auch wenn das nur eine harmlose Zerstreuung ist. Wir werden die guten Komödien des französischen Theaters lernen und aufführen. Monsieur le dauphin, der nicht spielen will, gibt das Publikum. Meine Brüder, meine Schwestern und ich verteilen untereinander die Rollen und haben das Ehepaar Campan gebeten, uns zu helfen. Diese beiden Leute versorgen uns mit Kostümen, Ausstattung, Requisiten und räumen hinterher alles auf. Sie haben ein Arbeitszimmer im Zwischengeschoss gefunden, von welchem eine Rampe ausgeht, die uns als Bühne dienen wird. Niemand von der Dienerschaft kommt da herein. Wir werden hier viel Spaß haben.

20. Januar – Chevalier Gluck, den die Kaiserin fördert, ist in Paris, wo er die Absicht hat, seine neue Oper zur Aufführung zu bringen.

Scheinbar hat er Schwierigkeiten mit dem Theaterdirektor. Ich muss etwas unternehmen.

25. Januar – Heute vormittag habe ich während meiner Morgentoilette Chevalier Gluck empfangen. Er hat mir viel von Wien erzählt und natürlich von seiner Musik, die wahrhaft schön sein muss. Ich will, dass er in Paris einen Triumph feiert. Es darf keine Gefahr bestehen, dass ein so hochbegabter Untertan meiner teuren Mama in diesem Königreich auch nur den geringsten Misserfolg erleidet. Ich befasse mich mit meiner Angelegenheit, umso mehr als die Barry Piccinni unterstützt, seinen Rivalen.

31. Januar – Wir sind gestern zum Pariser Opernball gefahren, wo ich eine besondere Bekanntschaft gemacht habe. Ein Unbekannter hat sich mir genähert und mich angesprochen, ohne zu wissen, wer ich bin. Sicher hat er ein Abenteuer gesucht, wofür die lockere Redeweise spricht, derer er sich bediente. Ich habe ihm so geantwortet, wie ich es für richtig hielt – und die Konversation hat sich entsponnen. Leider ist mein Gefolge bald hinzugekommen. Man hat mich umringt, und der schöne Unbekannte hat sich respektvoll entfernt! Endlich einmal hat sich bei mir etwas ereignet! Von diesem Augenblick an hat der Ball mich nicht mehr im Geringsten interessiert. Ich hatte es sogar eilig, nach Versailles zurückzukehren. Zu meiner großen Überraschung schien Monsieur le dauphin diese Maskerade äußerst Spaß zu machen. Er wusste zu allen, die sich dort drängten, wo er vorbeiging, irgendetwas zu sagen und hatte scherzende Bemerkungen dem Anlass entsprechend bereit. Dem Wortwechsel zwischen diesem jungen Mann und mir hat er keinerlei Beachtung geschenkt.

3. Februar – Comte Axel de Fersen, dem ich am Ball begegnet war, entstammt einer der ältesten Familien Schwedens. Er beschließt hier eine Reise, die ihn von seiner Heimat aus nach Deutschland, Italien und hierher geführt hatte. Wir werden bald wieder zum Opernball fahren. Wird er dort sein?

7. Februar – Gestern abend war Monsieur de Fersen in der Oper nicht zu sehen. Diesmal wurden wir sofort erkannt und man hat uns mit so viel Beifall begrüßt, dass unser Incognito sinnlos war.

8. Februar – Monsieur de Fersen war bei meinem Ball in Versailles. Er tanzt wunderbar. Es wäre unschicklich gewesen zu zeigen, dass ich ihn wiedererkannt habe, oder mit ihm zu sprechen. So habe ich auch getan, als kannte ich ihn nicht. Was mag er wohl gedacht haben?

16. Februar – Gestern habe ich bei meinem Faschingsdienstags-Ball Monsieur de Fersen wiedergesehen. Ich habe nichts zu ihm gesagt. Er ist ziemlich früh gegangen. Werden wir uns je wiedersehen? Ich habe Comtesse de Provence gebeten, sich bei meinem Mann dafür zu verwenden, dass wir wieder zur Oper fahren – morgen, Faschingsdonnerstag. Monsieur le dauphin wollte sich nicht dafür gewinnen lassen. Ich habe keine Chance.

15. März – Die Proben zu »Iphigenie auf Aulis« haben begonnen. Alle Kenner sind hingerissen. Gluck kommt fast jeden Tag, um mir von seinen Kalamitäten mit den Sängern zu erzählen. Die Damen sind scheinbar sehr launenhaft.

20. März – Die Barry hielt es für angebracht, Gluck zu empfangen, nachdem sie sich ja damit ziert, Künstler zu fördern. Das kommt ein bisschen spät.

15. April – Die Gründonnerstag-Predigt von Monsieur l'Abbé de Beauvais, dem neuen Bischof von Senez, hat tiefen Eindruck gemacht. Er stellte müßiges und nutzloses Dasein in Reichtum aktivem und sinnvollem Leben in Armut gegenüber. Er wagte es, den König daran zu erinnern, dass sein Volk ihn nie so sehr geliebt hätte als damals, als im Jahre 1744 in Metz eine Krankheit sein Leben in Gefahr gebracht hätte. Und er gab ihm zu verstehen, dass die Franzosen ihre Einstellung zu ihm sehr geändert hätten. Der König zeigte anlässlich dieser dreisten Äußerungen keinerlei Missfallen und empfing den Redner wohlwollend, wobei er ihn sogar bat, in der nächsten Fastenzeit wieder zu predigen.

20. April – Ich bin sehr glücklich. Gluck ist gestern abend in der Oper mit Lorbeeren überschüttet worden. Ich bin um halb sechs Uhr abends mit Monsieur le dauphin, Comte und Comtesse de Provence in Paris angekommen. Duc und Duchesse de Chartres, Duc de Bourbon und Princesse de Lamballe erwarteten uns. Die Minister und fast der gesamte Hof wohnten der Aufführung bei. Ich habe das Signal zum Applaus gegeben. Alle sind meinem Beispiel gefolgt. Obwohl die Szenen manchmal ein bisschen ausgedehnt sind, langweilt man sich nie bei den Rezitativen, weil man immer von den Leidenschaften, die die Darsteller vermitteln, mitgerissen ist.

24. April – Der Triumph der »Iphigénie« ist gesichert. Angeblich prügelt man sich um Karten. Man muss beim Eingang zum Parterre Wachen postieren, um den Andrang in Zaum zu halten und zu verhindern, dass die Menschen erdrückt werden.

28. April – Papa Roi war in Trianon unpässlich. Sein Arzt hat ihm geraten, sich besser in Versailles auszukurieren als in seinem kleinen Schloss. Großvater ist daher in seine Gemächer zurückgekehrt, wo wir ihn alle besucht haben. Er hat sich mit uns wie immer unterhalten. Sein Fieber stieg am Abend an, aber wir waren nicht beunruhigt. Papa Roi hat sich immer ausgezeichneter Gesundheit erfreut.

29. April – Papa Roi ist zweimal zur Ader gelassen worden. Die Ärzte sagen, es handle sich diesmal um eine richtige Erkrankung. Heute abend sah er sehr schlecht aus.

Elf Uhr – es ist schrecklich! Der König ist an Blattern erkrankt. Wir dürfen uns ihm nicht mehr nähern, zumal Monsieur le dauphin und seine Brüder nicht dagegen geimpft sind. Nachdem das jedoch bei mir in Wien der Fall war, könnte ich an seinem Kopfende bleiben. Mercy betont, nur mein Mann könne das entscheiden.

Halb zwölf – Monsieur le dauphin möchte nicht, dass ich auch nur das kleinste Risiko eingehe. Ich werde also mit ihm, unseren Brüdern und Schwestern auf weitere Nachrichten warten. Das erinnert mich an den schrecklichen Winter in Wien.

30. April – Man will dem König nicht sagen, dass er von Blattern befallen ist. Die Ärzte meinen, Aufregung könnte sein Leiden verschlechtern. Die Barry weicht so gut wie nie von seiner Seite. Meine Tanten, die aber nie die Blattern hatten, beschlossen, sich am Lager ihres Vaters abzuwechseln, wenn die Dame nicht dort ist.

1. Mai – Die Krankheit des Königs nimmt ihren Lauf: das Fieber steigt an; sein Gesicht ist ganz rot und stark geschwollen. Monseigneur de Beaumont, der Erzbischof von Paris, kam ihn besuchen, aber nachdem er an Harngrieß leidet, war es der König, der ihn gefragt hat, wie es ihm geht!

Monseigneur de Beaumont, der von Duc de Richelieu eindringlich gewarnt worden war, wagte nicht, die mögliche Verabreichung der Sakramente an Großvater zur Sprache zu bringen.

Mercy ist nach Versailles gezogen. Seine Anwesenheit beruhigt mich. Er hat mir geraten, bei meinem Mann zu bleiben, in der Familie, und niemanden zu empfangen, um Intrigen den Faden abzuschneiden.

2. Mai – Das Fieber ist gefallen. Dem König scheint es besser zu gehen. Mein Gott, lasst ihn gesund werden.

3. Mai – Der König hat eine ganz gute Nacht verbracht. Cardinal de La Roche-Aymon schreibt diese Verbesserung seines Zustandes den Gebeten zu, die der Erzbischof allgemein angeordnet hat. Duc d'Aiguillon ist gekommen, um von Monsieur le dauphin Anweisungen entgegenzunehmen. Er wollte wissen, ob er ausländische Minister empfängt. Mein Mann ist nur an die Tür unseres Zimmers gegangen und hat geantwortet, dass wir niemanden empfingen.

Ich bin müde und habe Migräne. Wenn ich nicht nur auch krank werde! Ich habe große Angst, weil wir, Monsieur le dauphin, meine Schwestern und ich, uns gestern in einem Innenhof ausgerechnet unter dem Balkon aufgehalten haben, wo man die Leintücher des Königs gelüftet hat. Mich schaudert noch beim Gedanken daran.

4. Mai – Gott sei Dank, heute morgen fühle ich mich wohl. Ich habe trotz der Angst, die uns jeden Tag mehr bedrückt, geschlafen. Was wird aus uns, wenn Papa Roi stirbt? Gestern gegen Mitternacht ist ihm bewusst geworden, dass er Blattern hat. Die Ärzte haben ihn nicht länger im Unklaren über sein Leiden gelassen. Großvater war sehr erstaunt, denn er dachte, er hätte das schon als Kind gehabt. Er ließ daraufhin die Barry kommen und bat sie, Versailles zu verlassen. Alle fragen sich, ob er die Sakramente erhalten wird, was seit seiner letzten Erkrankung im Jahre 1744 nicht mehr vorgekommen ist! Mesdames, die ihn trotz allem in Frieden mit Gott sehen möchten, fragen sich, ob die Vorstellung, die Sterbesakramente zu erhalten, ihn nicht so sehr aufregen könnte, dass es zum Stillstand der Eiterung kommt, die bereits eingesetzt hat. Seit zwei Tagen wartet sein Beichtvater Abbé Maudoux darauf, gerufen zu werden.

Um vier Uhr ist die Barry im Wagen von Duchesse d'Aiguillon nach Rueil gefahren, vier Meilen von Versailles entfernt. Ich glaube, wir werden sie nie wiedersehen.

Heute abend hat Papa Roi zu delirieren begonnen. Er wollte aufstehen, aber es ging ihm schlecht. Die Hoffnung auf eine Genesung schwindet von Stunde zu Stunde. Mercy besucht mich mehrmals pro Tag und behauptet, nie hätten so viele Ränke das Schloss heimgesucht. Wir bleiben immer noch unter uns. Nur Duc de Chartres stattet uns Besuche ab. Er war geimpft worden, und sein Vater hält sich oft im Gemach des Königs auf. Was er uns berichtet, ist ziemlich betrüblich.

5. Mai – Papa Roi geht es immer schlechter. Er ist immer noch bewusstlos. Wir haben alle Hoffnung auf seine Rettung aufgegeben, und er hat nicht gebeichtet.

6. Mai – Monseigneur de Beaumont und Monseigneur de La Roche-Aymon, der Hofgeistliche, haben den König gebeten zu beichten. Er konnte ihnen nicht antworten, so schwach ist er. Die Dame empfängt angeblich in Rueil viele Besuche.

8. Mai – Heute morgen hat man uns zu früher Stunde geweckt. Ich habe schon gedacht, der König ist gestorben. Aber er lebt noch. In dieser Nacht ist er wieder zu Bewusstsein gekommen und hat nach Abbé Maudoux gefragt. Jetzt hat er endlich gebeichtet. Man hat uns gerufen, der Zeremonie der Letzten Ölung beizuwohnen. Ich zitterte vor Angst und Aufregung, wollte mir aber nichts anmerken lassen. Wegen der Ansteckungsgefahr konnten wir uns nicht in der Nähe des Zimmers, in dem unser Großvater im Sterben liegt, aufhalten. Während der Zeremonie musste Monsieur le dauphin mit seinen Brüdern am Ende der Stiege unten verweilen, während ich im Ratskabinett blieb. Ich habe Mitleid mit allen, die den König umgeben. Sein Gesicht ist von eitrigen Krusten übersät. Gott sei Dank musste ich das nicht sehen. Nachdem Monseigneur de la Roche-Aymon ihm die Kommunion erteilt hatte, fragte er ihn, ob er bekannt geben lassen wolle, was er gebeichtet hatte. Anschließend erklärte der Kardinal mit lauter Stimme, dass Seine Majestät um Vergebung für das Ärgernis gebeten hätte, das Sie durch Ihr ungezügeltes Leben vor dem Volk gegeben haben mochte, und dass Sie gelobt hätte, den Rest Ihrer Tage als guter Christ der Religion treu zu bleiben. Es war uns natürlich nicht möglich, Papa Roi ein letztes Adieu zu sagen. Monsieur le dauphin ist darüber sehr betrübt. In wenigen Stunden wird er König sein und sagt kein Wort.

9. Mai – Ich habe lange mit Mercy gesprochen. Seine Voraussagen, die ich nicht geglaubt hatte, erweisen sich heute als zutreffend. Er wird mich im Namen meiner teuren Mama führen. Seiner Ansicht nach sollte ich meinen Mann dazu bringen, im Ministerium nichts ohne reifliche Überlegung zu verändern. Ich denke andererseits, es wäre gut, Maßnahmen zu treffen, durch die der Brotpreis gesenkt würde. Ich habe über all das mit Monsieur le dauphin gesprochen, der soeben zweihunderttausend Livres an die Armen der Hauptstadt senden ließ.

10. Mai – Welches Omen liegt über uns in der Luft? Ich muss unbedingt schreiben. Während der Messe ist ein Gewitter ausgebrochen. Regenfluten prasselten auf die Fenster nieder. Blitze ließen die Altarleuchter erblassen, und ihr Furcht erregendes Licht schoss durch eine schauerliche Dunkelheit, während die ganze Zeit des Gewittersturms hindurch weitergesungen wurde. Uns beiden, Monsieur le dauphin und mir, kamen die Tränen, und auf allen Gesichtern war Entsetzen zu lesen. Als wir nach Hause zurückkehrten, war der Himmel aufgeklärt, aber man meldete uns, dass der König im Todeskampf sei. Wir sind erschöpft. Was mochte dieser Lärm bedeuten? Ich habe Angst …

Choisy, Mitternacht – Der König ist gestorben, am Nachmittag um drei Uhr fünfzehn. Der gesamte Hof hat sein Vorzimmer verlassen, um seinen neuen Herrn zu grüßen. Der Lärm dieser heftigen Massenbewegung hat uns sehr erschreckt. Es hat ähnlich geklungen wie das Grollen des Gewitterdonners. Wie sehr wir vor allen Leuten geweint haben! Mein Mann hat seine beiden jüngeren Schwestern geküsst und ihnen versprochen, ihnen den Vater zu ersetzen. Nach diesen ersten Augenblicken der Aufregung näherte sich mir Madame de Noailles und grüßte mich als Königin von Frankreich. Königin von Frankreich! Ich kann es noch nicht fassen. Anschließend wurden wir gebeten, unsere Privatgemächer verlassen zu wollen und in den Salon zu kommen, um die Prinzen und hohen Würdenträger der Krone zu empfangen. Ich bin meinem Mann gefolgt. Kurze Zeit später sind wir nach Choisy gefahren, wie Monsieur le dauphin es vorgestern beschlossen hatte. Es waren noch mehr Menschen da als bei unserer Hochzeit, und ungeachtet der Trauer waren die Rufe »Es lebe der König!« zu hören. Trotz der schrecklichen Umstände dieses Todes bin ich heute abend sehr ruhig und nehme mir fest vor, den neuen König zu unterstützen.

11. Mai – Wenn Gott mich auch in dem Rang zur Welt kommen lassen wollte, den ich heute einnehme, kann ich nicht umhin, in Dankbarkeit vor der Vorsehung zu stehen, die es gefügt hat, dass ich, die jüngste Erzherzogin, für das schönste Königreich Europas auserwählt bin. Ich spüre mehr denn je, dass ich all das der Liebe meiner Höchsten Mutter zu verdanken habe, die sich alle Mühe gegeben hat, mir diese schöne Welt zu sichern. Mein Herz ist durch und durch von Ehrfurcht, Liebe und Dankbarkeit für sie erfüllt.

12. Mai – Unser Hof ist wirklich eigenartig. Wir sind so jung, so unerfahren und so sehr vom Wunsch getragen, die Menschen in diesem Land, die uns so sehr lieben, glücklich zu machen. Seit dem Tod seines Großvaters arbeitet mein Mann unablässig und beantwortet eigenhändig die Nachrichten der Minister, die er wegen der Ansteckungsgefahr noch nicht empfangen kann. Er will und muss sich am Laufenden halten. Meine Tante Adélaide hat lange mit uns gesprochen und uns eine Liste von Personen des Vertrauens gegeben, die der selige Dauphin hinterlassen hat. Der König (wie schwer es mir fällt, mir vorzustellen, dass mein Gemahl jetzt Louis XVI ist!), also der König hat sie studiert und beschlossen, Comte de Maurepas zu sich zu berufen, der schon vor ziemlich langer Zeit vom Hof verbannt worden war, weil er böse Verse gegen Madame de Pompadour gedichtet hatte.

13. Mai – Die Öffentlichkeit hat sich auf große Veränderungen eingestellt. Vorläufig hat sich der König darauf beschränkt, die Kreatur ins Kloster zu schicken und alles, was mit diesem Ärgernis zu tun hat, vom Hof zu jagen. Man bestürmt mich, um Milde zu bitten für korrupte Leute, die mehrere Jahre lang ganz schön viel Unheil angerichtet haben. Ich bin nicht dazu bereit. Ich bin glücklich, dass mir mein Mann die Freiheit der Wahl lässt, wen ich für die neuen Positionen an meinem Hof als Königin will.

14. Mai – Gestern habe ich Mercy eine lange Audienz gewährt, während der König Monsieur de Maurepas empfing. Einmal mehr hat er mich vor dem Einfluss der Tanten gewarnt, besonders vor Madame Adélaide. Immerhin habe ich den Eindruck, dass seine Ratschläge nicht schlecht waren. Man muss freilich darauf achten, dass sie keinerlei Einfluss auf den König ausübt. Laut Mercy ist es meine Aufgabe, darauf zu achten; es steht mir zu, ihn zu führen. Der Botschafter wiederholte, die Premierminister untergraben immer den Einfluss der Königinnen. Er meint, ich müsste es schaffen, meinen Mann zu regieren, ohne dass er es merkte. Das wird mir nicht leicht fallen: Der König lässt sich nicht in die Karten blicken und wacht schon jetzt eifersüchtig über seine Autorität.

Niemals getrennte Betten, lautet das höchste Gebot, das Mercy mir auferlegt hat, bevor er mich verließ. Ich sehe ihn erst in ein paar Tagen wieder. Er hält es für vorsichtiger, sich zu Freunden aufs Land zurückzuziehen, weit weg vom Hof, wo man schon anfängt zu reden, er mische sich in Regierungsangelegenheiten ein.

Wir werden nach La Muette fahren. Madame Adélaide hat hohes Fieber und Kreuzschmerzen. Man fürchtet, es handelt sich um Blattern. Ich hatte es nicht übers Herz gebracht, nach dem Tod des Königs unseren Tanten abzuschlagen, mit uns hierher zu kommen. Vielleicht war das ein Fehler. Mir graut beim Gedanken an die Folgen, ich wage kaum daran zu denken … Weder mein Mann noch seine Brüder sind geimpft. Ich zittere.

21. Mai – Seit wir in La Muette sind, scheint jede Gefahr der Ansteckung in weite Ferne gerückt. Die Krankheit unserer Tanten nimmt ihren Lauf, ohne dass wir Grund zur Sorge für sie haben müssen. Sie werden bald wieder mit uns zusammen sein, aber ich werde sie von Macht und Einfluss fern zu halten wissen. Gestern bin ich, während der König seinen ersten Ministerrat abhielt, zum Karmeliterkloster Saint-Denis gefahren, um Madame Louise einen Besuch abzustatten. Ich habe ihr von den letzten Augenblicken ihres Vaters erzählt und Nachrichten von ihren Schwestern gegeben. Diese Epidemie hat uns zu denken gegeben: der König und seine Brüder erwägen, sich impfen zu lassen, alle drei zugleich. Also werden wir nicht mehr fürchten müssen zu erleben, dass diese schreckliche Krankheit die königliche Familie dezimiert.

Wir haben hier ganz andere Gepflogenheiten als in Versailles. Ich komme mit wenigen Menschen zusammen. Comte de Provence, Comte d'Artois und ihre Gattinnen statten mir am Morgen einen Besuch ab; wir treffen uns für einen Spaziergang zu Fuß im Bois von Boulogne, den wir für die lieben Pariser offen halten, die in Massen kommen und uns Beifall zollen. Das rührt mich sehr. Die übrige Zeit ziehe ich mich in meine Appartements zurück, wo ich mich mit Abbé de Vermond unterhalte. Ich empfange auch meine liebe Princesse de Lamballe. Sie ist meine einzige wahre Freundin. Ich kann ihr alles sagen. Das heißt, fast alles. Abends bin ich mit dem König, unseren Brüdern und unseren Schwestern zusammen. Mein Mann ist ihnen gegenüber sehr natürlich und herzlich. Er hat sie gebeten, den Titel »Majestät« zu unterlassen, wenn sie ihn ansprechen. Wir soupieren alle gemeinsam bei mir.

24. Mai – Ich bin verrückt vor Glück. Der König, der mir stets eine Freude machen will, ohne dass er mich mit Schmeicheleien verwöhnt (Gott weiß, ob er nicht doch Komplimente zu machen versteht), hat beschlossen, mir Petit Trianon zu schenken, das Lustschloss des seligen Königs. Dieses Palais ist sehr gefällig gebaut und mit hübschen Gärten geschmückt; es ist eine Viertelmeile vom Schloss entfernt. Ich werde dort ganz für mich sein. Ich kann es nicht erwarten, mein neues Reich in Besitz zu nehmen.

26. Mai – Heute früh habe ich einen Brief der Kaiserin erhalten, der mich traurig macht. Meine liebe Mama scheint darüber besorgt zu sein, dass wir so jung den Thron besteigen. Sie spricht von der großen Bürde, die wir zu tragen haben werden. Ihr Alter und die Erschöpfung, die sie heute verspürt, lassen sie vielleicht vergessen, dass sie die Thronfolge nach ihrem Vater unter weit schwierigeren Umständen angetreten hat als das bei uns der Fall ist. Sie empfiehlt mir, mich nicht in Politik einzumischen und besteht zugleich darauf, dass ich das gute Einvernehmen zwischen unseren beiden Häusern erhalte. Wie werde ich das tun können, wenn ich mich aus der Politik heraushalte? Und warum wünscht sie dann, dass ich dem König meine Ansichten eingebe? Die Kaiserin spricht nicht immer die gleiche Sprache wie Mercy, auf den zu hören sie mich bittet sowohl als ihren Minister als auch den meinen. Sie möchte auch nicht, dass ich mich bei Empfehlungen einmische. Das ist an diesem Hof ausgeschlossen. Drei Viertel der Ehren, Stellungen und Pensionen sind durch Gunst zuerkannt, die allein durch Protektion oder Intrige erlangt werden kann. Ich bin gezwungen, sogar für Personen um Gnade zu bitten, die es nicht verdienen. In den vier Jahren hier habe ich diese Macht aber nicht missbraucht. Ich werde über all das mit Mercy sprechen müssen.

2. Juni – Duc d'Aiguillon ist endlich entlassen. Mehrere Tage habe ich beim König darauf bestanden, dass er diesen bösen Menschen loswird. Er hat aus seiner feindlichen Haltung gegenüber der Allianz kein Hehl gemacht, und es war er, welcher der Barry all ihre Unverschämtheiten eingab. Er hat sie wie eine Königin behandelt. Übrigens glaube ich, dass er allseits verhasst war. Der König räumt das ein und spricht offen über die Zwistigkeiten, die sein Hass ausgelöst hatte.

Mercy scheint über dieser Nachricht nicht sehr erfreut zu sein. Macht nichts! Er möchte, dass ich dem König Cardinal de Bernis als d'Aiguillons Nachfolger einrede. Man spricht eher von Monsieur de Vergennes, dem Botschafter in Schweden. Ich für mein Teil würde Baron de Breteuil vorziehen, dessen Vorzüge mir meine Schwester Karoline angepriesen hat.

1. Juni – Meine liebe Mama wird erhört: man beruft Rohan zurück, über den sie sich ständig beklagt hatte. Die Aufhebung von Choiseuls Verbannung würde sie auch nicht wenig befriedigen. Ich kämpfe schon seit Wochen beim König, um sie zu erreichen. Ich weiß, dass er diesen alten Minister nicht mag, der gegenüber seinen Eltern unverschämt war, aber ich kann einfach nicht vergessen, was Choiseul für die Allianz und für mich getan hat. Außerdem ist er so lebhaft und charmant. Ach! Wenn er nur wieder zurückkäme!

14. Juni – Gestern ist Choiseul gekommen, uns seine Reverenz zu erweisen. Ich habe ihm eine lange Audienz gewährt, aber der König hat ihn kühl empfangen. Er ist so schnell zu seinem Château de Chanteloup abgefahren wie er nach Paris geeilt war. Ich hoffe, mein Mann wird nicht ewig böse auf ihn sein.

Es ist geschafft: der König, seine Brüder und Comtesse d'Artois werden nächste Woche geimpft. Deshalb werden wir nach Marly ziehen.

19. Juni – Die Impfung ist gestern ohne viel Vorbereitung von Richard durchgeführt worden, dessen wissenschaftliche Kompetenz über jeden Zweifel erhaben ist. Man hat einen Faden durch die größten Pusteln eines kleinen Mädchens von drei Jahren gezogen, von dem man ebenso wie von seinen Eltern genau den Gesundheitszustand geprüft hatte. Anschließend hat man diese Fäden in beide Arme des Königs, von dessen Brüdern und der Comtesse d'Artois eingeführt.

Mein Mann legt Festigkeit und Ruhe an den Tag. Er hat seine Gewohnheiten in keiner Weise geändert. Man schreibt mir die Entscheidung zu, die als leichtsinnig angesehen wird. Es stimmt, dass ich bei meinem Mann darauf bestanden habe, dass er die Impfung erhält, wobei ich ihn daran erinnerte, dass wir nur dank dieser Prozedur in Wien überlebt haben. Bei mir war alles gut verlaufen, sodass ich mir diesbezüglich wenig Sorgen mache. Eher im Gegenteil, ich bin über diese Entscheidung erleichtert.

20. Juni – Der König setzt seine Arbeit fort, die Minister kommen aus Versailles hierher. Nur Monsieur de Maurepas bleibt ganz hier in Marly. Er unterhält sich viel mit meinem Mann, worüber ich glücklich bin. Er wird nicht Premierminister sein. Er begnügt sich damit, den neuen Herrn des Reiches zu führen. Und das ist gut so.

22. Juni – Wir gehen zweimal am Tag spazieren, spielen Billard und vergessen alle Gedanken an Blattern und Krankheit.

25. Juni – Die erwarteten Symptome sind alle zugleich aufgetreten, was völlig normal ist. Der König hat starkes Fieber, heftige Kopfschmerzen und Brechreiz. Die ersten Pusteln sind aufgetaucht. Richard leitet die Erkrankung gut. Es gibt keinen Grund, sich Sorgen zu machen.

27. Juni – Das Fieber ist gefallen. Die Knoten werden weißer. Die Ärzte versichern, dass die Impfung vollkommen gelungen ist. Ich war davon überzeugt. Gestern sind meine Tanten wieder gekommen. Ihre Rückkehr hat kein Aufsehen erregt. Sie sind noch sehr rot (und sehr hässlich).

Während seiner kurzen Krankheit hat der König die Schatulle seines Großvaters geöffnet, in der er viel Geld zu finden vermutete, was keineswegs der Fall war. Dafür hat er Briefe von Comte und Comtesse de Provence entdeckt, die zeigen, wieviel Falschheit sie an den Tag gelegt haben; sie hatten wohl nie damit gerechnet, dass er einen Beweis dafür finden würde. Wir, der König und ich, sind beide sehr schockiert.

28. Juni – Da es dem König und seinen Brüdern viel besser geht, haben wir beschlossen, das Spielen von ein paar Komödienszenen wieder aufzunehmen. Wir spielten eine Episode aus »Tartuffe«, in welcher der Comte de Provence diese Titelrolle übernahm. »Das ist wunderbar gelungen, die Figuren waren wie auf den Leib geschrieben«, sagte der König zu seinem Bruder. Als wir wieder allein waren, haben wir gelacht, aber ganz leise.

29. Juni – Duchesse de Chartres ist immer hinreißend gekleidet. Sie hat die Mode der »Pouffs«, also phantasievollen Kopfputz, eingeführt, und zwar kurz vor dem Tod des Königs, anlässlich der Geburt ihres Sohnes, des Duc de Valois. Da trug sie einen so genannten »Pouff au sentiment«: das ist ein riesiger Hut aus dünnem Flor, auf welchem eine Frauenfigur sitzt, die einen Säugling in ihren Armen hält. Zu ihrer Rechten knabbert ihr Lieblingspapagei eine Kirsche, und zu ihrer Linken kniet ein kleiner Mohr. Das Ganze ist mit Haarlocken von Monsieur le Duc de Chartres und den anderen Mitgliedern seiner Familie garniert. Mademoiselle Bertin, die Modistin der Prinzessin, hat eigens für sie diese Coiffure kreiert, in die alle eleganten Frauen vernarrt sind. Ich habe also Madame de Chartres gebeten, mir diese Zauberin vorzustellen; diese hat mich in Marly aufgesucht, beladen mit Schachteln voller Kleider, Handschuhe, Umhänge, Federn, Bänder und unzähliger Dinge, von denen eines wundervoller war als das andere. Die Kleider der Bertin sind anders als die sämtlicher Hofschneider. Sie atmen den Duft von Paris. Ich habe das Gefühl, dass ich mir diese Modeschöpferin engagieren werde. Ich habe sie gebeten, mir einen »Impf-Pouff« zu machen.

2. Juli – Ich habe Besuch von einem anderen Zauberer bekommen, einem gewissen Böhmer, einem Juwelier, der mir von mehreren Personen bei Hof empfohlen worden war. Er hat mir ein Paar großartiger Ohrringe gebracht, die aus sechs großen Diamanten in Form einer Birne bestehen; sie sind vollkommen gleichförmig und von schönster Reinheit. Ich konnte der Lust, mir selbst diese Ohrgehänge zu schenken, nicht widerstehen, denn der König hat soeben meine Pension merklich erhöht. Ich werde in mehreren Raten auf vier Jahre bezahlen. Ich bin verrückt vor Freude.

Jetzt muss ich unbedingt anfangen, mich meinem Besitz in Trianon zu widmen. Ich habe die Absicht, einen englischen Garten um das Schlösschen anzulegen. Duc de Chartres hat auch einen in seiner Residenz Mousseaux in Paris, aber ich glaube, der von Comte de Caraman ist noch interessanter.

Ich muss ihn unbedingt besuchen. Apropos Duc de Chartres: Prinzessin Lamballe hat mir etwas erzählt, das sie unlängst erlebt hatte. Madame de Chartres und Princesse de Lamballe hatten beschlossen, allein in Vanves bei Duchesse de Bourbon zu dinieren. Duc de Chartres beharrte vergeblich darauf, sie zu begleiten, musste sich aber schließlich ihrem Willen beugen. Als sich die drei Prinzessinnen auf dem Weg zum Diner befanden, kam jemand und machte sie aufmerksam, ein Dompteur würde ihnen gerne einen Bären und einen Tiger vorführen, die beide vollkommen gezähmt wären. Diese unerwartete Zerstreuung lockte die Neugier der Damen, und man führte die Tiere in den Park herein. Erst führten sie ein paar drollige Nummern aus, über die sich die Prinzessinnen amüsierten, doch dann wurden sie ganz plötzlich bösartig, rissen ihre Ketten ab und verschwanden im Schloss. Bald musste man den erschrockenen Prinzessinnen mitteilen, dass die Tiere alles, was sie finden konnten und für das Essen vorbereitet war, gefressen hätten. Nach dem Affentheater haben der Bär und der Tiger sich schließlich selbst entlarvt: es waren Duc de Chartres und Duc de Fitz-James! Solche Albernheiten wären an unserem Hof wohl kaum vorstellbar.

15. Juli – Mein Bruder Maximilian, der sich derzeit bei meiner Schwester Marie-Christine in Brüssel aufhält, wird vielleicht kommen und ein paar Tage in Compiègne verbringen. Wie gerne würde ich ihn wiedersehen …

22. Juli – Es passiert so viel, dass ich kaum Zeit zum Schreiben finde. Nachdem das Wetter schön ist, jagen wir viel und ich gehe spazieren oder fahre im Cabriolet umher, das ich selbst lenke, manchmal sogar sehr schnell. Das ist noch berauschender als Galopp auf einem Reittier.

28. Juli – Meine teure Mama hat mir einen sehr liebevollen Brief geschrieben. Sie sagt mir, dass »alles entzückt und verrückt« nach uns wäre. Wie süß diese Worte in meinem Ohr klingen! – Oh, ich weiß, dass man uns liebt. Der König sagt mir immer wieder, wie sehr er das Glück seines Volkes wünscht. Aber ich frage mich besorgt, wie lange dieser Enthusiasmus der Franzosen andauern wird. Das wenige, was ich von der Politik erfahre, führt mir vor Augen, dass es schwierige und unangenehme Probleme gibt. Man ist sich einig darüber, dass der verstorbene König die Dinge in schlechtem Zustand hinterlassen hätte; aber die Meinungen über vieles sind geteilt, und es wird unmöglich sein, in einem Land alle zufrieden zu stellen, wo nach dem Temperament der Menschen alles sofort geschehen müsste. Der König wird nicht die gleichen Schwächen wie sein Großvater an den Tag legen. Ich hoffe auch, dass er keinen Günstling haben wird. Was mich betrifft, muss ich zugeben, dass ich zur Zeitvergeudung neige und für die ernsten Dinge ein wenig zu faul bin. Ich möchte mich nach und nach bessern, mich aber nie in Intrigen hineinziehen lassen, und möchte imstande sein, das Vertrauen des Königs zu rechtfertigen, der immer noch in gutem Einvernehmen mit mir ist. Es tut mir sehr leid, dass die Kaiserin die Vorstellung hat, ich gäbe verrückte Beträge für mein Petit Trianon aus. Einen Garten anzulegen ist doch nur eine Kleinigkeit.

29. Juli – Es ist ärgerlich für mich, dass die Ducs d'Orléans und de Chartres in Ungnade gefallen sind. Ich möchte so gerne, dass es keine Zwistigkeiten mehr gibt. Diese Sache wird nicht lange dauern: Die Herren sind wenigstens nicht weit weg verbannt worden. Der König verbietet ihnen lediglich, an den Hof zu kommen, weil sie in einer Etikette-Frage wegen der Totenmesse des verstorbenen Königs für das alte Parlament Partei ergriffen haben. Das hat mich daran gehindert, den Garten von Mousseaux zu besichtigen. Ich bin stattdessen in jenem von Comte de Caraman gewesen, der an sein Haus in der Rue Saint-Dominique in Paris angrenzt. Mesdames Clotilde und Élisabeth haben mich begleitet. Es war bezaubernd. Auf einer

Rasenkuppe, die von Blumenbeeten umrahmt war, war ein schönes Zelt aufgebaut, in dessen Innerem ein hübsch angerichteter Imbiss vorbereitet war. Wir haben ein wenig davon genossen, während die kleinen Mädchen des Hausherrn, als Gärtnerinnen gekleidet, zwischen uns herumtollten. Ich bin über eine Stunde in diesem wundervollen Park umherspaziert. Er gefällt mir so sehr, dass ich Monsieur de Caraman zum Direktor der Gärten der Königin ernennen werde. Er wird mich für Trianon beraten und nichts tun, ohne mich um meine Meinung zu fragen.

30. Juli – Ich habe Prince de Rohan empfangen, der von Wien hierher zurückkehrt, und mich nicht von seinem wichtigtuerischen und angeberischen Auftreten blenden lassen. Der König hat eine schlechte Meinung von ihm und niemand glaubt, was er sagt. Ich habe beschlossen, ihn kühl zu behandeln und nicht mehr das Wort an ihn zu richten.

12. August – Jetzt sind wir also seit mehreren Tagen in Compiègne. Es ist heiß und ich ruhe mich aus. Ich stehe zwischen neun und zehn Uhr auf und nehme mein Frühstück allein ein, bevor ich die Besuche der Familie empfange. Um elf Uhr mache ich mich an die Toilette, um zur Mittagsmesse fertig zu sein. Nach dem Mittagessen, das um viertel nach eins stattfindet, spiele ich Harfe und empfange Mercy vor dem Spaziergang, den wir von fünf Uhr bis zum Souper unternehmen. Der König soupiert immer bei mir, und meistens sind alle die dabei, die in sein Appartement oder in meines zugelassen sind. Man nennt das »les entrées«. Nach dem Souper spielen wir manchmal ziemlich lange bis in den späten Abend. Die Gesundheit des Königs ist besser denn je. Im Gesicht sieht er sehr gesund aus; er ist robuster und widerstandsfähiger geworden und sein Magen nicht mehr so empfindlich wie früher, als er häufig an Unpässlichkeit zu leiden hatte. Schade, dass er nicht imstande ist, seine Jagdleidenschaft zu zügeln. Dabei rast er wirklich Besorgnis erregend schnell auf seinem Pferd dahin. Seit wir hier sind, verbringt er alle seine

Nächte bei mir, aber ich habe dennoch nicht die geringste Hoffnung, schwanger zu werden. Unsere eheliche Situation ist ziemlich merkwürdig. Ich verstehe sie selbst nicht. Ich versuche, nicht daran zu denken, aber ich weiß, dass meine liebe Mama bald nach Erklärungen fragen wird, die zu geben ich nicht imstande sein werde.

17. August – Nichts ist einfach in der Familie. Madame Adélaide, der es nun viel besser geht, lässt immer wieder durch schlechte Laune ihre Unzufriedenheit darüber spüren, dass sie nicht den geringsten Einfluss auf ihren Neffen ausübt, was sie mir sehr stark ankreidet. Comte de Provence seinerseits wiederum (den man jetzt Monsieur nennt) sieht ebenfalls seine Erwartungen enttäuscht: er hatte sich Hoffnungen gemacht, in den Rat zu kommen und dort eine Rolle zu spielen. Er glaubt, ich wäre es gewesen, die sich dem entgegengestellt hätte. Seine Frau und er zeigen ihr Missfallen und versäumen manchmal, mir am Morgen ihre Aufwartung zu machen. Was Comte d'Artois betrifft, der könnte zwanzigmal beim König sein, ihn stoßen oder beinahe auf seine Füße treten, ohne sich dafür zu entschuldigen. Ein Außenstehender wäre wohl nicht imstande zu unterscheiden, wer von den drei Brüdern der König ist. Diese Gleichbehandlung, die mein Mann zwischen sich und seinen Brüdern eingeführt hat, hat letztere nur dazu angeregt, sie derart unverschämt zu missbrauchen, dass ich mich manchmal gezwungen sehe, Bemerkungen hinsichtlich der Überlegenheit unseres Ranges sowie ein wenig herabsetzende Anspielungen gegenüber den Messieurs de Provence und d'Artois zu machen. Mercy hat mich vor einem solchen Verhalten gewarnt. Ich solle, meint er, meine Überlegenheit eher durch würdevolle Klugheit und unerschütterliche Gelassenheit, die durch Humor aufgelockert ist, spüren lassen. Mercy vergisst vielleicht, dass ich noch nicht einmal neunzehn Jahre alt bin und dass der König, der Älteste von allen, gerade erst zwanzig ist.

25. August – Was für ein Tag! Man spricht von der Bartholomäusnacht der Minister: der König hat soeben Kanzler Maupeou und General-Intendant Terray entlassen. Gestern hatte er mir seinen Entschluss angekündigt, den er heute verlautbart hat. Er hat Monsieur Turgot anstelle von Abbé Terray nominiert. Das ist ein sehr ehrenwerter Mann; dagegen kenne ich Monsieur de Miromesnil, den neuen Kanzler, gar nicht. Ich bedaure, dass man Monsieur de Sartine, diesen hervorragenden Polizeileutnant, zur Marine versetzt hat. Ich hätte ihn lieber als Nachfolger von Duc de La Vrillière am Hof des Königs gesehen. Heute abend hat das Volk in seiner Freude übertrieben. Man hat Abbilder der alten Minister auf einem öffentlichen Platz verbrannt. Angeblich haben sie sogar gebrüllt: »Rächen wir unsere Königin, über die diese Elenden Schlechtes zu sagen und Schmähschriften zu verfassen gewagt haben!« Ich habe bei dieser Gelegenheit erfahren, dass bösartige Pamphlets gegen mich in Umlauf waren. Ich muss unbedingt vom König über diese Sache aufgeklärt werden, über die er mir aus Taktgefühl nichts gesagt hat. Ich will lieber die Wahrheit wissen.

12. September – Maximilian konnte leider nicht zu uns nach Compiègne stoßen. Mir tut das leid, denn ich denke so oft an meine Familie, vor allem wenn so ungerechte und schmerzliche Dinge passieren. Ich habe Feinde, und sie kommen von diesem Hof. Ich kann nicht alle ausmachen, aber gewisse Hinweise lassen vermuten, woher die Hiebe kommen. Eine hässliche Schmähschrift mit dem Titel »Aufgang der Morgenröte« will weismachen, ich führte ein ausschweifendes Leben. Ich, die nicht einmal sicher von sich behaupten kann, die Ehefrau von Louis XVI zu sein! Ich, die sich aus Pflicht einem Prinzen hingibt, den ich achte, der mich jedoch nicht zu lieben versteht! Es ist so abscheulich, dass ich darüber weine. Und all das kam nur daher, dass ich an einem Abend in Marly beschloss, den nächsten Sonnenaufgang zu erleben und nicht zu Bett zu gehen, als mein Mann sich schon zur Ruhe begeben hatte. Als wir auf die Hügel gestiegen sind, um die ersten Schimmer des Morgenrots zu sehen, war ich von allen meinen Hofdamen umgeben, und viele Höflinge waren mir gefolgt. Was war daran Schlechtes? Der König hatte mir erlaubt, dieses unvergessliche Schauspiel zu erleben.

Das ist noch nicht alles. Mein Mann hat mir äußerst behutsam eröffnet, dass er Monsieur de Beaumarchais nach London geschickt hatte, einen Geheimagenten, um ein gemeines Pamphlet vernichten zu lassen, das sonst in London veröffentlicht werden könnte; darin beschuldigt man mich, ich gäbe mich, angestiftet von meiner Mutter, für kriminelle Machenschaften her, um dem Königreich einen Thronerben zu schenken, zumal der König unfähig sei, einen zu produzieren. Ihn scheint das übrigens weniger zu berühren als mich. Unter der vorangegangenen Herrschaft haben unzählige Schmähschriften dieser Art das Gedenken an unseren Großvater beschmutzt. Ich habe mit Mercy lange über diese unangenehmen Angelegenheiten gesprochen. Er versuchte mich zu beruhigen, solche Gemeinheiten könnten nur ihren Urhebern zum Schaden gereichen. Es ist also eine hervorragende Lektion, die mich von meiner Leichtgläubigkeit heilen wird, bösartige Bemerkungen, die man mir über die einen oder anderen zuträgt, für bare Münze zu nehmen.

30. September – Madame de Lamballe begleitet ihren Schwiegervater, Duc de Penthièvre, in die Bretagne und wird erst in mehreren Monaten zurückkommen. Sie wird mir fehlen. Ich möchte den König überreden, ihn mit dem Amt des Verwalters meines Haushalts zu betrauen, eine Position, die in der vorigen Regierungszeit abgeschafft worden ist. Mercy meint, ich solle noch mindestens zwei Jahre warten, ehe ich diesen Wunsch dem König mitteile, denn dieses Amt koste der Staatskasse sehr viel Geld. Wir werden sehen.

15. Oktober – Noch nie war der Hof in Fontainebleau so frequentiert wie in diesem Jahr. Mein Appartement wird nie leer. Dass jeder zufrieden weggeht, liegt mir so sehr am Herzen, dass ich mich bemühe, zu jedem liebenswürdig zu sein, selbst wenn ich mich langweile. Lediglich von einem Diener gefolgt, gehe ich am Arm meines Mannes ohne Umstände und Zeremoniell spazieren. Ich pflege jeden

Abend mein Spiel, denn wir können noch keine Bälle geben oder Schauspieler einladen wegen der Trauer. Ich bin ungeduldig, dass sie zu Ende geht. Der König arbeitet immer noch viel und jagt wie gewohnt, das heißt bis zum Wahnsinn. Ich habe es endlich geschafft, dass ein Plan akzeptiert worden ist, der mir am Herzen lag. Zum Unterschied vom Hof in Wien und denen in Deutschland schließt die Etikette hier die Hofherren von der Tafel der Königin oder den Prinzessinnen der königlichen Familie aus. Ich will wie meine Mutter mit den Männern, die mit meinem Mann speisen, dinieren oder soupieren können. Der König, der Veränderungen hasst, hat sich lange bitten lassen. Ich habe schon alles ins Wasser fallen sehen, als er meinte, ich sollte seine Tante Victoria um ihre Meinung fragen. Schließlich hat er nachgegeben. In einer Woche werden wir ein Souper geben, das eine echte Gesellschaftstafel sein wird. Es werden Prinzen und Prinzessinnen von Geblüt da sein, zumindest ein Minister und mehrere Hofleute beiderlei Geschlechts.

23. Oktober – Unser Souper war ein Erfolg. Der König ist zufrieden, und wir haben beschlossen, dass es so etwas einmal und vielleicht sogar zweimal pro Woche geben soll, damit jeder einmal an die Reihe kommen kann. Der König wird die Männer bestimmen, ich die Frauen. Ich sehe es als meine Pflicht an, dort ohne Ausnahme jedem gegenüber aufmerksam zu sein und mit ihm zu sprechen. Die Einführung dieser Souper-Tradition wird verhindern, dass mein Mann in schlechte Gesellschaft gerät, wie es bei seinem Großvater der Fall war.

12. November – Die große Staatsaffäre der Parlamente ist endlich abgeschlossen. Der König war großartig während des Großen Gerichtstags, den er heute abgehalten hat. Er hat das alte Parlament wieder eingesetzt, das von Kanzler Maupeou und seiner Clique vor vier Jahren entlassen worden war. Gestern hat er eine Geste seines Vertrauens mir gegenüber gesetzt, indem er mir eine eigenhändige Niederschrift all dessen, was heute geschehen sollte, übergab. Trotz seiner Erklärungen muss ich zugeben, dass ich nicht viel von diesen Angelegenheiten verstehe. Ich sehe vor allem, dass alle einander zu dieser Entscheidung beglückwünschen, die man in den Himmel hebt. Die Prinzen von Geblüt, die für das alte Parlament Partei ergriffen hatten, sind wieder an den Hof zurückgekehrt, und ich bin glücklich, dass niemand mehr in Verbannung lebt. Alles läuft also bestens und es scheint mir, dass, wenn der König sein Werk fortführt, seine Autorität größer sein wird als es in der Vergangenheit bei der Person des Königs der Fall war.

7. Dezember – Es schneit und ist sehr kalt. Ich könnte mich in Wien wähnen: Wir bewegen uns im Pferdeschlitten weiter. Hier haben die Kutscher darin keine Erfahrung. Meine Kutsche ist umgestürzt, als das Pferd durchging. Gott sei Dank habe ich die Zügel erfasst und den Kopf des Pferdes gegen eine Hecke gedreht, die es angehalten hat. Ich war erschrocken. Ich weiß nicht, ob es ratsam ist, diese Art der Fortbewegung hier zu pflegen.

Die Trauer geht ihrem Ende zu, das Leben am Hof wird bald wieder seinen gewohnten Gang nehmen. Der König beauftragt mich, alle Unterhaltungen zu organisieren. In Versailles hat sich keine Königin jemals damit befasst, die Könige haben das ihren Maîtressen überlassen. Ich bin die erste wahrhafte Königin dieses Schlosses. Ich habe beschlossen, dass es drei Aufführungen pro Woche geben soll (zwei französische Komödien und eine italienische) und zwei Bälle. Wir werden nicht mehr die Künstler von der Oper kommen lassen, das ist zu teuer. Der König und ich werden nach Paris fahren, um sie zu sehen. Das wird mir Gelegenheit geben, in diese Hauptstadt zu fahren, die ich über alles liebe. Diesbezüglich geben es mir die Pariser reichlich zurück. Ich muss mich ab jetzt mit Duc de La Ferté, dem Intendanten der Unterhaltungsprogramme, wegen der Feste im Monat Januar beschäftigen.

15. Dezember – Es kam, wie es kommen musste. Comtesse d'Artois ist schwanger, und ich bin noch immer am gleichen Punkt mit dem

König. Ich musste so tun, als wäre ich erfreut, als ich diese Nachricht erfuhr, aber ich habe sehr geweint – abends in meinem Bett. Der König hatte eine lange Unterredung mit meinem Arzt, der ihn untersucht hat. Er hält eine Operation nicht für notwendig und glaubt, dass die bestehenden Hindernisse von der Schüchternheit meines Mannes und von seinem kühlen und trägen Temperament herrühren. Der König liebt mich von ganzem Herzen und findet meine Figur reizend. Also habe ich guten Grund zur Hoffnung, bald dem Beispiel meiner Schwester zu folgen, der gegenüber ich zu mehr Aufmerksamkeit verpflichtet bin als irgendjemand anderer …

1775

1. Januar – Der Tag war in jeder Hinsicht perfekt, was die Etikette hier betrifft. Mehr als zweihundert Damen sind gekommen, mir die Reverenz zu erweisen, dazu die hohen Würdenträger und die Minister. Ich habe zu allen gesprochen und mich bemüht, Comte de Maurepas gut zu behandeln. An diesem ersten Tag des Jahres bin ich glücklich, dass ich beim König eine Pension von dreißigtausend Livres für den Bruder von Princesse de Lamballe erreicht habe, und ich hoffe, für sie noch die Position der Superintendantin meines Hofstaats wieder schaffen zu können. Man muss sich in Geduld üben, was mir nicht besonders liegt.

2. Januar – Mein Bruder Maximilian wird innerhalb von zwei Monaten in Versailles sein. Ich kann so viel Glück kaum fassen. Ich muss Feste für ihn vorbereiten, die seiner würdig sind. Der König lässt mir freie Hand, all das nach meinem Belieben zu gestalten.

3. Januar – Wir werden großartige Bälle haben. Man beginnt, Ballette und Quadrillen in Kostümen zu proben. Seit langem hat der Hof nicht so viel Fröhlichkeit gesehen.

14. Januar – Welch wundervoller Abend gestern in Paris! Trotz der Kälte haben mir die Menschen überall, wo ich mich zeigte, applaudiert. Die Oper, in der Glucks »Iphigénie« gespielt wurde, war überfüllt. Ich habe mich einfach in der Loge des Hochadels mit Monsieur, Madame, Comte und Comtesse d'Artois niedergelassen. Im zweiten Akt, wenn der Chor eine Melodie anstimmen soll, deren erster Vers lautet »Singet, preiset eure Königin!«, ist ein Sänger in Richtung meiner Loge vorgetreten und hat gesagt: »Chantons, célébrons notre reine/L'Hymen qui sous ses lois l'enchaîne/Va nous rendre à jamais heureux ...« – zu deutsch »Lasst uns singen/dieser Königin zu Ehren/niemand soll es uns verwehren/Ewig Glück wird es uns bringen/was als Eheband um sie gelegt«. Das entfachte im Publikum einen unglaublichen Begeisterungssturm. Man hörte nur mehr das Klatschen der Hände und die Rufe »Es lebe die Königin!«. Das Auditorium hat diesen Chor so oft wiederholt, dass die Aufführung eine Viertelstunde lang unterbrochen war. Ich war überwältigt, habe meinen Gefühlen freien Lauf gelassen und vor Freude geweint. Beim Weggehen habe ich das Publikum von der Loge aus gegrüßt und es hat mir nochmals ungeheure Ovationen bereitet. Wie sehr ich diese Pariser liebe und wie wunderbar sie es mir vergelten!

18. Januar – Es musste mir ja jemand meine Freude verderben. Na schön! Es ist mein Bruder Joseph. Er hat mir einen seiner Briefe geschrieben, wie nur er sie schreiben kann. Schon als wir Kinder waren, hat es ihm Spaß gemacht, Karoline und mich zu schelten. Heute behauptet er, ich wäre von Vergnügungssucht besessen: ich beschäftigte mich nur mit Oberflächlichkeiten, ohne an etwas Ernsthaftes zu denken. Was weiß er schließlich schon? Es stimmt, dass ich viel Zeit mit Mademoiselle Bertin verbringe, die mir die Kleider, Ensembles, Négligés – eines hinreißender als das andere – entwirft. Ich trage die Frisuren nach der Mode, stark erhöht und von Federn gekrönt. Ist es etwa nicht hübsch? Im Übrigen hat mir der König eine Diamantenfeder geschenkt, die ich in meine Haare stecken kann. Ich werde sie zu großen Anlässen tragen. Ich würde mich doch lächerlich machen, wenn ich mich wie in der Zeit des verstorbenen Königs frisierte. Aus diesem Grund nehme ich lieber einen Pariser Coiffeur in Anspruch, der weiter seine gewöhnlichen Kunden frisiert: Ich will nicht, dass er aus der Übung kommt. Ich lege großen Wert darauf, die eleganteste aller Frauen zu bleiben. Bin ich nicht die Königin? Und die Königin darf keine Rivalinnen haben. Man hat zuviel davon in den Zeiten früherer Monarchen gesehen!

21. Januar – Heute morgen, gegen elf Uhr, habe ich Mercy empfangen, als ich noch im Bett war. Mein Mann war bei mir, noch nicht in offizieller Kleidung und gut gelaunt. Wir haben von Maximilians Besuch gesprochen. Der König hat den Botschafter über meinen Bruder ausgefragt. »Man muss nachdenken, wie man ihn unterhalten könnte«, hat er gesagt. Als ich mit Mercy allein war, hat er mich darauf hingewiesen, dass man, zumal der König von seinem Charakter her zu Planmäßigkeit und Pünktlichkeit neige, keinesfalls allzusehr in seine Lebensgewohnheiten eingreifen dürfe. Aber ich glaube, dass ihm all diese Vorbereitungen Spaß machen. Und außerdem habe ich gute Gründe zur Annahme, dass er mir nichts abschlagen kann …

15. Februar – Ich habe keinen Augenblick mehr Zeit für dieses Tagebuch. Wir leben seit Maximilians Ankunft in einem Wirbel von Festen und Feiern, und bis zur Fastenzeit bin ich nicht einmal mehr imstande, an etwas anderes zu denken. Meine Bälle sind herrlich. Wir hatten Quadrillen, getanzt in Kostümen aus der Zeit von Henri IV., andere in solchen von Harlekinen und wieder andere in Tiroler Tracht. Meine Feste sind so gelungen, dass der König in einer der Nächte bis drei Uhr früh geblieben ist. Was mich betrifft, ich habe bis sieben Uhr morgens getanzt. Dann war ich in der Messe und habe mich anschließend schlafen gelegt. Alles klappt wunderbar. Trotzdem gibt es auch etwas Bedauerliches für mich, nämlich eine Auseinandersetzung mit den Prinzen des Hauses betreffend meinen Bruder. Unter dem Vorwand, dass der Erzherzog incognito nach Frankreich kommt, haben sie nicht geruht, ihm den ersten Besuch abzustatten. Sie wollten, dass Maximilian das tut. Der König hat mir freie Hand gelassen, alles einzurichten, wie ich es für gut hielte. Ich habe folglich meinen Bruder gegen die Forderungen der Prinzen unterstützt. Sie schmollen in Paris und weigern sich, in Versailles zu erscheinen. Wie anmaßend!

15. März – Die Abreise meines Bruders hat mich sehr betrübt. Wie sehr er sich verändert hat! Ich habe ihn als Kind verlassen und als Mann wiedergesehen. Was würde ich wohl von den anderen Mitgliedern meiner Familie sagen, wenn ich das Glück hätte, sie alle wiederzusehen? Ich habe stundenlang mit Maximilian gesprochen. So habe ich ein wenig Wiener Luft geatmet, wobei mir aufgefallen ist, dass ich nicht mehr Deutsch verstehe. Aber sein Französisch ist so gut wie meines, als ich an diesen Hof gekommen bin. Ich bedaure nicht, gegen die Prinzen Partei ergriffen zu haben. Ich hatte zu diesem Thema einen heftigen Streit mit Duc d'Orléans. Ich sah mich gezwungen, ihm zu sagen, dass der König den Erzherzog wie einen Bruder behandelt hat; dass er ihn eingeladen hat, im engsten Kreis der königlichen Familie zu soupieren, eine Ehre, auf die er nie Anspruch gehabt hätte. Darauf habe ich den Duc nicht ohne Schadenfreude hingewiesen. Er hat natürlich nichts geantwortet, aber ich bin sicher, dass er wütend war. Das ist gut so.

20. März – Wir waren bei einem Pferderennen in der Plaine des Sablons. Das ist eine neue Art von Spektakel, das aus England zu uns kommt. Wir, das heißt meine Brüder, meine Schwestern und ich, haben uns auf einer imposanten Tribüne niedergelassen, die eigens errichtet worden war. Endlich einmal musste auf keine Etikette geachtet werden. Junge Leute aller Art, die Wetten abgeschlossen hatten, stießen uns ständig und redeten laut. Sie brachten uns nicht die gebührende Achtung entgegen. Aber unter solchen Umständen sehe ich keinen Anlass zu Formalitäten. Ein Pferd Duc de Lauzuns hat den Preis davongetragen. Ich muss gestehen, dass ich weit mehr diesem Rennen beiwohnen wollte, um diesen berühmten Aristokraten kennen zu lernen, als um seine Pferde zu bewundern. Seit Wochen ist er ständig Gesprächsthema Nummer eins bei Princesse de Guémené. Die Frauen träumen davon, ihn zu ihren Füßen zu sehen. Wenn man den einen glaubt, soll er ein frecher junger Geck sein, nach den anderen zu schließen ein herrlicher Liebhaber. Man erzählt sich, er könne die Kühlsten zum Schmelzen bringen und soll sogar diejenigen Liebhaber vertreiben können, von denen man meinte, sie säßen fest im Sattel. Er kommt eben aus Russland zurück, wo er Verhandlungen mit der Zarin geführt hat, über die er Monsieur de Vergennes Bericht erstatten muss. Er soll dort eine Frau in Tränen zurückgelassen haben … Ich werde in ein paar Tagen mehr wissen. Sicher wird er zur Prinzessin kommen. Man flüstert, er sei Choiseuls Sohn. Das allein ist für mich schon Grund genug, mich für ihn zu interessieren.

22. März – Endlich habe ich Lauzun getroffen. Er verbindet bestechendsten Geist mit verführerischstem Aussehen. Keiner versteht so gut zu parlieren wie er. Seine Anwesenheit bringt charmante Atmosphäre in die Gesellschaft von Madame de Guémené, die an sich schon sehr liebenswürdig ist. Die anderen Männer versuchen ihm nachzueifern, können ihm jedoch nicht das Wasser reichen. Nur Baron de Besenval kann es in der Konversation mit ihm aufnehmen. Sie verfügen beide über gleich viel Frechheit und Schlagfertigkeit. Indes ist der Baron zu alt um zu gefallen, obwohl seine Gesellschaft amüsanter ist als selbst die der jungen Leute. Ich erlaube mir manchmal, ihm vertrauliche Dinge mitzuteilen. Heute abend hatten die Frauen nur für Lauzun Augen. Madame Dillon, die ich sehr gern mag, hat dabei fast Prince de Guémené, ihren Geliebten, vergessen. Die Prinzessin wiederum, die nicht im Mindesten auf die Geliebte ihres Mannes eifersüchtig ist, hat beinahe ihren Duc de Coigny ignoriert, den sie vergöttert und der ihre Gefühle ebenso erwidert. Ich habe mich innerlich sehr über die kleinen Geheimnisse amüsiert und mir gesagt, meine Freundinnen hätten wohl Glück, derlei kleine Freiheiten genießen zu können. Indes – wie zu Fleiß schien heute jegliches Scherzen aus der Unterhaltung verbannt. Es ging ausschließlich um die Politik von Monsieur Turgot, den man hier nicht besonders schätzt. All die glühenden Anhänger von Monsieur de Choiseul, die sich um mich sammeln, bedrängen mich, mich beim König dafür zu verwenden, dass er zurückkommt. Das scheint mir aber schwierig, denn ich kenne die Abneigung meines Mannes für ihn nur zu gut.

24. März – Ich habe Lauzun gebeten, mich bei den Ausfahrten zu begleiten, die ich im Bois von Boulogne mit Comte d'Artois während der Fastenzeit zu unternehmen plane.

25. März – Wie amüsant der Karneval für mich auch war – ich gebe zu, es ist Zeit, dass er zu Ende geht. Wir haben unseren üblichen Lebensstil wieder aufgenommen. Ich habe das ausgenützt, um mich mehr mit dem König zu unterhalten, der immer liebenswürdig zu mir ist. Mercy ist gekommen, um mir einmal mehr eine Moralpredigt zu halten. Er möchte, dass ich dem Streit mit den Prinzen ein Ende setze, weil er mir in der öffentlichen Meinung schaden könnte. Und natürlich hat er, bei allem mir gebührenden Respekt, mir wegen der Zerstreuungen der letzten Zeit Vorhaltungen gemacht. Er meint, ich sollte mehr daran denken, wie ich zu solidem Ansehen gelangen könnte; des Weiteren hat er von der Salbung des Königs gesprochen, die im Juni in Reims stattfinden wird. Mercy hat mir eine Schrift überreicht, die von einem Priester der Kapelle verfasst ist und feststellt, die Königinnen seien früher wie ihre Gatten gesalbt worden. All das hängt von meinem Mann ab, aber ich habe schon genug andere Dinge, die ich ihn fragen muss.

2. April – Ich habe Duc d'Aiguillon immer zu Recht misstraut. Dieser Mann ist noch verabscheuungswürdiger als ich je gedacht hätte. Baron de Besenval hat mir ausführlich die Intrigen beschrieben, die er mit der Barry betrieben hat, um Choiseul in Ungnade fallen zu lassen. Zumal dieser alte Minister die Verachtung ermessen kann, die ich ihm gegenüber hege, rächt er sich jetzt an mir, indem er böse Verse über mich schreiben lässt. Das ist gemein! Ich muss für ihn eine exemplarische Bestrafung erreichen.

3. April – Seit zwei Wochen hat es mehrere Aufstände wegen der Verteuerung von Brot gegeben. Da sieht man die Politik von Monsieur Turgot, dem der König trotz allem weiter vertraut! Die Anhänger von Choiseul, die in diesem Land immer zahlreicher werden, glauben, dieser wäre der einzige, der wieder Ordnung herstellen könnte. Madame de Brionne hat mir zu diesem Zweck eine Denkschrift für den König überreicht. Ich werde sie ihm heute abend geben.

4. April – Der König ist wegen des Schriftstücks in Wut geraten. »Dass man mir nie mehr von diesem Mann redet«, – hat er mir verärgert gesagt. Besenval, dem ich alles erzählt habe, behauptet, es gebe keinen Grund zur Verzweiflung. Er hat mir einen Plan mitgeteilt, Choiseul wieder an die Macht zu bringen. Aber dass man nicht zuviel dafür von mir verlangt. Ich lege vor allem Wert darauf, dass Duc d'Aiguillon bestraft wird. Ich habe Lust, mich zu amüsieren. Übrigens gehe ich gleich weg zu einer Ausfahrt mit Comte d'Artois. Lauzun wird auch dabei sein.

10. April – Man äußert sich unfreundlich über mich, weil ich fast jeden Tag Ausfahrten in einem »Teufelswagen« mit Comte d'Artois unternehme. Wir fahren so schnell wir können durch den Bois von Boulogne, und wenn ich aufs Pferd wechsle, folgt mir Lauzun überallhin. Man munkelt, er wäre mein Favorit geworden. Was sagt man nicht alles, um mir zu schaden? All das kommt natürlich von Duc d'-Aiguillon und seiner Clique. Ich spreche jeden Tag mit dem König darüber, der sich in missbilligendes Schweigen hüllt. Das verheißt nichts Gutes. Nachdem ich sehr verkühlt bin, habe ich beschlossen, mein Zimmer nicht mehr mit meinem Gatten zu teilen.

11. April – Ich ließ Monsieur de Sartine kommen, der Monsieur Le Noir ersetzt, den Polizeileutnant; ich bat ihn, Maßnahmen zu ergreifen gegen die Freiheit mit all den ungezügelten Äußerungen, wie sie in Cafés und anderorts regiert, wo sich die Taugenichtse von Paris treffen, um angebliche Handlungen der königlichen Familie zu kommentieren. Er hat mir versprochen, alles in seiner Macht Stehende zu tun. Ich habe den Plan, in die Oper zu fahren, um »Orpheus und Eurydike« zu sehen, lieber aufgegeben, aus Angst, dass das Publikum mir einen weniger guten Empfang als üblich bereiten wird. Und all das wegen dieses verfluchten d'Aiguillon!

13. April – Princesse de Lamballe wird immer öfter von Nervenschmerzen heimgesucht, die zu Schwächezuständen und Krämpfen führen. Sie ist so reizbar, dass es schwierig wird, sich mit ihr so zu unterhalten, wie ich es noch vor kurzer Zeit tun konnte. Ich ziehe die Gesellschaft von Madame Dillon oder Comtesse de Polignac vor. Welch reizende Frau! Ich treffe sie bei Princesse de Guéméné. Selten sieht man eine derart ebenmäßige Schönheit wie die ihre. Ihr Gesicht ist ein pures Meisterwerk von Anmut und Unschuld. Sie ist nie in Eile und scheint in einem Traum zu leben, in welchem sie die glückliche Heldin ist. Ich habe erfahren, dass sie ihren Mann nicht liebt und dass ihr Herz für Marquis de Vaudreuil schlägt, der ihre Gefühle erwidert, ohne dass dies Comte de Polignac träfe. Monsieur und Madame de Polignac verbringen den größten Teil ihrer Zeit auf ihrem Besitz in Claye, wo sie mit beschränkten Mitteln leben müssen.

17. April – Unser derzeitiges Leben hat nichts mit dem im Karneval gemeinsam. Aber bei den Andachtsübungen der Karwoche habe ich mich viel mehr verkühlt als bei sämtlichen Bällen. Ich habe bei mir eingeführt, dass jeden Montag ein Konzert stattfindet. Jede Etikette ist dabei aufgehoben. Ich singe dabei mit einer Damengesellschaft, die mitsingt. Es gibt auch ein paar nette Herren, aber die sind nicht mehr ganz jung.

18. April – Meine Vorlieben sind entschieden andere als die des Königs. Er hat nur für die Jagd und mechanische Tätigkeiten etwas übrig. Mercy, der angesichts unserer Trennung beunruhigt ist, hat mir den Vorschlag gemacht, einen geheimen Gang einrichten zu lassen, der unsere beiden Appartements verbindet. Wir könnten uns dann zum jeweils anderen begeben, ohne durch die Vorzimmer gehen zu müssen, die immer voller Leute sind. Die Arbeiten werden während unserer Abwesenheit bei den Krönungsweihen durchgeführt werden.

25. April – Noch nie hatte ich so viel Spaß bei Madame de Guémené, die seit dem Ende der Fastenzeit wieder Feste gibt. Ich jage mit Comte d'Artois Damhirschen. Nach der Jagd speisen wir in seinen Landhäusern im Bois de Boulogne. Lauzun kommt oft mit. Ich habe noch nie einen so scharfsinnigen, lustigen und lebhaften Mann getroffen wie ihn. Und selbst seine kleinste Geste ist elegant.

26. April – Ich bin tief betrübt, Lauzun muss weg, um ein Regiment gegen die Aufständischen anzuführen, welche die Märkte in den Vororten von Paris plündern. Wie schade!

27. April – Ich habe noch einmal mit Lauzun gejagt, der morgen wegfahren wird. Ich habe ihn gebeten, der Krönung beizuwohnen, aber er wird nicht kommen. Wann werden wir uns wiedersehen?

1. Mai – Inmitten all des Treibens und Glanzes, die mich umgeben, spüre ich, dass meinem Herzen alles fehlt. Am liebsten würde ich meine innere Sehnsucht, die mich bedrückt, betäuben. Ich wünsche mir ein Glücksgefühl, das ich nicht näher zu beschreiben weiß.

2. Mai – Ich war wohl kaum auf das gefasst, was heute hier passiert ist. Ziemlich früh am Morgen teilte mir Mercy mir, dass es in den Märkten von Versailles Plünderungen gegeben hätte. Es wäre nicht nur unvorsichtig, sondern auch unpassend, auszugehen. Der König war beunruhigt. Weder Maurepas noch Turgot waren da. Es war also der König selbst, der Maßnahmen ergriffen und mit Maréchal de Muy in Kraft gesetzt hat. Er wird Monsieur Turgot bevollmächtigen, freie Hand zu haben, denn Paris könnte ebenfalls revoltieren. Ich konnte heute den ganzen Tag nichts essen, so sehr habe ich mich geängstigt.

5. Mai – Die Unruhen haben nicht aufgehört. Gestern wurden die Bäckerein in Paris geplündert. Monsieur Le Noir musste zurücktreten. Er hatte nichts unternommen, die aufgebrachte Stimmung zu beruhigen.

16. Mai – Der Sturm hat sich gelegt, die Gewitterwolken haben sich verzogen. An all diesen Unruhen ist die Politik, wie sie die Herren de Maurepas und Turgot betreiben, schuld. Ich wage nicht, mit dem König allzuviel darüber zu reden, obwohl man mich dazu drängt. Ich beschränke mich darauf, rote Kugeln auf Duc d'Aiguillon abzuschießen und habe das Gefühl, dass mein Mann nicht weit davon entfernt ist, mir in diesem Punkt nachzugeben.

28. Mai – Wir sind mit nichts anderem mehr beschäftigt als mit den Vorbereitungen für die Krönung. Aus Ersparnisgründen hätte Turgot gewünscht, dass die Zeremonie in Paris stattfindet. Der König hat dem nicht zugestimmt. Er bleibt der Tradition treu. Die Salbung wird in Reims erfolgen. Am 5. Juni werden wir Versailles verlassen und drei Tage in Compiègne bleiben. Von dort fahren wir nach Reims, wo der König gesalbt werden wird wie alle seine Vorfahren, nach einem alten, sehr komplizierten Brauch.

30. Mai – Ich triumphiere. Während der Truppeninspektion des Königs am Trou d'Enfer hat sich Duc d'Aiguillon meinem Wagen genähert, aber ich habe ostentativ den Vorhang der Wagentür zugezogen. Er musste begreifen, dass sein Schicksal besiegelt ist. Heute abend wird er den Befehl erhalten, sich auf den d'Aiguillon-Sitz in der Gascogne zurückzuziehen.

Dieser Abgang ist ganz mein Werk. Als dieser widerliche Kerl Spione unterhielt und üble Gerüchte kolportieren ließ, war der Gipfel erreicht. Der König verbietet ihm, nach Reims zu kommen. Maurepas hat soeben sein hohes Alter vorgeschoben, um nicht hinzufahren, aber Choiseul wird dort sein. Ich bin stolz, ihm eine Audienz geben zu können.

22. Juni – Ich werde nie in meinem Leben (und wenn es hundert Jahre dauern sollte) den Tag der Salbung vergessen. Wäre sie dabei gewesen, hätte meine liebe Mama sicher unser Glücksgefühl geteilt. Alle waren sehr stolz auf den König. Er muss es auch auf seine Untertanen sein: Groß und Klein – alle haben ihm größtes Interesse entgegengebracht. Während der Krönung wurde die Zeremonie durch rührende Sympathiebezeugungen unterbrochen. Ich konnte mich nicht halten, und unwillkürlich rannen mir die Tränen über die Wangen. Ich habe auf der Reise mein Bestes getan, um auf die eifrigen Loyalitätsbekundungen zu reagieren, und trotz der Hitze und der Menschenmengen beklage ich nicht meine Müdigkeit, die im Übrigen meiner Gesundheit nicht geschadet hat. Es ist so unglaublich und beglückend zugleich, zwei Monate nach der Revolte und trotz der Teuerung von Brot, die leider weiter bestehen bleibt, dennoch so gut empfangen zu werden. Das ist so wunderbar am französischen Charakter, dass er sich zwar leicht von schlechten Ideen hinreißen lässt, aber gleich wieder zum Positiven zurückkehrt. Seit dem Anblick dieser Menschen, die uns trotz ihrem Unglück so wohlgesinnt sind, fühlen wir uns noch mehr dazu verpflichtet, für ihr Glück zu arbeiten. Der König scheint davon zutiefst beseelt. Ich habe ihm versprochen, ihm so gut beizustehen, wie ich nur kann.

Von allen Seiten werde ich bedrängt, mich in die Staatsgeschäfte einzumischen. Meine teure Mama rät mir, mich so oft wie möglich bei meinem Mann aufzuhalten, seine Vertraute zu werden und alles mit ihm zu durchdenken. Seit Jahren redet mir Mercy ein, ich sei berufen, eine große Rolle an diesem Hof zu spielen. Und Besenval hält mir Vorträge, die jemand anderem, der weniger gefestigt ist als ich, zu Kopf steigen könnten. Er wiederholt auch stets, Choiseul müsse mit Hilfe meines Einflusses zurückkommen. In Reims hat er sehr darauf bestanden, dass ich ihn empfange. Ich musste sehr geschickt sein, um nicht die Erlaubnis des Königs einholen zu müssen. So habe ich ihm gesagt, ich hätte Lust, Monsieur de Choiseul zu sehen, ich wäre nur ratlos, wann. Ich habe es so gut gespielt, dass mein armer Mann mir selbst den bequemsten Zeitpunkt arrangiert hat, wo ich ihn treffen konnte. Ich habe ihn eine Stunde lang gesprochen und weiß, dass alle darüber geschwätzt haben. Obwohl er ein wenig gealtert, ist Monsieur de Choiseul nach wie vor scharfsinnig geblieben. Ohne etwas für sich zu erbitten, bemühte er sich, mich über alles Unrecht in Kenntnis zu setzen, das er am Ende der Herrschaft des verstorbenen Königs ertragen musste. Mit scherzhaften Bemerkungen spielte er auf die Mängel des derzeitigen Ministeriums an. Er sprach mit mir auch über den König. Zu meiner großen Überraschung erklärte er mir, ich hätte nur zwei Alternativen, die sich mir böten: meinen Gemahl mit sanfter Stimme zu gewinnen oder ihn bei seiner Angst zu packen und zu unterwerfen. Das also habe ich zu tun. Ich habe vor drei Tagen an diesen Rat gedacht, als ich den neuen Geheimgang entdeckte, der vom Appartement meines Mannes in mein Zimmer führt. Wird der König ihn oft benutzen?

14. Juli – Madame Clotilde heiratet Prince de Piémont, Bruder von Comtesse de Provence und Comtesse d'Artois. Monsieur und Madame werden die Prinzessin nach Chambéry begleiten, wo sie zwei Wochen mit dem König und der Königin von Sardinien zusammensein werden. Wie schrecklich für mich, dass ich nicht das gleiche Glück für mich erhoffen kann, meine Familie wiederzusehen! Ich habe den ganzen Tag geweint, als ich diese Nachricht erfahren hatte; aber vor ihnen verberge ich meinen Schmerz, um ihnen nicht ihre Freude zu verderben. Ich bin entzückt von meiner lieben Schwester Élisabeth; sie legt anlässlich des Abgangs ihrer Schwester eine liebenswerte Ehrlichkeit und Sensibilität an den Tag. Wie Comtesse de Marsan zieht sich die Gouvernante der Enfants de France, wie sich hier die Erzieherin der Kinder des Königs nennt, zurück und wird durch Madame de Guémené ersetzt; so werde ich die kleine Élisabeth mehr zu sehen bekommen.

18. Juli – Ich habe endlich erreicht, dass der König Princesse de Lamballe zur Oberverwalterin meines Hofstaats ernennt. Die größten

Schwierigkeiten hat Maurepas gemacht, da er die Kosten, die durch dieses neue Amt entstehen, so sehr fürchtet. Um ihn zum Nachgeben zu bringen, musste ich ihm sagen, mein Lebensglück hinge von dieser Bestellung ab. Da hat er sich gebeugt und uns, dem König und mir, das Versprechen abgenommen, alle damit in Zusammenhang stehenden Kosten geheim zu halten. Das wird für die arme Princesse de Lamballe nur gerecht sein, die ziemlich unglücklich ist und außerdem immer noch unter diesen Nervenschmerzen leidet. Sie hat sich sehr verändert. Heute fühle ich mich immer mehr zu dieser lieben Comtesse de Polignac hingezogen, die ich zu meiner Hofdame machen möchte. Angeblich ist sie zu jung, hat nie eine Position bei Hof bekleidet, und ihre Herkunft ist Versailles nicht angemessen. Immer diese verfluchten Traditionen und diese schreckliche Etikette! Comtesse de Polignac ist von der Natur mit dem liebreizendsten Gesicht gesegnet, das man je gesehen hat, und ihr Charakter ist noch vollkommener als ihr Aussehen. Ihre Haltung, ihre Konversation und alles andere bis hin zum Ton ihrer Stimme sind Ausdruck ihrer Sanftheit.

6. August – Comtesse d'Artois ist soeben von einem Sohn entbunden worden, dem der König den Titel Duc d'Angoulême geben wird. Die Geburt hatte nur drei Stunden gedauert und nur dreimal große Schmerzen bereitet. Ich war die ganze Zeit hindurch in ihrem Zimmer. Ich habe meine Schwester erst verlassen, als sie in ihr eigenes Bett zurückgebracht wurde. Als ich den Gardesaal überquerte, haben mich die gratulierenden Marktfrauen bis zu meinen Appartements verfolgt und unter gröbsten Beschimpfungen gerufen, es sei an mir, Nachkommen zu bescheren. Diese Frauen nehmen sich schon lange das Recht heraus, mit den Herrschern in unakzeptabel vertraulichem Ton zu sprechen. Ich habe mich allein eingeschlossen, um vor Schmerz zu weinen. Ach! Wenn man nur wüsste …

10. August – Ich bin erschüttert von den Briefen, die ich von der Kaiserin und von meinem Bruder Joseph bekommen habe. Ich hätte nicht erwartet, derartige Vorwürfe zu bekommen, weil ich Comte Rosenberg geschrieben hatte, dass ich eine Audienz für Monsieur de Choiseul bei »diesem armen Mann«, dem König, erreicht habe. Noch nie haben Bemerkungen des Kaisers mich so sehr verletzt. Und die meiner Mutter waren in keiner Hinsicht dazu angetan, meinen Schmerz zu lindern. Die Kaiserin sieht all diese Gegenstände der Diskussion aus der Ferne. Sie wiegt sie nicht mit meiner Position ab und beurteilt mich viel zu streng. Aber es ist meine Mutter, die mich liebt; und wenn sie spricht, bleibt mir nichts anderes übrig als den Kopf zu senken. Wie groß mein Schmerz ist! Ich bin Königin und niemand weiß, wie tief meine Not ist.

27. August – Die Feiern anlässlich der Hochzeit von Madame Clotilde gehen dem Ende zu. Der König wollte alle überflüssigen Ausgaben vermeiden, sodass die Aufführungen und Bälle nicht so glanzvoll waren wie bei den vorangegangenen Hochzeiten. Den Abend der Ball-Paré habe ich mit Monsieur eröffnet, ich trug dabei eine Robe, die mit Diamanten geschmückt war. Ich spürte, dass ich viele Blicke anzog. Wenn wir nicht bei Hof gewesen wären, hätte man mir sicher applaudiert. In Paris hat mir der Maskenball, den der Botschafter von Sardinien gegeben hat, großen Spaß gemacht, denn ich habe mich mit mehreren Personen unterhalten, ohne dass sie mich erkannt haben.

30. August – Vorgestern hat uns meine Schwester Clotilde in Choisy verlassen, wohin wir sie begleitet hatten. Die Trennung hat sie nur mäßig betrübt. Die arme kleine Élisabeth war verzweifelt. Man spricht schon jetzt davon, sie mit Prince de Portugal zu verheiraten. Sie wird auch ihre Familie verlassen müssen, und es ist besser so, denn ich sehe zum Beispiel an meinen Tanten, wie wichtig es hier ist, keine alte Jungfer zu werden.

12. September – Ich bin nach Paris gefahren; man hat mich mit Beifall empfangen. Trotz der bösen Schmähschriften, die im Umlauf waren, lieben mich die Pariser immer noch. Welch kluge Köpfe diese Franzosen doch sind!

18. September – Ich besuche regelmäßig den kleinen Duc d'Angoulême. Es ist ein schmächtiges Kind. Wann werde ich dem Königreich einen Erben schenken können? Man spricht wieder davon, den König zu operieren, aber ich glaube nicht daran. Immerhin liegt die Säumigkeit nicht auf meiner Seite, auch wenn ich mich ohne Vergnügen dieser Pflicht stelle, die so schmerzhaft ist.

6. Oktober – Lauzun ist endlich wieder in Versailles. Gestern gab es wieder ein Rennen in der Plaine des Sablons, wo ich hingefahren bin. Wieder hat eines seiner Pferde gewonnen. Ich habe mir den kleinen siegreichen Jockey vorstellen lassen und seinem Herrn gratuliert, der entzückt schien. Er wird nach Fontainebleau kommen.

16. Oktober – Es ist mir daran gelegen, dass die Feste von Fontainebleau glanzvoller sind denn je. Wir werden drei oder vier Aufführungen pro Woche und viele Soupers haben, wo wir Männer und Frauen mischen werden.

18. Oktober – Das Wetter ist ekelhaft; ich habe einen starken Katarrh. Der König wird nicht mein Zimmer teilen.

28. Oktober – Alles gestaltet sich wunderbar. Ich fahre selten ohne Lauzun aus. Er folgt mir überallhin. Am Abend beim Spiel richte ich es ein, dass er einen Platz an meiner Seite hat, selbst wenn gewisse Leute angeblich darüber munkeln. Sein Benehmen ist vollendet und er bittet mich um nichts, weder für sich noch für jemand anderen. Er spricht mit mir oft über Politik und findet, ich sollte bei wichtigen Angelegenheiten eine Rolle spielen. Abends nach der Aufführung und dem Souper sehe ich ihn bei Madame de Lamballe oder de Guémené wieder, wo die Gespräche um weniger ernste Themen kreisen. Ich habe Madame de Lamballe gebeten, ihn wie einen Bruder zu lieben.

30. Oktober – Ich weiß nicht, was ich denken soll. Lauzun hat das Amt abgelehnt, das ich vorhatte, ihm bei der Kompanie der Gardes du corps von Monsieur le duc de Villeroy zu beschaffen. Er behauptet, kein Amt bei Hof annehmen zu wollen, weil er sein eigener Herr bleiben und selbst darüber entscheiden wolle, wann er sich zurückzöge, wenn ich ihm einmal nicht mehr das gleiche Wohlwollen erweisen sollte wie heute. Ist das eine Finte? Natürlich bin ich keine Frau, die man mit einer anderen vergleichen kann. Als ich ihm sagte, dass ein solcher Gedanke beleidigend sei, antwortete er mir, er fürchte, Opfer von Intrigen zu werden, am Ende würde er zweifellos vor mir verlieren, doch er wolle seinen Feinden nicht die Freude gönnen, einmal sagen zu können, er sei in Ungnade gefallen. Unsere Unterredung wurde leider unterbrochen.

4. November – Das, was sich gerade abgespielt hat, hätte ich nie erwartet. Mit geheimnisvoller Miene hat Lauzun mich gebeten, ihm eine halbe Stunde Audienz nach dem Morgensalut zu gewähren. Nach meiner Rückkehr von der Kapelle habe ich ihn in mein Arbeitszimmer kommen lassen. Er wollte mir sagen, dass man die grenzenlose Hingabe, die er mir entgegenbringe, schlecht auslege und man so weit ginge, mich für meine Gunst, mit der ich ihn auszeichnete, zu kritisieren. Er flehte mich an, ihn weniger oft zu sehen. Ich war am Boden zerstört. Wie hätte ich das erwarten können? Aber Lauzun zu verlieren wäre für mich unerträglich. Ich habe protestiert. Da ist er mir zu Füßen gefallen und hat als Preis seiner vollkommenen Ergebenheit verlangt, dass ich mich nicht seinetwegen kompromittierte. Mir kamen die Tränen, und ich war es schließlich, die ihn anflehte, mich nicht zu verlassen. Was würde aus mir ohne ihn? Er hat meine Hände genommen und sie heftig geküsst. Ich wurde beinahe ohnmächtig. Als er sich erhob, fand ich mich in seinen Armen; er drückte mich an sich. Ich habe noch nie einen solchen Taumel erlebt. Ich musste mich richtig losreißen. »Ihnen allein will ich dienen«, hat er gemurmelt, – »Sie allein sind meine Herrin, Sie sind meine Königin, die Königin von Frankreich! Ich kann nicht wagen, Sie anders anzusprechen ...« Ich dachte plötzlich daran, dass die Dauer dieses intimen Gesprächs vielleicht registriert worden war und fühlte mich gezwungen, ihn zu ersuchen zu gehen. Nun allein, in mein Arbeitszimmer eingeschlossen, denke ich an alle Gefahren, denen ich mich eben ausgesetzt hatte, aber ich kann diese köstliche Umarmung nicht vergessen ...

6. November – Ich habe einen Brief von Lauzun bekommen, der mit mir in Anwesenheit von Princesse de Guémené sprechen will. Es berührt mich mehr als es sollte.

7. November – Lauzun ist ein Ehrenmann. Er will Frankreich in sechs Monaten verlassen und sich in die Dienste der Kaiserin von Russland stellen. Ich habe ihn gebeten, ein Jahr zu warten. Ich bin sicher, einen Weg zu finden, ihn in diesem Land bleiben zu lassen. Er hat die Position des Marstallmeisters, die ich ihm sofort angeboten habe, ausgeschlagen; Gott sei Dank hat er mir versprochen, nicht vor einem Jahr zu gehen. »Diese Frist ist vielleicht ausreichend, dass Ihre Majestät mich entfernt sieht, ohne verstimmt zu sein«, hat er mir geantwortet. Da habe ich trotz der Anwesenheit von Madame de Guémené geweint. Wir haben uns noch lange unterhalten. Als ich dann mit der Prinzessin allein war, fragte ich sie, ob Lauzun mir seine schöne weiße Reihenfeder geben würde, die er auf seinem Helm trug.

8. November – Ich habe die Reiherfeder.

9. November – Ich habe die Reiherfeder den ganzen Tag getragen und war noch nie so schön geschmückt. Wenn wir nach Versailles zurückkehren, wird Lauzun eine kleine Reise nach Chanteloup unternehmen – das dauert lange genug, um die bösen Zungen zum Verstummen zu bringen.

16. November – Wir sind nun wieder in Versailles, seit gestern. Es regnet, es ist kalt. Ich habe keine andere Quelle des Trostes als die

Musik und die Unterhaltung mit Madame de Polignac. Je näher ich sie kenne, desto mehr mag ich sie.

26. November – Gestern sind wir zum Opernball gefahren mit Comte und Comtesse de Provence sowie Comte und Comtesse d'Artois. Es waren sehr wenig Leute da, und ich habe mich nicht besonders amüsiert.

Der Saal war kalt und feucht, und ich bin um drei Uhr morgens mit einem kleinen Fieberanfall nach Hause gekommen.

4. Dezember – Die schrecklichen Nebel, die wir hatten, hatten das zur Folge, was man hier eine Grippe-Epidemie nennt. Sie beginnt mit Kopfschmerzen und setzt sich mit Fieber und Husten fort. Meine hat am Morgen nach dem Opernball begonnen. Meine Schwestern hatten sie auch, und so hatten wir eines Tages alle vier Fieber – und der Comte d'Artois dazu. Der König und Monsieur sind der Grippe bis jetzt entkommen, aber jeden Tag werden mehrere Personen davon befallen. Meine Bälle werden dennoch heute Abend wieder aufgenommen. Sie beginnen um sechs Uhr abends und enden um zehn. Die Damen kommen im Domino-Kostüm, die Herren in ihrer üblichen Aufmachung.

17. Dezember – Anscheinend ist Comtesse d'Artois schon wieder schwanger. Vermond und Mercy haben die Gelegenheit ergriffen, mir diesbezüglich die Leviten zu lesen. Ich sollte mehr Zeit mit dem König verbringen und mich bemühen, meine Zerstreuungen mit den seinen abzustimmen, zur gleichen Zeit wie er zu Bett zu gehen und ihn niemals abzuhalten, zu mir in mein Zimmer zu kommen. Ach! Wenn man nur wüsste, was ich empfinde …

20. Dezember – Bei uns ist eine wahre Epidemie satirischer Lieder ausgebrochen. Es gibt sie über alle Personen des Hofes, Männer und Frauen, und die französische Unbekümmertheit hat nicht einmal vor dem König Halt gemacht. Auch ich blieb nicht davon verschont.

Obgleich derlei Bosheiten in diesem Land gewöhnlich großen Anklang finden, sind diese hier so fade und geschmacklos, dass sie sich keines Erfolgs erfreuen, weder in der breiten Öffentlichkeit noch in guter Gesellschaft.

1776

13. Januar – Ein schreckliches Feuer, das vorgestern mitten in der Nacht in Paris ausgebrochen war, vernichtet das Palais, wo das Parlament und der Gerichtshof tagten. Man sagt, es wären die unter den von Geschäften gesäumten Galerien gehaltenen Gefangenen gewesen, die diesen verheerenden Brand gelegt hätten. Es herrscht allgemeine Bestürzung; schon an die zwanzig Personen sind in den Flammen umgekommen und mehrere Geschäftsleute stehen vor dem Ruin. Ich habe meinen Besuch in der Oper abgesagt und zweihundert Louis für den dringendsten Bedarf hingeschickt. Dieselben, die sich noch vor kurzem schlecht über mich geäußert hatten, sind jetzt voll des Lobes über mich. Der Charakter der Franzosen ist inkonsequent, aber er ist nicht schlecht. Die Schreibfedern und Zungen wiederholen nur das, was keineswegs aus ihren Herzen kommt. Der Beweis dafür ist, dass sie nicht hassen, bei der kleinsten Gelegenheit Gutes sagen und einen weit mehr loben als man es verdient.

14. Januar – Seit Jahren hat man hier nicht mehr so viel Schnee gesehen. Man fährt auch hier Pferdeschlitten wie in Wien. Heute hat in Paris ein großes Rennen stattgefunden. Ich hätte ihm mit Begeisterung beigewohnt, aber da dort noch nie eine Königin anwesend war, hätte man daraus wieder Märchen erdacht, und so war mir lieber, darauf zu verzichten, als mich wieder von neuen Geschichten verdrießen zu lassen.

16. Januar – Ich konnte nicht widerstehen, prachtvolle Ohrgehänge aus Diamanten zu kaufen. Ich muss gestehen, dass mich der Preis von sechshunderttausend Livres ein wenig zögern ließ. Aber diese Ohrringe würden mir so gut stehen! Ich konnte schließlich mit dem Juwelier eine Abmachung treffen: er hat zwei Diamanten herausgenommen, sodass das Geschmeide nicht mehr als vierhundertsechzigtausend Livres wert ist. Nachdem man sich bemüht, bei allem zu sparen, wollte ich nicht den König bitten, mir diesen Schmuck zu schenken. So habe ich, ohne mit ihm darüber zu sprechen, beschlossen, diese Summe aus meiner Schatulle im Laufe von vier Jahren zu bezahlen.

20. Januar – Wir befinden uns in einer Zeit der Krise. Unsere Minister, die sinnlose Reformen vorbereiten, sind wie Chirurgen, die Arme und Beine amputieren wollen. Im Krieg ist Monsieur de Saint-Germain eine Art Haudegen, der aufs Geratewohl um sich schlägt. Monsieur Turgot bringt alles durcheinander, und Monsieur de Malesherbes, der ihn unterstützt, ist ein Besserwisser. Leider hört der König auf diesen Turgot, der uns in den Untergang führt. Ich scheue mich nicht, ihm zu sagen, was ich denke.

30. Januar – Der Schatzmeister hatte die Kühnheit, Madame d'Andlau, Tante von Madame de Polignac, eine Pension zu verweigern. Ich musste mich einschalten, um für sie etwas Annehmbares zu erreichen. Dieser Turgot ist nur ein Systematiker, ein arroganter Philosoph, der von der Sekte der Ökonomen unterstützt wird. Man bestätigt mir, dass viele Leute sein Kabinett verlassen und dabei ebenso verärgert über seine Härte wie überrascht über seine Unwissenheit sind. Alle Freunde von Choiseul wünschen ihn zum Teufel.

7. Februar – Als ich mich bei der Damhirschjagd, wo das Wetter fürchterlich war, bei Prince de Ligne, der neben mir ritt, über den Generalkontrolleur der Finanzen beklagte, gab er mir lachend zur Antwort: »Rentrons et chasson-le plutôt que le daim, car il fait un temps de chien!« (Kehren wir zurück und jagen lieber ihn als den Damhirschen, denn wir haben ein Hundewetter!). Wenn ich nur meinen Mann überreden könnte, ihn zu entlassen … Hat sich dieser Minister etwa nicht an die Spitze der Aktion gestellt, Comte de Guines von seiner Botschaft in London zurückzuberufen mit dem Argument, die Politik, die er dort führe, passe ihm nicht? Was geht ihn das an? Er ist nur Schatzminister, Oberaufseher der Finanzen.

Comte de Guines ist ein Freund Choiseuls. Ich bin vergangenes Jahr bei einem Prozess zwischen ihm und seinem Sekretär für ihn eingetreten, der ihn der Veruntreuung beschuldigte. Guines hat über diesen Unverschämten triumphiert. Bei Princesse de Guémené unterstützen alle ihn. Lauzun, den ich fast jeden Tag sehe, ist der erste, der sich für ihn verwendet. Mercy ist überzeugt, dass ich der Spielball einer Kabale bin, aber ich glaube, er irrt. Es kann doch nicht ein so einhelliges Urteil über Turgot und für Guines geben, wenn es nicht Hand und Fuß hätte.

20. Februar – Der Karneval ist sehr lebhaft. Ich bin noch nie so oft zum Ball gegangen. Am Tag des Rosenmontag-Balls habe ich den Chef der Garde du Corps-Brigade angewiesen, mir nur in einem Abstand von zehn Schritten zu folgen. Ich bin Arm in Arm mit einem Maskierten gegangen, der niemand anderer als Duc de Choiseul war, den ich anlässlich der aktuellen Staatsangelegenheiten treffen wollte. Niemand wusste davon. Während dieser intimen Unterredung war eine Maske bei Comte de Provence etwas grob angestoßen, und dieser hat dem Unverschämten einen Fausthieb versetzt. Letzterer wiederum fühlte sich attackiert und beschwerte sich bei einem Gardeoffizier, der daraufhin meinen Bruder verhaften wollte. Monsieur hat sich zu erkennen gegeben und der andere ist ziemlich niedergeschlagen abgegangen. Dieses Incognito beim Opernball ist phantastisch.

27. Februar – Es kommt vor, dass ich nach Paris fahre, wenn der König zu Bett geht, und zurückkehre, wenn er aufsteht. Ich bemühe mich, ihn vor allem nach dem Abendessen zu treffen. Ich schone seine Minister. Der arme Mann scheint schon überlastet genug. Es schmerzt mich, das mitanzusehen, aber ich will die Entlassung von Turgot und die Rehabilitierung von Comte de Guines durchsetzen. Ich werde sogar verlangen, dass er in den Stand eines Duc erhoben wird. Leider trifft mein Mann nie rasch Entscheidungen. Ich weiß das nur zu gut. Lauzun, der sehr vorsichtig ist, versucht so oft wie möglich mit ihm zu jagen, ohne von Politik zu sprechen.

1. März – Die Messieurs de Saint-Germain, de Malesherbes und Turgot verursachen mit ihren Reformprojekten unglaublich viel Unruhe, es gärt hier. Die Kühnheit, mit der sie sie betreiben, ist geradezu erstaunlich, und man fühlt sich von den Ideen getroffen wie von Blitzschlägen. Bald wird alles anders sein. Glücklicherweise ist Flirten noch immer in Mode. Daran werden auch alle Erlässe nichts ändern.

12. März – Wie zu erwarten war, hat das Parlament die Erlässe von Monsieur Turgot nicht angenommen, und der König musste einen Großen Gerichtstag abhalten, um ihre Registrierung zu erzwingen. Wie lange wird mein Mann noch diese Reformen unterstützen? Das ganze Land, seine Brüder, die Prinzen, das Parlament – alle stellen sich ihnen entgegen. Wie eigensinnig er ist!

4. April – Die Fastenzeit erlegt uns eine gewisse Ruhe auf. Wie sehr würde ich mich langweilen, wenn Lauzun nicht da wäre! Man erzählt mir, er sei der Geliebte von Lady Barrymore, die wiederum mit Comte d'Artois schläft. Manche Frauen haben wirklich keine Moral. Ich ignoriere diese Lady B., wenn sie sich bei Hof zeigt.

3. Mai – Es kommen weniger Besuche nach Versailles. Mercy machte mich darauf aufmerksam, dass das meine Schuld sei. Durch meine ständigen Reisen sind angeblich alle unsicher, wann man mir wo seine Aufwartung machen könne.

13. Mai – Ich kann von Sieg singen: Monsieur Turgot und Monsieur de Malesherbes haben das Ministerium verlassen. Comte de Guines ist zum Duc erhoben worden. Ich werde meiner lieben Mama schreiben, dass all das nicht ich durchgesetzt hätte, aber Grund zur Annahme habe, dass der König sich meinen Argumenten angeschlossen hätte. Ich werde ihn die neuen Minister ernennen lassen, ohne meine Meinung dazu zu äußern.

14. Mai – Wir waren bei Princesse de Guémené ausgelassen vor Freude. Wir hoffen immer noch auf Choiseuls Rückberufung.

16. Mai – Ich fürchte, der König hat nicht die Absicht, unseren lieben Minister zurückzuholen. Er ist in Trübsal verfallen und spricht kein Wort.

18. Mai – Mercy und Vermond hatten sich nicht vorstellen können, dass ich die Entlassung der Minister und vor allem den Duc-Stand für Comte de Guines erreichen würde. Diese Maßnahmen scheinen sie zu beunruhigen. Sie haben es für nötig erachtet, mich vor meinen Emotionen zu warnen. Die Freunde von Madame de Guémené sind vielleicht nicht so desinteressiert wie ich glaube. Laut Mercy und Vermond ist das Verhalten von Duc de Guines nicht untadelig. Sie behaupten andererseits, dass die Reformen für das Königreich nützlich hätten sein können. Man hat mir einen Brief von Madame de Kaunitz gezeigt, die die Entlassung der Minister bedauert. Ich weiß nicht, was ich denken soll. Nachdem jetzt für uns die Phase der Feierlichkeiten anbricht, werde ich meine religiösen Pflichten erfüllen und versuchen, nachzudenken.

28. Mai – Ich begleite den König zweimal pro Woche nach Saint-Hubert, wir kommen zum Souper zurück und gehen nach dem Spiel zu Bett. Im Vorfeld der Zeremonien fahre ich nicht nach Paris und besuche keine Aufführung. Ich beschränke mich darauf, ein paar Konzerte zu geben. Ich mache jeden Tag die fünf Kreuzweg-Stationen nach den Regeln in den Kirchen von Versailles.

30. Mai – Ich habe mir ein neues Vergnügen gegönnt, das niemand kritisieren kann. Ich lerne malen, und zwar nach einer Methode, die ein englischer Künstler unterrichtet. Nach ein paar Unterrichtsstunden soll man imstande sein, jedes Bild kopieren zu können. Wir werden sehen. Madame de Polignac ist für ein paar Tage aufs Land gefahren. Sie fehlt mir sehr. Wir schreiben einander.

8. Juni – Wir sind eiligst nach Marly gezogen, weil der Ausbruch einer Masern-Epidemie bekannt gegeben worden ist. Comte d'Artois ist sehr krank. Er hustet mit blutigem Auswurf. Seine Frau, deren Schwangerschaft schon weit fortgeschritten ist, musste das Appartement wechseln, um eine Ansteckung auszuschließen. Ihr überaus sanftes Wesen bewahrt sie davor, sich allzu leicht aufzuregen, sodass man sich keine allzu große Mühe geben muss, ihr den Zustand ihres Mannes zu verbergen. Sie soll in sechs Wochen gebären. Nachdem alle Versailles verlassen haben, ließ ich meinen Neffen sich bei mir in Trianon einrichten. Meine Schwester Élisabeth hatte einen Fieberanfall mit heftigen Kopfschmerzen. Hoffen wir, dass sie der Krankheit entkommt.

20. Juni – Élisabeth geht es sehr gut und Comte d'Artois ist außer Lebensgefahr. Jetzt hat Monsieur die Masern. Er ist im Übrigen nicht der einzige bei Hof, der sie hat. Aufgrund dieses Umstandes bleiben wir in Marly, was mir gar nicht gefällt, denn ich mag Marly nicht. Aber was bleibt mir anderes übrig? In diesem Jahr haben wir auf den Aufenthalt in Compiègne verzichtet – zu kostspielig in der derzeitigen Situation. Unsere Beschäftigungen sind hier dieselben wie in Versailles. Ich habe Madame de Polignac von ihrem Landsitz zurückkommen lassen. Sie hat mir zu sehr gefehlt. Wir haben auch die Ducs de Guines und de Coigny sowie Baron de Besenval hier. Und natürlich Lauzun.

24. Juni – Ich bin sehr besorgt. Princesse de Lamballe, die in Plombières eine Bäderkur nimmt, ist ihrerseits von den Masern heimgesucht worden. Wer wird sie in dieser fernen Provinz pflegen? Sie ist so fragil.

25. Juni – Lauzun ist in größter Eile nach Plombières gefahren, um mich zu beruhigen. Er wird sich danach zu seinem Regiment nach Sarrelouis begeben. Wir werden uns lange nicht sehen können …

1. Juli – Ich habe einen Brief von Madame de Lamballe bekommen. Sie ist schon auf dem Weg der Besserung. Gott sei´s gelobt!

2. Juli – Die Tochter von Duc d'Aiguillon ist gestorben. Auf meine Bitte hin hat der König zugestimmt, den Bann, der über diesem niederträchtigen Mann lastet, aufzuheben. Er wird sich in Paris niederlassen können, allerdings ohne das Recht, zum Hof zurückzukehren.

8. Juli – Ich habe Trost nötig. So habe ich mir auch zwei prachtvolle Diamantenarmbänder zum Geschenk gemacht. Madame de Polignac, die nie Schmuck trägt, hat mich ermutigt, der Versuchung nachzugeben. Ich habe mit den Juwelieren eine Abmachung getroffen. So habe ich ihnen Steine verkauft, die ich nicht mehr wollte, und habe die Abzahlung meines neuen Schmucks in mehreren Partien ausgemacht. Allerdings hatte ich vergessen, dass ich bereits andere Verpflichtungen für meine Ohrgehänge eingangen war. Ich habe alles dem König gestanden und an seine Großzügigkeit appelliert. Er hat meine Bitte mit seiner üblichen Güte angenommen und mir lediglich zu verstehen gegeben, er sei nicht überrascht, dass ich kein Geld habe, wenn er meine Neigungen betrachte. Ich liebe meine Armbänder wie verrückt.

16. Juli – Madame de Guémené hat mir einen Brief von Prince Rohan übermittelt, in dem er mich anfleht, ihm eine Audienz zu gewähren. Obwohl ich die Prinzessin sehr gern mag, habe ich keinerlei Lust, ihren Cousin zu empfangen. Er hat meiner teuren Mama zu sehr missfallen, und ich weiß, dass er sich nie enthalten hat, die Allianz zu kritisieren und sich über mich schlecht zu äußern.

26. Juli – Um die Genesung meiner Brüder zu feiern, habe ich ein bezauberndes Fest im Trianon gegeben, mit Festbeleuchtung, einer Aufführung und Couplets, die zu ihren Ehren gesungen wurden. Der Hof war nicht sehr zahlreich versammelt.

2. August – Comtesse d'Artois ist von einem Mädchen entbunden worden, das man Mademoiselle nennt. Ihre Gesundheit ist ausgezeichnet und das Kind befindet sich wohl. Diesmal haben mich keine Weiber bis in meine Appartements verfolgt, um einen Dauphin von mir zu fordern. Die Geburt einer Tochter verursacht weniger Aufregung als die eines Sohnes.

Ich erfahre soeben vom Ableben von Prince de Conti. Er hatte viel Esprit, aber er war auch ziemlich gefährlich mit seinen ständigen Intrigen mit dem Parlament. Sein Verhalten im vergangenen Jahr während der Unruhen wegen des Getreides war sehr suspekt.

8. August – Ich beschäftige mich jeden Tag mit meiner Schwester und ihrer Tochter; dieses Kleine versteht einen immer wieder zu überraschen. Sie ähnelt ihrem Bruder Monsieur le duc d'Angoulême, der nicht wächst und nicht von guter Konstitution zu sein scheint.

12. August – Bei der Durchfahrt durch einen Weiler bei Saint-Michel, etwa eine Meile von Versailles, habe ich eine alte Bäuerin bemerkt, die von mehreren kleinen Kindern umgeben war. Ich hielt an, um sie zu küssen, so lieb waren sie. Ich gab dieser Frau ein paar Louis; da erfuhr ich, dass sie selbst ihre Enkel aufzieht, weil deren Eltern vor kurzem gestorben sind. Das Jüngste schien mir so hübsch, dass ich ihr angeboten habe, es zu adoptieren. Die gute alte Frau hat nicht gezögert. Ich nahm den kleinen Jungen auf meinen Schoß und wir haben die Spazierfahrt fortgesetzt. Nachdem Jacques (so heißt er) durchdringende Schreie ausgestoßen und mich mit seinen Füßen getreten hat, sind wir früher als vorgesehen zurückgekehrt. Wie erstaunt waren meine Bediensteten, als ich mit diesem kleinen, nach Leibeskräften brüllenden Buben ankam, der zu seiner Schwester Marianne und seinem Bruder Louis wollte! Er ist drei Jahre alt. Ich habe ihn der Frau eines Kammerdieners zum Waschen und Ankleiden gegeben.

14. August – Der kleine Jacques, der von nun an bei mir Armand heißen wird, ist sehr hübsch, munter und lustig. Er hat mit mir gefrühstückt und ich habe lange mit ihm gespielt … Ich liebe Kinder so sehr. Werde ich jemals eines Tages welche haben?

30. August – Ich bin nun schon fast zwei Wochen krank. Ich leide unter Fieberanfällen und anschließend sehr heftigen Schweißausbrüchen. Ich ersticke von den Dämpfen. Ich weine ohne Grund. Ich bin sterbenstraurig. Nichts kann mich unterhalten. Was bedeutet das Leben eigentlich? Ist es die Wiederholung gleicher Handlungen und gleicher Worte zur gleichen Stunde, ist es der Anschein, glücklich zu sein, wenn einem nach Weinen zumute ist, ist es lächelnd Menschen empfangen, die man nicht ausstehen kann, sich einer lächerlichen Etikette unterwerfen, Vorwürfe von Vermond und solche der Kaiserin ertragen? Sich bei allem Zwang auferlegen, selbst bei Intimitäten mit einem Ehemann, der nicht so ist, wie ich es gewünscht hätte? Ich glaube, Leben bedeutet, Liebe und Freundschaft zu erfahren. Mein Herz ist zum Lieben gemacht. Von Liebe weiß ich nichts – oder genauer: habe ich nicht das Recht zu wissen. Es bleibt mir nur die Freundschaft; ich habe das Glück, Madame de Polignac zu kennen. Ich werde alles tun, damit sie glücklich ist.

3. September – Ich habe genug von meinem ewigen Zwang. Ich empfange nur mehr Personen meiner Wahl. Ich habe es abgelehnt, die Damen des Palais zu empfangen. Sie langweilen mich. Ich bin natürlich verpflichtet, Monsieur und Madame zu empfangen, aber sie haben verstanden, dass sie sich besser nicht allzu lang an meinem Lager aufhalten sollten. Lange behalte ich hingegen Comte d'Artois in meiner Nähe, der mir amüsante Geschichten erzählt. Mit ihm vergesse ich, dass ich krank bin. Und doch ziehe ich die Gesellschaft meiner lieben Comtesse de Polignac vor. Wir unterhalten uns stundenlang. Sie verändert mein Leben. Mit ihr bin ich ich selbst.

4. September – Die Gunst, derer sich Madame de Polignac bei mir erfreut, ruft ziemlich viel Eifersucht hervor. Das ist mir gleichgültig. Ich bestimme, wer meine Freundin ist. Sie wird Privilegien genießen, die ich nur ihr gewähre, denn sie ist die einzige Person, die ich lieben darf. Ich habe beschlossen, ihrem Mann die Nachfolge des Ersten Stallmeisters zu übertragen, Comte de Tessé, der die Sache ziemlich schlecht betreibt; er hat soeben seine Demission eingereicht. Die Noailles, seine Eltern, erheben Gegenvorwürfe. Die Regeln hier sehen in der Tat vor, dass der Inhaber der Position seinen Nachfolger wählt. Nun, da kann man eben nichts machen!

8. September – Neuerlich hat mir der Abbé die Leviten gelesen: ich legte zu große Nachsicht an den Tag, die mich hinsichtlich des Rufs und der Sitten meiner Freunde in eine fragwürdige Position bringen. Vermond hat Madame de Polignac nicht beim Namen genannt, aber seine Äußerungen waren klar und streng. Alle wüssten, dass meine Freundin einen Liebhaber hätte. Aber ist das nicht bei fast allen Frauen bei Hof hier der Fall? Nachdem der Abbé keinen Namen genannt hat, habe ich ihm geantwortet, der Ruf von Princesse de Lamballe sei über jeden Verdacht erhaben. Er hat nicht weiter auf seiner Aussage beharrt und ich habe ihn verlassen.

13. September – Das Fieber hat endlich nachgelassen und Lassone hat mich wegen Gallensäure, die ich vorgestern erbrach, abgeführt. Heute promeniere ich in Trianon. Ich fühle mich aber noch nicht stark genug, einen kleinen Ausflug nach Choisy zu unternehmen, wie es der König gewünscht hätte.

14. September – Wieder Vorwürfe. Diesmal sind es meine Armbänder, die ihren Weg nach Wien gemacht haben. Ich weiß nicht, wie die Kaiserin über jede kleinste meiner Handlungen und Dinge am Laufenden sein kann. Ich werde ihr antworten müssen, und Vermond scheint nicht bereit zu sein, mich dabei zu beraten. Er will mich zu Jahresende verlassen. Was für ein Unglück!

5. Oktober – Mein Wohlbefinden ist wiederhergestellt. Ich habe im Trianon-Schlösschen ein Fest aus Anlass meiner Genesung gegeben.

Gestern hat uns Monsieur in seinem Château de Brunoy empfangen. Bei jeder Baumgruppe spielten Komödianten eine Szene Jahrmarkt-Theater. Wir haben viel gelacht. Nächste Woche werden wir in Fontainebleau sein.

15. Oktober – Ich habe vergessen, meine liebe Mama zum Geburtstag zu beglückwünschen. Was soll ich tun?

25. Oktober – Es hat sich nichts gegenüber den Gewohnheiten der vergangenen Jahre geändert. Der König jagt wie gewohnt und ich begleite ihn manchmal. Er kehrt so erschöpft zurück, dass ich ihn lieber ausruhen lasse. Wir schlafen nicht zusammen. Ich verbringe die Abende sehr angenehm bei Princesse de Guémené, wo ich Madame de Polignac treffe sowie viele andere junge Leute. Wir unterhalten uns ungezwungen und haben keine Hemmungen, uns über diejenigen lustig zu machen, die es verdienen. An manchen Abenden muss ich zu Madame de Lamballe gehen. Sie sammelt alle um sich, die zum Haus Orléans halten. Comte d'Artois ist bei allen unseren Gesellschaften dabei.

2. November – Ich habe eine echte Revolution vollbracht, an die man in diesem Land noch lange denken wird. Auf meine Bitte hat der König zugestimmt, Bankiers von Paris kommen zu lassen, um Pharao zu spielen. Er hat sich ein wenig bitten lassen und mich daran erinnert, dass Glücksspiele verboten sind. Schließlich hat er nachgegeben, wenn wir nur einen Abend spielen. Die Bankiers haben die ganze Nacht Bank gehalten und weiter am Vormittag des 31. bei Princesse de Lamballe. Ich war bis fünf Uhr morgens dabei. Ich habe noch nie einen solchen Rausch erlebt.

Abends habe ich weiter Bank halten lassen und den Spieltisch um drei Uhr früh verlassen – ohne daran zu denken, dass Allerheiligen ist. Ich weiß, dass man mich scharf kritisiert hat, weil ich meine religiösen Pflichten verletzt habe. Werden die scheinheiligen Frommen nie schweigen? Dem König, der ein wenig verstimmt war, habe ich gesagt, er hätte eine Spielsitzung erlaubt, ohne deren Dauer festzulegen, daher hatte man die Freiheit, sie auf sechsunddreißig Stunden auszudehnen. Er hat gelacht und mir amüsiert geantwortet: »Geht nur, ihr Taugenichtse, die ihr seid!«

13. November – Wieder ein Brief der Kaiserin, die mich wegen der, wie sie es nennt, Vergnügungssüchtigkeit tadelt, mit der ich mein Leben führte. Aber ich tue nichts Böses. Eine Königin in meinem Alter kann sich nicht kasteien. Was soll ich meiner Mutter nur antworten?

14. November – Ich habe lange Baron de Breteuil empfangen, der mir von Wien und meiner lieben Familie erzählt hat. Mama schätzt ihn sehr. Er hat mir die Absicht des Kaisers angekündigt, Ende Januar nach Frankreich zu kommen. Ich sehe diesem Besuch mit ebenso großer Freude wie Angst entgegen. Mein Bruder will alle bevormunden und hat immer schon wenig Nachsicht mit seinen Schwestern an den Tag gelegt. Ich laufe Gefahr, bei ihm wie ein kleines Mädchen dazustehen, das seine Rüge fürchtet. Wie ärgerlich das doch ist!

15. November – Ich habe vom Kaiser einen ziemlich ironischen Brief bekommen, der nichts Gutes verheißt: »Sie kennen, teure Schwester, meinen übergroßen Wunsch, Sie wiederzusehen; es stimmt, dass meine Anwesenheit hier ziemlich nutzlos ist, ich bin hier das fünfte Rad am Wagen.« Ich habe Angst, die Meinungsverschiedenheit, die er mit unserer Mutter hat, austragen zu müssen. Ich muss darüber mit Mercy sprechen.

6. Dezember – Es waren vorgestern wenig Leute auf meinem ersten Ball. Mercy behauptet, das käme daher, dass ich zuviel Aufmerksamkeit meiner kleinen Gesellschaft widme und die Personen, die meine Gunst mehr verdienten, allzu sehr vernachlässige. Wie verdrießlich!

14. Dezember – Lauzun ist zurückgekommen, redet aber nur von Plänen, die Hirngespinste sind. Er träumt davon, Comte d'Artois auf Polens Thron zu setzen. Ich verstehe nichts von alldem und kann mir keinen Augenblick lang vorstellen, dass mein Bruder einen Thron bestiege, und wenn es der Polens wäre. Wird auch Lauzun mich am Ende verdrießen – selbst er? Ich habe keinerlei Absicht, mich mit dieser verrückten Geschichte zu befassen.

1777

15. Januar – Der Kaiser macht immer alles anders als die anderen. Ich kann sehr gut verstehen, dass er incognito reisen will, aber seine Freiheitsliebe geht zu weit. Mein Bruder lehnt es ab, bei uns im Schloss oder in Trianon zu wohnen. Er zieht es vor, ein Haus in Versailles zu mieten. Man wird hier darüber überrascht sein, aber ich bringe jedes Opfer für seine Wünsche. Er wird hier so leben, wie er es verlangt. Ihn wiederzusehen ist ein großes Glück für mich. Ich will ihn meiner Zuneigung versichern und ich zähle auf die seine; ich muss mit ihm im Vertrauen sprechen und kenne seine Diskretion. Zugleich kann ich mich nicht der Angst vor seinen Vorwürfen erwehren. Er zeigt sich immer so streng.

17. Januar – Mein Bruder würde mir eine ganz schöne Predigt halten, erführe er, was sich soeben ereignet hat. Ich musste zur Großzügigkeit meines Mannes Zuflucht nehmen, um meine Schulden zu bezahlen. Ich weiß nicht, wie es so weit gekommen ist: sie sind auf 487 272 Livres angewachsen. Ohne sich lang bitten zu lassen, hat der König mir versprochen, diesen Betrag aus seiner Privatschatulle zu begleichen; dadurch muss Monsieur Necker, sein Finanzminister, nicht eingreifen. Ich hatte ein solches Entgegenkommen seinerseits nicht erwartet, denn er ist extrem sparsam; er hasst Glücksspiele und überwacht selbst die allerkleinste Ausgabe in seinem Bereich. Mercy, der wusste, in welcher Verlegenheit ich mich befand, hat die Gelegenheit benutzt, um mir sehr ernsthafte Vorhaltungen betreffend meine unmäßigen Ausgaben und über meinen Leichtsinn einem Gemahl gegenüber zu machen, der immer bemüht sei, mir zu gefallen.

18. Januar – Ich spreche viel mit Mercy und Vermond, der endlich beschlossen hat, bei mir zu bleiben. Beide sehen Lauzun und Princesse de Guémené in erstaunlich schlechtem Licht. Ihrer Meinung nach ist Lauzun nur ein Abenteurer ohne Glauben und Gesetz, der sein Leben damit verbringe, gefährlich mit Frauen zu spielen. Weiters glauben sie, Madame de Guémené führe eine Clique von Intriganten an, die mich nur für ihre Ziele benutzen wollten. Und doch – ich kenne keine angenehmere Gesellschaft als die, die sie um sich schart. All diese Bemerkungen machen mich betroffen.

20. Januar – Ich habe einen Brief von meinem Bruder bekommen, der mich beruhigen sollte. Er komme weder hierher, um mich zu beobachten, noch um mich zu kritisieren – und noch weniger, um mir Lektionen zu erteilen; sein einziger Wunsch sei es, das Vergnügen zu genießen mich zu sehen. Nichts, sagt er, solle diese Freude trüben. Trotz dieser guten Worte bleibe ich besorgt. Ich habe meine Befürchtungen Madame de Polignac anvertraut, die meine Sorge nicht zerstreuen konnte. Ich habe den Eindruck, sie stirbt selbst vor Angst beim Gedanken, den Kaiser zu sehen. Ich bin immer mehr besorgt.

22. Januar – Die Reise meines Bruders verspätet sich wegen des schlechten Wetters. Das ist nur ein Vorwand. Er wird in unseren Ländern zurückgehalten wegen der Probleme mit Böhmen. Ich bin traurig, und es wird mir bewusst, dass meine Wiedersehensfreude stärker ist als meine Furcht. Ich hoffe, Joseph wird im Frühling kommen können.

23. Januar – Ich habe in der Oper das Ballett »Les Horaces« gesehen, eine Pantomime nach der Tragödie von Corneille mit viel Schnörkeln und Gold. Ich habe mich gelangweilt.

1. Februar – Vorgestern bin ich gegen Mitternacht zum Ball ins Palais-Royal gefahren, wo ich von Duc und Duchesse de Chartres eingeladen war. Ich habe dort lange getanzt. Gegen vier Uhr habe ich mich in die Loge von Duc d'Orléans gesetzt, von wo aus man den

Maskenball der Oper bewundern konnte, aber ich bin nicht in den Saal hinuntergegangen. Ich bin erst um sechs Uhr früh weggefahren.

12. Februar – Versailles ist diesen Winter wie ausgestorben. Mercy gibt mir wieder zu verstehen, dass das meine Schuld sei: Ich widme mich zu sehr dem, was man »meine« Gesellschaft nennt. Es stimmt, dass ich die Gesellschaft einiger Personen, die ich mir nach meinem Herzen ausgesucht habe, jener all dieser Höflinge vorziehe, die mir nichts zu sagen haben außer unerträglich langweiligen Banalitäten. Was kümmern mich schon die Dienste, die sie der Monarchie erwiesen haben? Ich will einen jungen Hof, wo man sich vergnügt. Jahrhundertealte und steife Personen haben hier keinen Platz. Ich bin wieder zum Opernball gefahren mit Monsieur, Madame, Comte und Comtesse d'Artois. Ein Offizier der Leibgarde folgt mir ständig in gewissem Abstand, aber ich mache mir einen Spaß daraus, seiner Aufsicht zu entkommen und mich in Unterhaltungen mit Unbekannten einzulassen; diese äußern mir gegenüber manchmal Bemerkungen, die nicht immer schicklich sind. Was macht das schon! Ich amüsiere mich darüber wie verrückt. Ich promeniere umher, mir folgen junge Leute, darunter viele Engländer. Ich rede mit allen. Man behandelt mich als Frau, nicht als Königin. Manchmal wünschte ich, nicht die Königin zu sein, und wüsste gerne, wie man weitab vom Hof lebt und liebt. Es kommt vor, dass ich die anderen Frauen beneide – sie alle. Und doch müssen sie davon träumen, an meiner Stelle zu sein.

19. Februar – Nun sind wir also wieder in dieser tristen Periode der Fastenzeit, die ich so hasse. Während ich endlich zur Ruhe gekommen bin, quält man mich mit diesem Prince de Rohan. Man muss für die Nachfolge des großen Hofpredigers, des Kardinals de La Roche-Aymon, sorgen, der in den letzten Zügen liegt. Ich hatte dem König das Versprechen abgenommen, mit diesem Amt niemals Weihbischof de Rohan, Choiseuls Todfeind, zu betrauen, doch Comtesse de Marsan hat meinen Mann an das Versprechen des verstorbenen Königs für ihn erinnert. Sie hat so mächtig auf ihn eingeredet, dass er kapitulieren musste. Schließlich hat er erklärt, Prince Louis würde diese Position erst erhalten, wenn er sich schriftlich verpflichte, sich am Ende eines Jahres von seinem Amt zurückzuziehen.

22. Februar – Mir schien, dass mein Mann vorsichtig gehandelt hat mit diesem Weihbischof, aber Mercy meint, unter diesen Bedingungen würde Rohan immer gute Argumente finden, um sein Amt zu behalten. Der Botschafter warnt mich vor dessen Intrigen. Mich beruhigt nur, dass ich nie etwas mit dem Hofprediger zu tun habe. Was den König anlangt – dieser sieht ihn nur morgens und abends. Im Augenblick geht es dem Kardinal besser.

15. März – Ich habe mir angewöhnt, Pharao zu spielen und fühle mich wohl dabei, trotz dem Gedanken daran, was Vermond und Mercy dazu sagen könnten. Die Zeit vergeht so schnell, wenn man spielt. Ich gehe immer später zu Bett, und immer allein.

18. März – Ich unterhalte mich oft mit Baron de Breteuil. Er sagt dasselbe wie Choiseul. Er findet, ich sollte mich mehr mit Politik befassen und Minister, die mir ergeben sind, ernennen lassen. Wozu? Der Baron wird wieder nach Wien fahren. Ich werde ihm tausend gute Wünsche für die Kaiserin mitgeben.

8. April – Es passieren ziemlich merkwürdige Dinge hier bei Hof. Die Frau eines Schatzmeisters hat sich ins Schloss eingeschmuggelt, wo sie eine Liaison mit jemandem von meinem Haushalt pflegte. So beschaffte sie sich Anordnungen, die von mir unterzeichnet waren, ahmte meine Schrift nach und konnte so hunderttausend Ecu vom Schatzmeister des Duc d'Orléans sowie hunderttausend Livres von einem Bankier erschwindeln. Wie kann man meinen Namen und meine Unterschrift derart missbrauchen? Nach dem, was man mir sagt, wird sie für den Rest ihrer Tage in eine Besserungsanstalt gesperrt werden.

10. April – Der Kaiser wird in zehn Tagen in Versailles sein. Ich habe nie mit so viel Eifer gespielt. Ich höre schon jetzt die Vorwürfe meines Bruders. Es stimmt, dass ich viel Geld verliere, meine Schulden werden immer größer, aber eine Art geheimnisvoller Kraft bemächtigt sich meiner und hindert mich daran, den Spieltisch zu verlassen.

11. April – Lauzun kam mich besuchen; er scheint in beträchtlicher Verlegenheit zu sein. Er hat sein Vermögen verspielt; seine Gläubiger sind ihm für nun schon annähernd zwei Millionen auf den Fersen. Er möchte, dass ich ihm offizielle Papiere verschaffe, mit denen die Strafverfolgung eingestellt wird. Ich habe nichts versprochen.

18. April – Der Kaiser ist in Paris angekommen. Ich werde ihn morgen sehen. Seit langem war ich nicht mehr so aufgewühlt. Ich werde unmöglich schlafen können! Mein Bruder! Meine Mutter! Meine Familie! Wie sehr liebe ich euch alle!

19. April – Joseph ist seit heute morgen bei mir. Welch ein Glück, dieses Wiedersehen, nach so vielen Jahren der Trennung! Ich lebe wieder auf. Um halb zehn Uhr morgens ist der Abbé de Vermond zu ihm gekommen und hat ihn über die Geheimtreppe in meine Gemächer heraufgeführt. Wir sind einander in die Arme gefallen; mein Bruder, der doch immer Herr seiner Gefühle ist, war genauso überwältigt wie ich. Wir haben uns angesehen; er hat sich nicht sehr verändert, obwohl er abgemagert ist und von der Reise mitgenommen. Ich glaube, er hat mich kaum wiedererkannt. Ich war erst vierzehn Jahre alt, als wir uns getrennt haben. Außerdem hat er mir gesagt, wäre ich nicht seine Schwester, würde er nicht zögern, mich zu ehelichen, um eine so bezaubernde Gefährtin wie mich zu haben. Und er hat auch gleich hinzugefügt, er möchte, sollte ich jemals Witwe ohne Kinder werden, dass ich mich in Wien in seiner Nähe niederließe.

Dann habe ich zu sprechen begonnen wie noch nie jemand anderem gegenüber, nicht einmal zu meiner lieben Comtesse de Polignac.

Ich habe ihm so viel durcheinander erzählt, dass ich nicht mehr weiß, womit ich begonnen hatte. Er hat mir zugehört, ohne mich auch nur einmal zu unterbrechen. Als ich innegehalten habe, hat er mich liebevoll geküsst. Wir mussten auf die Fortsetzung unseres vertraulichen Gesprächs verzichten, um den Kaiser zum König zu führen. Ich trug noch keine Frisur und war noch in der Morgenrobe. Ich dachte, für das eine Mal konnte die heilige Etikette ruhig umgestoßen werden. Sie wurde es. Mein Mann und mein Bruder sind einander um den Hals gefallen, als kannten sie einander schon eine Ewigkeit. Gegenüber den Prinzen hat der Kaiser eben jenen natürlichen Ton bewahrt, der ihm alle Herzen eroberte. Wir, mein Mann, mein Bruder und ich, haben mit halbgroßem Gedeck in meinem Zimmer zu Mittag gegessen, auf unseren Faltstühlen, bei offener Tür, sodass uns jeder sehen konnte. Meine Frauen haben uns serviert. Ich habe dieses Essen nicht lange hinausziehen lassen, und wir haben uns in unseren inneren Gemächern wiedergetroffen. Die Unterhaltung hat sich über Themen von allgemeinem Interesse entsponnen. Der König hat viel gesprochen und meinem Bruder gegenüber nie die geringste Scheu erkennen lassen; dieser hat uns bald verlassen, um den Ministern einen Besuch abzustatten. Ich hatte große Mühe, ihn zu überreden, den Schlüssel zum Appartement anzunehmen, das ich für ihn im Halbstock hatte einrichten lassen. Ich bin nicht einmal sicher, ob er je bereit ist, es zu betreten. Er hat mir versprochen, mich fast jeden Tag zu besuchen.

21. April – Ich bin sicher, dass der Kaiser vom König und dessen Brüdern fälschlicherweise einen schlechten Eindruck bekommen hat. Nach dem Souper, bei dem es sehr fröhlich zuging, haben sich Monsieur und Comte d'Artois sehr kindisch amüsiert. Sie liefen im Zimmer umher, warfen sich gegenseitig aufs Sofa, während Joseph sich mit meinen Schwestern und mir ruhig unterhielt, scheinbar ohne auf diese Unschicklichkeiten zu achten. All das hat glimpflich geendet, ohne dass der Kaiser das geringste Befremden über dieses unwürdige Schauspiel zu erkennen gegeben hätte.

22. April – Ich habe mit Joseph in Trianon eine Promenade unternommen und wir haben uns sehr ernst unterhalten. Er hat sich als liebevoller Bruder gegeben und ich war darüber sehr froh. Wie ich erwartet hatte, machte er mir Vorhaltungen über das, wie er es nannte, ausschweifende Leben, meine unbedachten Einkäufe, meine Spielschulden und meine Vorlieben für die Opernbälle, die ich ohne Begleitung des Königs besuchte. Er findet, dass die Gesellschaft, die ich liebe, zu frivol für eine Königin sei. Er hat nicht einmal Prinzessin de Lamballe verschont, deren Sitten doch über jeden Verdacht erhaben sind. Ich gestehe ein, dass der Kaiser nicht in allen Punkten irrt. Aber seine guten Ratschläge sind schwer zu befolgen. Ich bin verzweifelt einsam hier. Ich brauche Zuwendung, Liebe. Wer kann sie mir geben? Also betäube ich mich. Das habe ich meinem Bruder zu erklären versucht.

25. April – Mein Bruder hat geruht, mich in die Oper zu begleiten. Er wollte sich in meiner Loge versteckt halten, aber das Publikum wollte ihn unbedingt zu sehen bekommen, sodass ich ihn an der Hand nehmen und zur Brüstung der Loge führen musste. Da dröhnte der ganze Zuschauerraum von Jubel und Applaus. Wo er auch immer erscheint, wird der Kaiser von einer Menschenmenge umringt, die von seiner gütigen und freundlichen Ausstrahlung begeistert ist.

26. April – Mein Bruder hat einem Pferderennen beigewohnt, das Comte d'Artois veranstaltet hat.

27. April – Der Kaiser hatte Lust, sich unter die Menge der Höflinge zu mischen, um Versailles einen Sonntag in der Öffentlichkeit zu erleben. Er meinte mir gegenüber, nachdem er selbst so oft Komödie spielen muss, möchte er die Gelegenheit nutzen, sie von anderen gespielt zu sehen. Heute abend wird er zu Princesse de Guémené mitkommen.

28. April – Ich hätte nie gedacht, dass mein Bruder mit mir und meinen Freunden so streng umgehen könnte. Er hat den Salon von Madame de Guémené empört verlassen und mir erklärt, ihr Haus sei eine wahre Spielhölle. Er behauptet, die Prinzessin sei eine Falschspielerin und die Zügellosigkeit, die dort herrsche, sei untragbar. Er begreife nicht, dass ich mich in einer derartigen Gesellschaft wohl fühlen könne. Als ich das hörte, war ich so wütend, dass ich mich von ihm trennte und ihn anschrie, ich würde zurückgehen, woher wir eben gekommen waren. Ich glaube, er war davon schwer getroffen.

30. April – Seit gestern hört der Kaiser nicht auf, mit mir über meinen Umgang zu sprechen, über mein Eheleben mit dem König, über meine Pflichten als Königin und Gattin und über meine Zukunft. Er spricht als Vater und als Herrscher zu mir. Ich bin bereit, meine Fehler einzugestehen, aber ich möchte auch, dass er meine Enttäuschungen zur Kenntnis nimmt, meine Leere und die tiefe Traurigkeit, die ich unter der Maske des Vergnügens verberge, das mich immer unbefriedigt lässt. Ich bin nicht glücklich und ich befürchte stark, dass mein Bruder diese Suche nach Glück einer Erzherzogin, die Königin von Frankreich geworden ist, nicht verstehen kann.

5. Mai – Ich habe kaum Zeit für dieses Tagebuch. Ich erfülle meine üblichen Verpflichtungen und widme viel Zeit meinem Bruder, der mir alles erzählt, was er in Paris entdeckt. Er unterhält sich auch allein mit meinem Mann, der für diese langen Unterhaltungen sehr viel übrig zu haben scheint. Mein Bruder hat mir gesagt, der König hoffe sehr, dass er Kinder haben würde, und habe ihm unsere intimen Misslichkeiten anvertraut. Der Kaiser ist angenehm überrascht vom Vertrauen, das mein Mann ihm entgegenbringt. Joseph hat sich erlaubt, ihm einige Ratschläge zu diesem heiklen Thema zu geben. Vielleicht werden diese besser befolgt als jene von Lassone.

7. Mai – Mein Bruder hat abgelehnt, Rohan eine Audienz zu gewähren, der dringend darum gebeten hatte. Ich beglückwünsche mich dazu.

9. Mai – Ich heule vor Wut beim Schreiben dieser Zeilen. Josephs Verhalten ist niederträchtig. Während er sich als Bruder streng, aber liebevoll gab, hat er sich heute als widerwärtiger Zensor aufgespielt. Er hat dem König abgeraten, mich mitzunehmen, wenn er in seine Provinzen reise, und behauptet, ich sei ihm von keinerlei Nutzen. Er wirft mir schlüpfriges Aussehen und zu wenig respektvollen Umgang mit meinem Ehegatten vor. Er ist so weit gegangen zu behaupten, ich lasse es an der nötigen Unterordnung gegenüber ihm fehlen. Muss eine Königin, eine Frau, ihrem Mann unterworfen sein? Ich bin weder die verstorbene Königin noch die Gattin von Louis XIV. Man weiß ja, wie die behandelt worden sind. Und im Übrigen ist auch mein Mann weder sein Großvater noch kann man ihn mit dem Sonnenkönig vergleichen. Mein Bruder ließ es dabei noch nicht bewenden. Heute abend hat er es in Gegenwart von Duc de Coigny und Comtesse de Polignac gewagt, mir zu befehlen, den König zu holen, damit sich dieser unserem Kreis anschließe. Ich bin wütend auf Joseph.

14. Mai – Der Kaiser hat eine lange intime Unterredung mit dem König geführt, der ihn um Rat gefragt hat. Joseph war lieb zu mir. Ich bleibe trotzdem reserviert ihm gegenüber.

23. Mai – Wir, mein Bruder und ich, haben nicht mehr zum Ton der zärtlichen Zuneigung zurückgefunden, wie er zu Beginn seines Aufenthalts zwischen uns geherrscht hatte. Er gebraucht mir gegenüber weiterhin harte Worte. In Anwesenheit von zwei Damen des Palais hat er mich darauf hingewiesen, dass ich in der Fastenzeit nicht zur Comédie Italienne gehen dürfe.

Als ich mich aus Gefälligkeit für ihn beim König für Duc de Choiseul als einzig fähigen Minister zum Ersatz für Monsieur de

Maurepas einsetzte, falls dieser gehen sollte, folgte mein Bruder meinen Ausführungen nicht. Ich begreife nicht mehr, was in ihm vorgeht.

27. Mai – Eines ist klar: Der Kaiser bringt mich völlig zur Verzweiflung. Er hat mir heute gesagt, wäre er mein Mann, wüsste er meine Wünsche zu führen und sie so zu gestalten, wie er es wollte. Was denkt er denn von mir? Ich bin nicht einer dieser Automaten, auf die man hier ganz verrückt ist. Von meiner Mutter nehme ich alles mit Respekt an, nicht aber von meinem Bruder.

29. Mai – Heute, am Tag des Fronleichnamsfestes, war Joseph wundervoll. Wir haben beide zusammen allen Gottesdiensten beigewohnt. Heute Abend ging er lange mit dem König spazieren und hat sich sehr spät von ihm getrennt. Er wird uns morgen verlassen. Bei dem Gedanken daran schnürt sich mir das Herz zusammen – trotz dem Groll, den ich gegen ihn empfunden habe in diesen letzten Tagen. Mein Mann hat für ihn eine persönliche Schwäche, wie sie bei ihm ganz ungewöhnlich ist.

30. Mai – Mein Bruder hat einen letzten Tag bei mir verbracht. Ich habe ihm eine hübsche Uhr geschenkt, die mein Porträt schmückt. Er hat mit mir ernsthaft, aber liebevoll über meine ehelichen und königlichen Pflichten gesprochen. Ich habe ihn ohne Zorn angehört, obwohl er nicht versucht, meine Situation zu verstehen. Er hat mir eine lange schriftliche Anweisung übergeben, die ich in Ruhe nach seiner Abreise lesen werde. Gegen Mitternacht hat er mir Adieu gesagt. Ich musste mit aller Gewalt meine Gefühle verbergen. Während der Kaiser den König vor mir umarmte, empfahl er ihm seine Schwester, die er so zärtlich liebe, dass er sie glücklich sehen möchte. Wird das eines Tages der Fall sein?

1. Juni – In dieser Nacht hatte ich nervöse Krämpfe und war davon sehr erschöpft. Es hat mich zuviel Kraft gekostet, vor meinem Mann und meinem Bruder Fassung zu bewahren. Ich habe den Tag in Trianon nur in Gesellschaft von Princesse de Lamballe und Madame de Polignac verbracht. Niemand hat mich dabei behelligt.

2. Juni – Ich bin traurig. Die Abreise meines Bruders hat mir einen grausamen Schmerz versetzt. Und Comtesse d'Artois soll schon wieder schwanger sein. Was für ein Schlag für mich, die nach sieben Jahren Ehe nicht die geringste Hoffnung auf Schwangerschaft hat! Der König scheint doch aus seiner üblichen Indifferenz herauszufinden. Ich weiß nicht, wie ich dran bin.

3. Juni – Nein, ich versuche nicht mit allen Mitteln meinem Mann zu gefallen. Nein, ich begegne nicht seinen Wünschen und teile nicht seine Neigungen. Nein, ich tue nichts, ihm zu versichern, dass niemand ihn mehr liebt als ich. Das ist nicht meine Schuld. Ja, ich bleibe kalt und zerstreut, wenn er mich streichelt, es widert mich sogar an. Das ist nicht meine Schuld. Ja, ich liebe es, ganze Nächte am Opernball zu tanzen, mich unter liederliche Leute zu mischen und Schlüpfrigkeiten in mein Ohr flüstern zu hören. Ja, es macht mir Freude, nächtelang zu spielen. Das ist nicht meine Schuld. Und ich glaube nicht, dass all das zu einer grausamen Revolution führen könnte, von der mir mein Bruder in den Überlegungen spricht, die er mir hinterlassen hat. Ich habe sie soeben wieder gelesen und empfinde dabei ebensoviel Traurigkeit wie Wut. Oh mein Bruder, welchen Schmerz Sie mir bereiten! Sie wissen doch, dass meine Tugend unversehrt geblieben ist.

8. Juni – Mein Zorn ist verraucht. Joseph hat zu mir als Freund und als Souverän gesprochen. Er will mein Glück, und seine Ratschläge sind der Beweis dafür. Ich bin Königin, aber um welchen Preis! Alles bekümmert mich. Es ist nicht meine Schuld, dass es dem König nicht gelungen ist, aus mir wirklich seine Frau zu machen. Ich habe meinem Bruder alles von diesem unmöglichen intimen Eheleben erzählt. Ich weiß, dass er es meinem Mann anvertraut hat und dass er sogar mit Lassone eine Unterredung hatte. Was soll ich jetzt tun? Ich werde versuchen, doppelt so zärtlich zu sein, wie mir meine liebe Mama so oft geraten hat, obwohl es schwierig ist, die eigene Natur zu bezwingen. Ich werde weniger oft zu Madame de Guémené gehen und nicht mehr um große Summen spielen.

28. Juni – Ein neuer Anfall von Dreitagefieber fesselt mich ans Bett. Solange das anhält, wird mein Mann nicht bei mir schlafen. Ich folge den Ratschlägen meines Bruders: Ich begleite den König auf die Jagd, ich bemühe mich, zumindest eine Stunde pro Tag allein mit ihm zu sein, und war nur drei Mal bei Aufführungen in Paris, seit mein Bruder abgereist ist.

17. Juli – Der Brief der Kaiserin hat mir riesige Freude bereitet. Joseph hatte ihr geschrieben, dass er viele Stunden mit mir verbrachte, und dass sie wie im Flug vergangen seien. Scheinbar musste er sich sehr überwinden, um sich auf die Beine zu machen. Warum muss es nur so sein, dass Königskinder, die sich gern haben, so weit voneinander entfernt leben müssen? Unsere Familienmitglieder hängen viel stärker aneinander als diese hier. Monsieur und Comte d'Artois, die sich zu den südlichen Provinzen aufgemacht hatten, sind zurückgekehrt. Noch nie wirkte Comte de Provence so zufrieden mit sich selbst. »Oh, mein Bruder, wie sehr wir geliebt werden!«, hat er dem König zugerufen. Ich traue ihm immer weniger. Joseph hat mir gesagt, er hätte eine lausige Meinung über ihn. Er findet ihn eiskalt.

18. Juli – Ich habe einen sehr herzlichen Brief von Joseph bekommen, der im Königreich unterwegs ist. Er warnt mich vor Monsieur. Dessen Reise sei nichts anderes als eine Prunkschau gewesen, um sich öffentliche Popularität auf Kosten des Königs zu verschaffen. Was Comte d'Artois betrifft, versichert mir mein Bruder, dass er sich den Ruf durch seine Unhöflichkeit, seine Unbesonnenheiten und seine Ausschweifungen verdorben hat. Ich bin von all dem sehr erschüttert.

25. Juli – Wir haben erfahren, dass der Kaiser ostentativ vermieden hatte, Choiseul einen Besuch abzustatten. Die Gesellschaft von Princesse de Guémené beklagt das; niemand wagt, vor mir darüber zu reden.

Ich bin bei guter Gesundheit, aber ich muss mich einer Diät unterziehen. Die Verstopfung der Milz und eine Neigung zur Schleimbildung haben Lassone veranlasst, mir Ipecacua-Tabletten und Bäder zu verordnen. Wir fahren morgen für ein paar Tage nach Choisy.

5. August – Die Fahrt nach Choisy war sehr gelungen. Ich hoffe, wir fahren bald wieder hin. Wir hatten mehrere Aufführungen, Wasserspiele und viel Besuch. Am Tag der Rückreise bin ich per Boot nach Paris gefahren. Ich war in der Comédie-Italienne und im Coliseum, von wo wir Wettkämpfe auf der Seine und ein Feuerwerk erlebt haben. Abends habe ich wieder in Versailles übernachtet.

8. August – In diesem Sommer fehlt es nicht an Lustbarkeiten. Comte d'Artois hat eine neue Art der Unterhaltung eingeführt, die mir unendlich gut gefällt. Gegen zehn Uhr, wenn es Nacht ist, lässt er Musik der französischen Garden und der Schweizer Garden auf der großen Terrasse spielen und wir promenieren dort ohne Gefolge in einer riesigen Menge aus Höflingen und Leuten aus dem Volk. Es kommt vor, dass mancher mich nicht erkennt, und ich finde dieses Incognito selbst auf Versailler Boden köstlich.

10. August – Der König bemüht sich sehr um mich.

18. August – Ich bin endlich Gattin des Königs. Mein Mann ist um zehn Uhr morgens zu mir gekommen, als ich gerade aus dem Bad stieg. Wir sind fünf Viertelstunden beisammengeblieben, und zum ersten Mal hat er das große Werk vollbracht. Er hat verlangt, dass ich geheimhalte, was sich zwischen uns zugetragen hat, außer gegenüber Lassone, der sofort bestätigt hat, dass unsere Ehe vollständig vollzogen ist. Ich werde endlich schwanger werden können.

30. August – Die Prüfung ist gestern wiederholt worden, und noch gründlicher als beim ersten Mal. Ich glaube nicht, schwanger zu sein, aber ich habe Hoffnung, es von einem Augenblick zum andern zu werden.

5. September – Ich habe heute Abend ein Fest zu Ehren des Königs gegeben, um den Park von Trianon einzuweihen. Ich habe meiner lieben Mama geschrieben, um ihr die große Nachricht zu verkünden. Und ich glaube, dass alle hier sie mitbekommen haben.

12. September – Meine Finanzen sind vollständig erschöpft. Ich verliere beim Spiel sehr viel, sodass meine Schulden unbeglichen bleiben und ich keine Mittel mehr für karitative Aktivitäten habe. Ich werde mit dem König darüber sprechen müssen.

13. September – Mercy, dem ich meine Geldsorgen anvertraut habe, hat mir sehr strenge Vorhaltungen gemacht. Er hat mich darauf hingewiesen, dass es höchste Zeit für mich sei, auf meine leichtsinnigen Zerstreuungen zu verzichten, um meine Rolle als Ehefrau, Königin und bald auch Mutter wirklich zu spielen. Er hat lange auf dem letzten Punkt beharrt und mich vor Ausflügen zu Pferd sowie vor schnellen Fahrten im Wagen gewarnt, um heftige Stöße zu vermeiden, die dabei sich ergeben können. Die Kaiserin und mein Bruder sagen mir dasselbe. Wann wird man mich in Ruhe lassen?

18. September – Seit Princesse de Lamballe von Plombières zurückgekommen ist, habe ich schon mehrere Abende bei ihr verbracht, aber ihre Gesellschaft ist unendlich weniger angenehm als die von Madame de Polignac. Ich habe meiner lieben Comtesse alles von meinem Eheleben und meinen Hoffnungen erzählt. Obwohl sie ihre Liaison mit Comte de Vaudreuil sehr diskret pflegt, finde ich, dass ihr Leben viel eher einem Roman gleicht als das meine. Ich erinnere mich, wie ich als Dauphine davon träumte, Romane zu lesen. Ich hatte Recht. Sie sind köstlich und phantasieanregend. Aber malen sie tatsächlich die Wirklichkeit aus? Es ist da oft von süßen Ekstasen die Rede, von starken Ausbrüchen, von vor Genuss schmelzenden Herzen, betörendem Fieber, unermüdlichen Zungen ... Ist so etwas denn möglich?

17. Oktober – Ich kann nicht allen meinen Freuden entsagen, nur weil der König mich endlich zu seiner Frau gemacht hat. Ich reite nicht mehr, folge der Jagd in der Kalesche, spiele aber weiterhin dreimal in der Woche und oft bis in die späte Nacht. Da der König früh zu Bett geht und früh aufsteht, will er mich nicht stören, und wir schlafen getrennt. Wir sehen einander am Tag.

28. Oktober – Ich wäre nicht böse, wenn mein Mann eine flüchtige Affäre mit einer Schauspielerin oder einem Mädchen von der Oper anfinge. Er könnte daraus mehr Triebkraft und Energie gewinnen. Ich wäre deswegen nicht eifersüchtig, da ich weiß, dass er ohnehin zu schüchtern und zu apathisch ist, um sich den Ungelegenheiten einer Liebschaft auszusetzen.

29. Oktober – Mercy hat mir eindringlich klargemacht, dass ich keinesfalls leichtfertig mit der Idee einer Liaison des Königs spielen dürfe und es sehr gefährlich sei, mit Indifferenz darüber zu reden, selbst mit den allerbesten Freunden. Vielleicht hat er Recht.

18. November – Bei der Rückkehr von Fontainebleau hat mir Comte d'Artois eine Überraschung beschert. Er hat in einem kleinen Pavillon, den er innerhalb von sechs Wochen im Bois de Boulogne umgebaut hatte und den man »Bagatelle« nennt, ein Fest gegeben.

30. November – Abbé de Vermond ist, nachdem er einige Zeit in seiner Abtei verbracht hat, nach Versailles zurückgekommen. Wir haben uns fast drei Stunden unterhalten. Er hält mir die gleichen Vorträge wie meine Mutter, mein Bruder und Mercy. Man könnte meinen, sie hätten einander alle abgesprochen. Schließlich habe ich den Entschluss gefasst, weniger oft zu spielen und gegenüber meinem Ehemann aufmerksamer zu sein. Er kommt jede Nacht zu mir ins Schlafzimmer. Ich möchte bald schwanger werden.

1778

8. Januar – Der Tod des Kurfürsten von Bayern macht mir Sorgen. Mein Bruder will sich einiger Gebiete dieses Prinzen bemächtigen, der keinen Erben bestimmt hat. Ich bin sicher, er wird den König im Namen der Allianz um Hilfe bitten. Ich kann mir ungefähr vorstellen, wie mein Mann dazu stehen wird. Der Gedanke an Zwistigkeiten zwischen unseren beiden Familien würde mich für mein Leben unglücklich machen.

16. Januar – Joseph hat mir einen Brief geschrieben, wo es nicht um die Bayern-Frage geht, sondern um meine Vergnügungssucht. Er behauptet, er hätte sich schon die Lunge aus dem Leib geredet, um mich dazu zu bringen, meine Gewohnheiten zu ändern, und er wünsche mir alles Glück in einer Lebensweise, die er als mit meinem Status vereinbar erachten könne. Joseph liebt es, mich zu kritisieren. Ich werde ihm dennoch herzlich antworten, denn es liegt mir zu sehr daran, seine Achtung und seine Zuneigung zu erhalten. Der gleiche Bote hat mir einen Brief meines Bruders für den König überbracht. Ich werde ihn ihm heute Abend geben.

20. Januar – Hier munkelt man schon Böses über meinen Bruder. Ich habe Angst, dass er einen Fehler begeht. Ich habe das Madame Polignac gesagt.

22. Januar – Mercy ist darüber bestürzt, dass ich leichtfertig mit meiner Freundin über Joseph reden konnte: Ich erweckte so den Anschein, die Ansichten meines Allerhöchsten Hauses zu missbilligen und verfehlte mich so gegenüber der Kaiserin und dem Kaiser. Wie kann das möglich sein? Und doch haben mich Mercys Äußerungen verunsichert. Ich habe also den König besucht, um ihm klarzumachen, dass er unbedingt meinen Bruder unterstützen müsse. Ohne zu zögern habe ich ihm gesagt, seine Minister seien dumm und schwach und nur Duc de Choiseul wäre imstande, die Situation in den Griff zu bekommen. Er hat mir nicht geantwortet. Ich weiß nicht, was ich davon halten soll.

2. Februar – Ich war am Opernball und bin erst gegen vier Uhr morgens zurückgekommen. Der König sieht darin nichts Unangebrachtes. Man könnte beinahe sagen, er ist glücklich, wenn ich mich fern von ihm amüsiere. Und doch pflegen wir seit der Rückkehr aus Fontainebleau ein Intimleben wie nie zuvor.

12. Februar – Der letzte Brief von meiner teuren Mama wühlt mich so sehr auf, dass ich keine Worte finde. Sie appelliert an meine Gefühle für sie, für meinen Bruder, für meine Dynastie und für meine Heimat, auf dass ich unsere Allianz festigen möge. Die Kaiserin versichert mir, dass auch die kleinste Schwächung ihren Tod bedeuten würde. Ach! Meine liebe Mutter! Ich zittere vor Erregung. Ich muss Mercy sprechen. Er wird mir die nötigen Worte eingeben, die mich den König überzeugen lassen und ihn vor den Versuchen des Königs von Preußen, sich einzuschmeicheln, warnen: dieser Elende, der meiner Familie schon so viel Leid beschert hat, will angeblich mit einer Annäherung an Frankreich, den Bruch zwischen unseren beiden Dynastien herbeiführen.

13. Februar – Es ist schrecklich, der König will nichts hören. Nachdem ich ihm ziemlich drastisch die Manöver des Königs von Preußen vor Augen geführt habe und die Gefahren, die eine Abkühlung unserer Allianz bedeuten würde, hat er folgende Worte ausgesprochen, die ich nie vergessen werde: »Es ist der Ehrgeiz Eurer Familie, der alles zerstören wird; mit Polen haben sie angefangen, jetzt folgt mit Bayern der zweite Streich. Ich bin darüber um Ihretwillen verärgert.« Als ich ihm entgegnete, dass er den guten Grund der Politik meines Bruders in Bayern wohl kannte, war ich entsetzt über das, was er hinzufügte: »Ich war sosehr dagegen, dass ich soeben den französischen Ministern während ihrer Sitzung die Anordnung erteilen ließ, zur Kenntnis zu bringen, dass die Aufteilung Bayerns gegen unser Einverständnis geschieht und wir sie missbilligen.« Ich habe aufgegeben. Ich bin rasend böse auf die Minister, vor allem auf Vergennes, der wie sie alle in diesem Augenblick an nichts anderes als an einen Krieg gegen England denkt, um die letzten französischen Niederlagen zu rächen, die mindestens fünfzehn Jahre zurückliegen. Was kann ich jetzt tun?

26. Februar – Ich bin sehr zufrieden mit dem Hofball, der gestern im Salon des großen Appartements stattgefunden hat, mit Quadrillen, bei denen die Tänzer als Inder und Inderinnen kostümiert waren. Heute Abend fahre ich ins Palais-Royal, wo Duc d'Orléans zu meinen Ehren einen Maskenball gibt.

1. März – Gestern hat der Ball von Princesse de Guémené sehr lange bis spät in die Nacht gedauert. Ich habe den ganzen Tag geschlafen und kehre heute abend zum Opernball zurück.

3. März – Wieder ein Brief von meiner teuren Mama, der meine Unruhe auf die Spitze treibt. Mein Gott, lass' alles gut werden! Ich kann den König nicht wieder belästigen, seit er mit mir so gesprochen hat. Mercy möchte dennoch, dass ich interveniere, aber ich will mich nicht mehr in diese Angelegenheit einmischen, was auch immer ich selber davon halte. Im Übrigen sehe ich meinen Mann während des Karnevals wenig. Heute abend gehe ich zum Mardi gras-Ball in die Oper. Morgen beginnt die Fastenzeit und alles wird anders. Da werde ich das Eheleben wieder aufnehmen.

4. März – Was für ein Skandal das gestern in der Oper war! Eine maskierte Frau ist vor Comte d'Artois stehengeblieben, als er mit seiner Maîtresse, Madame de Canillac, vorbeiging. Trotz ihrer Verkleidung hat mein Bruder Duchesse de Bourbon gleich erkannt, und zwar durch die heftigen Vorwürfe, die sie ihm machte. Man muss wissen, dass er gerade diese Prinzessin wegen Madame de Canillac, seiner Hofdame, verlassen hat. Madame de Bourbon hat sich sehr echauffiert. In ihrer Wut versuchte sie, die Maske des Prinzen zu lüften, was ihn derart in Rage brachte, dass er ihr einen Fausthieb versetzte, die Maske herunterriss und anschließend auf ihrem Gesicht vernichtete. Dann stürzte er davon, um Madame de Canillac zu suchen, die bei Ausbruch des Zanks geflüchtet war. Heute redet alles nur über diesen Vorfall.

9. März – Duchesse de Bourbon hört nicht auf, sich über Comte d'Artois zu ereifern und nennt ihn lautstark einen Flegel, obwohl er Bruder des Königs ist. Natürlich ergreifen die Prinzen des Hauses Partei für sie, obwohl sie von Duc de Bourbon getrennt lebt.

10. März – Wie zu erwarten fühlt Duc de Bourbon sich entehrt. Er erwartet von Comte d'Artois Satisfaktion mit dem Schwert. Die Öffentlichkeit gibt alle Schuld Comte d'Artois.

14.März – Heute abend hat der König Prince de Condé empfangen sowie Duc und Duchesse de Bourbon und sie in sein Arbeitszimmer führen lassen, wo sich Comte d'Artois befand. Er hat sie seinen Wunsch wissen lassen, dass das Vergangene vergessen sein und man nicht mehr über diese ärgerliche Sache reden solle. Duc de Bourbon wollte das Wort ergreifen, aber der König hat ihm bedeutet zu schweigen. Alle sind unbefriedigt hinausgegangen. Duchesse de Bourbon fühlt sich beleidigt. Sie fordert Wiedergutmachung, und ihr Mann glaubt sich verpflichtet, ihr Recht einzufordern. Es wird nötig sein, dass ich hier eingreife.

15. März – Ich habe Besenval heimlich empfangen. Ich wollte seine Ansicht über diese Affäre hören. Er meint, ein Duell sei unvermeidlich. Also habe ich ihm befohlen, alles mit Chevalier de Crussol, dem Gardekapitän von Comte d'Artois, so einzurichten, dass dieses Duell eine Farce wird.

16. März – Heute morgen haben sich Comte d'Artois und Duc de Bourbon im Bois de Boulogne geschlagen. Als mein Bruder am Arm eine Schürfwunde abbekam, ließ Chevalier de Crussol den Kampf unter dem Vorwand unterbrechen, er müsse für die Person seines Herrn bürgen. Damit hat sich Duc de Bourbon für befriedigt erklärt. Die beiden Prinzen haben sich umarmt und Comte d'Artois ging zu Madame de Bourbon, um sich zu entschuldigen. Der Form halber wird der König seinen Bruder nach Choisy und Duc de Bourbon für eine Woche nach Chantilly verbannen. Und jeder wird weiter so leben wie er meint, Comte d'Artois mit seinen Maîtressen und Duc de Bourbon mit den seinen. Duchesse de Bourbon kann so viel heulen und toben wie sie will … Sie tut mir leid.

21. März – Monsieur de Voltaire, fünfundachtzig Jahre alt, ist nach Paris gekommen und wird von den Menschen enthusiastisch empfangen. Es ist immerhin siebenundzwanzig Jahre her, dass man ihn in der Hauptstadt gesehen hat! Alles spricht nur von ihm und zitiert seine Aussprüche. Er wird hohe Ehrungen bekommen, und man drängt mich, ihn zu empfangen. Der König ist dagegen; er findet, seine Schriften seien voller Ideen, die Angriffe auf Religion und Moral bedeuten. Im Übrigen hätte ich nicht gewusst, was ich zu ihm sagen soll.

22. März – Der Krieg mit England wird bestimmt in drei Monaten ausbrechen. Das ist es, was unsere Minister so kleinmütig in Bezug auf unsere Allianz macht! Angeblich ist man in London äußerst aufgebracht, seit der Abschluss des Handels- und Freundschaftsvertrags zwischen Frankreich und den gegen England revoltierenden amerikanischen Kolonien bekannt ist. Englands Botschafter ist abgereist, ohne sich vom König zu verabschieden; dieser wiederum hat Marquis de Noailles, unseren Repräsentanten in London, zurückberufen. Und heute hat uns Monsieur de Vergennes die Abgeordneten der Vereinigten Staaten von Amerika vorgestellt: Die Herren Benjamin Franklin, Silas Deane und Arthur Lee. Der Hof hier kommt aus dem

Staunen nicht heraus, und das kann ich verstehen. Am Tag, da der Botschafter des Königs von England abreist, diesen durch Franklin zu ersetzen, den Rebellen und Anführer der Revolte, und die Rebellen, die noch nicht einmal frei sind, anzuerkennen – was hier für ein Beispiel gegeben wird! Und eine solche Provokation gegenüber einer Nation, mit der man nicht einmal im Krieg steht – das ist purer Wahnsinn.

24. März – Auf Mercys beharrliches Drängen hin habe ich etwas energisch mit Messieurs de Maurepas und de Vergennes wegen Bayern gesprochen. Sie schienen mir an der Allianz festhalten zu wollen, haben aber immer noch Angst, sich in einen Kontinentalkrieg einzulassen. Sie denken nur an den, den sie gegen England führen wollen. Als ich sie fragte, was sie tun würden, wenn Preußen gegen die Kaiserin und den Kaiser feindliche Handlungen eröffneten, bekam ich keine klare Antwort. Es ist grausam, es in einer so wichtigen Sache nicht mit ehrlichen Leuten zu tun zu haben.

31. März – Der König hat den Kaiser wissen lassen, dass er sich weigere, Vermittler für Bayern zu spielen, wie es mein Bruder wünschte. Im Fall einer preußischen Aggression würde er nicht Partei ergreifen, sondern Neutralität wahren. Diese Entscheidung hat mich sehr bekümmert.

1. April – Die Regel ist schon mehr als eine Woche überfällig. Ich habe gute Gründe zu glauben, dass ich schwanger bin … Ich wage aber noch nicht, mich darüber zu freuen.

5. April – Noch immer nichts. Ich fühle mich prächtig. Mein Appetit und mein Schlafbedürfnis haben zugenommen. Ich fahre nicht mehr im Wagen aus und werde auf all meine Bewegungen achten. Lassone meint, wir müssten noch zwei bis drei Wochen warten, bevor man mit Wahrscheinlichkeit etwas sagen könnte. Ich habe dennoch dem König meine Hoffnungen mitgeteilt und er zeigt höchste Begeisterung.

15. April – Der Kaiser ist wütend auf den König und auf mich. Ich spüre, dass er mich für die Ausflüchte unserer Minister verantwortlich macht. »Nachdem Sie den Krieg nicht verhindern wollen, werden unsere mutigen Männer kämpfen und Sie werden nicht für Ihren Bruder erröten müssen, der immer Ihren Respekt verdienen wird«, sagt er mir. Ich werde versuchen, auf Messieurs de Maurepas und de Vergennes Druck zu machen, aber ich hege wenig Hoffnung. Wie sehr ich um meine Mutter besorgt bin!

17. April – Ich habe Maurepas und Vergennes zu mir zitiert und energisch das Wort an sie gerichtet. Sie haben zwar noch feierlich ihre Treue zur Allianz beschworen, es aber abgelehnt, sich in eine bewaffnete Auseinandersetzung einzulassen. Ich habe ihnen entgegengehalten, dass es Frankreich zur Ehre gereichte, wenn es seine Verpflichtungen einhielte, und hinzugefügt, dass der König von Preußen sich durch diese neutrale Haltung nur geschmeichelt fühlen würde. Darauf wussten sie nichts zu antworten. Was für ein erbärmliches Verhalten! Ich habe dann dieses Thema auch dem König gegenüber wieder angesprochen und ihn gebeten, seine Minister zu verpflichten, eine Haltung einzunehmen, die den Klauseln des von seinem Großvater geschlossenen Vertrags konform ist. Er hat mir geantwortet, man hätte im Rat eine Resolution verabschiedet, wonach der von meinem Bruder beanspruchte Teil Bayerns nicht als eines jener Gebiete betrachtet werde, die durch den Allianzvertrag garantiert seien. Ich kann nichts mehr für meine Familie tun. Diese Minister haben eine unglaubliche Begabung, Staatsangelegenheiten in einer Sintflut von Worten zu ertränken.

18. April – Ich habe mich ein wenig übergeben, was mich in meiner Hoffnung bestärkt.

5. Mai – Endlich habe ich Sicherheit: ich bin schwanger. Wie lange habe ich auf diesen Augenblick gewartet! Noch nie war ich so glücklich!

16. Mai – Ich habe heute morgen mit meinem Geburtshelfer gesprochen. Es ist der Bruder von Abbé de Vermond. Ich fühle mich bei ihm sicherer als bei jedem anderen, und er hat einen ausgezeichneten Ruf. Lassone heißt meine Entscheidung gut. Er hat mir erlaubt, kleine Ausflüge im Wagen zu unternehmen unter der Bedingung, dass ich nicht zu schnell fahre. Nach seiner Berechnung und der meinen trete ich in den dritten Monat ein; ich werde auch allmählich sichtbar dicker, vor allem an den Hüften. So lange habe ich nicht zu hoffen gewagt, jemals schwanger zu werden, dass ich es jetzt noch stärker erlebe. Es gibt Augenblicke, in denen ich mir einrede, dass alles nur ein Traum wäre; aber dieser Traum hört nicht auf und ich glaube, es gibt keinen Anlass mehr zu zweifeln. Der König ist sehr glücklich, verhält sich mir gegenüber vorzüglich und erweist mir viele Aufmerksamkeiten. Ich habe ihn um zwölftausend Livres gebeten für die Armen in Paris, die im Gefängnis festsitzen für ihre Ammenkosten, und um viertausend für die in Versailles. In dieser Form gebe ich meinen Zustand dem gesamten Volk bekannt.

18. Mai – Mercy hört nicht auf, mich ständig an meine Pflichten gegenüber meiner Familie zu erinnern, aber es gibt nichts mehr, das ich tun könnte. Es wäre verrückt, wenn ich mich nochmals an die Minister wandte; ich bin betroffen, dass es mir nicht gelingt, ihnen klarzumachen, dass alles, was man in Wien getan und worum man gebeten hat, richtig und vernünftig ist. Leider gibt es keine tauberen Ohren als diejenigen, die nicht hören wollen. Ich werde dennoch versuchen, vor dem König mit ihnen zu sprechen. Mein Mann kann dabei nur gewinnen, wenn er Verbündete unterstützt, die ihm in jeder Hinsicht so teuer sein müssen. Es ist die schreckliche Schwäche seiner Minister und sein großer Mangel an Selbstvertrauen, die schuld an all dem Übel sind.

29. Mai – Seit zehn Tagen sind wir in Marly, wo das schönste Wetter der Welt herrscht. Ich fühle mich sehr wohl und nehme stark zu:

ich habe schon viereinhalb Zoll mehr Umfang. Ich denke unentwegt an dieses kleine Kind, dem ich die größte Fürsorge schenken und es nach neuesten Richtlinien aufziehen werde. Heute wickelt man die Neugeborenen nicht mehr in Windeln: man lässt sie immer in einer Gehschule oder auf den Armen und gewöhnt sie daran, an der frischen Luft zu sein. Ich glaube, es gibt nichts Gesünderes. Meines wird unten wohnen. Ein kleines Gitter wird es draußen von der übrigen Terrasse trennen, was ihm ermöglichen wird, leichter gehen zu lernen als auf dem Parkett.

1. Juni – Monsieur de Voltaire ist gestern gestorben. Er hatte gerade einen beispiellosen Triumph im Théâtre Français gefeiert. Man weiß nicht, ob er die Letzte Ölung bekommen hat.

20. Juni – Ich bin zur Ader gelassen worden. Die starke Hitze macht mir zu schaffen. Meine Brüder und Schwestern machen mir eifrig ihre Aufwartung. Princesse de Lamballe ebenfalls. Glücklicherweise ist Madame de Polignac am öftesten bei mir und wir plaudern stundenlang. Ich bereite zwei kleine Feste in den Gärten von Trianon vor.

22. Juni – Eine englische Fregatte hat zwei französische Fregatten angegriffen, die »Belle-Poule« und die »Licorne«. Erstere konnte Brest mit zahlreichen Verwundeten an Bord erreichen, aber die andere ist aufgebracht worden. Man spricht nur von Krieg.

24. Juni – Der Weihbischof von Straßburg, der sich Cardinal de Rohan nennt, scheint mir immer mehr suspekt. Er sucht sich ein günstiges Entrée bei mir zu sichern. Ich weigere mich, ihn zu empfangen. Mercy hat mich vor dessen Vertrauensmann, Abbé Georgel, gewarnt, der als gefährlicher Intrigant gilt. Der König selbst hat sehr empört über diesen ehemaligen Jesuiten gesprochen. Er möchte ihn vom Hof verweisen. Warum, hat er mir nicht gesagt. Ich nehme an, weil er böse Bemerkungen über mich macht.

13. Juli – Ich bin in heller Verzweiflung. Der König von Preußen ist in Böhmen einmarschiert. Heute Morgen kam der König zu mir; er hat mich so betroffen und tief besorgt vorgefunden, dass ihm selbst die Tränen kamen. Das hat mich sehr glücklich gemacht, denn es zeigt all seine Zuneigung für mich, und ich hoffe, dass er sich endlich dazu entschließen wird, sich als wahrer und guter Verbündeter zu verhalten. Ich habe all das, was passiert, nie seinem Herzen zugeschrieben, sondern seiner extremen Schwäche und dem Mangel an Selbstvertrauen. Er hat mir versichert, dass das Wohl seines Königreichs ihm nicht erlaubte, mehr zu tun als das, was er bereits getan hätte. Ich habe ihm dennoch klarzumachen versucht, dass seine Ehre und sein Ruhm ihn dazu verpflichteten, Partei gegen den König von Preußen zu ergreifen. Er hat mir nicht widersprochen. Als er von mir ging, ließ ich Maurepas rufen und sprach mit ihm so eindringlich wie noch nie. Ich habe ihm gezeigt, wie sehr Frankreich auf die Schmeicheleien des Königs von Preußen eingegangen ist und ihn, statt ihn zurückzuhalten, damit noch starrköpfiger gemacht hat. Dieser liebe Minister wusste nicht mehr, was er sagen sollte. Er hat sich in Entschuldigungen und feierliche Beteuerungen seiner Ergebenheit geflüchtet. Schließlich habe ich mit Mercy gesprochen, der mich keineswegs beruhigt hat. Stattdessen hat er mir abgeraten, das Fest, das ich in Trianon vorgesehen hatte, abzublasen. Aber wie kann ich weiterhin das gleiche Leben führen, während meine Mutter und mein Bruder in Gefahr sind? Mercy hat darauf bestanden, dass ich nichts von meinen Gewohnheiten aufgebe.

15. Juli – Ich kann unmöglich ausdrücken, wie sehr ich mitleide und mich sorge in diesem Augenblick des Unglücks. Ich kenne die Empfindsamkeit meiner teuren Mama und fühle, wie sie leiden muss. Jeder Gedanke lässt mich noch mehr um sie zittern. Wenn ich doch nur zu ihr fliegen könnte! Ich würde sie sehen, könnte ihre Schmerzen teilen und meine Tränen mit den ihren vereinen. Nein, Gott wird nicht einen so ungerechten Mann wie den König von Preußen triumphieren lassen. Der Kaiser, die kommandierenden Generäle und vor allem das Herz der Österreicher halten meine Hoffnung wach.

16. Juli – Madame de Polignac, die auf ihren Landsitz gefahren war, ist an den Hof zurückgekommen. Ohne mir etwas davon zu sagen, hatte ihr der König einen Eilboten gesandt, damit mir leichter zumute ist, wenn ich die Person in meiner Nähe habe, der ich am meisten Vertrauen und Zuneigung entgegenbringe. Ihre Anwesenheit zerstreut meinen Kummer.

22. Juli – Ich erwarte die Postboten mit einer Ungeduld, die meine grausame Ungewissheit nur noch verstärkt, mich zerfleischt. Ich stelle mir alle möglichen schrecklichen Dinge vor.

1. August – Gestern um halb elf Uhr abends hat sich mein Kind zum ersten Mal bewegt. Seitdem hat es das immer wieder getan, was mir große Freude bereitet. Jede Bewegung macht mein Glück größer, das vollkommen wäre, gäbe es nicht diesen schrecklichen Krieg. Aber dieses Kind, das ich trage, ist sicher ein gutes Vorzeichen.

2. August – Ich habe viel zugenommen und sogar mehr, als man es gewöhnlich in fünf Monaten tut. Lassone erlaubt mir, die Vorsichtsmaßnahmen, die ich bis jetzt einhalten musste, zu lockern. Ich werde häufiger und längere Ausfahrten mit dem Wagen unternehmen können. Wir bereiten uns darauf vor, nach Choisy zu ziehen. Es sind wenig Leute hier in Versailles. Alle unsere Offiziere nehmen Abschied, um im Armeecorps zu dienen, das Maréchal de Broglie in der Normandie befehligt.

3. August – In dieser Nacht ist Duc de Chartres in Versailles angekommen, um dem König den glücklichen Ausgang des Gefechts von Ouessant zu melden, wo die französische Flotte am 27. Juli die englische Flotte in die Flucht geschlagen hat. Monsieur de Chartres hatte das dritte Geschwader befehligt. Der König hat nur bedauert, dass man die feindlichen Schiffe aufgebracht oder versenkt hat und die Besiegten nicht weiter verfolgt. Dennoch hat er ein Te Deum feiern lassen.

5. August – Der König hat soeben Monsieur le duc de Chartres den Befehl übersandt, auf der Stelle nach Brest zurückzukehren und das Geschwader von Brest herauszuführen, um den englischen Admiral Keppel zu finden. Unser lieber Cousin dürfte darüber eher verdrossen sein. Er wurde gerade in Paris wie verrückt bejubelt. Nichts ist rätselhafter als dieser Fiebertaumel der Pariser, denn der Sieg scheint nicht in der Form verkündet worden zu sein, wie es angebracht gewesen wäre. Duc de Chartres hätte niemals sein Kommando verlassen dürfen, ohne dazu den Befehl erhalten zu haben. Er ist nur ein Geck, und ein anmaßender dazu.

14. August – Die Nachrichten von meiner teuren Mama sind so alarmierend, dass ich die Ratssitzung unterbrochen habe, um den König zu ersuchen, dass er als Vermittler auftritt. Der König schien dazu ganz geneigt, als die Depeschen von Baron de Breteuil kamen; man hat sie in meiner Gegenwart verlesen. Obwohl unter den Ministern und vor allem bei Monsieur de Maurepas nach wie vor diese verfluchte Feigheit da ist, die unserer Angelegenheit schon so sehr geschadet hat, gab dieser wenigstens zu (und in diesem Punkt war es eben der König, der den Ton angab), dass die Dinge sich geändert hatten. Der König von Preußen wird alle Schuld auf sich laden, wenn er nicht einem Frieden zustimmt. Folglich wird nächsten Montag Monsieur de Vergennes einen Unterhändler nach Berlin senden. Man muss unsere Minister auf den Wortlaut der Allianz einschwören; sie versprechen es zwar, aber man wird darüber wachen müssen, und ich werde zu kämpfen haben, wenn diese unglückliche Angelegenheit nicht sofort beendet wird. Es tröstet mich zu sehen, dass der König mit Leib und Seele dazu entschlossen ist.

25. August – Welche Unruhe sich meiner bemächtigt hat! Ich hätte nicht gedacht, in einem solchen Maß von der Anwesenheit eines Mannes, den ich kaum kenne, aufgewühlt zu werden. Als mir Comte de Fersen nach dem Diner vorgestellt wurde, erbebte ich förmlich, ohne mich dessen erwehren zu können. Ich hatte ihn seit den Bällen vor dem Tod des seligen Königs nie mehr gesehen, aber ich hätte ihn unter Tausenden wieder erkannt. Ich hörte mich sagen: »Ah! Das ist eine alte Bekanntschaft.« Mir scheint, alle waren überrascht. Niemand hatte mir von diesem Schweden erzählt, nicht einmal Comte Creutz, sein Botschafter. Ohne Zweifel ist es meinem derzeitigen Zustand und den Ängsten, in denen ich seit Wochen lebe, zuzuschreiben, dass ich so empfindlich bin.

1. September – Gestern, Sonntag, habe ich Comte de Fersen bei meinem Spiel nicht getroffen. Angeblich kam er, als ich nicht da war. Was für ein Pech! Ich habe Comte Creutz gesagt, dass ich entzückt wäre, ihn wieder zu sehen. Ich hoffe, er wird wiederkommen.

4. September – Monsieur de Fersen ist gekommen, mir seine Aufwartung zu machen. Er hat in der Tat wenig mit den jungen Männern an diesem Hof gemeinsam. Er sucht nicht zu gefallen. Er hat es nicht nötig. Er ist weder ein Angeber noch ein Schöngeist. Er redet wenig und scheint traumverloren zu sein. Ich weiß, dass er seit seiner Rückkehr nach Schweden 1774 in der Entourage des Königs sehr brilliert hat. Ich glaube, er will sich darum bemühen, in Frankreichs Dienste zu treten wie schon früher sein Vater, der heute in seinem Land Feldmarschall ist. In ein paar Tagen soll er wieder zum Lager von Vaussieux, das unter dem Kommando von Maréchal de Broglie steht, in die Normandie zurückkehren. Seine Abwesenheit kann nicht von langer Dauer sein.

9. September – Angeblich hat Monsieur de Fersen wahnsinnigen Erfolg in den Pariser Salons. Er ist gekommen, um mir seine morgige Abreise in die Normandie anzukündigen.

17. September – Ich weiß nicht, ob ich mir Illusionen mache. Es hat den Anschein, dass man hier stark dazu neigt, sich für den Frieden einzuschalten. Ich werde mich noch damit befassen, was man in den Blättern Deutschlands schreibt, um zu erfahren, was man von Preußen verlangt. Es würde für mich nichts mehr Ehre oder größeres Glück bedeuten als in irgendeiner Weise zu dieser großen Angelegenheit und zur Ruhe meiner teuren Mama beizutragen.

18. September – Ich fange an, ein wenig schwer zu sein, aber nachdem ich jeden Tag gehe, hoffe ich, dass ich mich bis zum Ende wohl fühlen werde. Ich bin wieder zur Ader gelassen worden; aber man konnte mir nur zwei sehr kleine Paletten mit Blut entnehmen, weil meine Venen so dünn sind, weshalb ich in einem Monat wieder zur Ader gelassen werden muss.

19. September – Madame de Polignac ist auf ihrem Landsitz erkrankt, wohin sie nur für ein paar Tage zurückgekehrt war. Princesse de Lamballe belästigt mich mit ständigen Fragen, und Mercy hält mich regelmäßig über die Angelegenheiten am Laufenden.

10. Oktober – Ich bin sehr glücklich, weil ich erfahren habe, dass die Armeen des Königs von Preußen zurückgewichen sind. Alle Wünsche meines Herzens gelten der Hoffnung, dass dieser furchtbare Feind Ruhe gibt, wenigstens diesen Winter, und dass der Misserfolg, den er erlitten hat, ihn dazu bringt, einem vernünftigen Frieden zuzustimmen. Ich bedaure die Schwäche und den Wankelmut von Monsieur de Maurepas. Ich habe mir angewöhnt, mit ihm energisch zu sprechen; ich glaube dennoch, mich im Zaum halten zu müssen, um den König nicht in Verlegenheit zu bringen. Mein Mann wünscht ernsthaft, Deutschland den Frieden zu bringen, und ich bin sicher, er wird dabei zum Ziel kommen, wenn er es selbst tun kann und nicht von seinen Ministern behindert wird. Ich bin nach wie vor überzeugt, dass die Probleme sich von Anbeginn eingerenkt hätten, wenn man hier fest aufgetreten wäre.

20. Oktober – Wir sind in Marly, wo ich versuche, jede Etikette zu verbannen. Abends spielen wir wie verrückt. Ich habe noch weitere tausend Louis verloren.

27. Oktober – Der König ist doppelt so aufmerksam und fürsorglich mir gegenüber wie bisher.

15. November – Monsieur de Fersen ist von der Normandie zurückgekehrt. Ich sehe ihn regelmäßig bei meinem Spiel und spreche sehr oft mit ihm. Sein Benehmen ist entschieden zurückhaltender als das unserer jungen Herren. Er ist sehr schön und manchmal hat man den Eindruck, dass er ebenso melancholisch wie schön ist. Ich wüsste gerne, was er denkt. Ich habe ihn gebeten, in seiner schwedischen Uniform zu kommen, die außergewöhnlich beeindruckend sein soll.

22. November – Mein Zustand macht mich fürwahr zu empfindlich: Jedes Mal, wenn ich Comte de Fersen sehe, bemächtigt sich meiner die gleiche Unruhe. Heute trug er seine berühmte Uniform. Bei jedem anderen hätte sie komisch wirken können, aber ihm verleiht sie die Erscheinung eines Traumprinzen, der einem Märchen entsprungen ist, allerdings nicht einem französischen Märchen.

1. Dezember – Lassone und Vermond, mein Geburtshelfer, haben sich neben meinen Appartements niedergelassen. Vier Ammen werden bereitgehalten, denn ich habe beschlossen, mein Kind nicht selbst zu stillen. Alles ist für meine Geburt vorbereitet, die vor aller Augen stattfinden soll, wie es der Brauch bei Hof hier verlangt. Zweihundert ausgewählte Personen, die gewöhnlich in Paris leben, haben sich in Versailles niedergelassen. Angeblich sind hier keine Unterkünfte mehr zu finden und die Lebenskosten jetzt dreimal so hoch.

3. Dezember – Ich bleibe ruhig und gelassen beim Gedanken an meine Niederkunft. Hat meine liebe Mama nicht sechzehn Kinder zur Welt gebracht, ohne dass etwas passiert ist?

7. Dezember – Auf meine Bitte hat der König beschlossen, einen Teil des Zeremonials unserem Kind zuliebe zu streichen. Es werden vor ihm keine feierlichen Ansprachen gehalten. Die Botschafter und ausländischen Minister werden kommen dürfen, um es zu sehen, aber nicht alle zugleich. Der König wird mir hunderttausend Livres für meine karitativen Zwecke geben. Ich habe vor, davon arme junge Mädchen zu unterstützen und Spitälern Spenden zukommen zu lassen.

30. Dezember – Ich habe kaum die Kraft, diese paar Schriftzüge zu Papier zu bringen – zehn Tage nach der ziemlich qualvollen Niederkunft. Ich bin sehr glücklich, ein Kind zu haben, obwohl es ein Mädchen ist, getauft auf den Namen Marie-Thérèse. Sobald ich wach bin, weilt der König an meinem Bett, wo er einen Teil des Vormittags bleibt; nachmittags kommt er wieder und verbringt all seine Abende mit mir. Er kommt oft unsere Tochter besuchen, der er rührendste Zärtlichkeit entgegenbringt. Ihre kleine Physiognomie lässt regelmäßige und reizende Züge erkennen, sie hat große Augen, eine angenehme Mundformung und einen Teint von bester Gesundheit. Ich habe vor, mich gut um sie zu kümmern.

1779

4. Januar – Ich war noch nie so matt, obwohl ich schon wieder langsam zu Kräften komme. Man bringt mir jeden Tag meine Tochter, der es ausgezeichnet geht; die arme Kleine öffnet die Augen und blickt auch schon erstaunt auf alle Leute um sie herum; der König ist weiterhin rührend liebevoll zu ihr. Zum ersten Mal seit meiner Niederkunft habe ich gestern ein paar Personen empfangen, meine Favoriten, wie man bei Hof hier sagt. Wir haben Pharao gespielt, aber nur um ganz wenig Geld. Ich wage nicht auszudenken, was ich im vergangenen Jahr verloren habe. Es wird nötig sein, dass mein Mann mir hilft, meine Schulden zu bezahlen. Man behauptet, das Spiel sei ein Heilmittel gegen Melancholie. Kann es sein, dass ich melancholisch bin? Ich weiß es nicht. Auf jeden Fall fühle ich mich traurig, obwohl ich doch allen Grund habe, glücklich zu sein. Kann ich es wirklich sein?

12. Januar – Zu meiner Zerstreuung ließ der König in meinem großen Empfangszimmer ein Theater einrichten. Gestern abend sahen wir ein bezauberndes Schauspiel, fünfzig Gäste waren da.

19. Januar – Ich bin noch zu schwach, lange auf zu sein. Also habe ich die Botschafter und Minister aus dem Ausland im Sitzen auf einer Chaiselongue empfangen. Entsprechend dem Brauch sind sie gekommen, um mir zu meiner guten Niederkunft ihre Glückwünsche zu überbringen. In Vertretung des Königs von Spanien hat mir dessen Botschafter für meine Tochter, die sein Patenkind ist, ein Paar Ohrgehänge mit einem Stein und einen kleinen Heiligen Geist aus Diamanten überbracht. Die Geschenke, die mir meine liebe Mama gesandt hat, sind wie immer prachtvoll: ein kleiner Lackkoffer, ein wundervoller chrysolitfarbener Diamant, eine Straußnadel und eine Kinderklapper.

20. Januar – Ich unternehme kleine Spaziergänge innerhalb des Schlosses und habe den Hofball besucht, der seit meiner Niederkunft bei Madame stattfindet. Ich habe nicht getanzt, aber mit allen gesprochen, die da waren. Der König hat mir hundertzweitausend Livres gegeben, die meinen Finanzen gerade rechtzeitig zu Hilfe kommen. Ich habe Vermond und Mercy versprochen, um kleinere Summen zu spielen.

21. Januar – Ich habe dem König gestanden, dass ich von meiner Niederkunft so sehr abgeschreckt bin, dass ich für mehrere Monate nicht die Absicht habe, schwanger zu werden. Mein Mann hatte nichts dagegen einzuwenden. Erst wenn es mir besser geht, werden wir an einen Dauphin denken. Ich habe den Inhalt dieser Unterredung auch Vermond und Mercy mitgeteilt, die beide eine Leidensmiene aufgesetzt haben. Ich mache mir keine Sorgen: mein Mann hat keinen Hang zur Liebelei … Die Darstellung des Abbé und des Botschafters ändern nichts an meiner Sicht der Dinge. Sie können mich nicht immer am Gängelband halten, wie sie es sich angewöhnt haben.

27. Januar – Monsieur de Fersen ist in Versailles. Man hat ihn hier schon seit Wochen nicht gesehen. Er war verreist, um in Spa Bäder zu nehmen. Man hat mir gesagt, er kuriere eine tiefe Melancholie. Sollte er etwa wie ich sein? Es stimmt, dass er immer ein wenig traurig wirkt. Ich habe ihn von seiner Familie und seinem Heimatland erzählen lassen. Er hat mir mit einer Zurückhaltung geantwortet, in der aber eine gewisse Sanftheit lag. Wie schön doch seine Züge sind! Ich bin immer noch innerlich aufgewühlt, wenn ich ihn sehe.

2. Februar – Ich bin glücklich, dass Monsieur de Fersen mir nun regelmäßig seine Aufwartung macht. Beim Spiel lasse ich ihn neben mir sitzen. Er sieht mich nicht an wie die anderen Männer. In seinem Blick liegt eine Art verborgenes Feuer, das manchmal schwermütigen Gedanken zu weichen scheint. Er lässt mich nicht aus den Augen, und auch ich suche seinen Blick. Ich muss auf der Hut sein.

5. Februar – Monsieur de Fersen, ich verbiete Ihnen, mich zu interessieren. Abends finde ich keinen Schlaf; warum soll ich ihn auch um jeden Preis suchen? Ich nehme ein Buch zur Hand; lasse es wieder sein … Ich denke viel zu sehr an Sie seit unserem Gespräch gestern. Heute Abend werden Sie zum Opernball kommen … und ich werde da sein …

6. Februar – Monsieur de Fersen, ich verbiete Ihnen mir zu gefallen, Sie wecken meine Gefühle. Unzählige Vorstellungen bestürmen und quälen mich; mein Herz will nur die wahrhaben, die für Sie sprechen. Mein Verstand weist alle meine Wünsche zurück, kämpft gegen all mein Verlangen an, revoltiert gegen alle meine Gefühle. Ich bin Königin und kann nichts erhoffen.

9. Februar – Wir sind gestern nach Paris gefahren, der König und ich, zur Danksagung für meine glückliche Niederkunft. Monsieur und Madame begleiteten uns wie auch Comte und Comtesse d'Artois. Die Leute, die sich auf unserem Weg in Massen versammelt hatten, haben uns Zuneigung und Freude bezeugt, allerdings, wie mir scheint weniger lebhaft als bei meinem jüngsten Besuch in dieser Hauptstadt. Nach den Feierlichkeiten, die in Notre-Dame und der Kirche Sainte-Geneviève zelebriert worden waren, haben wir in La Muette gespeist und sind nach Versailles zurückgefahren, völlig erschöpft. Mercy sagte mir, der Empfang der Pariser sei ihm nicht so begeistert vorgekommen wie er hätte sein müssen. Er gab mir zu verstehen, dass die Menschen möglicherweise durch den Ruf der Vergnügungssucht, der mir seit einer gewissen Zeit anhafte, abgestoßen seien. Was kann ich dafür, wenn man mich verleumdet?

10. Februar – Ich habe soeben meine Tochter gesehen; sie gedeiht zusehends und verspricht bester Verfassung zu sein.

17. Februar – Was für ein Abenteuer gestern Abend! Der König, der mich zum Opernball begleiten wollte, hat seinen Plan fallengelassen und mir erlaubt, allein mit Princesse d'Hénin hinzugehen. Wir beide sind also losgefahren. In Paris hielten wir bei Duc de Coigny, um die Kutsche zu wechseln, damit wir nicht erkannt werden. Der Wagen, den man für uns vorbereitet hatte, war alt und schrecklich. Man hätte sich kein passenderes Fuhrwerk ausdenken können, um von jedem Verdacht abzulenken. Ich ließ die Pferde so schnell führen, dass es sogar für unseren Landauer zuviel gewesen wäre. Bald brach in einer verlassenen Straße ein Rad. Wir stürzten beinahe um und wurden übereinander geworfen. Ich bin lachend ausgestiegen, gefolgt von meiner Prinzessin, die etwas kleinlaut war. Während der Kutscher sich am Wagen zu schaffen machte, klopfte ich an die Tür eines Hauses. Es gehörte einem angesehenen Stoffhändler, der uns öffnete, völlig überrascht, in Hausmantel und Schlafmütze, und uns mitten in sein Reich voller Damaste und Öllampen führte. Der nächtliche Besuch zweier schöner maskierter Damen hat ihn zu keinerlei galanten Komplimenten inspiriert. Er war zu sprachlos. Oh! Wenn er gewusst hätte, wer ich bin! Die Zeit verging. Unser Gastgeber wollte uns etwas zu trinken geben, damit wir uns vom Schrecken erholten. Ich habe mich wie verrückt amüsiert, aber ich spürte, dass Madame d'Hénin unbehaglich zumute war. Also habe ich unseren Händler gebeten, einen Fiaker zu rufen. Und so sind wir alle beide zur Oper gefahren wie zwei Mädchen, die einen Schwips haben. Nie habe ich so gelacht. Niemand hat uns erkannt. Wir fanden mein Gefolge wieder und betraten den Ball. Ich war lange mit Comte de Fersen zusammen. Ich kenne keinen anderen Mann, der ist wie er.

1. März – Nun haben wir wieder Fastenzeit. Am Hof hat alles eine ruhigere Gangart angenommen. Ich besuche meine Tochter mehrmals am Tag. Sie gedeiht und erfreut sich bester Gesundheit. Der König legt immer noch ebenso viel Interesse wie Zärtlichkeit ihr gegenüber an den Tag. Ich unternehme lange Ausritte zu Pferd; es gibt

Jagden im Bois de Boulogne und in der Umgebung von Versailles. Monsieur de Fersen ist oft an meiner Seite.

15. März – Monsieur de Fersen hat mir angekündigt, dass er sich dem Expeditionskorps für Amerika anschließen wird – in ein paar Tagen. Kaum hatte er meine Gemächer verlassen, wurde ich von jener Art bitterem Schmerz erfasst, wie man ihn empfindet, wenn man etwas, das einem sehr kostbar ist, verloren hat und sich selbst nicht eingestehen will, wie sehr man von diesem Verlust getroffen ist. Hätte er mich denn verlassen können, ohne dass seine Abwesenheit mir so viel Traurigkeit bereitete?

18. März – Monsieur de Fersen, ich verbiete Ihnen mir zu gefallen, aber ich denke nur an Sie. Meine Gefühle sind so voller Zärtlichkeit, dass sie mich allmählich beunruhigen. Unsere Zeit vergeht so schnell …

24. März – Wie aufgewühlt ich bin, rastlos, überwältigt von Gefühlen. Ich werde Monsieur de Fersen in Ruhe heute Abend sehen. Ich zittere diesem Augenblick erwartungsvoll entgegen und fürchte mich zugleich davor.

25. März – Monsieur de Fersen und ich werden unser Geheimnis wahren. Die Herkunft, der Rang – ich hasse all das, was uns voneinander fernhält.

28. März – Er ist gekommen, mir Adieu zu sagen. Was für eine Unruhe und Schwermut haben mein Herz heimgesucht! Bevor er ging, setzte ich mich ans Cembalo und sang diese wunderbare Melodie aus »Dido«: »Oh! Wie wohl zumute mir war, wenn Sie an meinem Hofe weilten …« Er wird für immer in meiner Erinnerung eingeprägt sein.

15. April – Ich war ziemlich krank. Die Masern, die ich bekommen hatte, waren schmerzhafter als das gewöhnlich der Fall ist, mit starken Halsschmerzen und Fieberblasen am Mund. Glücklicherweise sind meine Augen nicht betroffen, und für Brust und Lunge sieht man keine Gefahr. Ich habe den König davon abgehalten, sich mit mir einzuschließen: er hatte die Masern noch nie, und in dieser Zeit, wo es gerade so viele Staatsgeschäfte gibt, wäre es sehr ärgerlich, wenn er diese Krankheit bekäme. Angeblich gab es viel Gerede, weil die Ducs de Coigny, de Guines, Comte Esterházy und Baron de Besenval nicht von meiner Seite gewichen sind. Es waren die vier Krankenwärter, die sich angeboten hatten, mich zu zerstreuen und deren Anwesenheit ich akzeptiert hatte trotz den unvermeidlichen Ermahnungen von Mercy und vom Abbé. Niemand kann sich vorstellen, dass sie mir völlig gleichgültig sind. Man vertreibt mir die Zeit. Das ist alles. Und ich denke an Monsieur de Fersen, der sicher darauf wartet, in Havre an Bord zu gehen. Und dann – nein, ich will nicht daran denken. Das macht mich nur noch trauriger. Also kann ich mich nur über die Geschichten von Besenval und den anderen amüsieren.

16. April – Ich werde mich in Trianon rekreieren. Ich musste schon dem König schreiben, um ihm zu sagen, dass mir noch für ein paar Tage das Vergnügen verwehrt ist, ihn zu küssen. Nachdem er mich zu sehen wünschte, habe ich von einem Balkon aus, der auf einen kleinen Innenhof geht, mit ihm gesprochen. Ich bin keine Juliette, und er erinnert einen nicht an Romeo. Der arme gute Mann.

23. April – Der Aufenthalt in Trianon gestaltet sich ruhig. Da ich ein wenig Schmerzen im Darm hatte, ließ Lassone mich keine Eselsmilch mehr trinken und ersetzte sie durch Kuhmilch, die mit Gerstenwasser gemischt ist. Mein Darm wurde mittels Abführmittel gereinigt, und in ein paar Tagen wird das wieder geschehen. Morgens und abends nehme ich ein Körnchen Ipecacua. Hier habe ich jede Etikette verbannt: Wir setzen uns zum Mittagessen zusammen, das anstelle des Diners steht; Spiele und Spaziergänge füllen den Nachmittag aus. Souper gibt es früh, und ich gehe auch früher zu Bett als sonst.

24. April – Monsieur und Madame sind zum Diner gekommen, während der König, der kein Risiko mit den Masern mehr eingeht, nicht geruht hat, mir einen Besuch abzustatten. Mit der ganzen Unverschämtheit, zu der er fähig ist, hat Monsieur mir zu verstehen gegeben, dass mein Mann sich nicht für das interessiert, was hier vor sich geht. Ich bin über meinen Bruder wütend, und die Haltung meines Mannes ist im höchsten Maße kränkend. Es stimmt, dass ich ihm nicht geschrieben habe. Er hätte sich dennoch um mich sorgen können.

26. April – Ich bin ins Schloss zurückgekehrt und habe meine Ostern zur gleichen Zeit wie mein Mann begangen. Wir sind vollkommen versöhnt. Ich habe ihm gesagt, wie ich die Dinge sehe und habe ihn davon überzeugt, dass er mir gefehlt hat, als er nicht nach Trianon kam. Nach dem, was mir Mercy berichtet, reden ihm seine Minister ein, mit mir so wenig wie möglich über wichtige Staatsangelegenheiten zu sprechen und mir höchstens halb Geheimes anzuvertrauen. Ich muss gestehen, dass ich mich seit meiner Niederkunft weniger um das, was meiner teuren Mama so große Sorgen macht, gekümmert habe. Heute ist alles in den Händen der Minister, die in Teschen zusammengekommen sind, um Lösungen zu finden. Ich wünschte so sehr, dass dieser Krieg ein Ende findet. Ich wage gar nicht an den zu denken, in den wir uns mit England einlassen. Wie viele unserer jungen Männer werden sich für Amerika melden? Ich kann nicht umhin, an Monsieur de Fersen zu denken. Ich weiß, dass das Expeditionskorps noch immer nicht abgefahren ist. Ach, wenn er nur zurückkommen könnte …

4. Mai – Marquis de La Fayette hat mir angekündigt, dass er ein Korps befehligen wird, das gegen England in See sticht. Er hat mir anvertraut, dass Monsieur de Maurepas ihm das Versprechen abgenommen hatte, mir nichts davon zu sagen. Warum diese Geheimniskrämerei mir gegenüber? Ich habe überhaupt kein Vertrauen in Maurepas.

5. Mai – Der König und ich haben unsere ehelichen Gepflogenheiten wieder aufgenommen. Es musste sein. Als ich krank war, hat man Ränke geschmiedet in der Hoffnung, ihm eine Maîtresse zuzuführen. Wie infam! Ich weiß noch nicht, wer es gewagt hat, sich für derart üble Machenschaften herzugeben, aber ich werde mit den Verantwortlichen schonungslos umgehen. Mein Mann hat mir sehr zärtliche Dinge gesagt. Er hat mir gesagt, dass er mich liebe und mir schwören könne, nie etwas für irgendeine andere Frau empfunden zu haben. Ich habe die Absicht, ihm bei der Jagd öfter zu folgen.

6. Mai – Meine Tochter entwickelt sich äußerst vorteilhaft. Sie ist lebhaft und fröhlich. Sie fängt an, die Personen zu erkennen, die sie am häufigsten zu Gesicht bekommt.

15. Mai – Wie groß ist mein Glück zu erfahren, dass dieser so sehr ersehnte Friede zwischen meiner teuren Mama und dem König von Preußen endlich unterzeichnet ist! Dieser Akt hat in Teschen am 13. Mai stattgefunden. Ich würde mir so gern selbst damit schmeicheln, dass wir hier dazu beigetragen haben. Meine größte Sorgfalt gilt ab jetzt der Unterstützung der Union zwischen meinen beiden Ländern. Zu sehr habe ich zu spüren bekommen, wie notwendig es ist, und die Sorgen, die mich das vergangene Jahre gequält haben, sind unbeschreiblich. Ich bin mit aller Schuldigkeit gegenüber meiner teuren Mama geboren und verdanke ihr dazu die Ruhe, die meine Seele wiedergefunden hat durch ihre Güte, ihre Sanftheit und wage ich zu sagen ihren Langmut mit diesem Hof.

30. Mai – Ich habe mir angewöhnt, die Abende bei Madame de Polignac zu verbringen. Der König begleitet mich dorthin und findet selbst auch Gefallen an ihrer Gesellschaft. Ich bin froh darüber. Leider hat das ein wenig die Eifersucht von Princesse de Guémené geweckt. Das stört mich umso mehr als ich nicht sicher bin, ob diese Prinzessin über die nötigen Qualitäten für die Vertrauensposition besitzt, die sie in ihrer Stellung bei meiner Tochter einnimmt. Ich kann dennoch nichts tun angesichts der unerhörten Vorrechte, die am Hof hier der Stellung der Gouvernante der Enfants de France* zugestanden werden. Ein Wechsel in diesem Amt ist nur möglich, wenn die Person, die es bekleidet, es will. So merkwürdig dieser Brauch ist, so schwer ist er abzuschaffen in einem Staat, in dem die gesamte Aristokratie stets gemeinsame Sache macht, wenn es darum geht, mit Missständen aufzuräumen, die ihr nützlich sind.

12. Juni – Jede Woche finden eine oder zwei Jagden in Saint-Hubert statt, wo der König den ganzen Tag verbringt. Obwohl mir diese kleinen Ausfahrten keine Freude machen, begleite ich meinen Mann dorthin, ohne der Jagd zu folgen. Wir soupieren in diesem Lusthaus und kehren nach Mitternacht zurück. Unsere Suite ist nicht sehr umfangreich. Ich versammle regelmäßig die gesamte königliche Familie in Trianon beim Souper und lasse zum Abschluss des Abends ein Schauspiel aufführen.

30. Juni – Ich hatte die Hoffnung, schwanger zu sein, sie hat sich aber rasch wieder zerschlagen. Diese Fehlgeburt hat mich nicht allzu sehr leiden lassen. Laut Lassone sollte ich davon keinerlei Beschwerden spüren. Ich muss eine Zeit lang vom König getrennt leben und aufs Reiten verzichten.

4. Juli – Madame de Polignac ist nach Spa gefahren. Nicht, um ihre Melancholie zu kurieren wie Monsieur de Fersen vergangenes Jahr. Wenn ich daran denke, dass er immer noch in Havre ist, ohne zu wissen, wie es diesem Expeditionskorps ergehen wird, schmerzt mich das sehr.

14. Juli – Ich habe ein wenig streng mit Monsieur de Maurepas über dieses berühmte Expeditionskorps gesprochen. Ich habe ihn wissen

---

* Titel der Erzieherin der Königskinder

lassen, dass es von Vorteil wäre, wenn Marquis de Castries Comte de Vaux ersetzte, der mir Besorgnis erregende Unschlüssigkeit an den Tag zu legen scheint. Ich habe ihm gesagt, wir würden besser tun, den Krieg in die englischen Kolonien Amerikas zu tragen als den englischen Handel im Ärmelkanal abzuschneiden zu versuchen. Es war Comte de Guines, der mir diesen Gedanken eingegeben hat. Das kann nur einem fundierten Urteil entspringen, zumal er Botschafter am Hof von Saint James war. Monsieur de Maurepas hat mich mit allem gebotenen Respekt angehört und mich anschließend mit einer Flut nichtssagender Worte überschüttet. Was dieser Greis für ein Schurke ist! Leider hört mein Mann mehr auf ihn als auf jeden anderen.

2. August – Meine Gesundheit ist völlig wiederhergestellt. Ich werde meinen üblichen Alltag wieder aufnehmen. Der König wird innerhalb von zwei Wochen erneut zu mir kommen, und ich hoffe, bald wieder schwanger zu sein. Zu sehr liegt mir die Pflicht der Mutterschaft am Herzen, um in dieser Hinsicht nichts zu verabsäumen. Im Übrigen bin ich es dem König für seine Zärtlichkeit und sein Vertrauen zu mir schuldig. Es ist das Gerücht kursiert, dass Madame schwanger sei, aber es war nur Prahlerei. In Wirklichkeit ist sie in dieser Hinsicht noch immer nicht weitergekommen, auch wenn ihr Gemahl sich noch so brüstet.

14. August – Ich weiß nicht, wie ich meiner teuren Mama all die Dankbarkeit zum Ausdruck bringen soll, die ich für sie empfinde. Die Kaiserin, die alle Mittel einsetzen will, um uns den Frieden zu sichern, hat wissen lassen, dass sie sich als Vermittlerin zwischen uns und England zur Verfügung stellen würde. Was das für ein Glück wäre! Mein Herz wünscht sich diesen Frieden so sehnlichst.

16. August – Ich sehe zum gegenwärtigen Zeitpunkt leider keinerlei Anzeichen von Frieden. Unsere Minister wollen den Krieg – und unsere Truppen sind im Ärmelkanal. Ich denke mit Schaudern daran, dass von einem Augenblick zum anderen ihr Schicksal besiegelt sein wird. Auch der Gedanke an den nahenden Monat September erfüllt mich mit Schrecken, denn da ist das Meer nicht mehr schiffbar.

17. August – Meine Schwester Karoline hat schreckliche Tage hinter sich. Der Vesuv ist ausgebrochen und hat Lava gespieen, als sie gerade mit dem König im Theater war. Wie von Sinnen hat das Volk, das sich gerade in einer Prozession in Richtung Saint-Janvier-Kirche bewegte, sie daran gehindert, das Gebäude zu verlassen. Sie mussten die ganze Nacht im Theater verbringen. Ich bin froh, dass Karoline derzeit nicht schwanger ist.

24. August – Es ist so heiß, dass ich einfache Kleider aus weißer Baumwolle trage und große Strohhüte mit herabhängenden Mousselineschleiern. Das ist hübsch und zugleich angenehm im Sommer. Abends lasse ich von den Musikern der Kapelle Serenaden spielen, die dabei auf einem Stufenabsatz in der Mitte des Parterres Aufstellung nehmen. Meine Schwestern und ich spazieren mitten in der Menschenmenge. Die Tore des Schlosses sind für alle offen. Heute abend hat sich ein junger Commis de la Guerre, ziemlich geistreich und mit einer sehr guten Redegabe ausgestattet, auf eine Bank neben uns gesetzt. Er hat ein Gespräch mit mir angefangen, ohne mich zu erkennen. Wir haben über die Schönheit der Nacht, die bezaubernde Musik und dann auch über einige bestimmte Personen Versailles' gesprochen, die ich gut kenne, weil sie zum Kreis an meinem Hof oder dem des Königs gehören. Ich habe vieles erfahren. Nach einiger Zeit haben wir uns erhoben, den jungen Mann gegrüßt und sind weggegangen. Ich weiß nicht, was ich getan hätte, wenn er mich erkannt hätte …

27. August – Ich habe die Gemäldeausstellung im Louvre besucht, wo ich Roslins Porträt meiner Schwester Marie Christine gesehen habe. Es ist ihr sehr ähnlich.

2. September – Ich habe fünfeinviertel Stunden lang Baron de Breteuil allein empfangen, der aus Wien zurückkam. Meine teure Mama, die ihn zum Prince du Saint Empire befördert hatte, bat mich, ihn gut zu behandeln. Ich habe mich bemüht, ihm größtmögliche Dankbarkeit für seine Loyalität gegenüber der Kaiserin zu zeigen, und wir haben über den eben beendeten Krieg gesprochen. Ich habe ihm meine Sicht der Dinge über den König von Preußen nicht verhehlt, dessen Manöver darauf abzielen, unsere Allianz zu zerschlagen.

5. September – Meine Tochter wird zusehends hübscher. Der König und ich leben in einer Weise zusammen, die mich glauben macht, dass ich bald wieder guter Hoffnung sein könnte. Aber ich kann noch nicht sicher sein.

12. September – Cardinal de Rohan wird weniger denn je imstande sein zu reisen noch nach Wien zu fahren, wie er beabsichtigt hatte. Sein Schloss bei Saverne in der Nähe von Straßburg ist völlig abgebrannt. Er selbst hatte gerade noch Zeit, sich in Sicherheit zu bringen. Dieser Verlust kann auf zwei oder drei Millionen geschätzt werden. Zumal sein Vermögen schon stark dezimiert ist, wird der Kardinal sich einen weniger verschwenderischen Lebensstil auferlegen müssen als in der Vergangenheit.

15. September – Endlich haben wir Nachrichten von Comte d'Estaing. Er hat die Insel Grenada am 3. Juli eingenommen und die Flotte von Admiral Byron besiegt. Über diese Erfolge freut man sich hier sehr; leider bedarf es aber größerer Geschehnisse, um Frieden herbeizuführen. Die Öffentlichkeit beklagt sich sehr über Monsieur d'Orvilliers, der trotz der Überlegenheit seiner Streitkräfte gegenüber denen der Engländer nicht zu ihnen vordringen konnte, um sie zu schlagen oder wenigstens ihre Handelsschiffe daran zu hindern, in ihre Häfen zurückzukehren. Das kommt teuer zu stehen, dieses Nichtstun, und ich sehe noch keine Anzeichen dafür, dass man diesen Winter über Frieden verhandeln kann. Wenn man dann soweit sein wird, habe ich guten Grund zur Hoffnung, dass die Bourbonen, wenn sie Vermittler benötigen, die Dienste und die Allianz mit meiner teuren Mama nutzen werden. Indessen bin ich weniger beunruhigt, was Monsieur de Fersen betrifft. Er ist nicht in Gefahr im Fall einer Landschlacht, denn er ist zum Adjutanten befördert worden. Das ist eine Position, die ihn keiner Gefahr aussetzt.

14. Oktober – Wir haben die Fahrt nach Fontainebleau wegen der Kriegsausgaben abgesagt, aber auch, damit uns Nachrichten von der Armee früher erreichen können. Unsere Flotte hat nicht zu den Engländern vorstoßen können und überhaupt nichts getan; das ist eine verlorene Kampagne, und sie war ziemlich teuer. Das Schlimmste ist, dass in der Bretagne und in der Normandie unter den Männern auf den Schiffen und bei den Landtruppen, die zum Auslaufen vorgesehen sind, verheerend die Ruhr wütet. Wie trostlos! Ich habe ziemlich Angst, dass dieses Missgeschick die Sache mit den Engländern schwieriger macht und die Friedensangebote in weitere Ferne rückt. Ich bleibe überzeugt, dass, wenn der König Vermittlung braucht, die Intrigen des Königs von Preußen scheitern werden und meinen Mann nicht daran hindern, die Angebote der Kaiserin in Anspruch zu nehmen. Ich werde diesen Punkt im Auge behalten, zumal er für mein Lebensglück so wichtig ist.

16. Oktober – Wir sind für zwei Wochen in Marly. Meine Schwester Élisabeth wird in La Muette geimpft: sie hat sich selbst dazu entschlossen.

18. Oktober – Wir führen ein sehr ruhiges Leben. In Marly ist der Hof stark reduziert und die Etikette weniger schwerfällig als in Versailles. Ich bin stundenlang mit Madame de Polignac beisammen. Sie redet viel von Comte de Vaudreuil, den sie wahnsinnig liebt. Sie ist dem heftigen und dominanten Wesen dieses Mannes völlig unterlegen und ausgeliefert und unfähig, sich ihm zu widersetzen. Ich glaube sogar, sie hat ein wenig Angst vor ihm. Ich gebe zu, dass ich diese Leidenschaft nicht verstehen kann. Da ich mich ihren Neigungen nicht entgegenstellen möchte und wünsche, dass sie glücklich wird, habe ich für sie erreicht, dass ihr Vaudreuil dreißigtausend Livres pro Jahr aus der königlichen Kasse bekommt, solange der Krieg andauert. Er ist in Verlegenheit, weil er sein gesamtes Vermögen auf den französischen Inseln hat, von wo man wegen des Krieges nichts abziehen kann.

19. Oktober – Natürlich haben Mercy und Vermond mir wegen meiner Großzügigkeit für Monsieur de Vaudreuil Vorwürfe gemacht.

20. Oktober – Nachdem es kalt und regnerisch ist, folge ich den Jagden nicht und promeniere wenig. Man spielt um ziemlich hohe Einsätze bei Princesse de Lamballe, wo Duc de Chartres soeben einen ansehnlichen Betrag verloren hat.

28. Oktober – Ich habe Pharao wieder aufnehmen lassen. Der König hat auch mitgespielt und achtzehnhundert Louis verloren. Ich habe selbst auch verloren und beinahe alles an einem Abend wiedergewonnen. Mein Mann, der immer versucht, mir gefällig zu sein, hat alles, was er in Gold und an Scheinen in seiner persönlichen Schatulle hatte, genommen und mir diesen kleinen Tresor, der hunderttausend Livres enthält, gebracht. Alle meine alten Spielschulden sind damit beglichen und mir bleiben noch dreißigtausend Livres übrig.

31. Oktober – Ich habe dem König Geld geliehen, da er keines mehr in seiner Schatulle hatte, sich aber nicht dazu entschließen konnte, etwas von den Mitteln des Staatsschatzes zu entnehmen. Er hat mir versprochen, meinen Schatullenbetrag zu verdoppeln, was vierzigtausend Livres ab dem nächsten Jahr bedeutet. Mein Mann hat von sich aus daran gedacht und Monsieur Necker, sein Finanzminister, hat keinerlei Schwierigkeiten gemacht. Ich habe dennoch erklärt, ich würde mich auf die Entnahme von lediglich dreißigtausend Livres beschränken, solange der Krieg andauert.

10. November – Die Befehle zur Entwaffnung der Flotte und Rückkehr der Truppen in die Winterquartiere sind ausgegeben. Vielleicht wird Monsieur de Fersen zurückkommen ... Die Nichtigkeit der Kampagne rückt den ganzen Friedensplan in weite Ferne. Die Engländer werden sicherlich im nächsten Jahr große Anstrengungen unternehmen. Der Winter sollte bis dahin ruhig sein.

25. November – Es sind wenig Leute hier in Versailles. In dieser Kriegszeit ist ein Teil der Offiziere verpflichtet, bei ihren Korps zu bleiben, und viele andere bleiben auf ihrem Landsitz in der Provinz, bei ihrer Familie. Dagegen hat Mercy respektvoll festgestellt, man käme weniger oft an den Hof, weil ich die Usancen bei Hof zu sehr verändert hätte: angeblich weiß man nicht mehr, wann ich Hof halte. Mercy hat hinzugefügt, dass er mich bereits vor einer bestimmten Gesellschaft gewarnt hätte, die all die auszuschließen suche, die nicht dazugehörten. Diese Bemerkungen schockieren mich. So habe ich beschlossen, Mittwoch, Samstag und Sonntag zur Zeit des Diners und abends beim Spiel Hof zu halten. Gott sei Dank werden die kleinen Kabinett-Soupers wieder stattfinden. Und der König lässt mich immer die Gäste aussuchen, deren Gesellschaft mir gefällt.

4. Dezember – Madame Élisabeth ist zum Hof zurückgekehrt. Sie fühlt sich wohl, aber ich mache mir um Madame de Polignac große Sorgen, die fiebert und an Augenlicht verliert. Ich war in Paris, sie zu besuchen. Ich hoffe sehr, ihr die Grafschaft Bitche in Lothringen verschaffen zu können, die zum königlichen Besitz gehört und hunderttausend Livres Bodenrente beschert. So wäre das Vermögen ihrer Familie endlich gesichert. Vermond und Mercy haben natürlich gegen diesen Plan lautstark protestiert und gesagt, ich liefe Gefahr, den König in seiner Hilfsbereitschaft zu verstören; ich habe ihn noch um nichts gebeten.

8. Dezember – Madame de Polignac geht es nicht besser. Wie traurig!

15. Dezember – Wir erwarten Monsieur d'Estaing, der seit acht Tagen in Brest ist. Die Winde hatten seine Flotte auseinandergetrieben; sein Schiff ist beinahe alleine angekommen, aber inzwischen gibt es auch von den anderen Nachricht. Acht sind bereits zurückgekehrt; man hofft, dass die drei anderen, die sich noch auf See befinden, bald folgen werden. Man muß Monsieur d'Estaing und selbst die höheren Offiziere seiner Armee anhören, ehe man deren Erfolg beurteilt. Man weiß, dass er am Ende der Kampagne mit Verlusten nach Savannah zurückgeschlagen wurde. Monsieur d'Estaing wurde dabei übrigens verwundet.

18. Dezember – Es ist möglich, dass Madame de Polignac schwanger ist.

20. Dezember – Monsieur de Fersen ist wieder da ...

1780

1. Januar – Gestern Abend habe ich alle Damen empfangen, die aus Paris gekommen sind, mir ihre Aufwartung zu machen. Es waren hundertachtzig. Nach dieser Zeremonie war ich völlig erschöpft. Heute früh hatte ich Fieber.

2. Januar – Madame de Polignac ist tatsächlich schwanger – gerade jetzt, da sie ihre Tochter mit Comte de Gramont zu verheiraten gedenkt. Ich werde es so einrichten, dass die Kleine eine prächtige Mitgift erhält und meine Freundin zumindest so viel bekommt, dass sie ihre Schulden bezahlen kann, die übrigens beträchtlich sind. Mercy findet, das sei eine übermäßige Gunstbezeugung, die ganz gewiss böses Gerede hervorrufen werde. Das ist mir gleichgültig. Madame de Polignac tut mehr für mich als all die Leute, die ich nicht mag und die nur daran denken, mich zu kritisieren. Ich mag sie so gerne und sie vergilt es mir wohl. Üble Nachrede – was macht das schon?

7. Januar – Monsieur d'Estaing ist wieder zurückgekommen, er leidet stark an seiner Verwundung von der mehr peinlichen als sinnvollen Kampagne. Monsieur de Guiche, der ihn ersetzen soll, wird unverzüglich mit einer Flotte von fünfzehn bis achtzehn Schiffen und drei- oder viertausend Mann der Landtruppen in See stechen. Ich hoffe, Monsieur de Fersen ist nicht dabei. Ich habe ihn nicht oft gesehen seit seiner Rückkehr und bin darüber ziemlich traurig. Er scheint mir auszuweichen. Warum lässt er mich so leiden?

15. Januar – Das Wetter ist sehr kalt und unangenehm; es gibt schreckliche Nebel, die eine ganze Hustenepidemie ausgelöst haben; ganz Paris und Versailles hustet. Ich war drei Tage mit Fieber im Bett. Nur der König und Maurepas sind bisher davon verschont geblieben und haben sich um uns alle gekümmert, denn jeder von uns musste in seinem Zimmer bleiben und durfte es nicht verlassen. Meine Tochter war ebenfalls verkühlt, aber obwohl sie gerade Zähne bekommt, hatte sie kein Fieber. Heute huste ich nicht mehr und bin ganz gesund. Lassone, der mich für ein sehr sanguinisches Temperament hält, wird mich zu Beginn der Fastenzeit zur Ader lassen.

18. Januar – Ich spreche oft über Monsieur de Fersen mit Baron de Breteuil, der den Feldmarschall* ausgezeichnet kannte. Er benimmt sich gegenüber Comte Axel wie ein echter Papa. Ich habe dem Baron versprochen, für die Beförderung seines Schützlings alles in meiner Macht Stehende zu tun: Er wird bald seine Urkunde als Oberst der Regimentssuite Royal Deux Ponts erhalten. Diese Gunstbezeugung wird am Hof hier zweifellos Erstaunen hervorrufen.

20. Januar – Ich habe endlich mit Monsieur de Fersen gesprochen. Wir wahrten den Anschein, lediglich oberflächliche Bemerkungen auszutauschen, um die anderen Anwesenden zu täuschen, aber in der Tat war nichts leichtgewichtig zwischen uns. Was es ein Herzen kostet, seiner Neigung zu widerstehen! Je mehr ich über die Gefahr nachdenke, die unsere Beziehung birgt, desto unvorsichtiger scheint es mir, sie fortzusetzen.

22. Januar – Monsieur de Fersen, ich will gar nicht, dass Sie mich lieben, ich will gar nicht, dass Sie es ernst meinen. Ich will Sie nicht mehr sehen, ich will Sie nicht mehr hören. Aber ist es auch wahr, dass ich nicht mehr will? Ich weiß es nicht. Nein, ich weiß es doch. Oh ja! Ich weiß es. Noch dazu, wo Sie nach Amerika fahren werden. Sie wollen es und es muss sein, sagen Sie. Warum muss es sein und warum wollen Sie es?

---

* Axel de Fersens Vater, Frederik Axel, Feldmarschall Graf von Fersen, war einer der höchsten Würdenträger des Königreichs Schweden. Er hatte lange in der französischen Armee gedient und wurde sogar Oberst-Inhaber eines Regiments in Frankreichs Diensten.

30. Januar – Ich wache auf, augenblicklich; ich fühle mich ausgeruht, ruhig; doch sobald ich anfange zu denken, versetzt mich ein Gedanke, der mir am Herzen liegt, wieder in Unruhe. Ich denke daran, dass ich Sie nur mehr heute abend am Opernball sehen werde. Dass ohne Sie zu leben …

12. Februar – Ich möchte, dass diese Bälle niemals zu Ende gehen.

14. Februar – Prinz Georg von Hessen-Darmstadt ist soeben mit seiner ganzen Familie angekommen, seiner Frau, seinem zweiten Sohn, seinen beiden Töchtern und seinem Schwiegersohn. Sie sollen mich an einem Tag in dieser Woche besuchen kommen.

15. Februar – Der Karneval geht zu Ende und ich möchte nicht, dass die Fastenzeit so wird wie die anderen. Bräuche hin oder her – ich werde weiter Bälle geben und werde Monsieur de Fersen zu den Soupers in den Kabinetten einladen. Ich habe beschlossen, dorthin auch Monsieur de Stedingk, einen jungen Schweden, mit dem der König oft gesprochen hat, einzuladen. Diese Gunstbezeugung wird die Aufmerksam auf ihn ablenken.

22. Februar – Mein Plan ist voll aufgegangen. Alles Gerede ist auf Monsieur de Stedingk konzentriert. Man fragt sich, ob er aus wirklich so altem Adel stammt, dass er für Kabinett-Soupers mit dem König und mir in Frage kommt. Und niemand scheint Monsieur de Fersen Beachtung zu schenken. Nicht einmal mein Mann.

26. Februar – Princesse de Lamballe, Comtesse de Polignac und Comtesse d'Ossun veranstalten Feste und Spiele in ihren Appartements. Sie versäumen nie, Monsieur de Fersen einzuladen. Ein neues Spiel macht Furore. Man nennt es »Blinde Kuh-Spiel«. Auf Schwedisch sagt man »Nair war tar sinn, sa tar jag minn, sa far de andra inte«. Wie hübsch das klingt!

4. März – Gestern gabe es einen Ball bei Comtesse Diane de Polignac, der um elf Uhr abends begann und heute Vormittag um elf Uhr zu Ende war. Der König ist selbst bis zu später Stunde geblieben, das heißt, spät für ihn. Obwohl ich nicht wirklich geschlafen habe, bin ich nicht müde. Wenn Monsieur de Fersen da ist, fühle ich mich nie schlapp.

5. März – Eine Expedition von mindestens zwölftausend Mann wird vorbereitet. Monsieur de Fersen wird darunter sein. Er ist gerade zum Adjutanten von General Rochambeau ernannt worden. Er wird sich am 25. dieses Monats in Brest einfinden müssen, um in den ersten Apriltagen auszulaufen. Ihn nicht mehr zu sehen; mir vorzustellen, dass er auf diesem Schiff tausend Tode sterben wird und dann in einem so fernen Land sein – an all das kann ich nur mit Schaudern denken.

7. März – Wir haben einen beträchtlichen Schiffskonvoi verloren, der auf dem Weg zur Île de France war. Diese Nachricht wird zweifellos die Einschiffung unserer Truppen verzögern. Eines ist gewiss: Wir können nicht riskieren, sie fahren zu lassen, ohne des Meeres sicher zu sein; es wäre schrecklich, noch ein Unglück in Kauf nehmen zu müssen. Ich kann gar nicht ruhig daran denken.

15. März – Ich zähle die Tage, die mir noch bis zu seiner Abreise bleiben.

20. März – Er ist gekommen, um von mir Abschied zu nehmen. Ich bin zu Tode betrübt. Wir haben einen Weg gefunden, einander zu schreiben: ich werde etwas Trost darin finden, mich im Geheimen ihm zu widmen.

22. März – Was für Tage, ohne ihn zu sehen, ohne Hoffnung ihn zu sehen, ohne mir zu sagen: da ist er!

27. März – Sein Fehlen gibt allem einen schalen Geschmack; es tötet die Lust an allem und löscht alle Wünsche aus. Man erwacht ohne die Freude, wieder aufzuleben; man steht ohne Vorhaben auf und ohne sich etwas vorzunehmen. Der Tag dünkt einem lange; er zieht sich hin, vergeht, endet ohne etwas Besonderes: er ist null und nichtig geworden. Später weiß man nicht einmal mehr, wie er gewesen war; keine Lebendigkeit, nichts Geistreiches, keine Ausgelassenheit können den Schleier durchdringen, der über allem liegt und alles verdüstert.

1. April – Habe ich nicht Grund, mich mitunter gegen eine Neigung aufzulehnen, die mein Herz verändert und keinen Platz mehr lässt für diejenigen, die mir teuer sein müssen und es immer gewesen sind? Kann ich mich etwa nicht ein wenig nach der Zeit zurücksehnen, wo mir alles gefallen, alles Vergnügen bereitet hat?

5. April – Soeben hat man meine Tochter entwöhnt. Sie ist so groß und stark, dass man sie für ein zweijähriges Kind halten könnte. Sie geht alleine, bückt sich und richtet sich wieder auf, ohne dass man sie hält, aber sie spricht kaum. Ich habe soeben ein schönes Glücksgefühl erlebt, als ich sie durch jemanden fragen ließ, wo ihre Mutter sei. Die arme Kleine hat, ohne dass ihr jemand ein Wort gesagt hat, mich angelächelt und mir die Arme entgegengestreckt. Das ist das erste Mal, dass sie gezeigt hat, dass sie mich erkennt; ich glaube, ich liebe sie seitdem noch viel mehr. Ich möchte ihr gerne einen Gefährten geben. Hier liegt meine Pflicht. Lassone meint, ein Aufenthalt in den Bädern von Forges könnte nützlich sein.

8. April – Gott sei Dank ist meine liebe Comtesse de Polignac bei mir, trotz ihrer fortgeschrittenen Schwangerschaft. Der König wird ihre Tochter mit einer prächtigen Mitgift ausstatten: sie wird achthunderttausend Livres bekommen. Diese Gunst wird ein Geheul auslösen. Darüber mache ich mich nur lustig. Und es ist eine große Freude für mich, dass die Art, wie mein Mann denkt, mir die ganze

Bettelei für meine Freundin erspart. Er zweifelt in keiner Weise daran, dass ihre Gefühle vollkommen ehrlich und edel sind. Es macht ihm Freude, ihr selbst etwas Gutes zu tun, und ich bin nicht weniger dankbar für die Zärtlichkeit selbst, die er aus diesem Anlass mir gegenüber an den Tag legt.

13. April – Die Truppen sind eingeschifft und warten nur mehr auf einen günstigen Wind, um den Hafen zu verlassen. Möge Gott wollen, dass sie gut ankommen. Monsieur de Fersen muss auf der »Jason« sein, die unter dem Kommando von Monsieur de La Clochetterie steht; er hat sich in der Schlacht von La Belle Poule ausgezeichnet. Nachdem es für diese Armee keinen Regimentsstab gibt, werden die Adjutanten des Generals diese Funktion erfüllen.

28. April – Die Truppe ist immer noch an der Reede in Brest wegen widriger Winde.

7. Mai – Ich verbringe oft den Tag und manchmal auch den Abend in Trianon, wo ich eine Gesellschaft einlade, die ich mir nur nach meinem Herzen aussuche, was man mir gleich wieder vorwirft. Wir promenieren in den Gärten und besuchen nach dem Souper eine Theatervorstellung.

8. Mai – Unsere Flotte hat Brest vor vier Tagen verlassen. Angeblich ist das Wetter stürmisch. Wenn er nur nicht seekrank wird! Wenn Gott will, wird er in vierzig Tagen in Amerika ankommen.

9. Mai – Nach der Truppeninspektion in der Plaine des Sablons habe ich Madame de Polignac besucht, die jeden Augenblick ihre Niederkunft haben kann.

18. Mai – Meine liebe Comtesse ist von einem Sohn entbunden worden. Seit gestern sind wir in La Muette, damit ich sie jeden Tag besuchen kann. Hoffentlich gibt es nach ihrer Niederkunft keine widrigen Folgen!

20. Mai – Ich komme jeden Morgen zu meiner Freundin und bleibe bis zum Abend bei ihr. Dann stoße ich in La Muette zur Gesellschaft zum Spiel. Nach dem Souper spielen wir weiter und ich gehe ziemlich früh zu Bett. Ich nütze den Aufenthalt, um die Diät einzuhalten, die Lassone empfohlen hat. Ich trinke entrahmte Babymilch.

21. Mai – Der König hat Madame de Polignac besucht. Es ist das erste Mal, dass er sich als König in ein Privathaus begeben hat. Diese so deutliche Auszeichnung hat am Hof hier ebenso wie in der Öffentlichkeit Aufsehen erregt. Ich bin darüber für meine Freundin sehr glücklich, die sich im Übrigen langsam erholt.

22. Mai – Unser Aufenthalt in La Muette gibt mir Gelegenheit, einen Ausflug zur »Bagatelle« zu machen. Das ist ein kleines Märchenschloß: Man betritt es durch einen naturbelassenen Wald, von wo ein verschlungener Weg zum Schloß führt. Alles ist sorgfältig ausgestaltet bis hin zu den Begrenzungen und den Steinen, die von edelster Ausführung, Größe und ausgefallener Farbe sind. Es gibt nur einen Salon, ein Speisezimmer und ein Billard im Erdgeschoß. Mein Bruder hat mir das Boudoir gezeigt. Wie köstlich! Alles spricht die Sinnlichkeit an: ein Rosenbett, Gemälde von Fragonard und Spiegel, die auf allen Seiten die Stellungen der Liebenden wiederholen ... Verrückte Gedanken schießen mir durch den Kopf.

27. Mai – Wir sind zum Fronleichnamsfest nach Versailles zurückgekehrt, aber ich fahre weiterhin dreimal in der Woche zu meiner Freundin.

2. Juni – Das Fest, das ich gestern zur Einweihung des kleinen Theaters meines Parks in Trianon gegeben habe, war sehr gelungen. Architekt Mique hat es zuwege gebracht, mir einen Opernraum zu gestalten, der wie eine Miniatur aussieht. Man hat einen »Prologue« gespielt, der eigens für diesen Anlass von Despréaux von der Königlichen Musikakademie komponiert worden war. Das weckt meine Lust, Komödie zu spielen wie in den Zeiten, als ich noch Dauphine war.

15. Juni – Ich bin gestern an einem Ort mit Namen Ermenonville gewesen, um einen Garten im englischen Stil zu sehen, der sehr gerühmt wird. Ich bin auf der Île des Peupliers promeniert, wo die Asche des Philosophen Jean-Jacques Rousseau ruht. Es war dort köstlich frisch und ich weiß keinen anderen Ort, der mehr zu schwermütiger Träumerei einlädt. Ich muss »La Nouvelle Héloise« lesen, die Geschichte einer unmöglichen Liebe.

22. Juni – Nachdem Madame de Polignac sich noch nicht von der Geburt erholt hat, verbringe ich meine Abende bei Princesse de Guémené, wo um große Einsätze gespielt wird. Es macht mir nicht mehr so viel Vergnügen wie früher. Seit Monsieur de Fersen weg ist, kann nichts mir den Gedanken an ihn zerstreuen. Ich habe Lust, Komödie zu spielen, um meine Traurigkeit zu vertreiben. Viele Damen des Hofs spielen in den Theatern ihrer Schlösser Komödie. Warum sollte ich das nicht auch tun?

26. Juni – Ich bin sehr glücklich, der König ist ganz dafür, dass ich mit meiner Gesellschaft Komödie spiele, vor ausgewähltem Publikum. Ich bin begeistert über dieses Vorhaben.

30. Juni – Comtesse de Provence begeht Dummheiten. Sie hat soeben Comtesse de Balbi, Anwärterin auf die Stellung von Duchesse de Lesparre, zu ihrer Hofdame ernannt, ohne letztere zu fragen, was den Gepflogenheiten dieses Hofs widerspricht. Duchesse de Lesparre, die einen solchen Affront nicht verdient hatte, zieht es vor, schon jetzt ihre Position aufzukündigen. Und meine Schwester ist dumm genug mich zu bitten, die Ernennung dieser Balbi zu genehmigen. Wie kann sie es wagen, zu denken, dass ich mich in eine solche Geschichte hineinziehen lasse? Sie vergisst nur zu oft, dass ich die Königin bin. Madame de Balbi ist nur eine kleine Intrigantin, die von Ehrgeiz zerfressen ist. Vor etwas mehr als zwei Monaten hat ihr Mann sie in den Armen eines Liebhabers überrascht. Comte de Balbi ist sehr heißblütig: er hat sein Schwert gezückt und hätte beinahe alle beide getötet. Madame de Balbi hat nur eine kleine Kratzwunde an der Schulter davongetragen. Unbekümmert ist sie zu ihren Eltern um Rat gegangen; die wiederum verbreiten überall, Monsieur de Balbi werde nur von Hirngespinsten heimgesucht, die ihn verrückt machten, und seine Frau sei nur das unglückliche Opfer. Der bedauernswerte Mann beschloss, lieber auf eine lange Reise zu gehen. Seitdem unterstützen mein Bruder und meine Schwester die Balbi mit einer Unverschämtheit, die alle Grenzen überschreitet. Ich habe den Verdacht, dass hier auch noch eine List von Monsieur mit im Spiel ist. Er interessiert sich sehr für diese junge Person und lässt seine Frau deshalb solche Dummheiten begehen. Der König, gewöhnlich nachsichtig mit Madame de Provence, ist diesmal wütend auf sie. Was die Noailles* betrifft, kamen sie zu mir, um sich zu beschweren. Ich kann aber nichts für sie tun. Madame ist in Misskredit geraten, und davon wird sie sich schwer wieder befreien können.

7. Juli – Meine liebe Comtesse de Polignac ist nach Versailles zurückgekehrt, von der Geburt wieder völlig genesen. Ich bin sehr glücklich darüber.

14. Juli – Wir führen ein sehr ruhiges Leben. Da es in Versailles nur wenig Leute gibt, habe ich mich in Trianon niedergelassen mit ein paar Personen, die ich mag; nur der, an den ich immer denke, ist nicht da … Ich habe an meinem Hof alle Gepflogenheiten des Alltags festgelegt. Wenn ich den Salon betrete, will ich nicht, dass alle aufstehen; die Damen sind gebeten, ihre Unterhaltung fortzusetzen

---

* Duchesse de Lesparre war die Tochter von Maréchal de Noailles

und ihre Tapisserie nicht aus der Hand zu legen; man soll weder Brettspielpartien noch Klavierspiel unterbrechen. So beliebt es mir, hier zu leben. Abends kommen der König, meine Brüder und meine Schwestern zum Souper. Nur Madame Élisabeth bleibt über Nacht in Trianon.

21. Juli – Lange habe ich davon geträumt. Wir haben begonnen, drei Stücke zu proben, »Le Roi et le Fermier« von Sedaine zu Musik von Monsigny, und »La Gageure imprévue«, ebenfalls von Sedaine. In »La Gageure imprévue« bin ich eine Marquise, deren Mann sich entfernt hat und die sich von einem jungen Militär, den sie unterwegs trifft, den Hof machen lässt. Es ist eine Art Rätsel, dessen Lösung man erst am Schluss erfährt, aber die Details sind sehr amüsant originell.

22. Juli – Madame de Polignac und Baron de Besenval behaupten, Prince de Montbarrey sei ein sehr mittelmäßiger Kriegsminister. Sie meinen, Comte de Ségur wäre an seiner Stelle ideal. Comte de Ségur ist ein Freund Choiseuls, und seine Ernennung könnte die Rückkehr des Mannes, der meine Heirat eingefädelt hat, begünstigen. Wir werden sehen.

23. Juli – Mercy mag Comte de Ségur gar nicht und hat mir abgeraten, beim König für dessen Nominierung anstelle von Monsieur de Montbarrey zu intervenieren. Dafür liegt er mir ständig in den Ohren mit der Nachfolge von Monsieur de Maurepas. Dieser Minister wird alt. Er ist schon über achtzig; er könnte innerhalb kurzer Zeit ausfallen. Mercy beharrt darauf, dass ich dessen Nachfolger wähle, damit er mein Geschöpf wird. Ich sehe niemanden, der wirklich dieses Amt ausfüllen könnte.

29. Juli – Ich widme meine Tage und selbst meine Abende der Vorbereitung unserer Aufführungen. Ich hätte nicht gedacht, dass das Rollenlernen, Proben, Probieren der Kostüme und die Auswahl der

Dekorationen so viel Zeit in Anspruch nimmt. Ich kann an nichts anderes denken. In drei Tagen werden wir öffentlich spielen. Ich bin sehr aufgeregt. Ich will keine anderen Zuschauer zulassen als die Prinzen und Prinzessinnen der Königsfamilie ohne die Personen ihres Gefolges. Ich habe Madame de Lamballe vergrämt, als ich sie bat, nicht zu kommen. Die Damen des Palais und hohen Würdenträger sind wütend. Da kann man nichts machen!

2. August – Ich glaube, unsere Aufführung war vollkommen gelungen. Der König hat mich zu meiner Anmut und meinem Einfühlungsvermögen beglückwünscht und viel applaudiert. Die Vorführung hat um neun Uhr geendet; danach haben wir soupiert und ich bin ziemlich früh zu Bett gegangen. Ich war erschöpft. Ich hätte nicht gedacht, wie müde die Schauspielerei macht.

4. August – Um Unstimmigkeiten zu vermeiden, habe ich zum Diner und Souper die hohen Würdenträger und die Damen des Palais in Trianon eingeladen. Der König, der mich am Morgen besucht, kommt immer abends zum Souper wieder. Ich muss dazwischen genug Zeit haben, meine Rolle für das nächste Stück »Les Fausses Infidélités« von Barthes zu lernen und zu proben, das wir nächste Woche spielen wollen. Wir haben noch zwei Aufführungen für September und zwei weitere für Oktober geplant. Endlich verfliegt die Zeit und ich vergesse alles andere.

4. September – Madame macht wahrhaft nur Dummheiten. Sie lässt sich von dieser Madame de Balbi so weit bringen, dass sie auf deren Bitte hin Madame Du Cayla zur Gesellschaftsdame ernannt hat. Madame Du Cayla ist die Schwester von Comte de Jaucourt, der als Liebhaber der Balbi gilt. Sie ist Protestantin und ihr Mann Adjunkt von Prince de Condé. All das spräche dagegen, dass ihr eine solche Ehre bei Hof zuteil würde. Der König hat es nicht für wert befunden, die neu Eingeführte eines Blickes zu würdigen. Ich liebe den Frieden in der Familie, aber ich kann mich nicht für die Protektionskinder meiner Schwester kompromittieren. Der König hat mich im Übrigen gebeten, nicht mehr bei Madame zu dinieren, wenn Monsieur nicht da ist. Dieser gewöhnt sich in der Tat an, drei oder vier Tage in seinem Haus in Brunoy zu bleiben.

14. September – Mercy scheint es zu stören, dass ich meine Rollen ganze Tage lang wiederhole. Er sähe mich lieber mehr mit den Angelegenheiten des Königreichs befasst. Er will nicht verstehen, dass das die meines Mannes und nicht die meinen sind. Ich habe ihm wiederholt gesagt, dass der König sich auf keinen Fall von irgendjemandem, wer auch immer das sei, dirigiert fühlen will, am allerwenigsten von mir. Mein Botschafter besteht darauf: Ich müsse meinem Mann helfen, seine Entscheidungen zu treffen, ohne dass ihm das bewusst werde. Ich müsste ihn lenken. Als ob das leicht wäre! Auch habe ich nicht die geringste Lust dazu. Man soll doch mich meinen Vergnügungen und geheimsten Gedanken hingeben lassen.

16. September – Ich habe mich wieder für etwa zehn Tage in Trianon niedergelassen, um jeden Morgen Spaziergänge zu Fuß zu unternehmen. Sie sind wesentlich für meine Gesundheit, und das ist in Versailles unmöglich. Der König kommt alle Tage, um mit mir zu soupieren. Ich wage immer noch nicht, von Schwangerschaft zu sprechen. Seit ziemlich langer Zeit schlafen wir getrennt. Das ist allgemein hier zwischen Mann und Frau üblich, und ich glaube nicht, dass ich den König in diesem Punkt belästigen sollte, weil das seiner Wesensart und seinem persönlichen Geschmack widerspräche.

19. September – Heute morgen bin ich, noch nicht förmlich angekleidet, nach Versailles zu meiner Tochter gefahren, die hohes Fieber hat. Lassone beruhigt mich, es liege nichts vor, es seien nur die Zähne, unter denen sie leidet. Der König wollte nicht, dass ich die Vorführung heute Abend absage. Wir spielen zwei kleine komische Opern: »Rose et Colas« und »Le Devin du village«. Comte d'Artois, Duc de Guiche, Comte d'Adhémar, Madame de Polignac und Duchesse de

Guiche spielen in ersterem Stück, und ich habe die Rolle der Colette im zweiten. Comte de Vaudreuil singt den Devin, Comte d'Adhémar den Colin. Alle geben zu, dass er nicht mehr jung genug ist, um einen Verliebten zu spielen, aber er singt besser als wir alle. Meine Stimme klingt richtig und angenehm, aber es mangelt ihr an Umfang.

20. September – Ich glaube, wir haben gestern ein sehr hübsches Schauspiel geboten. Der König ist in meine Loge gekommen, in jeder Pause, und hat sein Vergnügen gezeigt, mich auf der Bühne zu sehen. Auf meine Bitte hin gab es im Zuschauerraum kein anderes Publikum als Monsieur, Comtesse d'Artois und meine Schwester Élisabeth; Dienstpersonal hat die Logen und Balkons besetzt. Ich habe auch Mercy eingeladen, der mir sehr untertänig seine Dankbarkeit für diese besondere Geste der Auszeichnung bezeugte.

21. September – Mercy ist heute wieder auf das zurückgekommen, was er für die Sprache des Feuereifers hält. Die Verleihung des Duc-(Herzog-)Titels an Comte de Polignac beunruhigt ihn am meisten. Ich bin in der Tat sehr glücklich: der König hat zugestimmt, den Mann meiner Freundin Erbherzog zu nennen. Ebenso bekommt sie ab morgen am Hof das Tabouret*. Seit langem hätte ihr diese Gunst zukommen sollen, aber der König hatte deren Verlautbarung verschoben, um Unannehmlichkeiten zu vermeiden, denn er findet überhaupt, dass die Polignacs viel besser behandelt werden als die anderen. Aber es macht mir solche Freude, die glücklich zu machen, die ich liebe! Mercy hat nicht gewagt, mir zu diesem Thema etwas zu sagen. Er hat mir lediglich zu verstehen gegeben, dass mein Kreis wie jeder andere, der Herrscher umgibt, immer irgendeinen Intrigenplan im Kopf hätte. Wenn ich darauf hörte, könnte ich nicht mehr leben.

---

* Duchessen (Herzoginnen) genossen das Privileg der Fußbank oder eines Hockers, was ihnen erlaubte, sich in Gegenwart von König und Königin zu setzen.

22. September – Ich habe endlich Nachricht von Monsieur de Fersen erhalten. Ich bin beruhigt: er ist wohlbehalten in Amerika angekommen, und zwar am 11. Juli, nach einer ziemlich bewegten Überfahrt, denn die Flotte musste ein Gefecht mit den Engländern in der Nähe der Bermudas austragen. Sie sind nicht wie vorgesehen in der Chesapeake-Bucht, sondern auf Rhode Island an Land gegangen. Ich werde den König bitten müssen, mir eine Karte zu zeigen. Ich habe nicht die geringste Ahnung vom Gebiet, wo sich das alles befindet. In jedem Fall ist es ziemlich weit weg. Gott sei Dank ist mein teurer Freund gesund und wohlbehalten. Er bleibt weiterhin bei General Rochambeau, dem er als Dolmetscher dient. Gott beschütze ihn!

24. September – Die Gesundheit meiner Tochter beunruhigt mich weiterhin. Seit einer Woche verursachen ihr mehrere Zähne, die zur gleichen Zeit kommen wollen, starke Schmerzen und rufen hohes Fieber hervor. Indes beruhigt mich Lassone, es bestehe keine Gefahr. Ich bin gerührt vom Sanftmut und der Geduld dieser armen Kleinen bei all dem heftigen Leiden.

26. September – Ich habe soeben Princesse de Lamballe besucht, die vom Tod von Prince de Carignan, ihrem Bruder, sehr getroffen ist. Die Arme hat wirklich kein Glück.

30. September – Ich glaube, der Erzbischof von Toulouse, Monseigneur Loménie de Brienne, könnte sehr gut Monsieur de Maurepas ersetzen. Er hat immer Abbé de Vermond unterstützt, der von ihm nur das Beste gesagt hat. Es ist übrigens er, der dem verstorbenen König den Abbé empfohlen hat, um meine Erziehung in Wien abzuschließen. Ich habe über diesen Plan mit Mercy gesprochen, der ihm wohlwollend gegenübersteht. Aber ich fürchte, mein Mann wird schwer zu überzeugen sein. Es heißt, dieser Prälat stünde einer Sekte von Philosophen nahe und glänze nicht durch Frömmigkeit.

2. Oktober – Schon seit Wochen drängt mich Madame de Polignac, Sartine und Prince de Montbarrey zu entlassen und durch Marquis de Castries bei der Marine und Comte de Ségur im Kriegsressort zu ersetzen. Ich habe heute früh Necker empfangen, der die Absicht hat, Marquis de Castries beim König zu unterstützen, während Maurepas in Paris wegen eines schweren Gichtanfalls zurückgehalten wird. Ich habe Necker nichts versprochen, aber ich habe ihm nicht abgeraten, so zu handeln, wie er es für richtig hielte.

4. Oktober – Ich bin verbittert. Der König ist für zwei Tage nach Compiègne gefahren mit einem Gefolge, das aus vielen jungen Leuten besteht. Ich habe erfahren, dass man am Abend sehr unsittliche Proverbes-Szenen spielen ließ. Es gibt immer Leute, die meinen Mann in ein ausschweifendes Leben ziehen wollen. Dieser Hof ist eine perfide Welt.

13. Oktober – Wir sind in Marly, wo wir jeden Abend um große Einsätze spielen. Ich habe siebentausend Louis gewonnen, was mir ermöglichen wird, das zu bezahlen, was ich Mademoiselle Bertin schuldig bin. Zugleich bin ich sehr peinlich berührt, denn im Salon haben sich skandalöse Gaunereien ereignet: Man hat aus der Tasche von Comte de Dillon eine Brieftasche gestohlen, die fünfhundert Louis in Banknoten enthielt, und angeblich hat man sich seiner Pfeifen bedient.

18. Oktober – Der König hat soeben Marquis de Castries anstelle von Sartine ernannt. Das scheint eine wahre Revolution bei Hof auszulösen. Meine Freunde wollen mir einreden, diese Ernennung sei mein Werk. Das glaube ich nicht. Der König hat allein mit Monsieur Necker entschieden, ohne Monsieur de Maurepas zu informieren, der es ihm überlässt. Für mein Teil, ich bin einfach nur glücklich, dass ein Freund von Monsieur de Choiseul ins Ministerium gelangt ist.

25. Oktober – Madame de Polignac hört nicht auf, Monsieur de Montbarrey zu kritisieren, der Monsieur de Maurepas schützt. Man sagt, die Plünderungen, die er in seinem Ressort toleriert, zeigen, dass er nicht zur geringsten Leistung fähig ist. Die Duchesse unterstützt Comte de Ségur, meint aber auch, es wäre gut, an seiner Seite auch Comte d'Adhémar zu ernennen. Mercy warnt mich weiterhin vor einem solchen Entschluss, vor allem vor Monsieur d'Adhémar, den ich doch gut kenne und der mir wirklich nützlich sein könnte. Ich weiß nicht, was ich denken soll.

2. November – Duchesse de Bourbon hatte sich gerade darauf vorbereitet, mit Madame nach Chantilly zu fahren, als sie ein Schreiben von ihrem Mann bekam, der sie von dieser Fahrt abhielt, weil er sie nicht sehen wolle. Er zieht es vor, mit Madame de Monaco, seiner Maîtresse, allein zu bleiben. Madame de Bourbon ist daraufhin zu ihrem Vater, Duc d'Orléans gefahren, offenbar um ihn zu bitten, den König zu ihren Gunsten bei ihrem Ehemann intervenieren zu lassen. Dabei war Duc de Bourbon einmal sehr verliebt in seine Frau gewesen! Als man sie verheiratet hat, hielt man den Prinzen für zu jung, seine Ehe zu vollziehen, und hat die beiden gleich nach der Hochzeitsnacht getrennt. Aber der Herzog ist mitten in der Nacht ausgerissen, um zu seiner Frau zu gelangen. Und sie wurde wirklich seine Frau von der ersten Nacht an ... Diese Geschichte ist einzigartig.

2. Dezember – Die Kaiserin ist nicht mehr. Mein Schmerz kennt nichts seinesgleichen.

10. Dezember – Ich bin so niedergeschlagen von meinem tiefsten Unglück, dass ich in Strömen Tränen vergieße, während ich schreibe. Mir bleibt nur noch mein Bruder in einem Land, das mir immer teuer sein wird. Möge er mich immer so lieben wie unsere teure Mama uns alle geliebt hat ...

15. Dezember – Der Kaiser hat mir den Bericht über den Tod unserer Mutter übermittelt, den meine Schwester Marie-Anne niedergeschrieben hatte. Ich kann ihn nicht lesen, ohne zu weinen. Welche Größe und Einfachheit zugleich sie in ihren letzten Augenblicken gezeigt hat!. Oh, meine Mutter! Was für ein Vorbild für ihre Kinder! Mögen Sie uns beschützen und weiter führen!

16. Dezember – Der König hat sich in jeder Hinsicht mir und meinem Bruder gegenüber wunderbar benommen; dieser hat ihm einen liebenswürdigen Brief geschrieben, in welchem er ankündigte, sich sehr besonnen zu verhalten. Der Verlust, den ich erlitten habe, hat hier in Paris eine allgemeine Reaktion des Respekts und des Bedauerns ausgelöst. Die Trauer wird sechs Monate dauern.

17. Dezember – Ich bin heute zum ersten Mal seit der unheilvollen Nachricht ausgegangen. Mercy fängt wieder an, mit mir über politische Angelegenheiten zu sprechen. Er möchte, dass ich mir über die Nachfolge von Monsieur de Maurepas mehr Gedanken mache. Indessen wird der König einen Nachfolger für Monsieur de Montbarrey ernennen müssen, der sicher demissionieren wird.

18. Dezember – Prince de Montbarrey hat seine Demission eingereicht, was eine gewisse Unruhe in den Rat bringt. Madame de Polignac, Marquis de Castries und sogar Monsieur Necker wollen, dass ihm Comte de Ségur nachfolgt, aber Monsieur de Maurepas hat sich Monsieur de Puységur in den Kopf gesetzt. Mein Mann hört gewöhnlich auf seinen alten Minister. Ich wäre traurig, wenn er ihm nachgäbe.

21. Dezember – Der König wird Monsieur de Puységur ernennen. Er hatte eine lange Unterredung mit Monsieur de Maurepas, der ihn fast davon überzeugt hat. Derzeit habe ich zuwenig Antriebskräfte, um zu versuchen, ihn zu einer anderen Entscheidung zu drängen. Ich fühle mich so erschöpft …

25. Dezember – Meine liebe Duchesse de Polignac hat mir erst gestern wieder ein wenig Kraft gegeben. Während wir das Porzellan* bewunderten, hatte ich Gelegenheit, ihr zuzuflüstern, dass wir keinerlei Chance haben, Ségur im Ministerium zu sehen. Sie hat mir nicht geantwortet. Eine Stunde später hat sie mir einen kleinen Brief geschickt, in dem sie mich bat, so bald wie möglich zu ihr zu kommen. Sie hat meine Neugier geweckt. Um elf Uhr war ich in ihrem Appartement. Da hat sie mir drastisch vor Augen geführt, wie erniedrigend es sein würde, wenn Monsieur de Maurepas über mich bei einer so entscheidenden Gelegenheit den Sieg davontrüge; dass die Ernennung des Kriegsministers Gegenstand aller Gespräche sei und dass sich jeder frage, wer triumphieren würde, die Königin oder Maurepas; dass die Demütigung für denjenigen, der hier der Unterlegene wäre, beträchtlich wäre und dass es an mir läge zu wissen, ob ich ihn empfangen wolle. Ich kam aus dem Staunen nicht heraus. Aber ich habe in diesen letzten Tagen so viel geweint, dass ich darüber die Intrigen dieses Hofes vergessen habe. Meine Freundin küsste mich, umarmte mich fest, und ich spürte, dass das, was sie mir sagte, wahr sein musste. Ich habe sie mit dem Versprechen verlassen, alles zu versuchen, um es vor den König zu bringen.

Ich war heute schon um sieben Uhr früh bei meinem Mann, der keineswegs gewohnt ist, mich so früh bei sich zu sehen. Ich habe ihn gebeten, Monsieur de Maurepas zu rufen. Als er da war, erklärte ich, ich bestünde darauf, dass Monsieur de Ségur für das Kriegsressort ernannt würde, weil er mir als der Geeignetste für die Erfüllung dieser Funktion erschiene und dass ich aus dieser Erwägung den König ersuchte, sich zu dessen Gunsten zu entscheiden und aus keinem anderen Grund. Monsieur de Maurepas, der nicht auf meinen Vortrag gefasst war, konnte gegen Monsieur de Ségur nur schwache Argumente vorbringen, wie eben jemand, der in Verlegenheit ist. Da hat

* Am Vorabend vor Weihnachten wurden in den Zimmern des Königs Porzellanstücke aus Sèvres ausgestellt, die von Höflingen erworben werden konnten.

der König sich für Monsieur de Ségur entschieden. »Monsieur, Sie hören den Willen des Königs«, habe ich ihm gesagt, »lassen Sie sofort Monsieur de Ségur holen und unterrichten Sie ihn davon.« Monsieur de Maurepas blieb nichts anderes übrig als zu gehorchen. Mein Mann schien erleichtert, und ich habe ihn mit dem höchsten Glücksgefühl verlassen. Ich habe einen Minister gemacht. Ich kann nicht genug darüber staunen. Und siehe da, zum ersten Mal handelt der König gegen den Wunsch dessen, den man seinen Ratgeber nennt.

1781

4. Januar – Ich wache nicht einen einzigen Tag auf, ohne an meine teure Mama zu denken. Ich verdanke ihr alles und möchte mich so verhalten, wie sie es wünschen würde. Zur Zeit ist mein Eheleben mit dem König vollkommen, und er erweist mir viel Aufmerksamkeit. Er folgt gerne meinen Ratschlägen. Keine Wolke überschattet die Allianz und ich beglückwünsche mich dazu. Der Briefwechsel zwischen meinem Bruder und meinem Mann zeugt von echter Freundschaft.

10. Januar – Seit der Nominierung von Monsieur de Ségur für das Kriegsressort ist man hier in größter Aufruhr. Besenval hat mir gesagt, Monsieur de Maurepas könne sich über die Entscheidung seines Herrn nicht fassen. Es ist angeblich der schmerzlichste Dolchstoß, der ihm in seinem Leben versetzt wurde. Er hat sich für einige Tag auf seinen Wohnsitz nach Pontchartrain zurückgezogen. Es ist gut möglich, dass er seinen Rücktritt einreicht. Ich glaube, der König wird ihn nicht annehmen. Er hängt nach wie vor zu sehr an ihm. Duc de Choiseul, der jetzt auf zweifache Unterstützung im Ministerium zählen kann, ist seit einer Woche in Paris. Ich habe ihn mehrmals gesehen und mit ihm geplaudert. Ich bin sicher, dass er akzeptieren würde, in sein Amt zurückzukommen, wenn man ihn riefe. Mein Mann scheint nicht mehr dieselben Vorbehalte gegen ihn zu haben. Er war sogar einverstanden, dass dieser bei der Großen Tafel hinter seinem Platz saß. Das ist an unserem Hof der einzige Fall, dass ein Minister, der in Ungnade fiel, dabei keinen seiner Freunde verloren hat. Die meinen, die auch die seinen sind, drängen mich, beim König zu intervenieren. Ich hüte mich im Augenblick davor.

14. Januar – Ich habe gut daran getan, nichts zugunsten Choiseuls zu sagen. Dabei schien der Augenblick günstig, zumal Monsieur de

Maurepas die Bitte um Erlaubnis deponiert hat, sich zurückziehen zu dürfen, wobei er sich auf sein hohes Alter und seine Erschöpfung beruft. Mein Mann, der sich von ihm nicht trennen will, hat mich gebeten, gemeinsam mit ihm ihn zu ersuchen, zurückzukommen. Das habe ich getan. Der alte Minister hat geantwortet, unsere nunmehrige Güte entschädigte ihn für diese Missbilligung, die ihn glauben ließ, er sei nicht mehr unseres Vertrauens würdig. Er engagiere sich für Monsieur de Ségur aus Respekt für den König und die Unterstützung, die ich ihm erwiese. – Er wird auf alle Fälle nicht lange an seinem Posten bleiben. Monsieur Necker ist dabei, eine gewichtige Rolle zu spielen, was mir nicht missfällt, obwohl er sich nie sehr großzügig zeigt. Derzeit meint er, der Krieg in Amerika koste uns viel zu viel; er wünschte die Aufnahme von Verhandlungen mit England. Mein Bruder ist bereit, als Vermittler aufzutreten. Wie gerne hätte ich, dass seine Wünsche beherzigt werden!

25. Januar – Monsieur de Mercy hat sich mit mir lange über das Vermittlungsangebot des Kaisers unterhalten. Er fürchtet, dass eine Annäherung Frankreichs an den König von Preußen stattfindet und unsere Allianz vernachlässigt wird. Das wäre die Tragödie meines Lebens. Es ist unbedingt notwendig, dass ich mit Monsieur de Vergennes und mit dem König spreche.

27. Januar – Man kann von Monsieur de Vergennes nichts herausbringen. Er stellt fest, der König verfüge über einen Rat, dessen er sich wenig bediene, und einen Sonderrat, der oft Entscheidungen treffe, ohne dass er unnötig eingreife. Das ist völlig nichtssagend – aber mehr habe ich nicht aus ihm herausbekommen können.

28. Januar – Mein Mann hat mir versichert, er wünschte, dass der Krieg so bald wie möglich aufhört. Zugleich nimmt er die Vermittlung des Kaisers nicht an, weil er fürchtet, dass sie allzusehr zugunsten Englands ausfallen könnte. Ich habe ihn der guten Absichten Josephs versichert; er hat mir dafür feierlich seine Zuneigung für ihn beschworen, aber zur Stunde wolle er lieber abwarten. Ich tue, was ich kann, um die Union zwischen meinen beiden Familien zu stärken. Leider ohne Erfolg! Ich werde all das Mercy erzählen.

1. Februar – Die Angelegenheit von Duchesse de Bourbon steht nicht besser als zuvor. Der König konnte nichts tun, um die Familie wieder zusammenzubringen. Die Trennung der beiden Eheleute ist jetzt unvermeidlich. Duc de Bourbon will Madame de Monaco nicht verlassen, was ihn übrigens nicht hindert, Demoiselle Michelot zu unterhalten, die gerade von einem Sohn entbunden wurde, dessen Taufpate Prince de Soubise ist. Man sagt, Duc de Bourbon möchte seinen kleinen Bastard legitimieren. Die Duchesse ist schwer gekränkt, was man verstehen kann. Sie hat das Haus ihres Vaters nicht verlassen – außer um ihren Sohn* in Paris zu sehen, ohne das Palais zu betreten. Die Zusammenkunft fand in der Kutsche statt. Beide sollen viele Tränen vergossen haben. Sie wird ins Palais-Royale zu Duc de Chartres, ihrem Bruder, ziehen, bis das Haus, das Duc d'Orléans in der Chaussée-d'Antin gekauft hat, fertig ist. Man wundert sich, dass dieser Prinz das Palais-Royal zur Gänze seinem Sohn geschenkt hat. Das wäre, heißt es, der Preis gewesen, den er zu bezahlen hatte, damit dieser akzeptierte, Madame de Montesson zu sehen, die er heimlich geheiratet hatte und der zu begegnen Duc de Chartres stets abgelehnt hatte. Was für eine Familie!

10. Februar – Wie weit weg mir Monsieur de Fersen scheint! Er hofft, dass die Kampagne im Frühjahr beginnen wird. Indessen verbringt er den Winter in einer kleinen Stadt namens Newport. Er vegetiert dort in trägstem Müßiggang dahin, obwohl Monsieur de Rochambeau ihn überallhin mitnimmt. Sie hatten eine Begegnung mit General Washington, der offenbar großen Eindruck auf Comte Axel

---

* Duc d'Enghien

gemacht hat. Es gibt manchmal merkwürdige Zufälle: Monsieur de Fersen hat sich mit Duc de Lauzun angefreundet. Ich frage mich, worüber sie miteinander gesprochen haben. Wie sehr wünschte ich, dass Friede geschlossen wird! Wenn der König nur bereit wäre, auf Monsieur Necker zu hören.

21. Februar – Monsieur Necker hat soeben ein Buch veröffentlicht, von dem alles spricht.* Es ist die Arbeit eines Mannes, der sich eifrig für den Ruhm des Königs und das Wohl seiner Bevölkerung engagiert. Wenn er darstellt, wie reich Frankreich ist, tut er das zweifellos in der Absicht, die Engländer einzuschüchtern, indem er ihnen weismacht, dass wir finanziell viel robuster seien als sie. Wenn das nur dazu führen würde, dass sie Friedensangebote machen!

26. Februar – Die Regel ist längst überfällig. Oh! Wäre ich doch nur schwanger!

3. März – Lassone hat meine Hoffnung bestätigt. Ich bin schwanger. Mein ganzes Herz kann so viel Glück kaum fassen. Der König ist außer sich vor Freude. Wir wünschen uns so sehr einen Dauphin! So würde ich den letzten Wunsch meiner teuren Mama erfüllen.

15. März – Ich fühle mich wohl. Ich schlafe viel und gehe wenig aus. Ich verbringe so viel Zeit wie möglich mit Duchesse de Polignac, die als einzige meine Geheimnisse und Hoffnungen hütet. Sie hat ebenfalls gerade festgestellt, dass sie schwanger ist. Wir werden ungefähr zur gleichen Zeit ein Kind haben.

---

* Es handelt sich um »Compte rendu au Roi pour l'année 1781« (Rechenschaftsbericht des Jahres 1781 für den König)

20. März – Es kommen wenig Besucher nach Versailles. Der Hof ist ruhig, obwohl man in den Büros und im Innern des Ministeriums Ränke schmiedet. Monsieur de Maurepas lässt es sich nicht nehmen, Monsieur Necker zu kritisieren. Er macht sich über dessen Bemerkungen lustig. Monsieur de Vergennes, der sich darüber entrüstet, dass Monsieur Necker unsere kostspielige Kriegspolitik verurteilt, folgt Monsieur de Maurepas' Ansichten. Ich weiß nicht, wie das alles enden wird. Mein Mann unterstützt den Finanzminister, aber wird er lange seinem Mentor standhalten können?

28. März – Meine Schwangerschaft entwickelt sich ebenso gut wie die vorhergehende. Der Frühling ist sehr trocken und weit fortgeschritten. Lassone erlaubt mir kleine Spaziergänge zu Fuß. Der König ist immer noch so aufmerksam zu mir wie früher. Wir beten zum Himmel, dass er uns einen Dauphin schenkt.

15. April – Heute früh, am Ostersonntag, hatte ich die Freude, auf meinem Toilettetisch ein Meer von Diamanten vorzufinden, auf die ich große Lust hatte – aber nicht gewagt, den König darum zu bitten. Er hatte sie ohne mein Wissen bestellt, um mich zu überraschen. Seine Großzügigkeit und seine Güte berühren mich immer unendlich.

20. April – Man spricht von nichts anderem als dem berühmten »Compte rendu« von Monsieur Necker. Die einen loben es in den Himmel, die anderen kritisieren es unverhohlen, und das führt dazu, dass Pamphlete blühen, die unseren Minister angreifen. Ich glaube, Monsieur de Maurepas freut sich darüber und intrigiert gemeinsam mit Monsieur de Vergennes. Die Brüder des Königs zeigen allmählich auch ihre Unzufriedenheit mit Monsieur Necker.

22. April – Mein Bruder, der mir oft schreibt, verhehlt mir nicht seine Bewunderung für Monsieur Necker. Er ist bereit, einen Kongress in Wien abzuhalten, damit über die Friedensbedingungen beratschlagt werden kann. Jedoch Monsieur de Vergennes will absolut nichts davon hören, solange wir nicht einen entscheidenden Sieg eingeholt haben. Dafür plant der Kaiser uns nächsten Sommer einen Besuch abzustatten. Wie glücklich werde ich sein!

1. Mai – Die Lage von Monsieur Necker scheint mir ziemlich bedrohlich seit der Verbreitung seiner »Mémoire sur les assemblées provinciales« (Denkschrift über die Provinzversammlungen), in welcher er die Verwaltung des Königreichs kritisiert und vorschlägt, die Magistrate auf die Rolle einfacher Richter zu reduzieren. Man kann sagen, er hat an allen vier Ecken des Palastes* Feuer gelegt. Diese Parlamentsherren haben den König aufgesucht, der jetzt ziemlich in Verlegenheit zu sein scheint. Die Messieurs de Maurepas, de Vergennes und selbst der Justizminister, Monsieur de Miromesnil, wollen die Entlassung des Finanzministers, während ihn ganz Paris auf Wolken trägt. Der König spricht mit mir über nichts, und ich schweige.

12. Mai – Monsieur de Vergennes hat den König vor dem Reformgeist von Monsieur Necker gewarnt, da dieser die Institutionen des Königreichs zu Fall bringen könne. Mein Mann hasst Veränderungen. Er vermeidet jetzt, mit seinem Finanzminister zusammenzutreffen. Ich glaube, sein Schicksal ist besiegelt.

18. Mai – Wir sind in Marly. Ich fürchte, die Krise im Ministerium könnte den milden Frühling stören. Monsieur Necker hat mich um eine Audienz gebeten, die ich ihm morgen gewähren werde.

19. Mai – Ich habe mich nicht getäuscht. Heute morgen hat mir Necker sein Demissionsschreiben für den König überreicht. Fast eine ganze Stunde lang hat er mir alles aufgezählt, was er erreicht hatte. Er berichtete mir, wie entmutigt er gewesen sei nach all der Ableh-

---

* Es handelt sich natürlich um das Justizministerium

nung, die er habe hinnehmen müssen. Jetzt möchte er nur mehr in Ruhe leben und sich den Verfolgungen von Seiten seiner Feinde entziehen. Als ich ihn anhörte, war ich sehr betroffen und nahe daran, ihn von einem so schwerwiegenden Entschluss abzubringen, obwohl ich fürchtete, dass die Entscheidung des Königs gefällt war. Ich trug den Brief sogleich zum König, aber ich konnte nichts bei ihm erreichen. Man gesteht mir nicht mehr die Macht zu, die ich früher hatte. Ich fühle mich unsicher und ängstlich, sobald es sich um Staatsangelegenheiten handelt. Dennoch glaube ich, dass der König einen treuen Diener verlieren wird.

22. Mai – Der König war gereizt von der Ausdrucksweise, derer sich Monsieur Necker in seinem Demissionsschreiben bedient hatte, da es ihr an Respekt mangelte. Er sagte mir, er sei des rebellischen Geistes dieses Ministers überdrüssig geworden. Monsieur Joly de Fleury wird ihn ersetzen. Ich kenne ihn nicht.

31. Mai – Die Zeremonie der feierlichen Gedenkmesse für die selige Kaiserin hat heute in der Kathedrale Notre Dame de Paris stattgefunden. Das Mausoleum, mit Reliefs aus dem Leben meiner erlauchten Mutter verziert, wurde auf einer sechs Stufen hohen Empore errichtet, wie es für Katafalke von Herrschern üblich ist. Inmitten von Ornamenten stellt eine Figur, in der Haltung tiefer Trauer verharrend, Europa dar, und eine zweite Frankreich, das ihr mein Porträt zeigt, um es zu trösten. Der ganze Trauerzug wurde von Monsieur Maréchal de Richelieu angeführt. Madame, Comtesse d'Artois und Madame Élisabeth haben gemeinsam mit Monsieur, Comte d'Artois und Duc de Chartres die Gäste begrüßt. Angeblich war die Stimme von Bischof de Blois, der die Messe zelebrierte, so schwach, dass nur wenige Leute seine Grabrede hören konnten. Ich hätte doch so gerne gewollt, dass die Vorzüge meiner teuren Mama laut und hoch gepriesen würden. Ihr verehrtes Bild wird stets in meinem Andenken bleiben. Unsere Staatstrauer geht heute zu Ende.

10. Juni – Ich hatte vergangene Woche große Angst: Ich bin ausgeglitten und gestürzt, dabei habe ich mir sehr weh getan. Lassone eilte herbei und konnte mich nicht beruhigen. Ich musste mehrere Tage liegen bleiben. Selten habe ich den König so besorgt gesehen. Aber heute bin ich glücklich: Lassone hat überhaupt keine Bedenken mehr, und ich spüre, dass das Kind anfängt, sich zu bewegen. Jeder seiner Stöße mit den Füßen macht mir unsagbare Freude.

11. Juni – Vor drei Tagen hat ein schreckliches Feuer die Oper zerstört. Glücklicherweise hatten die Zuschauer noch Zeit zu flüchten, aber zehn Arbeiter sind in den Flammen umgekommen. Es ist furchtbar. Wir werden uns natürlich um ihre Familien kümmern. Ich habe die Oper sehr geliebt und dort so viele schöne Abende verlebt. Ich werde nie vergessen, dass es dort war, dass ich Monsieur de Fersen zum ersten Mal begegnet bin. Das ist schon so lange her ... Ich weiß nicht, wie unsere Sache mit Amerika steht. Ach! Wenn mein Bruder doch nur meinen Mann überreden könnte, einem Kongress zuzustimmen, der uns den Frieden brächte. Ich hoffe, Joseph wird Ende nächsten Monats hier sein.

20. Juni – Duc de Chartres ist ein Dickkopf. Seit sein Vater ihm das Palais Royal abgetreten hat, ist er entschlossen, um seine Gärten lauter Häuser, die einander gleichen wie ein Ei dem anderen, zu bauen und in deren Untergeschossen Geschäfte zu eröffnen. Er rechnet damit, dass er all diese Gebäude dann vermieten und sich daraus Einkünfte verschaffen wird. Unterdessen sind die Besitzer der an seine Gärten angrenzenden Häuser in Aufruhr. Der Erzbischof von Paris hat sich an die Spitze einer Abordnung gestellt, die sich zu ihm begeben hat, um seine Pläne zu erkunden. Duc de Chartres hat sie in Hausmantel und Unterwäsche empfangen und ihnen auf ihre Fragen geantwortet, er benötige Geld und tue, was ihm beliebt, ohne sich um die Vorwürfe all dieser Leute zu kümmern. Seitdem ist er, der bis dahin sehr beliebt war, in Paris verhasst. Der König, der Monsieur de Chartres nicht eben mag, meint, er sei im Recht. Wir werden also einen Ladeninhaber in der Familie haben.

6. Juli – Cardinal de Rohan versäumt keine Gelegenheit, durch seine Überspanntheit von sich reden zu machen. Er hat aus Straßburg diesen berühmten Cagliostro kommen lassen, der seinen Onkel, Maréchal de Soubise, zu behandeln versuchen sollte, nachdem dessen Beine offen und von Brand bedroht sind. Seit Wochen spricht man nur von diesem Scharlatan, der vorgibt, alle Leiden heilen zu können. Er war vergangenen September nach Straßburg gekommen, ohne Gefolge und ohne Kutsche. Man schenkte ihm wenig Beachtung, bis er im Oktober langsam bekannt wurde. Man behauptet, er sei in Arabien geboren und kenne wundersame Geheimnisse, dank denen er imstande sei, alle möglichen Krankheiten zu heilen. Wenn er seine Kunst ausübt, nimmt er kein Honorar an und soll sogar Geld an die Armen austeilen, damit sie die Heilmittel kaufen können, die sie brauchen. Er hält jeden Tag öffentliche Sitzungen in der Stadt ab, bei denen er jeden behandelt, der es will. Sein bevorzugtes Heilmittel ist ein Likör, von dem man ein paar Schluck nehmen muss. Dieses eigentümliche Geschöpf schläft nur in einem Fauteuil und ernährt sich lediglich von Käsemakkaroni. Er behauptet, über die Geheimnisse der Chemie der alten Ägypter zu verfügen. Dennoch, ob trotz diesem Ruf, den er genießt, oder gerade deswegen, hat Prince de Soubise abgelehnt, ihn zu treffen. Cardinal de Rohan ist ziemlich verstimmt.

10. Juli – Wir waren in großer Aufregung. Monsieur hat eine Art Schlaganfall erlitten. Heute ist er außer Gefahr. Er muß seinen Appetit zügeln, der noch größer ist als der des Königs.

15. Juli – Mademoiselle Bertin hat mir mehrere Levites angefertigt. Das ist ein Gewand im Stil der majestätischen Kleider jenes Stammes, der ausersehen ist, den Tempel von Jerusalem zu bewachen. Mir ist gleich, wovon diese Mode inspiriert ist; für mich hat sie den Vorteil, leicht zu sein und meine Schwangerschaft zu cachieren, die immer stärker sichtbar wird.

20. Juli – Ich denke nur an die Freuden, die ich meinem Bruder bereiten werde können. Wir erwarten ihn in ein paar Tagen.

29. Juli – Joseph ist in Paris angekommen. Er wird heute abend hier sein.

30. Juli – Was für ein Glück! Joseph ist da. Wenn er mich in seine Arme nimmt, fühle ich mich wie ein kleines Mädchen und bin in Wien bei meiner ganzen Familie, die ich wie in einem Traum sehe. Ich vergesse alles andere. Mein Bruder ist immer sehr herzlich, wenn wir uns wiedersehen. Er hat mir auch gesagt, wie sehr er sich freue, dass ich schwanger bin. Der König ist hinzugekommen. Er wirkte froh, seinen Bruder wiederzusehen, den er so wenig kennt – ungeachtet der persönlichen Bekenntnisse, die er ihm vor vier Jahren anvertraut hat.

31. Juli – Ich habe den ganzen Tag mit dem Kaiser verbracht. Der König ist zu Mittag zur Jagd nach Saint Hubert gefahren, und wir beide, Joseph und ich, nach Trianon. Mein Bruder hat diesmal nicht den schulmeisterlichen Ton angeschlagen, den er mitunter bei seinem letzten Besuch angenommen hatte. Als wir auf einem großen Stein saßen, sind wir auf intime Themen zu sprechen gekommen. Ich habe ihm alles über meine Beziehung zum König gesagt und er schien zufrieden. Dafür hat er Bemerkungen über das, was alle »meine Gesellschaft« nennen, geäußert. Ich sehe wohl, dass er Madame de Polignac gar nicht mag, und noch weniger ihre Umgebung. Er meint, um zu wissen, ob all diese Personen ehrliche Gefühle für mich hätten, müsste ich mich manchmal ihren Wünschen widersetzen und dann ihre Reaktion sehen. Ich könnte dabei auch den Wert ihrer Anhänglichkeit beurteilen. Joseph hat nicht unbedingt Unrecht, aber ich liebe es so sehr, wenn meine Freunde meinetwegen glücklich sind.

2. August – Ich bin mit Joseph zum Saint Laurent-Markt gefahren, der in diesem Jahr wiedereröffnet wurde. Ich wollte unbedingt die »Redoute chinoise« sehen, von der jeder spricht. Das ist eine Art Colisée, Vauxhall,* mit neuen, merkwürdigen Formen. Alle sind hier in chinesischer Tracht und sehen einzigartig und exotisch aus. Das Café und die Geschäfte sind immer voll. Die Frauen des Hofs streifen hier mit ihren Töchtern umher. Man amüsiert sich hier sehr gut. Ungeachtet unseres Incognitos haben uns alle erkannt.

3. August – Das Fest, das ich in Trianon zu Ehren des Kaisers gegeben habe, hat alle anderen überboten. Nach einem Souper, bei dem die ganze Familie versammelt war, wohnten wir einer Vorstellung von Glucks »Iphigenie auf Tauris« bei, gespielt vom Ensemble der Oper in meinem kleinen Theater. Anschließend sind wir durch den illuminierten Garten promeniert. Nachdem Joseph incognito hier ist, wollte ich, dass dieses Fest privat bleibt. Ich habe auch nur zweihundertdreiundsechzig Personen eingeladen. Ich glaube, damit eine ganze Menge unserer Höflinge gekränkt zu haben. Ich kann hier wirklich nichts tun, ohne kritisiert zu werden.

6. August – Joseph ist gestern abgereist. Ich hatte Mühe, meine Tränen zurückzuhalten. Wie grausam ist unser Schicksal. Wir können nie mit denen zusammenbleiben, die wir lieben. Wann werden wir uns wiedersehen? Ich habe Angst, dass es nie mehr sein könnte. Es kann so viel Unglück passieren!

12. August – Mercy hat mit mir wieder über den Friedenskongress gesprochen, den mein Bruder so gerne abhalten würde. Der König hat an sich nichts dagegen, möchte aber einen entscheidenden Sieg abwarten.

---

* Gebäude im Stil des römischen Kolosseums. 1769 auf den Champs-Elysées errichtet, später abgerissen; Rotunde mit Wasserbecken, von wo aus Feuerwerke veranstaltet wurden, im Gebäudeinneren Cafés, Geschäfte, große Festveranstaltungen ähnlich der Londoner Vauxhall. (Anm. d. Übers.)

15. August – Ich bin traurig und müde, obwohl Lassone findet, dass mein Wohlbefinden gut ist. Meine Schwangerschaft schreitet sehr glücklich voran, wie auch die meiner lieben Duchesse de Polignac, die bald niederkommen wird. Sie fährt weg, um in ein Haus zu übersiedeln, das sie in Passy mietet. Der König ist einverstanden, dass wir dann nach La Muette ziehen. So wird es mir möglich sein, meine Freundin alle Tage zu sehen. Der König wird zweiunddreißig Damen und sechsundzwanzig Herren für unsere Begleitung ernennen.

5. September – Meine Freundin hat einen Sohn zur Welt gebracht. Möge er doch Vorbote für einen Dauphin sein! Heute wurde, als der König die Fähre bei den Invalides passierte, ein Kanonenschuss abgefeuert, der so laut war, dass man in ganz Paris glaubte, ich sei vorzeitig niedergekommen. Ich hoffe, mein Kind wird nicht früher als in sechs Wochen geboren. Vermond, mein Geburtshelfer, ist unbesorgt.

28. September – Mein Mann ist sehr ungehalten. Während er auf der Jagd in Compiègne war, wo ich ihn wegen meines Zustands nicht begleiten konnte, haben Kutscher, Stallknechte und Betreuer des Hundezwingers Wilderer simuliert und alles, was ihnen in den Reservaten der kleinen Privatjagd des Königs in den Weg gekommen ist, getötet. Als die Wache einschritt, haben sie diese misshandelt. Es gab sogar ein Todesopfer. Die Schuldigen sind verhaftet und man bereitet ihren Prozess vor; ich hätte nie gedacht, dass eine solche Schmach hier unter solchen Umständen möglich ist.

7. Oktober – Der Austausch von Klageschriften erhitzt die Gemüter von Eigentümern der Anrainerhäuser des Palais Royal und den Geschäftsleuten des Duc de Chartres.

15. Oktober – Vermond hat mir weitere Ausfahrten verboten. Ich soll bald entbinden. Ich bete darum, dass mein Kind ein Sohn wird.

Da der König nicht will, dass ich fast ersticke von der Menschenmenge wie bei der Geburt meiner Tochter, hat er beschlossen, dass ich das Kind einzig in Anwesenheit der königlichen Familie und des Justizministers zur Welt bringe. Die Höflinge und die Öffentlichkeit werden in den Salons und in der Galerie warten.

26. Oktober – Ich bin glücklich. Am 22.Oktober habe ich dem König und dem Königreich den so sehr ersehnten Dauphin geschenkt. Als Vermond das Kind nahm, herrschte eine solche Stille, dass ich dachte, es wäre ein Mädchen. Der König selbst hat mir die Nachricht überbracht, die ich kaum zu glauben wagte; meine Angst war noch stärker als meine Erschöpfung und meine Schmerzen. Mein Mann hat geweint vor Freude und ich mit ihm. Sobald unser Sohn gewaschen und angezogen war, wurde er von Cardinal de Rohan in Anwesenheit des gesamten Hofes getauft. Der König hat ihm den Orden du Saint-Esprit (des Heiligen Geistes) verliehen. Unser Dauphin, der dreizehn Pfund wiegt, wurde in die Arme einer Amme gelegt, die ich ausgesucht hatte und die auf den vielversprechenden Namen Madame Poitrine (Madame Brust) hört.

27. Oktober – Der König wohnte gestern einem Te Deum in der Notre Dame von Paris bei, das anlässlich dieser glücklichen Geburt gesungen wurde. Er genießt sein Glück mit all den Gefühlen des besten aller Väter. Für mein Teil, ich kann nicht genug Gedanken anstellen über diesen so sehr ersehnten Sohn; tausend Hoffnungen gehen mir durch den Kopf und beschäftigen mich den ganzen Tag bis in meine Träume in der Nacht.

28. Oktober – Wir haben nicht das Recht, uns unserem Familienglück hinzugeben. Die Etikette und der Brauch diktieren immer ihre Gesetze: heute werden die Repräsentanten anderer Herrscherhäuser kommen, um den König zu beglückwünschen und Monsieur le dauphin zu sehen.

29. Oktober – In diesen Tagen allgemeinen Jubels haben alle Zünfte zum Thron Zutritt. Die Schlosser, die wissen, dass der König für ihre Kunst etwas übrig hat, haben sich mit dem Meisterwerk, das sie ihm gebracht haben, ganz besonders ausgezeichnet: sie haben ein Geheimschloss kreiert, dem beim Öffnen ein Dauphin entsteigt. Dem König macht es Spaß, es an meinem Bett zu betätigen. Seine Freude macht meine noch größer.

31. Oktober – Es gibt jeden Tag neue Ereignisse, die der Geburt unseres Sohnes gewidmet sind.

2. November – Ich bin heute sechsundzwanzig Jahre alt. Ich spüre, dass ich mich rascher von dieser Geburt erhole als von der meiner Tochter. Man sagt mir wiederholt, Frankreich hätte sich noch nie so sehr über die Geburt eines Dauphins gefreut. Man redet nur vom Feiern. Der König möchte Ausgaben in Hinblick auf den Krieg vermeiden, aber scheinbar wird man die öffentliche Freude nicht in Zaum halten und große Ausgaben kaum verhindern können.

5. November – Diese Geburt löst unglaubliche Freudenskundgebungen und Aktionen aus, die anderswo als unangemessen gelten könnten. So etwa sind die Frauen von der Markthalle gekommen, um dem König zu gratulieren. Die Obst- und Orangenhändlerinnen haben ihm einen Kochkessel aus Silber mit kleinen Löffelchen aus Gold geschenkt. Die Bäcker, die auf der Galerie gewartet hatten, haben an Ort und Stelle eine Probe ihres Brotes gemacht und man hat es mir zum Kosten gebracht. Oh! Diese guten Leute! Man hat mir berichtet, dass die Frauen jetzt am Hals ein Medaillon mit dem Dauphin tragen und auf ihren Schuhen Knoten mit vier Rosetten binden, auf der eine Krone mit einem Dauphin in der Mitte sitzt.

7. November – Heute habe ich die Marktfrauen empfangen, die mir ihre Glückwünsche überbrachten. Ich bin kräftig genug, um mich den ganzen Tag auf einer Chaiselongue zu halten.

19. November – Duc de Lauzun, der soeben aus Amerika an Land gegangen ist, hat uns eine Nachricht überbracht, die ohne Zweifel dem Krieg ein Ende setzen wird: Unsere Truppen haben in Yorktown über die Engländer einen entscheidenden Sieg errungen! General Cornwallis wurde von den Franzosen und den Amerikanern überrascht, die dabei siebentausendfünfhundert Gefangene gemacht haben. Wir werden endlich Frieden schließen können. Ich wage nicht zu fragen, wie es Monsieur de Fersen geht, aber ich wüsste es doch sehr gern.

22. November – Monsieur de Maurepas, dem es seit mehreren Tagen sehr schlecht gegangen war, ist gestern gestorben. Den König hat das tief getroffen. Er hat die Jagd heute abgesagt. Einzig der Anblick unseres kleinen Dauphin bringt ihn zum Lächeln.

1. Dezember – Alle fragen sich, wer Monsieur de Maurepas folgen wird, Mercy findet, ich sollte die Beraterin des Königs werden und in gewisser Weise selbst an die Stelle von Monsieur de Maurepas treten. Ich habe dazu weder die nötige Kompetenz noch Lust. Im Übrigen habe ich ihm mehrmals wiederholt, dass der König nicht dirigiert werden will, am wenigsten von mir. Ich glaube, mein Mann wird niemanden anstelle seines alten Ratgebers ernennen. Er beabsichtigt, mithilfe jedes seiner Minister selbst zu regieren. Es hat keinen Sinn, mit ihm über Monsieur de Choiseul oder Monseigneur Loménie de Brienne zu sprechen, den ersten, weil er immer noch gegen ihn die gleichen Vorbehalte hegt, den zweiten, weil dieser ein Philosophen-Prälat ist. Dafür fürchte ich, dass mein Mann ein bisschen zu leicht auf Monsieur de Vergennes hört, in den er großes Vertrauen hat. Das ist bei mir nicht der Fall. Ich halte ihn für einen Schurken und habe ihn nie für die Allianz eintreten sehen. Mein Bruder misstraut ihm.

15. Dezember – Wie kann man nur so schreckliche Dinge schreiben? Gemeine, in Paris verbreitete Verse behaupten, Duc de Coigny sei Vater des Dauphins. Ich bin sicher, dass diese Unverschämtheit von den Engländern kommt. Leider gibt es immer Leute, die dumm oder bösartig genug sind, um derart schmachvolle Verleumdungen zu glauben. Der König war sehr gerührt, als er mich deswegen weinen sah. Er hat alles getan, um mich zu trösten. Angeblich ist die Freude der Bevölkerung immer noch ungebrochen. Die Stadt Paris bereitet glanzvolle Festivitäten zu Ehren der Geburt unseres Dauphins vor. Sie werden am 21. Januar stattfinden. Das Gerücht kursiert, ich würde gekrönt werden. Wieder eine Falschmeldung. Ich lebe wahrhaft in einem Land, wo die Köpfe ziemlich verrückt sind.

26. Dezember – Madame la Comtesse d'Artois liegt in den letzten Zügen. Man hat ihr die Sakramente verabreicht. Die Ärzte wissen nicht, was das Fieber zu bedeuten hat, das sie verzehrt. Natürlich musste der Ball, der zu meinen Ehren von den Leibgarden gegeben werden sollte, abgesagt werden.

30. Dezember – Comtesse d'Artois ist gerettet. Man kennt die Krankheit nicht, von der sie befallen war. Sie wird sicherlich lange brauchen, bis sie wiederhergestellt ist.

1782

4. Januar – Ich werde nicht müde, unseren Sohn zu betrachten. Sein kleinstes Lächeln versetzt mich in reinstes Entzücken. Meine Tochter, die sehr enttäuscht ist, dass er so klein ist, dass er nicht mit ihr spielen kann, fängt an, ihn wie verrückt zu lieben. Sie beugt sich in seine Wiege und überschüttet ihn mit Küssen. Es ist notwendig, dass Madame de Mackau, die Untergouvernante, darauf achtet, dass sie ihn nicht mit ihren Zärtlichkeiten erdrückt.

7. Januar – Mich schaudert immer noch vor Abscheu beim Gedanken an diese niederträchtigen Schmähschriften. Dafür weiß jeder mit gesundem Menschenverstand, wie es steht. Diese Pamphletes beschmutzen nur diejenigen, die sie bestellen und die sie verfassen. Der König will nicht, dass diese schrecklichen Dinge unser Glück trüben. Man sucht die Schuldigen. Wenn ich Anlass hätte, an der Liebe zu zweifeln, die man mir entgegenbringt, würde mich der Glückstaumel der Bevölkerung über die Geburt des Dauphins gleich wieder beruhigen.

14. Januar – Gestern gab es zum ersten Mal seit meiner Entbindung eine Zusammenkunft im großen Appartement. Wir haben um große Einsätze gespielt: Marquis de Chalabre war Bankhalter und hat innerhalb von vier Stunden eine Million achthunderttausend Livres für sich und seine Croupiers gewonnen. Zweifellos wird man wieder ein paar gute Gründe finden, mich zu kritisieren. Mir wird jeden Tag klarer bewusst, wie leicht es ist, den Ruf zu kompromittieren. Als Königin, glaube ich mich über Verleumdungen erhaben. Sie dürfen mich nicht treffen.

15. Januar – Der König hat mir soeben ein außergewöhnliches Diamantencollier gezeigt, das ihm Juwelier Böhmer anvertraut hat. Es ist eines der schönsten Dinge, die es in dieser Art geben kann, in der Größe, Reinheit, dem Feuer und der Gleichheit der Steine. Mein Mann möchte es mir schenken, aber ich finde diesen Schmuck zu teuer. Wir befinden uns im Krieg. Es gäbe immer böse Zungen, die mich beschuldigen würden, alles bis zum letzten in diesem Königreich zu vergeuden. Und dann stört mich daran der Gedanke, dass der verstorbene König diesen Schmuck der Barry hatte schenken wollen. Mein Mann, der wie immer sehr großzügig ist, hat mich gebeten, darüber nachzudenken. Ich werde sehen.

16. Januar – Seit mehreren Tagen spricht man nur von der neuesten Verrücktheit von Duc de Chartres. Unser lieber Cousin begnügt sich nicht damit, Ladenbesitzer zu sein; er führt auch in jeder anderen Hinsicht neue Dinge ein. So hat er beschlossen, die Erziehung seiner Kinder Madame de Genlis, seiner Maîtresse, anzuvertrauen. Man sagt, die beiden teilen zwar nicht mehr das Bett, aber diese Frau hat eine solche Macht über seine Person erlangt, dass sie ihm sein Verhalten diktiert.

Anstatt seine Söhne mit sechs oder sieben Jahren Männern anzuvertrauen, wie es bei Prinzen üblich ist, will Monsieur de Chartres, dass sie zusammen mit ihren Schwestern unter die Obhut von Dame de Genlis kommen, die zur Erzieherin avanciert ist. Man weiß nicht, welche neue Erziehungstheorie ihn zu dieser Entscheidung gebracht hat. Als er kam, um dem König diese sonderbare Absicht mitzuteilen, hat ihm mein Mann auf seine mürrische Art geantwortet, er hätte nun einen Dauphin, Comte d'Artois hätte Kinder, Madame könnte schwanger werden (woran wir stark zweifeln) – folglich könne er seine Erben erziehen wie er wolle. Allerdings darf er nicht hoffen, einen seiner Söhne je auf dem Thron zu sehen.

17. Januar – Monsieur de Fersen, der immer noch Adjutant von Monsieur de Rochambeau ist, hat sich bei der Belagerung von Yorktown sehr gut geschlagen. Monsieur de Castries verspricht, dass die nächste Kampagne die letzte sein werde. Aber warum machen wir nicht Gebrauch von der Vermittlung meines Bruders, um Frieden herzustellen, nachdem wir endlich einen ernsthaften Sieg über die Engländer davongetragen haben?

18. Januar – Die Prinzen von Geblüt haben die Begabung, mit Überraschungen aufzuwarten. Aus Anlass der Feiern, die in drei Tagen in Paris stattfinden sollen, weigern sie sich, zum Souper ins Hôtel de Ville zu kommen – unter dem Vorwand, dass sie nicht an der Tafel des Königs sitzen dürften, ein Recht, auf das sie immer pochen. Mein Mann hat sie gewähren lassen, wie sie wollen. Sie sind schwer gekränkt. Ich wundere mich immer über derartige Anmaßungen der Prinzen, die sich über Bräuche und Urteile ganzer Jahrhunderte erhaben fühlen. Ich persönlich halte sie für ehrgeiziger als alle anderen. Ich habe nie die Szenen vergessen, die sie beim Besuch meines Bruders Maximilian gemacht haben.

19. Januar – Die Vorwürfe hören nie auf an diesem Hof. Heute haben die Ducs und Pairs* den König wissen lassen, dass sie daran Anstoß nähmen, nicht auf andere Weise eingeladen worden zu sein als der Hochadel. Wofür halten sie sich?

25. Januar – Die von der Stadt gegebenen Feste waren sehr gelungen, ungeachtet des bitter kalten Wetters, das die Pariser davon hätte abhalten können, das Haus zu verlassen. Man hat uns applaudiert wie zu der Zeit, als ich noch Dauphine war. Ich bin zur Danksagung zur Notre Dame und in die Kirche Sainte Geneviève gefahren, bevor ich mich zum Souper im Hôtel de Ville eingefunden habe. Nach dem Brauch speisen nur der König und seine beiden Brüder an meinem Tisch inmitten aller Prinzessinnen und Damen, die wir ausgewählt haben. Der König, der auch nicht mehr als ich etwas für diese Art von Empfang übrig hat, ließ uns das Bankett ziemlich früh verlassen

* Früher Mitglieder des höchsten französischen Adels

und wir haben einem Feuerwerk beigewohnt, das nicht besonders glanzvoll war.

Gestern abend drängte sich nach dem sehr vergnügten Souper im Temple eine so gewaltige Menge zum Ball ins Hôtel de Ville, dass der König gezwungen war, uns mit dem Ellenbogen Platz zu verschaffen. Ich hasse großes Gedränge: Ich habe immer Angst, dabei zu ersticken. Beim Verlassen des Balls haben wir erfahren, dass Marquis de La Fayette soeben mit guten Nachrichten aus Amerika in Paris eingetroffen ist. Niemand hatte ihn so bald erwartet. Es drängten sich so viele Menschen vor dem Hotel der Noailles, wo er abgestiegen war, dass ich seine junge Frau bei der Hand nahm und bei mir einstiegen ließ, damit sie rascher ihren geliebten Helden wiedersehen konnte.

1. Februar – Angeblich beginnt das Kabinett von Saint James langsam zu begreifen, dass die amerikanischen Kolonien für England verloren sind. Dieser Krieg sollte nun zu Ende sein, aber der König hört immer noch auf Monsieur de Vergennes, während wir auf den Kaiser zurückgreifen könnten. Ihm allein kann es gelingen, ein gerechtes Abkommen zwischen uns und England herbeizuführen. Ich höre von Mercy, dass er soeben eine Allianz mit Russland geknüpft hat. Welch großartiger Herrscher!

15. Februar – Unter dem Druck von Mercy habe ich dem König lebhaft vor Augen geführt, dass die Beendigung dieses Krieges nur mit Vermittlung des Kaisers möglich sei. Er hat mir geantwortet, er verfolge die Politik von Monsieur de Vergennes, in den er volles Vertrauen habe. Er ist manchmal von einer Schwäche, die ich nicht begreife. Wie kann ein Vergennes ihm dabei etwas eingeben, während er allen Grund hat, an die freundschaftlichen Gefühle meines Bruders zu glauben? Er scheint nicht zugestehen zu wollen, dass Joseph nicht um seines Ruhmes willen den Schiedsrichter spielen würde, sondern um einem grausamen und sinnlosen Blutvergießen ein Ende zu setzen.

16. Februar – Wir haben soeben einen neuerlichen Sieg gegen die Engländer im Mittelmeer davongetragen. Duc de Crillon hat Fort Saint Philippe auf Minorca eingenommen und über dreitausend Gefangene gemacht.

18. Februar – Ich habe Monsieur de Vergennes getroffen und bin wütend auf ihn. Es gibt keine Tauberen als die, die nicht hören wollen.

4. März – Madame Sophie ist letzte Nacht verstorben, als man es am wenigsten erwartet hatte. Sie hat zwölf Stunden lang gelitten. Ihre Wassersucht ist in die Lunge aufgestiegen und hat ihr Herz erfasst.

5. März – Madame Adélaide und Madame Victoire sind in schrecklicher Verfassung. Sie werden die einzigen sein, die Madame Sophie beweinen. Sie war zweifelsohne eine reine Seele, wenn auch eine von denen, die man schnell vergisst. Meine Tanten, die eine so große Rolle in meinem Leben gespielt haben, als ich an diesen Hof gekommen bin, mischen sich jetzt nicht mehr in unsere Angelegenheiten ein und verbringen den Großteil ihrer Zeit auf Bellevue, das seinerzeit von Madame de Pompadour errichtet worden war. Dem König ist das recht so.

7. März – Madame Sophie hatte gebeten, ohne jegliche Zeremonie in Saint Denis beerdigt zu werden. Sie wurde also nicht in den Tuilerien aufgebahrt.

12. März – Der König ist ganz erschüttert von den Nachrichten, die er gerade über Admiral de Grasse erfahren hat: Dieser war in einen furchtbaren Sturm geraten, und die Engländer konnten das zu ihren Gunsten ausnützen. Wir haben große Verluste erlitten.

21. März – Mein Sohn wächst und gedeiht. Er ist ein sehr schönes Kind. Es geht ihm prächtig und meiner Tochter auch. Mein Mann rührt mich immer noch mit der Zärtlichkeit, die er ihnen gegenüber an den Tag legt.

7. April – Mein Bruder, der den Heiligen Vater in Wien empfangen wird, kündigt mir an, dass Zarewitsch Paul und seine Frau nach Versailles kommen. Sie reisen incognito unter dem Namen Comte und Comtesse du Nord. Der Kaiser zählt ganz auf mich, dass ich sie gut empfange, um zu den guten Beziehungen zwischen dem Wiener Hof und dem von Sankt Petersburg beizutragen. Dieser Besuch scheint den König nicht besonders zu freuen, aber ungeachtet dessen hat er mich gebeten, darüber zu wachen, dass dem Rang unserer Gäste entsprechende Feste gegeben werden.

12. April – Der Kaiser legt Wert darauf, dass wir diesen Nords, die wir nächsten Monat erwarten, jede nur mögliche Liebenswürdigkeit erweisen. Er teilt mir ihre Neigungen und Gewohnheiten mit. Er bittet mich sogar, ein Pianoforte in das Appartement der Großfürstin zu stellen, die Musik wahnsinnig liebt. Joseph sagt mir, wir könnten mit den Kaiserlichen Hoheiten über alle Themen sprechen. Nachdem sie selbst engagierte Eltern seien, regt mein Bruder an, mich mit ihnen über die Erziehung der Kinder zu unterhalten. Alle diese Ratschläge werden mir sehr nützlich sein; ich glaube, die Rolle einer Königin ist schwieriger, wenn sie anderen Herrschern oder Thronfolgern gegenübersteht als lediglich Höflingen. Wenn ich daran denke, dass Joseph in diesem Augenblick den Heiligen Vater empfängt …

19. April – Ich fühle mich heute abend sehr unwohl. Ich habe nicht die Kraft zu schreiben. Ich gehe zu Bett.

10. Mai – Es ist ziemlich lange her, seit ich dieses Tagebuch zur Hand genommen habe: ein Rotlauf, unter dem ich stark zu leiden hatte, und die Vorbereitungen der Feste für diese Nords haben mich völlig erschöpft. Sie werden in zwei Wochen hier sein und ich fühle mich noch sehr matt.

12. Mai – Ich habe keine Nachricht von Monsieur de Fersen, und die uns von den Antillen erreichen, sind betrüblich: Admiral de Grasse ist zwischen Martinique und Saint Domingue* den Feinden in die Hände gefallen. Vier weitere Schiffe sind aufgebracht worden und ein sechstes versenkt. Der König ist sehr betroffen.

14. Mai – Ich habe meinem Mann gesagt, dass wir dringender ein Kriegsschiff als ein Collier benötigen; ich habe ihn auch gebeten, dieses berühmte Diamantengeschmeide Boehmer zurückzugeben. Ich dankte dem König sehr, der zu Tränen gerührt war.

19. Mai – Die Nords sind in Paris eingetroffen. Sie residieren in der Botschaft, und alle Russen sind dorthin geströmt, um ihnen zu huldigen. Die Grande-Duchesse hat umgehend Mademoiselle Bertin kommen lassen, um bei ihr Kleider zu bestellen. Ganz sicher fürchtete sie, an diesem Hof hier provinziell auszusehen.
Ich erfahre soeben, dass der Grand-Duc sich heute früh incognito und ohne jedes Zeremoniell nach Versailles hat fahren lassen. Er hat der Messe und der Pfingstprozession beigewohnt. Ich frage mich, was er sich dabei gedacht hat. Diese Vorgehensweise missfällt mir sehr.

20. Mai – Der Empfang der Nords ist bestens verlaufen, obwohl ich gerade vor der ersten Begrüßung von Übelkeit befallen wurde; ich musste ein großes Glas Wasser trinken, um wiederhergestellt zu sein. Comtesse de Vergennes hat die Grande-Duchesse zu mir gebracht und anschließend zu meinen Schwestern. Sehr dick ist sie für ihr Alter, diese Prinzessin, eine gebürtige Württemberg, aber frisch und so schön wie man es ohne Physiognomie nur sein kann. Alles an ihr verrät Hochmut. Sie nützt ihre Körpergröße aus und blickt nie tiefer als bis zum Haaransatz der Personen, die sie umgeben. Ich habe sie natürlich behandelt, als kannte ich sie schon immer; ich hatte mich über ihre Neigungen informiert und sie gebeten, mich oft zu besu-

* Heute Santo Domingo – die Dominikanische Republik

chen, worauf ich nicht die geringste Lust habe. Zur gleichen Zeit wurde der Grand-Duc vom König empfangen, der diese Art des Zeremoniells gar nicht mag. Madame de Guémené hat mir berichtet, der Zarewitsch hätte Monsieur le dauphin geküsst, den er ein sehr schönes Kind fand. Er hat an Madame de Guémené viele Fragen gestellt und ihr gesagt, unser Sohn sollte die Zuneigung, die er ihm hiemit schon in der Wiege entgegenbrachte, in Erinnerung behalten. Dieser Prinz gefällt mir gar nicht. Sein Gesicht verrät keinerlei Esprit; seine Höflichkeit ist ohne Maß und ohne Anmut. Er wirkt wie eine mechanische Sprungfeder. Man merkt noch manchen seiner Bewegungen Reste der Zuckungen an, die von der Zeit herrühren, als er in der Nacht des Sturzes seines Vaters aus dem Schlaf gerissen wurde.

Nach dem Vorstellungsritual haben wir alle gemeinsam ein Diner eingenommen, ehe wir im Salon de la Paix ein Konzert hörten, in dem Legros von der Oper und Madame Mara sehr gut gesungen haben.

23. Mai – Gestern haben wir in der Oper von Versailles zu Ehren der Nords eine Aufführung gegeben: »Aline, reine de Golconde« (Aline, Königin von Golconda) nach einer Novelle dieses charmanten Chevalier de Boufflers mit Musik von Monsieur Monsigny. Während der Vorstellung habe ich der Grand-Duchesse einen mit Diamanten geschmückten Fächer geschenkt, welcher ein Opernglas umrahmt. Sie hat mir versprochen, ihn ihr ganzes Leben aufzubewahren. Unser Souper war weniger abwechslungsreich als das von Princesse de Chimay. Man muss wissen, dass meine Hofdame in einen kleinen Affen von sehr anmutiger Gattung vernarrt ist. Während sie noch in der Oper war, hat sich dieses Tier von seiner Kette losgerissen und sich in das Zimmer seiner Herrin gewagt, ohne dass das jemandem aufgefallen wäre. Von dort ist er in das Ankleidezimmer gelangt: das gab eine Schlacht mit Puderquasten, Kämmen und Lockennadeln. Er hat Schubladen, Schachteln und Salbentöpfe geöffnet und Parfums verschüttet, natürlich nachdem er sich in alldem gebadet hatte. Anschließend wälzte er sich in Puder und bedeckte sich mit Rouge und Schönheitspflästerchen – so wie er es immer an der Prinzessin gesehen hatte. Abschließend verfertigte er sich mit einer Ärmelmanschette ein Fußkissen. In diesem Aufputz sprang er ins Speisezimmer, wo gerade das Souper begonnen hatte. Er machte einen Satz auf den Tisch und lief direkt seiner Herrin entgegen, woraufhin die Damen unter schrillen Schreien die Flucht ergriffen. Als Madame de Chimay ihren Almanzor erkannte, nahm sie ihn auf die Knie, und von allen Seiten brach Gelächter los. Man fütterte das Tier mit Gebäck und Süßigkeiten. Was mich betrifft, ich finde Affen sehr komisch aus der Entfernung, aber nicht in Appartements.

28. Mai – Comtesse Diane de Polignac, Hofdame meiner Schwester Élisabeth, hat gerade eine doppelte Peinlichkeit begangen, die mich verstimmt. Als die Grand-Duchesse die Anmut, Liebenswürdigkeit und das liebe Gesicht der Prinzessin pries, erwiderte ihr Comtesse Diane: »Ja, sie hat Schönheit, aber ihre Körperfülle verdirbt alles.« Diese Bemerkungen, schon für Élisabeth beleidigend, sind ebenso zutreffend und somit beleidigend für die Grand-Duchesse, die ihr geantwortet hat: »Ich fand, Madame Élisabeth könnte nicht schöner sein, und hatte keineswegs den Eindruck von jener Unvollkommenheit, von der Sie sprechen.«

3. Juni – Der Großfürst missfällt mir immer mehr. Er wollte sich mit mir auf einen Stand der Vertraulichkeit einlassen, den ich nicht dulden kann. Als wir in meinem Garten in Trianon promenierten, begann er, mir Dinge betreffend seine Mutter anzuvertrauen. Ihre Liaisons stören ihn und er weiß nicht, welche Haltung er gegenüber ihren Favoriten einnehmen soll. Die Grande-Duchesse hörte ihrem Mann zu und schien seinen Äußerungen zuzustimmen. Als ich nichts sagte, wagte der Zarewitsch mich zu fragen, wie ich mich gegenüber der Barry zur Zeit des verstorbenen Königs verhalten hätte. Man kann nicht mehr Taktlosigkeit an den Tag legen. Ich werde von nun an vermeiden, mit ihnen allein zu sein.

7. Juni – Gestern habe ich in meinem kleinen Theater in Trianon »Zémir et Azor« und »«La jeune Française au sérail« geben lassen. Die Grande-Duchesse hat mit ihrer Frisur Furore gemacht; auf ihr thronte ein aus Juwelen gefertigter kleiner Vogel, der auf einer Sprungfeder saß; er balancierte auf ihrem Kopf und schlug dabei mit den Flügeln. Ich machte ihr dafür viele Komplimente und versicherte sie, dass ich mir nach ihrer Abreise sofort dieselbe Frisur anfertigen ließe. Ich konnte nur mit Mühe mein Lachen verbeißen. Sie hat keinerlei Sinn für Humor.

8. Juni – Nie noch hatten wir ein so glanzvolles Ballfest wie jenes gestern zu Ehren der Nords. Die Salons und die große Galerie funkelten; die Damen, die tanzten, trugen ein Domino-Kostüm aus weißem Satin und einen kleinen Korb mit kleinen Schleifen. Die Grande-Duchesse trug ein Kleid von der Bertin, das vorteilhaft für sie war, und alle wollten ihre berühmten Chalzedone bewundern, die angeblich in ganz Europa bekannt sind. Ich finde sie weit unter dem Wert unserer Diamantgeschmeide. Ich musste mit dem Großfürsten tanzen. Nach einem Souper bei Princesse de Lamballe haben wir Lotto gespielt und wieder getanzt. Ich bin erschöpft, aber die russischen Hoheiten scheinen begeistert zu sein.

9. Juni – Gott sei Dank fahren die Nords nach Chantilly zu Prince de Condé. Endlich werden wir ein wenig Ruhe haben. Ich bin über Cardinal de Rohan empört. Ich habe erfahren, dass er sich vorgestern Abend während der Illuminierung in die Gärten von Trianon eingeschmuggelt hatte. Ich würdige ihn niemals eines Wortes. Diese Ungehörigkeit macht ihn mir noch verhasster.

12. Juni – Die Nords haben den unglaublichen Wunsch, dass ich morgen mit ihnen »Castor« in der Oper besuche. Ich werde somit gehen, weil ich ihnen einen Gefallen tun will und ihren kleinen Stolz befriedigen, aber ich werde nichts tun, was sich nicht für mich schickt. Nachdem sie nie in unsere Loge kommen, müssen wir in ihre gehen oder sie bitten, in unsere zu kommen? Ich weiß nicht, was besser ist. Ich muss Mercy bitten, mich aufzuklären.

Etwas anderes: wir sollten für sie Samstag ein großes Essen geben, aber sie scheinen all dieser Feste schon so überdrüssig, dass wir beschlossen haben, dass in Marly nichts stattfinden wird. Weil sie aber dennoch hinfahren wollen, muss man sie dazu bringen, am Samstag hinzufahren, wenn sie nach Versailles kommen – vorausgesetzt sie lassen im Voraus Monsieur de Poix den Zeitpunkt wissen, damit er die großen Wasserspiele in Gang setzt. Wenn sie nicht zu früh am Morgen hinfahren, können der König und ich dort zu ihnen stoßen. Wie lästig!

19. Juni – Die Nords sind endlich abgereist. Mercy hat mir gesagt, ich hätte sie hervorragendst behandelt. Wenigstens einmal wird mein Bruder zufrieden sein und, wie ich hoffe, mich mit Lob bedenken. Ich glaube, es verdient zu haben.

26. Juni – Monsieur le Comte d'Artois hat Fieber; dieser Zustand wird seine Abreise nach Gibraltar verzögern; es ist von den Spaniern besetzt und wir kommen ihnen zu Hilfe. Einzig Madame de Canillac, seine Maîtresse, empfindet den Umstand vielleicht als Annehmlichkeit.

5. Juli – Heute Morgen hat Comte d'Artois in der Uniform eines Oberst der Artois-Dragoner vom König Abschied genommen, als dieser gerade aufstand. Mein Mann, der ihn sehr liebt, hatte Mühe, seine Tränen zurückzuhalten. Sein Bruder ist erst heute Nachmittag abgereist; er war schön wie ein Engel. Seine Frau, die noch dazu schwanger ist, hat sich nach seiner Abreise nicht wohl gefühlt: es handelt sich aber nur um eine Unpässlichkeit und nichts Ernstes.

7. Juli – Endlich habe ich Nachricht von Monsieur de Fersen. Er dankt mir dafür, dass ich ihn zum Zweiten Regimentsoberst der Royal Deux Ponts befördern ließ.

Morgen werde ich mich für zwei Wochen in Trianon niederlassen.

25. Juli – Ich muss unbedingt »Les Liaisons dangereuses« (Gefährliche Liebschaften) lesen, ein Roman, von dem alles spricht. Es soll nichts Geistreicheres geschrieben worden und darin das Laster in einer neuen und originellen Form dargestellt sein; das Laster wird allerdings am Ende grausam bestraft. Ich werde es lesen müssen.

8. August – Wir haben sehr gute Nachrichten von Comte d'Artois, der seinem Namen bei der Belagerung von Gibraltar alle Ehre macht. Die Einnahme dieses angeblich uneinnehmbaren Felsens gilt praktisch als vollzogen.

15. August – Wir sind nun gezwungen, Trauer für die Königinmutter von Schweden, Schwester des Königs von Preußen, anzusetzen. Sie hat stets Probleme verursacht, wo sie nur konnte. Sie hat einiges in Gang gesetzt, um ihren Sohn und ihr Volk davon zu überzeugen, dass der Kronprinz die Frucht eines Ehebruchs gewesen sei. Dieses Kind scheint im Übrigen Kenntnis von der bösen Haltung seiner Großmutter gehabt zu haben, denn als sie es vor ihrem Tod sehen wollte, hatte man allergrößte Mühe, den Jungen zu ihr zu bringen.

18. August – Admiral de Grasse ist heute Morgen nach Versailles gekommen zu einer Zeit, als man ihn am wenigsten erwartet hatte. Er macht seinen Mund hauptsächlich auf, um sich über die Offiziere zu beklagen, die seinem Befehl unterstehen. Man spricht davon, ihn vor einen Kriegsrat zu zitieren, aber der König hat nicht die Absicht, das zu tun. Das Schicksal wollte es, dass die Dinge sich zum Schlechten wenden, darin besteht sein ganzes Verbrechen.

21. August – Der König hat Monsieur de Grasse empfangen, der ihm sein Missgeschick geschildert hat. Anschließend hatte er ein Diner mit dem Marineminister. Es wird keinen Kriegsrat geben.

8. September – Ich bin sehr traurig. Madame Dillon, eine meiner Hofdamen, ist vergangene Nacht an einer Lungenkrankheit gestorben. Ihr waren Anmut, hübsches Aussehen und ein liebenswürdiges Wesen in die Wiege gelegt worden. Ich mochte sie sehr gern. Prince de Guémené ist verzweifelt: Er hatte seit zwölf Jahren mit ihr zusammengelebt! Madame de Guémené hat mich um Erlaubnis gebeten, Trianon zu verlassen, um ihren Gatten trösten zu fahren.

9. September – Ich habe meine Tochter ins Schloss von La Muette gebracht, wo sie geimpft werden wird. Wir werden einen Monat dort verbringen. Mein Sohn wird in Versailles bleiben mit der Untergouvernante und Madame de Guémené, sobald sie zurückkommt. Allerdings glaube ich nicht, dass diese Prinzessin ihr Amt lange behalten wird. Ihr Mann wird ihr Anlass zu großer Verzweiflung geben. Er ist völlig ruiniert. Seine Schulden belaufen sich auf dreißig Millionen Livres. Der Skandal wird zwangsläufig Staub aufwirbeln; wir können nicht zulassen, dass die Erziehung unserer Kinder der Frau eines Pleitiers, und sei es auch die Tochter von Marschall de Soubise, anvertraut wird. Ich muss zwangsläufig an die kritischen Bemerkungen meines Bruders über sie denken. Ich fand Joseph damals sehr ungerecht, aber jetzt frage ich mich, ob er nicht Recht hatte.

15. September – Ich komme gerade von einer kleinen viertägigen Fahrt nach Louvois in der Champagne zurück, wo unsere Tanten jedes Jahr sechs Wochen verbringen. Die Leute sind von weither gekommen, um mich zu sehen. Ich habe einer Menschenmenge das Bild meines Sohnes gezeigt, das ich als Medaillon trage, und ihnen dabei gesagt: »Meine Lieben, das ist Monsieur le dauphin.« Wenn ich dieses kleine Schmuckstück nicht als Anhänger am Hals getragen hätte – ich glaube, sie hätten es wie eine Ikone geküsst. Bei der Abreise habe ich bekannt geben lassen, dass ich die gesamte Kopfsteuer der Bewohner von Louvois bezahlen werde, woraufhin ich noch lange von Beifall und Freudentränen begleitet wurde. Wie schlecht man doch die Franzosen kennt. Schon wenig genügt, um sich beliebt zu machen.

17. September – Meine Tochter gedeiht prächtig.

1. Oktober – Der Skandal der Guémenés ist jetzt öffentlich bekannt. Ihre Habe ist beschlagnahmt. Der Prinz hat seinem Schwiegervater gesagt, er sei betrogen worden und hätte selbst alle betrogen, als er es einem gewissen Herrn Marchand überlassen hätte, sein Vermögen zu verwalten. Dieser Dummkopf hat unentwegt neue Schulden aufgenommen, um die Rückstände der alten zu bezahlen; er sitzt im Gefängnis. Jedoch nicht er wird die Schulden der Guémenés begleichen. Cardinal de Rohan, dessen Aufgeblasenheit nur in seiner Dummheit ihresgleichen findet, hat in seinem üblichen prahlerischen Ton erklärt: »Es gibt nur einen König oder einen Rohan, der derart pleite machen kann.«

2. Oktober – Der König läßt mir freie Wahl bei der neuen Gouvernante. Man denkt an Princesse de Chimay und Duchesse de Duras. Ich werde mich nicht damit abfinden können. Die strenge Frömmigkeit der einen und das viele Wissen der anderen machen mir Angst. Ich wäre glücklich, wenn Madame de Polignac dieses Amt annähme, das allerdings nicht ihrer Neigung zum Einfachen und ihrem gleichgültigen Wesen entspräche. Aber ich würde so näher die Erziehung meiner Kinder überwachen und hätte alle, denen meine innigen Gefühle gelten, in meiner Nähe vereint. Meine Freundin könnte mir kein stärkeres Zeugnis ihrer Ergebenheit schenken als meinem Wunsch nachzugeben. Ich muss mit ihr darüber heute Abend sprechen.

3. Oktober – Ich bin ein wenig traurig. Meine Freundin hat zwar nicht versäumt, mich feierlich ihrer aufrichtigen Zuneigung und ihrer Dankbarkeit zu versichern, jedoch um Bedenkzeit gebeten, bevor sie mein Angebot annimmt. Die Ehre, die der König und ich ihr erweisen, schien sie beinahe zu belasten.

4. Oktober – Baron de Besenval wollte eine Unterredung mit mir unter größter Geheimhaltung: er wollte wissen, was vom Gerücht zu halten sei, das Madame de Polignac die Nachfolge von Madame de Guémené zuschreibt. Ich spielte die Erstaunte und antwortete ihm, die Entscheidung sei noch nicht reif. Sollen sie nur so viel schwatzen wie sie wollen. Sie sind mir lästig.

10. Oktober – Heute Morgen habe ich meine Tochter bei mir behalten, was zu viel Gerede Anlass gegeben hat. Man stellt sich schon vor, dass ich sie selbst aufziehen werde!

15. Oktober – Ich war eben zu Tode erschrocken, als ich hörte, dass man ein Stück Glas in der Brotsuppe meines Sohnes entdeckt hatte. Gott sei Dank wurde es rechtzeitig entdeckt. Nichts geschieht wie es sollte im Bereich von Monsieur le dauphin, und Princesse de Guémené scheint sich darüber keine Sorgen zu machen. Nicht sie, sondern die Gouvernante der Amme ist damit beauftragt, die Brotsuppe zuzubereiten. Doch diese Gouvernante, die Kammerfrau von Madame de Guémené, ist sich zu gut, um solche Tätigkeiten auszuführen, und hat eine Küchenmagd gebeten, das an ihrer Stelle zu tun. Dieses Mädchen hat einen Flaschenboden benutzt, um den Brei zu zerstampfen; dabei sind Glassplitter entkommen, ohne dass sie es bemerkt hat. Wenn ich daran denke, dass unser Kind durch die Unachtsamkeit dieser Frau hätte sterben können … Ich verlange die Entlassung der Gouvernante der Amme und erwarte, dass die Prinzessin ihr Amt zurücklegt.

20. Oktober – Ich habe endlich das Kündigungsgesuch von Prinzessin de Guémené erhalten. Sie könne nicht mehr bei Hof erscheinen und danke mir für meine Wohltaten.

22. Oktober – Heute ist Geburtstag von Monsieur le dauphin. Vor Verlassen ihrer Position hat Madame de Guémené auf Befehl des Königs meinen Sohn in die Hände von Baronne de Mackau gelegt, wo er bis zur Ernennung von Madame de Polignac bleibt. Wenn ich daran denke, dass sich meine Freundin bitten lässt, diese Funktion anzunehmen, packt mich ein solcher Zorn, wie ich ihn ihretwegen sonst noch nie empfinden konnte.

23. Oktober – Prince de Guémené ist vom Hof verbannt und auf einen Umkreis von zwanzig Meilen auch von Paris. Die Prinzessin zieht auf ihren Besitz nach Vigny zurück. Ich habe Maréchal de Soubise gesagt, wir würden ihn immer behandeln, wie wir es seinem Rang, Alter und seinen Diensten schuldeten, könnten ihm aber jetzt nachfühlen, wie unangenehm es für ihn sein müsste, sich in La Muette zu befinden, obwohl er dort Gouverneur ist. Wir haben ihn davon befreit, bis zum Ende des Aufenthalts dort zu bleiben.

25. Oktober – Madame de Polignac hat endlich angenommen. Warum hat sie dazu so lange gebraucht? Ich hasse es zu warten und habe nie jemanden bedrängt. Ist ihre Freundschaft doch nicht so ehrlich wie ich glaube?

26. Oktober – Ich werde meine Tochter mit zwei Untergouvernanten in einem Appartement unterbringen, das näher bei meinem liegt.

3. November – Wir sind wieder hier in Versailles. Es regnet, es ist kalt und ich fühle mich nicht wohl. Es sind meine Nerven. Ich weine ohne Grund. Eine unglaubliche Traurigkeit bedrückt mich. Ich will niemanden mehr sehen. Diese Comtesse de Provence bringt mich mit ihrer gespielten Naivität auf die Palme. Sie redet dummes Zeug daher. Ihre Schwester ist nicht viel besser. Und außerdem habe ich auch schon so lange keine Briefe aus Amerika bekommen. In Paris ist eine Konferenz eröffnet worden: Sie soll das große Werk des Friedens herbeiführen. Ich bin jedoch sehr verärgert über Monsieur de Vergennes, weil der nicht will, dass mein Bruder in die Verhandlungen einbezogen wird. Was für eine Dummheit!

4. November – Gestern hat Madame de Polignac meinen Sohn aus den Händen von Madame de Mackau erhalten. Sie ist gleich in das Appartement, das ihrer Position zusteht, eingezogen; es liegt am Ende des Südflügels im Parterre. Sie wird nicht im Zimmer von Monsieur le dauphin schlafen, aber die Tür, die es mit ihrem Appartement verbindet, wird immer offen bleiben.

21. November – Comte d'Artois ist gestern zurückgekommen.

24. November – Ich langweile mich.

15. Dezember – Endlich habe ich einen Brief von Monsieur de Fersen. Die Umstände, unter denen er schreibt, sind immer gefährlich. Die Küsten sind voll englischer Kreuzer, die es unseren Schiffen unmöglich machen, auszulaufen. Er erhält selbst wenig Nachrichten aus Frankreich und Schweden und ist oft verzweifelt darüber, so wenig zu wissen. Mich schaudert beim Gedanken daran, dass er auf einem Strohsack unter einem Zelt schläft. Der Krieg wird bald zu Ende sein; das sagt er mir und ich hoffe es.

24. Dezember – Es geht mir viel besser.

25. Dezember – Madame hat mich heute morgen zum Messopfer begleitet. Ich habe ihr Gesicht noch nie so verdrossen gesehen. Die Arme. Ich glaube, sie muss sehr unglücklich sein.

1783

6. Januar – Comtesse d'Artois ist von einer Tochter entbunden worden, die Mademoiselle d'Angoulême genannt werden wird. Das Kind ist im achten Monat auf die Welt gekommen und scheint ziemlich zart zu sein. Man weiß nicht, ob es überleben wird.

7. Januar – Es ist am römischen Hof Tradition, für Dauphins und erste Infanten Spaniens geweihte Windelwäsche zu senden. In dem Augenblick, in dem ein solcher Prinz auf die Welt kommt, lässt man die schönsten Spitzen, goldgesäumte Teppiche und eine prachtvolle Truhe anfertigen, wo all das hineingelegt wird. Dies alles benötigt viel Zeit, und da es sich bei dem Geschenk um eine reine Formalität handelt, spielt der Zeitpunkt der Übergabe keine Rolle. Mein Sohn braucht keine Windeln mehr, aber das Geschenk des Heiligen Vaters wurde ihm heute morgen vom Nuntius in Anwesenheit des Königs überbracht. Ich musste selbst dem Repräsentanten Seiner Heiligkeit eine Audienz gewähren, nach welcher er zu jener meines Sohnes gegangen ist, der von Madame de Polignac auf den Armen getragen wurde, schließlich weiter zu jenen von Monsieur, von Madame, von Comte d'Artois, Madame Élisabeth und von unseren Tanten. Ach! Sakrosankte Etikette!

20. Januar – Der Friede ist endlich unterzeichnet. Der König ist überglücklich darüber, aber ich bedaure dennoch, dass er nicht das Angebot des Kaisers für die Verhandlungen in Anspruch genommen hat. Ich bin sicher, dass die Bedingungen für diesen Frieden besser gewesen wären. Mein Mann wollte nie Vernunft annehmen. Er ist zu sehr von den Vorstellungen dieses Monsieur de Vergennes vernagelt, der sich wie ein Pfau aufbläst. Ich weiß, wie sehr dieser Minister der Allianz gegenüber nach wie vor feindlich gesinnt bleibt. Er wird selbst den großen Ruhm für ein Abkommen einstecken wollen, das nicht so gut ausgefallen ist wie er es hätte einrichten können. Endlich werden unsere Offiziere heimkehren. Ich weiß nicht mehr, worauf ich hoffen kann. Was könnte ich im Übrigen auch erhoffen? Ich wäre verrückt, mir etwas vorzustellen – was es auch immer ist. Ich gehöre dem König, meinen Kindern, und bin mir zu sehr meiner Pflicht bewusst, noch einen zweiten Sohn zu bekommen.

10. Februar – Ich kann tun, was ich will und was in meiner Macht steht, um mich zu verhalten, wie es meine liebe Mama gewünscht hätte – und doch hört man nicht auf, mich bei Hof zu kritisieren. Nicht genug damit, gibt es auch noch Leute, die perfide genug sind zu versuchen, unser zerbrechliches Familienglück zu zerstören, indem sie dem König eine Maîtresse verschaffen wollen! Man registriert seine kleinste Annäherung zu Damen des Hofes. Die einen vermuten, er sei Madame de Belzunce zugeneigt, während die anderen flüstern, er hätte eine Liebelei mit Madame de La Roche-Fontenilles; dabei verfügt sie über keinerlei Eigenschaften, die eine so glänzende Eroberung voraussetzt. Mein Mann hat mir neuerlich versichert, er hätte nie die geringste Neigung für eine andere Frau als mich verspürt. Im Übrigen hat er Duc de Coigny erklärt, er wünschte nicht, dass sich Szenen früherer Regentschaften wiederholten. Ich bin ihm dafür dankbar.

15. Februar – Mein Bruder beglückwünscht mich zu den Friedensbedingungen. Er steht zu sehr über den Dingen, als dass ihn das Verhalten eines Monsieur de Vergennes kümmerte. Joseph kündigt an, dass ich bald Gelegenheit haben würde, meine Allianztreue unter Beweis zu stellen. Seit ich verheiratet bin, scheint mir diese Allianz bedroht, und immer obliegt es mir, sie zu verteidigen, ja sogar zu retten. Jedes Mal stoße ich mich an Monsieur de Vergennes und erreiche beim König nichts als gute Worte.

18. Februar – Mercy hat mich darüber unterrichtet, was sich ankündigt. Die Zarin, die einen eigenwilligen Kopf hat und der keinerlei Vernunft Einhalt gebietet, hat die Krim, den Kuban und die Insel Taman im Visier. Ganz sicher wird ein russisch-türkischer Krieg ausbrechen. Denn mein Bruder ist mit Katharina verbündet, während Frankreich immer noch das Ottomanische Reich unterstützt. Wenn sich nur Preußen noch einschaltet, könnten wir ganz Europa in Flammen und Blut und den König gegen den Kaiser kämpfen sehen. Gott bewahre uns vor diesem Unglück. Noch ist alles offen. Ich kann nichts tun – außer abwarten.

20. Februar – Auf dem Ball, den ich gestern im kleinen Saal der Komödie gab, hatten wir viele Engländer. Dieser Abend hat sie begeistert. Gewiss kann es der Hof von Saint James mit dem unseren nicht aufnehmen.

5. März – Mir ist es wirklich nicht möglich, mich zu amüsieren wie andere Frauen. Mercy hielt es für nötig, mir von den bösen Gerüchten zu berichten, die erneut über mich kursieren. Man nimmt Anstoß daran, dass ich in La Muette über Nacht bleibe statt nach Versailles zurückzukehren. Kann man nicht verstehen, dass das während der Ballsaison viel angenehmer und weniger anstrengend ist? – Gestern, als ich mit Madame de Polignac in der Oper war, hat man meinen Sohn entwöhnt. So wurden wir nicht gebraucht, aber der König wollte zu Monsieur le dauphin gehen und hat nur Madame de Mackau vorgefunden, die er nach Madame de Polignac gefragt hat. Als er erfuhr, dass sie in Paris sei, hat er gegenüber der Untergouvernante sein Missfallen darüber geäußert, dass sich die Duchesse ohne seine Erlaubnis entfernt hätte.

7. März – Mein Sohn gedeiht wunderbar, aber der König zeigt mir die kalte Schulter.

18. März – In Paris habe ich die Gebäude beim Palais Royal besichtigt, die bald bewohnt sein werden. Duc de Chartres wird jetzt den Grund nutzen, auf dem die Oper vor dem Brand gestanden hatte, und dort Wohnhäuser mit möblierten Räumen errichten. Man findet, dieser Prinz hätte noch nichts getan, was nicht zu vermieten ist! Er hat vor, demnächst nach London zu reisen. Wir würden sehr gut ohne seine Anwesenheit auskommen.

29. März – Der König hat Monsieur de Fleury, seinen Finanzminister, entlassen und ersetzt ihn durch Monsieur d'Ormesson, einen sehr anständigen jungen Mann. Mercy hält diese Wahl für sehr klug. Er hatte mir im Übrigen geraten, mich in diese Nachfolge nicht einzumischen, und ich bin seinem Rat gefolgt. Mein lieber Botschafter hat andere Sorgen und ich auch. Er betont mir gegenüber täglich, dass die Geschicke der Allianz in meinen Händen lägen. Er sollte jedoch wissen, dass ich kaum einen Einfluss auf politische Angelegenheiten habe.

3. April – Gestern war ich zu Tode erschrocken, als ich vom Pferd fiel, denn beinahe wäre ich mit dem Kopf auf einem riesigen Stein aufgeschlagen und tot. Aber gottlob ist mir nichts passiert. Ich bin in der Kutsche zurückgefahren. Der König kam sofort herbeigeeilt, aber Lassone hat uns beruhigt. Ich habe Arm- und Beinschmerzen. Ich hoffe, in ein paar Tagen wird davon nichts mehr zu spüren sein.

10. April – Meine Tochter hat mir einen Schmerz zugefügt, der für mich unfassbar war. Ich habe mich noch nicht davon erholt. Sie spielte in meinem Kabinett, während ich Abbé de Vermond von meinem Unfall zu Pferd erzählte und er mich zu ermahnen begann, mich weniger Gefahren auszusetzen. Anschließend wandte er sich an meine Tochter, um festzustellen, ob sie erfasst hätte, in welcher Gefahr ich mich befunden hatte, und ob sie darunter sehr gelitten hätte. »Das ist mir gleichgültig«, antwortete sie. – »Madame weiß nicht, was das bedeutet, mit dem Kopf aufzuschlagen. Die Königin wäre tot«, erklärte der Abbé. – »Das wäre mir ganz egal gewesen«, wiederholte meine Tochter. – »Aber Madame wissen gewiss nicht, was der Tod bedeutet?« – »Doch, Monsieur l'Abbé, ich weiß es wohl. Man kann die toten Menschen nicht mehr sehen. Ich würde die Königin nicht mehr sehen und wäre darüber froh, weil ich dann tun kann, was ich will.« – Ich habe nie zuvor einen solchen Schmerz empfunden. Ich habe meine Tochter sofort bestraft und mich sehr schlecht gefühlt. Meine Frauen haben mich wieder aufgemuntert. Sobald ich konnte, bin ich zu Madame de Polignac geeilt, wo ich in Tränen ausbrach. Wie können derart grausame Worte dem Mund eines vierjährigen Kindes entspringen, das ich wahnsinnig liebe? Welche Kälte! Welche Härte! Das ist erschreckend für mich. Meine Freundin meint, alles Übel käme von Madame d'Aumale, einer der Untergouvernanten. Diese Person versteht es nicht, Kinder zu erziehen und versäumt keine Gelegenheit, meiner Tochter zu drohen, mir all ihre Dummheiten zu erzählen. Sie hat mich vor ihr zu einem echten Schreckgespenst gemacht. Was für eine hirnlose Person! Anscheinend ist es auch der Fall, dass die Kammerzofen die Prinzessin immer wieder mit berechnendem Entgegenkommen verwöhnen, mit dem Hintergedanken, sie günstig zu stimmen für später, wenn sie größer ist. All das betrübt mich mehr, als man sich vorstellen kann. Ich verlange die Entlassung dieser Frauen, angefangen von Madame d'Aumale. Mein Mutterherz ist gebrochen.

11. April – Ich habe Abbé de Vermond gebeten, mit meiner Tochter zu reden und mir getreu ihre Äußerungen wiederzugeben. Ich will verstehen, was in diesem Kind vorgeht. Was er mir berichtet hat, lässt mir keine Illusion. Sie hat ihm gesagt, dass sie mich nicht liebe, weil ich ihr nie Aufmerksamkeit schenkte. Sie behauptet beispielsweise, dass ich, wenn ich sie zu meinen Tanten führe, eilig vorausginge, ohne zu sehen, ob sie mir folgte, während der König sie an der Hand nähme und sich um sie kümmerte. Vermond glaubt, die Prinzessin lasse viel Geist erkennen, Stolz und einen beunruhigenden Charakter. So weit ich zurückdenken kann – nie habe ich aufgehört, meine Mutter zu lieben; dabei war die Kaiserin weiß Gott anspruchsvoll und streng mit uns allen. Ich habe sie gefürchtet, sogar große Angst vor ihr gehabt, sie aber immer heiß geliebt. Ihr Liebe zu verlieren wäre für mich die schlimmste aller Strafen gewesen. Ihr Tod hat mir untröstlichen Schmerz bedeutet. Wie konnte ich einem so bösen Kind das Leben schenken? Ist sie so sehr von der Luft dieses Hofs verdorben?

12. April – Ich habe meine Tochter zu mir kommen lassen, die immer noch unter Strafe steht. Ich habe versucht, mit ihr zu sprechen. Sie hat mir ohne sich zu entschuldigen erklärt, es hätte ihr Vergnügen bereitet, den Gesichtsausdruck zu sehen, den ihre Antworten bei ihrer Umgebung auslösten. Ich habe sie in ihr Zimmer zurückgeschickt. Ich begreife mein Kind nicht.

23. April – Madame d'Aumale hat ihre Entlassung eingereicht und ich habe sieben Kammerzofen entfernen lassen, die meiner Tochter unterstanden waren. Ich muss jetzt alles genau unter Kontrolle halten, was bei meinen Kindern vor sich geht.

28. April – Ich bin zur Eröffnung des Théâtre Italien gefahren, kurz vor sechs Uhr. Madame, Madame Élisabeth, gefolgt von Madame d'Ossun und Madame de Guiche haben mich begleitet. Die Vorstellung begann mit einem lächerlichen Prolog und einer langen Abhandlung über die italienische Komödie. Das Publikum hat sich so sehr gelangweilt, dass es unmöglich war, die Buhrufe zum Verstummen zu bringen. Ein paar Harlekinaden und eine ganz passable Musik haben den Rest der Worte ertragen lassen. Diese Aufführung hat keineswegs meine düsteren Gedanken vertreiben können. Ich glaube, das Stück von Monsieur de Beaumarchais wäre dazu besser geeignet. Dieser Teufel von einem Mann hat eine Fortsetzung von »Der Barbier von Sevilla« geschrieben. Er hat sie bei Madame de La Vaupalière vor sechzig Zuhörern vorgelesen. Sein Geist und seine Phantasie haben denen, die ihn hörten, höchsten Genuss beschert.

7. Mai – Alles spricht von der »Hochzeit des Figaro«. Madame de Polignac hat mir das Beste davon erzählt. Der König, der diesem

Beaumarchais gegenüber Vorbehalte hegt, hat Madame Campan, meine Kammerzofe, gebeten, uns daraus vorzulesen. In der Zwischenzeit wiederholen wir die Opéra comique von Tonnelier, eine nette Komödie, die von kleinen Arien durchzogen ist. Ich spiele dabei die Fanchette.

12. Mai – Der König lehnt es ab, die »Hochzeit« spielen zu lassen. Er hat die Lektüre von Madame Campan mehrmals mit empörten Ausrufen unterbrochen. Er findet das Stück abscheulich und äußerst geschmacklos. Er behauptet, man müsste die Bastille abreißen, damit die Aufführung dieses Stücks nicht gefährliche unüberlegte Aktionen auslösen würde. Ich bin sehr enttäuscht; die Handlung ist romanhaft, die Figur der Comtesse berührend, und die Verwechslungsszenen in den Gartenlauben phantasieanregend.

14. Mai – Baron de Breteuil, der seit mehreren Tagen aus Wien zurück ist, hat mir liebe Nachrichten von meinem Bruder überbracht. Er macht mir derzeit eifrig den Hof in der Hoffnung, dass der König ihm ein Ministerium anvertraut. Ich mag seine Gesellschaft und weiß, dass ich Vertrauen zu ihm haben kann. Heute denkt er daran, seine einzige Enkelin zu verheiraten, die gerade neun Jahre alt ist. Es ist sehr naheliegend, ihr den Sohn meiner lieben Duchesse de Polignac zu geben. Diese Heirat würde mir Freude bereiten, aber ich mische mich hier nicht ein.

20. Mai – Ich wiederhole die Rolle der Fanchette, deren Lied ich so liebe: »Die Liebe wacht in diesem Garten.«

29. Mai – Was für ein Pech! Wir werden heute Abend nicht spielen. Ich habe mir den Fuß verstaucht, und die Schwellung ist viel stärker geworden. Ich hätte mit einer Bandage spielen können, aber man hat mir zu verstehen gegeben, dass diese Art des Amüsements am Himmelfahrtstag ein weiterer Stein des Anstoßes wäre, zumal zahlreiche satirische Lieder darin vorkommen.

4. Juni – Ich habe mich in Trianon niedergelassen.

7. Juni – Ich zittere vor Aufregung. Mein Herz schlägt so stark, dass ich meine, alle könnten es hören. Monsieur de Fersen ist auf See. Ich werde ihn in ein paar Tagen sehen, und er hat die Absicht, den Winter hier zu verbringen, bevor er zu seinem Vater nach Schweden fährt. Mehrere unserer Briefe müssen verlorengegangen sein. Denjenigen, den ich vor seiner Abreise von einem unmöglichen Ort nahe von Curaçao bekommen habe, lässt mir keine Zweifel über seine Gefühle. Dabei kommt er zu einem Zeitpunkt, wo ich schon glaubte, ihn vergessen zu haben, wo ich ihn vergessen wollte. War das überhaupt möglich?

8. Juni – Ich möchte schreiben, um meine Ungeduld zu beruhigen, aber ich wage nichts dem Papier anzuvertrauen.

10. Juni – Hier bin ich wieder auf den Boden der Realität zurückgeholt worden: Monsieur de Vergennes hat gerade verkündet, dass die Zarin offenbar bereits auf der Krim einmarschieren ließ. Der Krieg scheint unausweichlich, und meine schlimmsten Befürchtungen könnten sich bewahrheiten. Mercy wollte mir einreden, dass es von mir abhinge, die Dinge eine glückliche Wendung nehmen zu lassen: ich soll den König davon überzeugen, dass mein Bruder mitnichten für die Pläne der Zarin sei und alles tue, um ihren Provokationen ein Ende zu setzen. Mercy hat mir versichert, mir genauso ergeben zu sein wie dem Kaiser; er würde mir niemals etwas raten, das zu dem, was ich dem König und Frankreich schulde, in Widerspruch stünde. Ich glaube ihm. Ich muss also versuchen, das Misstrauen meines Mannes gegenüber meinem Bruder zu mindern.

11. Juni – Ich bin völlig verzweifelt. Der König glaubt nicht an die ehrliche Absicht des Kaisers. Das hat er mir anlässlich des Vorschlags bewiesen, den der Wiener Hof unterbreitet hat, Frankreich jegliche

Freiheit für die Eroberung Ägyptens zu lassen, das zum Ottomanischen Reich gehört. Graf von Kaunitz erwartet die Antwort des Königs. Mein Mann, der ziemlich verärgert ist, hat keinerlei Lust, auf dieses Angebot einzugehen. Er wird niemals Joseph in einer Aktion gegen die Türken unterstützen. Er ging so weit, mir zu sagen, nachdem ich Mutter des Dauphin sei, sei es nicht angebracht, auf dessen Kosten Vorteile für das Haus Österreich zu begehren. Ich kann im Augenblick nichts tun und gebe zu, dass dieHaltung meines Bruders dazu angetan ist, mich in Konflikte zu stürzen. Er hat sicher Gründe, die der König nicht kennt.

14. Juni – Ich bin nicht mehr ich selbst. Ich schwanke zwischen Unruhe und Hoffnung. Alles kommt zusammen: meine Sorge um die Allianz und dieses verrückte Warten auf die Rückkehr von Monsieur de Fersen. Aber ich muss mich zusammennehmen: verhindern, dass der König in Zorn gerät, Monsieur de Vergennes keine heftigen Auftritte liefern, Mercys Eifer zähmen, zu allen lächeln und vor allem nicht mehr denken, nicht mehr denken.

15. Juni – Als ich es wirklich nicht erwartet hatte, ist der König in dieser Nacht zu mir gekommen und hat mir versprochen, morgen wiederzukommen …

18. Juni – Monsieur de Fersen hat gestern an der französischen Küste angelegt. Er wird in Dangu bei Baron de Bréteuil Halt machen und bald bei mir sein. All das scheint mir wie ein Traum, der einen glücklichen Ausgang nicht haben kann, nicht haben darf.

19. Juni – Wenn ich mir die zärtliche Zuneigung eingestehe, die mich zu ihm hinzieht, rufe ich mir die Vorzüge seiner Seele, die Güte seines Herzens, die Erhabenheit seiner Gefühle in Erinnerung. Ich stelle mir sein angenehmes Gesicht, sein nobles Aussehen, seine elegante Figur und diese Würde vor, die sich in allen seinen Bewegungen entfaltet.

20. Juni – Habe ich mich sehr verändert seit seiner Abreise? Ich werde bald achtundzwanzig Jahre alt sein. Wie er.

21. Juni – Ich fürchte unser Wiedersehen ebenso wie ich es ersehne.

23. Juni – Mademoiselle d'Angoulême ist heute morgen gestorben. Als Frühgeburt drohten ihr Missbildungen im Körperbau, weshalb ihr Verlust meinen Bruder keineswegs betrübt hat; für seine Frau bedeutet er dagegen großen Kummer.

25. Juni – Der heutige Tag war unvergleichlich. Wir haben uns wiedergesehen. Unsere Herzen haben gesprochen und werden es immer tun. Wie sollte man auch an so reinen, so uneigennützigen Gefühlen zweifeln? Er ist mein bester Freund und ich hab ihm meine Zuneigung anvertraut. Ich verlange nicht, dass er mir Gründe zu finden hilft, gegen sie anzukämpfen; aber ich will, dass er dieses Vertrauen als Zeichen meiner Wertschätzung betrachtet, mein Geheimnis jedoch in Zeiten, in denen ich nicht möchte, dass er mich daran erinnert, vergisst.

26. Juni – Ich denke nur an Ihn. Ich habe Ihn heute näher betrachtet, mit neuen Augen: Er schien um zehn Jahre gealtert, aber er ist immer noch so schön. Er lehnt die Heiratspläne, die sein Vater für ihn wünscht, ab. Er hat mir gestanden, nachdem Er nicht der einzigen Person gehören kann, der Er gehören möchte, der einzigen, die Er wirklich liebe, wolle Er niemandem gehören. Wenn ich daran denke, dass der Feldmarschall die Absicht hatte, Ihn Mademoiselle Necker heiraten zu lassen! Gewiss, sie ist sehr wohlhabend. Was macht das alles jetzt schon aus! Er muss unbedingt ein Regiment bekommen. Ich möchte, dass Er Oberst und Inhaber des Royal Suédois-Regiments wird.

27. Juni – Madame de Polignac hat mir gesagt, der König meinte, ich sei noch über ihn verstimmt nach dem Streit, den wir kürzlich hatten. Immerhin hatte er Grund zu zweifeln, dass wir versöhnt sind. Er war unsicher, ob ich mich am Trou d'Enfer bei seiner Truppenschau zeigen würde. Ich bin hingefahren und habe so glücklich ausgesehen, dass er dachte, es wäre, um mich für die Szene anderntags zu entschuldigen.

4. Juli – »Ich kann kaum fassen, wie glücklich ich bin«, hat Er mir gesagt. Ich wiederum fühle mich so glücklich, dass mir mein Glück Sorgen macht; wenn irgendein Ereignis es zerstören soll, bitte ich den Himmel darum, dass es mein Tod ist. Ich werde die süße Gewissheit, geliebt zu werden, mit ins Grab nehmen; ich werde sie in alle Ewigkeit bewahren.

12. Juli – Heute ist Er in Dangu bei Baron de Breteuil. Gestern war Er hier. Ich sitze an jenem Platz, den Er innehatte. Es macht mir Freude, mich auf den Sitz zu setzen, wo Er war, wo Er bald sein wird: ich lehne meinen Kopf an dieselbe Stelle, auf die er den seinen stützte …

14. Juli – Es kommen wenig Menschen nach Versailles, und mir ist das sehr angenehm. Ich tue so, als wäre das Gegenteil der Fall und nehme mir vor, Ihn in der Öffentlichkeit ganz gewöhnlich zu behandeln. Niemand darf unser Geheimnis ahnen.

16. Juli – Er ist mit dem König auf der Jagd. Meine Augen sind auf die Zeigerspitzen der Uhr geheftet: Wie langsam sie wandern! In zwei Stunden werden sie fliegen, Er wird kommen!

22. Juli – Duchesse de Manchester, neue Botschafterin Englands, kommt zum ersten Mal, mir ihre Aufwartung zu machen.

26. Juli – Morgen wird Baron de Breteuil in seiner Eigenschaft als Staatsminister in den Rat eintreten, bis ein Ressort vakant geworden ist. Er verhehlt nicht seine Freude. Hier ist wenigstens ein zuverlässiger Mann im Ministerium, der, wie ich hoffe, ein Gegengewicht zum Einfluss von Monsieur de Vergennes darstellt.

2. August – Diese Sommertage regen Leidenschaften an und machen sie noch heftiger und hoffnungsvoller. Diese geheime Weisheit, diese wundervolle Harmonie, die alle Lebewesen verjüngt, scheint alles stärker fühlen zu lassen. Sie berührt unser Herz, bringt zum Nachdenken, weckt in uns ein unbestimmtes Verlangen und ermuntert uns, ein Glück zu suchen, das uns fehlt. Dieses Glück ist nichts anderes als die Liebe. Was sonst könnte ihresgleichen sein?

6. August – Ich glaubte mich so sehr in meiner Abstammung, in meinem Rang verankert, dass ich mich selbst tausendmal verwünscht habe und den Himmel gebeten, mich zu bestrafen, wenn ich je so schwach war, das Glück meiner Pflicht vorzuziehen. Aber ich habe immer diese Augen vor mir, die von Liebe sprechen und deren Feuer mich erfasst. Ich spüre seine Hand, die zart die meine drückt. Ich höre den Klang dieser Stimme mit dem Akzent, der mir so sehr gefällt. Welcher Rang, welcher Staat kann höher als das Glück stehen?

15. August – Ich habe lange mit Baron de Breteuil gesprochen, der selbst auch möchte, dass ich mich in die Staatsgeschäfte einschalte. Ich mag den Baron gern. Ich habe jedoch nicht die Absicht, ihm auf die Wege des Ruhms zu folgen, auf die er mich zu führen versucht. Er ist sehr gut auf dem Laufenden über alle Seine Angelegenheiten, die meines großen Freundes, und wirkt mit, dass Er sein Regiment bekommt, wofür ich ihm unendlich dankbar bin.

21. August – Während ich ganz in meinem Glück schwelge, macht sich mein Bruder Sorgen: Monsieur de Vergennes lässt die Flotte von Toulon bewaffnen und erklärt offiziell und lautstark, dass, sollte »der ungeheure Plan« umgesetzt werden, der vom Kaiser abgesegnet sei, der König das allgemeine und sein persönliches Interesse zum Maß seines Vorgehens machen müsse. Mein Mann bleibt taub gegenüber all meinen Erklärungen, und mein Bruder wird ziemlich sicher böse auf mich sein. Warum muss man mich immer mit diesen politischen Angelegenheiten belasten, von denen ich nichts verstehe? Ich werde Ihn heute Abend sehen und alles vergessen – meinen Bruder, die Krim, Monsieur de Vergennes, Mercys Empfehlungen und alles andere. Soll man mich doch in Frieden leben lassen.

25. August – Ich kann es kaum glauben: ich bin schwanger. Ich hatte wohl vermutet, was Lassone soeben bestätigte, nachdem mich heute Nachmittag Übelkeit befallen hat. Er hat eiligst meinen Geburtshelfer kommen lassen: dieser will, dass ich neun Tage lang liegen bleibe. Er fürchtet, dass ich sonst die Frucht verlieren könnte. Danach wird man sehen. Ich habe geweint. Ich weigere mich, irgendjemanden zu empfangen, wer es auch immer sei, ausgenommen den König und Madame de Polignac. Mein Mann hat nicht die gleiche Freude gezeigt wie bei meinen anderen Schwangerschaften. Die Politik meines Bruders verdirbt alles.

31. August – Der König, der wenig mit mir spricht, ist heute morgen nach Compiègne abgereist. Er wird dort bis Mittwoch bleiben, um zu jagen. Wenn mir etwas zustößt, wird er nicht in meiner Nähe sein.

1. September – Ich bin traurig trotz der Briefe, die ich heimlich erhalte.

4. September – Ich habe vom König die Erlaubnis erhalten, »Die Hochzeit des Figaro« in Gennevilliers in dem Haus, das Duc de Fronsac an Monsieur de Vaudreuil vermietet, spielen zu lassen. Nachdem Comte d'Artois Ende des Monats dorthin zur Jagd kommen wird und Madame de Polignac auch da ist, werden wir sie mit dieser Aufführung überraschen. Ich hoffe, das Stück wird am Ende in Paris gespielt.

6. September – Mein Geburtshelfer hat mir die Erlaubnis gegeben aufzustehen. Ich muss mich dennoch schonen. Mein Herz ist bekümmert. Die glücklichen Tage sind zu schnell vergangen. Ich werde Ihn heute Abend sehen. Ich fürchte unser Wiedersehen.

7. September – Er ist so, wie ich es erhoffte. Ist es also wirklich wahr, dass Er mich liebt?

10. September – Er hat das Royal Suédois (Königlich-Schwedische Regiment) bekommen, aber es ist besser, wenn Er jetzt nach Schweden fährt. Sein Vater ist ungeduldig und versteht nicht, was Ihn in Frankreich zurückhält. Noch acht Tage bleiben mir … und werden mich leider zu jenem Tag führen, der mir Ihn wegnehmen wird.

18. September – Er ist fort, aber diesmal bin ich sicher, dass Er wiederkommen wird. Allein das Vergnügen, Ihm zu schreiben, seine Briefe zu erhalten, kann mich die schalen Angelegenheiten vergessen lassen, die der Brauch mir zu pflegen gebietet.

19. September – Wir haben heute ein ungewöhnliches Schauspiel erlebt. Der König hatte Monsieur de Montgolfier eingeladen, vom Hof des Schlosses aus einen Ballon steigen zu lassen. Dieser einzigartige Versuch ist perfekt gelungen. Das Wetter war schön und eine riesige Menschenmenge wohnte den Vorbereitungen bei. Dieser Montgolfier hatte in der Mitte des Hofs auf einem zu diesem Zweck angefertigten Gerüst eine Art Pavillon aus himmelblauem Leinen mit goldenen Verzierungen konstruieren lassen. Wir konnten sehen, wie sich diese riesige Stoffmasse aufblies, in die Lüfte erhob und sehr majestätisch bis hoch in den Himmel emporschwebte und über die Kapelle hinweg, wo sie ein paar Augenblicke lang unbeweglich stehen blieb. Man konnte deutlich den Käfig sehen, den sie trug, der ein Schaf, einen Hahn und eine Ente enthielt. Plötzlich riss ein heftiger Windstoß den Ballon bis zum Jungwald von Vaucresson mit, wo er langsam niederging. Man fand das Schaf außerhalb des Käfigs in

Ruhe weidend vor. Der König hat beschlossen, es in die Tierschau zu geben, um so das erste Tier, das den Weg in die Lüfte eröffnet hat, aufbewahren.

22. September – Ich zwischen meinem Mann und meinem Bruder – meine Situation könnte nicht heikler sein. Joseph schreibt mit einen Brief, energisch und stolz, ohne allerdings seine Verbitterung zu verbergen: Frankreich sei immer bestrebt, die Interessen des Hauses Österreich zu schmälern. Ich bin von den Beweisen, die mir das französische Doppelspiel liefert, zerknirscht. Gott sei Dank sieht mein Bruder meine Verhaltensweise richtig und spürt sehr wohl, wie schwierig meine Lage ist. Ich habe seinen Brief dem König vorgelesen: Dieser versichert mir, dass er die Freundschaft des Kaisers zu erhalten wünsche. Er hat jedoch hinzugefügt, dass der Unterschied der Interessen es nicht ermögliche, die Angelegenheiten in Versailles und in Wien auf die gleiche Weise zu beurteilen. In jedem Fall soll die feste Replik meines Bruders die Unehrlichkeit, die das Ministerium an den Tag gelegt hat, vergessen machen. Joseph kennt unsere Minister. Er darf nicht überrascht sein, dass der König manchmal Antworten durchgehen lässt, die er selbst nicht geben würde.

26. September – Meine Schwangerschaft entwickelt sich günstig, aber ich muss mich noch schonen. Ich werde auch per Boot von Choisy nach Fontainebleau fahren. Meinen Kindern geht es sehr gut. Meine Tochter wird mit uns kommen. Mein Sohn wird in La Muette bleiben; das nur wegen der Dummheit der Ärzte, die nicht wollen, dass er in seinem Alter eine so lange Reise macht, obwohl er doch schon zwanzig Zähne hat und sehr kräftig ist.

2. Oktober – Ich bin erstaunlich dick und mein Bauch formt zwei Erhebungen. Ich frage mich, ob ich etwa Zwillinge zur Welt bringen werde. Um meinen Umfang zu kaschieren, der ständig zunimmt, habe ich Mademoiselle Bertin gebeten, mir Hauskleider zu machen, die man »Pierrots« nennt.

10. Oktober – Gestern sind der König und ich in Fontainebleau eingetroffen. Unsere Tochter hat uns mit Madame de Mackau erwartet. Heute sind alle gekommen, uns ihre Aufwartung zu machen. Die Minister werden erst morgen da sein, der König ist besorgt. Er wird sicher Monsieur d'Ormesson entlassen, der seiner Aufgabe nicht gewachsen ist.

15. Oktober – In Paris hat die Caisse d'Escompte* Geldauszahlungen ausgesetzt, was eine wahre Panik hervorrief. Man spricht nur von Monsieur d'Ormessons Entlassung. Ich habe nicht die Absicht, mich in die Ernennung des neuen Ministers einzumischen. Madame de Polignac und ihre Freunde möchten Monsieur de Calonne sehen, Verwalter von Flandern und Artois. Monsieur de Vergennes ebenso. Ich bin vorsichtig. Mercy hat eingeräumt, es gäbe in puncto Rechtschaffenheit keinen Verkommeneren als ihn.

25. Oktober – Angeblich pilgern die Pariser in Massen nach La Muette, um meinen Sohn zu sehen, und Madame de Polignac lässt alle mit ihm sprechen. Obwohl er erst zwei Jahre alt ist, hat er schon eine ziemlich gute Aussprache und gibt intelligente Antworten. »Oh! Das ist das Bild von Mama!«, hat er ausgerufen, als jemand ihm eine Schachtel Bonbons gab, auf der er mein Gesicht sah. Was für ein Schatz, dieses Kind! Noch dazu, wo ich so lange von ihm getrennt bin, wie unser Aufenthalt hier dauert.

30. Oktober – In Paris gärt es merkwürdig; die Pleiten vervielfachen sich und die Angst schnürt alle Börsen zu. An allem ist Monsieur d'Ormesson schuld.

31. Oktober – Monsieur d'Ormesson hat seinen Rücktritt eingereicht. Monsieur d'Harvelay, Verwalter der königlichen Staatskasse, beharrt beim König auf der Ernennung von Monsieur de Calonne.

---

* Diskontbank

Baron de Breteuil ist gekommen, um bei mir ebenfalls für Calonne zu plädieren. Er ist angeblich der einzige, der das Vertrauen in die Finanzwelt wiederherstellen kann.

10. November – Ich hätte nicht geglaubt, dass man bei einer Fehlgeburt so sehr leiden kann. Es war ein Abortus. Ich glaubte, ich müsste sterben. Dafür erhole ich mich viel schneller wieder als nach einer Entbindung. Ich bin ein bisschen schwach, aber ich hoffe, dass das in einigen Tagen vorbei ist. Wie sehr ich mir auch einen zweiten Sohn wünsche, glaube ich dennoch, dass mich erst ein paar Monate Ruhe in einen besseren Zustand versetzen, eine neue Schwangerschaft gut auszutragen.

12. November – Ich habe mich heute erstmals wieder in der Öffentlichkeit gezeigt. Bei mir wurde gespielt. Ich habe Monsieur de Calonne gesehen, der am Tag meiner Fehlgeburt ernannt wurde. Er wirkt sehr schlau. Sein scharfer und durchdringender Blick erweckt allerdings Misstrauen, und sein Lachen ist ohne Fröhlichkeit.

16. November – Comtesse d'Artois legt ein unwürdiges Benehmen an den Tag. Sie ist schwanger, aber ihr Mann, den sie oft bestürmt hatte, mit ihr zu schlafen, hat sie schon seit Monaten abgewiesen. Das Kind kann nicht von ihm stammen. Es ist vermutlich Frucht der Liebschaft der Prinzessin mit einem Kammerherrn meines Bruders namens Desgranges. Dieser Taugenichts von zugegebenermaßen sagenhafter Schönheit hat es geschafft, wie, weiß ich nicht, in die d'Artois-Garde einzutreten. Er hat Geist, viel Mut und den Willen, um jeden Preis hinaufzukommen. Eines Tages hat er unter eigener Lebensgefahr die ganze Familie von Comte d'Artois gerettet, als dessen Pferde durchgingen und die Kutsche direkt auf das Seine-Ufer zurollte. Mit seiner ganzen Kraft, der eines Herkules, hat er das Fuhrwerk umgelenkt, das wenige Augenblicke später auf einem Feld zum Stillstand kam. Mein Bruder hat ihm seine Dankbarkeit zum Ausdruck gebracht, indem er ihn zum Kapitän der Kavallerie ernannte und ihn bald darauf als seinen gewöhnlichen Kammerherrn in den Dienst nahm. Das war ein großes Glück für einen Mann seiner Sorte; damit hätte er sich begnügen sollen. Meine Schwester war damals so töricht, sich für ihn zu interessieren. Er hat es gewagt, sich mit ihrer Eroberung zu brüsten. Ich habe lange mit meinen beiden Brüdern gesprochen; wir wissen nicht, was der König beschließen wird. Wahrscheinlich wird er ihn verhaften lassen. In der Zwischenzeit habe ich meine Schwester Élisabeth gebeten, nicht ohne mich zu Comtesse d'Artois zu gehen.

17. November – Zu Mittag habe ich Baron de Breteuil holen lassen, um ihm mitzuteilen, dass er Monsieur Amelot als Oberverwalter am Hof des Königs ersetzen wird. Dieses Ressort ist sehr beschränkt, und seine Aktivitäten werden sehr wertvoll für tausend Dinge sein, die seit sechzig Jahren vernachlässigt und schlecht verwaltet worden waren.

22. November – Monsieur de Montgolfier hat in La Muette sein Experiment mit der aerostatischen Maschine wiederholt; diesmal hatten Marquis d'Arlandes und Monsieur Pilâtre de Rozier im Korb, der am Ballon befestigt war, Platz genommen.

2. Dezember – Mein Sohn gedeiht wunderbar; ich habe ihn bei meiner Rückkehr kräftiger vorgefunden, und er spricht schon gut. Meine Tochter hatte bei ihrer Rückkehr nach Versailles ein wenig Fieber; jetzt ist sie wieder vollkommen in Ordnung. Ich habe mir den Weiher angesehen, den ich im hinteren Teil meines Gartens von Trianon, umrahmt von einer Umzäunung, anlegen ließ. Er wird schlichter und natürlicher sein als der von Prince de Condé.

5. Dezember – Mademoiselle, die ältere Tochter von Comte d'Artois, ist heute morgen gestorben. Sie war nur etwas über sieben Jahre alt. Ihr Vater ist sehr betrübt, aber er kannte sie zu wenig, um tiefer verzweifelt zu sein. Comtesse d'Artois, die keine Gefühle kennt, war nicht mehr betroffen über den Tod ihrer Tochter als über jede beliebige andere Sache.

20. Dezember – Die Pläne meines großen Freundes sind vom König von Schweden durchkreuzt worden, den Er in Wismar getroffen hat. Er hat Ihn gebeten, ihn bei einer großen Reise nach Italien zu begleiten. Auf dem Rückweg werden sie in Versailles halten. Er kann mir nicht sagen, wann das sein wird. Alles hängt von der Laune des Herrschers ab, den ich nicht besonders mag. Ich werde vor dem nächsten Jahr keine Briefe bekommen. Monate werde ich verbringen müssen, ohne ihn zu sehen …

1784

8. Januar – Monsieur de Vergennes hat endlich einen anderen Ton angeschlagen. Heute würdigt er die Uneigennützigkeit des Kaisers. Das Problem mit dem Ottomanischen Reich hat sich soeben gelöst, ohne dass Kriegsgefahr bestand. Die Prahlereien des Ministeriums waren nur dazu da, den Rest Europas einzuschüchtern. Das hat nichts genützt. Am Ende fügte sich die Pforte und unterwarf sich den Bedingungen der Zarin. Sie wird die Krim behalten. Der Kaiser akzeptiert diese Konzession, ohne dafür etwas für sich zu beanspruchen. Wenn Frankreich sich dazu durchgerungen hätte, ihn zu unterstützen, hätte es zweifellos irgendwelche Kompensationen erhalten. Aber das hätte bedeutet, die Rechnung ohne Monsieur de Vergennes zu machen, der nun einmal nicht guten Willens ist.

15. Januar – Mein Bruder ist seit mehreren Tagen in Rom. Er hatte eine lange Audienz beim Heiligen Vater, mit dem er wegen der Nominierungen für die Bischofssitze in seinen Ländern in Konflikt steht. Ich weiß nicht, was dabei herauskommen wird; ich glaube trotz der harten Haltung beider Seiten nicht an eine Kirchenspaltung. Cardinal de Bernis, unser Botschafter in der Ewigen Stadt, der zu Ehren des Königs von Schweden und dessen Gefolges einen prachtvollen Empfang gab, hat ganz selbstverständlich den Kaiser eingeladen. Joseph erschien dort nur ganz kurz. Er besteht darauf, dass zu seinen Ehren keinerlei Festivitäten stattfinden.

25. Januar – Mein Bruder hat einen tiefen Eindruck auf meinen großen Freund gemacht, der von der Schlichtheit seines Gehabens – besonders im Gegensatz zur frivolen Aufmachung des schwedischen Königs – überrascht war. Mein lieber Fersen meint, die roten Absätze seines Meisters, dessen prächtige Frisur, seine Diamanten, seine Uhrketten und seine Satinkleider konnten die Tuchuniform des

Kaisers mit dem vergoldeten Messingschwert nicht in den Schatten stellen. Gustave hält sich länger als geplant in Rom auf; er sollte bereits seit zwei Wochen in Neapel sein. Wann werden sie zurückkehren?

1. Februar – Die Kälte ist schrecklich, und der Schnee ist so reichlich, dass er schon acht Zoll* hoch liegt. Wir unternehmen Schlittenfahrten, aber es ist kaum möglich, nach Paris zu kommen. Ich weiß nicht, ob ich zu den Opernbällen werde fahren können. Die Hauptstadt soll eine wahre Kloake sein. Und doch fahren gewisse junge Leute von hier hin, um in der Markthalle die Weiber dort in Stiefel und kurzen Hosen mit bis zum Nabel hochgerafften Unterröcken zu sehen. Sie üben ihre Tätigkeit in dieser Art Kostümierung aus, was zu noch mehr Anzüglichkeiten und schlüpfrigen Reden Anlass gibt.

3. Februar – Ich habe tausend Louis geschickt, um Armen zu helfen.

13. Februar – Monsieur de Breteuil hat (was noch nie bei einem Minister am Hof hier vorgekommen ist) einen Ball bei sich zu meinen Ehren gegeben. Man tanzte in seinem Arbeitszimmer, das mit einem hauchzarten grünen und silbernen Flor und mit roten und silbernen Schleifen dekoriert war. Es waren fünfundzwanzig Frauen und an die dreißig Männer da. Der Ball hat kurz vor Mitternacht begonnen. Der König kam während der ersten Contredanse; ich folgte dicht hinter ihm in Begleitung von Monsieur, Madame und Comte d'Artois. Alle Minister waren anwesend mit Ausnahme von Monsieur de Vergennes. Dafür fiel seine Schwiegertochter durch ihre komische Art zu tanzen auf. Sie hielt ihre beiden Hände vorne wie Bärentatzen und tappte auch mit der Anmut eines solchen Tieres. Der König zog sich

* Ein Zoll entspricht 2,7 cm

gegen ein Uhr früh zurück und ich blieb bis sieben Uhr morgens, gerade bis zur Weckstunde: ich wollte dabei sein, wenn meine Tochter, die ein bisschen Fieber hat, aufwacht.

26. Februar – Gestern war ich beim letzten Opernball. Es ist das Ende des Karnevals. Mercy ist im Interesse meiner Gesundheit froh, dass die Ballsaison zu Ende geht. Dieses Ausgehen tut mir allerdings besser als seine langen Vorträge über politische Probleme, die ich nicht lösen kann.

10. März – Mein Bruder d'Artois hat manchmal merkwürdige Einfälle, die wohl kaum zu seinem Lebensstil passen. In Gesellschaft von Chevalier de Crussol hat er die Abtei de la Trappe besucht, die für ihre strengen Bußübungen berühmt ist. In einer grauen Kutte hat er den Gottesdiensten beigewohnt und das einfache Leben der Mönche geteilt. Er hat seinen Eifer so weit getrieben, dass er zwei Nächte lang in einer Zelle auf einem Strohsack schlief. Gibt es bei ihm also so viele Sünden zu vergeben? Natürlich werden mehrere seiner Freunde seinem Beispiel folgen wollen. Frömmigkeit läuft Gefahr, Mode zu werden. Mademoiselle Bertin hat soeben eine »Haube in Schwesterngrau« kreiert. Gott behüte, dass man von mir verlangt, ich soll mich in ein Kloster zurückziehen!

14. März – Der König stellt vier Millionen aus den Außerordentlichen Mitteln als Hilfe für die ärmste Bevölkerung des Landes zur Verfügung: es müssen die vom Schlechtwetter ruinierten Wohnungen wieder repariert, Gemeinden freigekauft, Steuern gesenkt und Straßen instandgesetzt werden. Man wird also die Ausgaben unserer Haushalte reduzieren und weniger Pensionen und Gnadengeschenke gewähren. Diese Entscheidung wird dem König ganz sicher zugute gehalten werden.

30. März – Wieder einmal schaffe ich es nicht, mit meinen Schulden fertig zu werden und musste bei Monsieur de Calonne Zuflucht nehmen. Er hat mich von meiner Last befreit und der König stimmte zu. Die Nachsicht meines Mannes in dieser Hinsicht ist grenzenlos.

4. April – Comtesse d'Artois ist diskret von einem Kind entbunden worden, welches das Werk ihres Leibgardisten war. Man hat es sofort weggebracht.

7. April – Man spricht nur mehr von Magnetismus. Monsieur Mesmer zieht den Hof und die Stadt in seinen Bann. Sein Appartement am Platz Vendôme in Paris ist immer voll. Er praktiziert unzählige Heilungen, und angeblich ist die positive Wirkung von Magnetismus nicht zu leugnen. Ich würde zu gerne in die Nähe seines berühmten Zubers kommen, um die Wirkung zu spüren; leider verbietet mir das mein Rang. Vielleicht hätte ich davon profitieren können wie alle Frauen, die tausend unglaubliche Dinge darüber berichten?

28. April – Gestern hat man endlich »Die Hochzeit des Figaro« in der Comédie Française aufgeführt. Man musste sich mit Fausthieben Eintritt verschaffen. Dieses Stück wird ganz Paris in seinen Bann ziehen, obwohl man behauptet, es erreiche den »Barbier von Sevilla« nicht. Es wird mit den Schmeicheleien Erfolg haben, die an das Parterrepublikum gerichtet sind.

1. Mai – Mademoiselle Bertin hat mir ein Glanzstück von einem Zigeunerhut mit einer Schmucknadel und viel Bortenwirkerei gezeigt. Ich habe dennoch abgelehnt, ihn zu kaufen. Ich finde mich nicht mehr jung genug, um eine Frisur mit einem so originellen Aufbau zu tragen. Ich glaube zwar nicht, dass meine Zeit zu gefallen vorbei ist, aber es ist besser, gewissen Liebhabereien zu widerstehen, wenn man sich dem dreißigsten Lebensjahr nähert.

7. Mai – Ich bin verrückt vor Sorge. Mein Sohn ist von schweren Krämpfen befallen. Die Ärzte wissen nicht, was sie tun sollen, und verlieren sich in Theorien, von denen man nichts versteht.

11. Mai – Unserem Sohn geht es etwas besser, aber jetzt leidet er an einem Fieber, das ihn in einen Zustand unglaublicher Schwäche versetzt. Der König und ich verbringen Stunden an seinem Lager. Was würde ich dafür geben, dass er gesund wird! Man kann nicht mehr Mühe und Fürsorge in seine Pflege legen als Madame de Polignac es tut.

30. Mai – Mein Sohn macht uns weiterhin ernsthafte Sorgen. Das Fieber hält an. Sein kleiner Körper ist ganz angeschwollen; er schläft nicht mehr; er kann nicht mehr urinieren. Mein Gott! Welches Unheil bricht über uns zusammen? Der König hat geweint, als er ihn heute Morgen in diesen Zustand sah.

1. Juni – Es ist ein wahres Wunder. Die Schwellung ist beinahe vollkommen verschwunden; Urin fließt in Strömen, und mein Sohn ist aus dieser tödlichen Erstarrung herausgekommen. Der König hat wieder geweint. Diesmal vor Freude. Die Ärzte haben wieder Hoffnung. Wir auch.

2. Juni – Mein großer Freund, den ich gebeten hatte, vor dem König von Schweden nach Versailles zu kommen, hat mir geantwortet, er sei weder Herr seiner Zeit noch seiner Reisetätigkeit. Er könne nicht vor Gustave hierher kommen, der entweder herumrase wie ein Blitz oder unendlich lange hängenbliebe. Dennoch bin ich glücklich, denn im Laufe seiner Reise hat Er außer dem Kaiser in Rom in Florenz meinen Bruder Leopold kennengelernt, in Parma meine Schwester Amélie und schließlich in Neapel meine Schwester Karoline. Ich glaube, Karoline hat ihn mit Aufmerksamkeiten überschüttet. Ich weiß, dass sie sich derzeit Frankreich nähern. Wie gerne hätte ich, dass er bei mir ist! Ich habe ein paar Kleider bei der Bertin bestellt, die mir besonders gut stehen.

4. Juni – Comte d'Aranda, Botschafter Spaniens, der bei seiner Rückkehr nach Frankreich Witwer geworden war, ist aus Madrid mit einer jungen Frau von siebzehn Jahren angekommen. Er macht seiner neuen Ehefrau widrige Vorschriften, die sie nicht leicht akzeptieren wird. Er will nicht, dass sie sich nach der Mode kleidet: weder à la Levi, noch à la turque, noch à l'anglaise oder im Pierrot-Stil darf ihre Garderobe sein. Im Übrigen arbeitet Mademoiselle Bertin nicht für sie; die Accessoires von ihrer Hand sind zu leichtgewichtig, und Monsieur l'ambassadeur verachtet Federn. Die junge Exzellenz wird Gold, viel Gold, und Spitzen wie die spanischen Königinnen-Witwen tragen. Ein Schwarm von Dienern folgt ihr auf Schritt und Tritt. Man sagt, sie sei hübsch. Sie hat sich noch nicht bei Hof gezeigt. Bald werden ihr junge Männer die Irrungen und unsinnigen Forderungen ihres Graubarts von einem Ehemann zu Bewusstsein bringen, und dieser ehrenwerte Mann wird der Lächerlichkeit preisgegeben sein. Mit über sechzig Jahren überlässt man sein Glück nicht der Enkelin.

7. Juni – Er ist endlich da, aber ich habe Ihn noch nicht gesehen. Das heißt, nicht wirklich. Ich promenierte gerade in Trianon, als man mit der Nachricht kam, dass Gustave und dessen Gefolge bereits im Haus der Botschafter abgestiegen seien. Zugleich hat man mir einen Brief von Ihm überbracht. Wie aufregend! Was für ein Glückstaumel! Vor allem anderen musste ich sofort einen Boten zum König senden, der gerade in Rambouillet jagte, und mich selbst so rasch wie möglich zurechtmachen. Bei der Ankunft im Schloss war kein einziger Kammerdiener zum Ankleiden meines Mannes da. Man hat ihm recht und schlecht aus der Verlegenheit geholfen, und so konnte er verkünden lassen, dass er bereit sei, Comte de Haga (unter diesem Namen reist Gustav) zu empfangen. Wie stark mein Herz klopfte, als ich Seine schwedische Majestät und dessen Gefolge erwartete! Dabei wusste ich, dass ich nur für Ihn ein Auge haben würde. Der König von Schweden machte sein Entrée in einer blauen Sänfte. Er kam über die Treppe der kleinen Appartements zur Spiegeltür herauf, die zum Ratskabinett führt. Mein Freund und Baron de Stettin folgten ihm. Ich erwartete ihn an der Seite meines Mannes. Nur Marquis de Montmorin und Baron de Vioménil waren bei uns. Ich sah nur Ihn. Ich habe gleich Gustave angesehen, ihn angelächelt und das gesagt, was man von mir erwartete. Dabei dachte ich nur an Ihn, wobei ich so tat, als kannte ich Ihn nicht. Meine Huldigungen galten nur Ihm, und ich bin sicher, das wusste Er. Ich grüßte Ihn wie die Etikette verlangt, und sein brennender Blick bohrte sich in mein Herz. Als wir uns zum Souper in mein Appartement begaben, sagte Comte de Haga zu Ihm, Er sei sein eigener Herr, zu soupieren und zu Bett zu gehen, wie es Ihm beliebe. Er zog sich zurück, ohne dass wir ein einziges Wort wechseln konnten. Glücklicherweise hat Gustave, wie ich glaube, die Absicht, ziemlich lang hier zu bleiben.

8. Juni – Der König von Schweden benimmt sich merkwürdig. Heute Morgen ist er, bevor sich der König erhoben hatte, im Frack durch den Park spaziert und hat sich zu Monsieur le dauphin begeben, wo ich mich noch im großen Morgenkleid zusammen mit Madame de Polignac aufhielt. Er schien uns nicht zu sehen und näherte sich der Wiege meines Sohnes. Ich weiß nicht, ob er ihn selbst geküsst hat oder nur seine Hände, aber er hat sich über ihn gebeugt. Anschließend ist er auf mich zugekommen. Ich habe ihm meine Tochter vorgestellt, die ich an der Hand hielt. Er war wieder ganz anders, als wir im Kabinett gespeist haben. Was für ein merkwürdiger Mensch!

Ich werde Ihn endlich heute Abend sehen. Wie sehr ich diesen Augenblick erwarte!

Ich bin nach Trianon gefahren, wobei ich meine offene Kutsche selbst gelenkt habe. Ich war so unbeschwert, dass ich beim Becken mit dem wasserspeienden Drachen anhielt, wo Marquis de Bombelles mit seinem Sohn spazierte, einem lieben Kleinen, den man Bonbon nennt. Das Kind hat seine Mütze gezogen und ich habe es geküsst.

Er erwartete mich bereits. Welch süßer Genuss! Welche Freude wir erlebten! So viele Monate sind verflossen, doch in unseren Herzen hat sich nichts verändert. Es ist immer noch alles wie früher.

9. Juni – Meinem Sohn geht es viel besser, als wäre mein Glück für ihn die beste Medizin. Er ist nun schon in die Phase der Rekonvaleszenz eingetreten. Heute Abend gibt Madame de Polignac für den König von Schweden ein Souper.

10. Juni – Gestern hat Comte de Haga eine Aufführung von »Die Hochzeit des Figaro« besucht. Als er die kleine Loge betrat, war der erste Akt beinahe zu Ende. Das Publikum wollte das Stück wieder von vorne beginnen lassen und es herrschte erst Ruhe, als der Vorhang wieder fiel. Es wurde in der Tat alles wieder von Anfang an gespielt, und Gustav war von dieser Geste, die von so feinem Taktgefühl zeugt, tief gerührt. Zum Stück meinte er, es sei eher eine freche als unanständige Komödie.

13. Juni – Der König von Schweden ist unermüdlich; am Morgen besichtigt er alle offiziellen Einrichtungen und Denkmäler. Abends besucht er eine Theatervorstellung oder folgt einer Einladung. Das wäre alles bestens, würde er nicht seine Suite dem gleichen Programm unterwerfen. Mein armer Freund muss ihm überallhin folgen; schon seit Monaten führt er diesen erschöpfenden Lebensstil im Dienste S. M. von Schweden, die ebenso anspruchsvoll wie launisch ist. Ich sehe Ihn viel weniger oft als ich es wünschte.

18. Juni – Ich bin sehr ungehalten über Baron de Breteuil, weil er mich nicht eingeladen hat zum Fest, das er morgen abend zu Ehren von Gustave in seinem Pavillon du Mail gibt.

19. Juni – Mercy behauptet, Baron de Breteuil hätte es nicht gewagt, mich einzuladen. Damit hätte er sich, meint er, zuviel Freiheit mir gegenüber herausgenommen. Aber er hatte es vor nicht allzu langer

Zeit getan! Mercy hat hinzugefügt, man wisse nicht immer, ob ich als Königin behandelt werden wolle oder als Privatperson. Wie schrecklich diese Etikettefragen sind! Beim Bal-Paré gestern abend habe ich nicht getanzt und Ihn kaum gesehen. Ich hoffe, die künstliche Kühlheit, mit der ich Ihn in der Öffentlichkeit behandle, wird mich nicht verraten.

20. Juni – Wir haben heute Abend bei Princesse de Lamballe soupiert. Ich denke nur an das nächtliche Fest, das ich morgen in Trianon zu Ehren des Königs von Schweden gebe. Aber es ist Er, für den ich es gebe. Es ist Er, den ich unter allen Leuten empfange. Er weiß es. Wenn nur alles so abläuft, wie ich es mir wünsche!

22. Juni – Ein köstlicher Abend, den ich mein Leben lang nicht vergessen werde. Zu Beginn hat man »Le Dormeur éveillé« von Marmontel mit Musik von Grétry im kleinen Theater gespielt. Anschließend habe ich meine Gäste zum Souper in die Pavillons des Parks geführt. Ich wollte mich nicht zu Tisch setzen, um besser die Honneurs des Fêtes machen und mich um alle Schweden kümmern zu können – mit einer ganz besonderen Aufmerksamkeit. Nach dem Souper sind wir in den illuminierten Gärten promeniert, und nachdem ich jeden gebeten hatte, in Weiß zu erscheinen, hätte man es ein Schauspiel der Champs Élysées – also der Elysen – nennen können. Ein zufälliger Spaziergang führte mich zu Ihm. Wir sind einander begegnet, fast allein, und standen uns gegenüber. Wir blieben im Schatten stehen. Einen Augenblick lang. Eine Ewigkeit. Ich bin sicher, Er hat es wie ich empfunden, dieses ich weiß nicht was, das das Schweigen so vielsagend macht, nur die Herzen sprechen lässt und alles sagt, was man nicht ausdrücken kann. Als ich zu Bett ging, überbrachte man mir einen Brief, den Er mir gesandt hatte. Ich habe ihn tausendmal geküsst.

23. Juni – Wir haben unserem Gast das Schauspiel des aufsteigenden Montgolfier-Ballons im Schlosshof geboten, wo es auch vergangenes Jahr stattgefunden hatte, aber diesmal waren zwei Männer in der Gondel, Monsieur Pilâtre de Rozier, der schon eine Fahrt in die Lüfte mitgemacht hatte, und ein anderer, ein gewisser Prouts. Sie sind etwas weiter entfernt wieder am Boden gelandet, aber ohne den geringsten Schaden.

24. Juni – Der König von Schweden macht manchmal peinliche Bemerkungen. Beim Souper gestern erinnerte er sich an die Ratschläge, die er dem König von Neapel erteilt hatte. Er hätte ihm empfohlen, »sich vor dem Mann zu hüten, den man nicht nennen darf, vor diesem Mann, der sich alles nehmen will, was ihm passt«. Es handelt sich natürlich um den Kaiser. Wie kann er es wagen, so in meiner Gegenwart zu sprechen?

25. Juni – Hier redet alles nur vom Duell, das heute morgen zwischen Comte de La Marck und einem gewissen Peyron im Bois de Boulogne stattgefunden hat. Peyron wurde auf der Stelle getötet und Comte de La Marck hat einen Dolchstoß in der Lunge erlitten; man weiß nicht, ob er diese Verletzung überleben wird. Sein Sekundant, Vicomte de Noailles, hat ihn in sein Haus gebracht, ehe er sich in den Temple flüchtete; Monsieur de Schwerin wiederum, Peyrons Sekundant, wurde auf Ersuchen von Baron de Staël, dem Botschafter von Schweden, freigelassen. Dieser Peyron, Sohn eines französischen Kaufmanns, der in Schweden geadelt wurde, war in die Dienste des Königs von Frankreich eingetreten, eben in das Regiment von de La Marck. Als dieses im Begriff war, sich nach Ostindien einzuschiffen, desertierte Peyron auf ehrlose Weise und machte in der Folge sein Glück am Hof von Gustav. Er hatte diesen Monarchen gebeten, ihn keinesfalls nach Frankreich zurückzubringen, aber es war nicht zu vermeiden. Seit dessen Ankunft hatte Comte de La Marck sich ständig verächtlich über den Kammerherrn geäußert, durchaus in der Hoffnung, dass ihm das zu Ohren kommen würde – was tatsächlich der Fall war. Sie sind einander schließlich an einem Abend in der Oper begegnet; das Gewitter brach auf der Stelle aus, und heute Morgen haben sie sich duelliert. Gustav gibt sich alle Mühe, seinen Kummer zu verbergen, der viel tiefer ist als er sich in der Öffentlichkeit anmerken lässt. Er hat mehr denn je treue Gefolgsleute nötig. Ich bin sehr betroffen.

30. Juni – Trotz allen unseren Verpflichtungen haben wir unsere heimlichen Rendezvous. Ich glaube, der König ahnt nichts.

1. Juli – Ich bin heute Abend der glücklichste Mensch der Welt in meinem kleinen Appartement in den Tuilerien, das endlich renoviert ist. Ich bin nicht mehr Königin; ich bin ich selbst. Ich kann ruhig an Ihn denken. Morgen Abend werden wir uns in Trianon wiedersehen. Heute hat uns Duc de Brissac zu einem reizenden Souper empfangen. Comte d'Artois hat mich begleitet. Es waren natürlich der König von Schweden und seine Suite da, alle Botschafter und viele Hofleute. Nach dem Souper wurde eine Parodie auf »Iphigénie in Aulis« gegeben. Dugazon und Mademoiselle Guimard haben die Hauptrollen gespielt. Anschließend wurde im Garten ein kleiner Ballon losgelassen, was der Auftakt zu einem Feuerwerk war. Bevor wir dieses Haus verließen, promenierten wir noch im beleuchteten Garten. Ich werde morgen in Paris zu Mittag essen, in die Oper gehen und abends nach Trianon zurückkehren. Gedulde dich noch einen Augenblick, mein Herz …

7. Juli – Wir werden uns heute Abend in Ruhe sehen. Ich werde von Ungeduld geradezu verzehrt.

13. Juli – Die Tage fliegen dahin. Die Trennung steht nahe bevor. Warum muss ich wieder leiden?

15. Juli – Die unermüdliche Neugier des Königs von Schweden hat ihn, nachdem er nach Saint-Cloud zum Aufstieg eines Ballons gebracht worden war, zur École militaire geführt, um einer Zeremonie des Saint Lazare-Ordens beizuwohnen. S.M. saß in einer Empore zwischen zwei Pfeilern über dem Altar mit seinem Botschafter und den Herren seiner Suite. Natürlich musste Er seinen Herrscher begleiten. In Saint Cloud hat er zugesehen, wie Duc de Chartres im Montgolfier-Ballon abgehoben hatte. Angeblich ist dieser liebe Cousin wenige Schritte von dort katastrophal gelandet.

19. Juli – Er ist soeben mit seinem Herrn abgereist. Wir haben uns im Rahmen der Zeremonie Auf Wiedersehen gesagt. Ich musste mich sehr beherrschen, um zu verbergen, wie aufgewühlt ich war. Ich habe auch vermieden, Ihn anzusehen. Ich habe mich ausschließlich mit Comte de Haga und niemand anderem beschäftigt. Gott sei Dank hatte Er gestern abend von mir Abschied genommen. Er wird im Frühling wiederkommen, und wir werden einander schreiben. Ihn so weit entfernt zu wissen, bereitet mir schon jetzt unsagbare Unruhe.

21. Juli – Ich habe mich in Trianon niedergelassen mit Madame de Polignac und meinen Kindern. Ich brauche ein wenig Ruhe nach einer so turbulenten Zeit. Ich denke an die verflossenen Stunden und habe schon einen ersten Brief bekommen, der in Chantilly datiert ist. Heute muss Er in Sedan sein.

23. Juli – Der König kommt zum Souper jeden Tag zu mir. Ich habe meine Sitzungen begonnen, bei denen ich dem schwedischen Maler Wertmüller posiere: Gustave will ein Standbild von mir mit meinen Kindern haben.

28. Juli – Wie schade! Mercy nutzt die Ruhe des Lebens, das ich zur Zeit hier führe, aus, um mit mir über die Allianz zu sprechen, die wieder einmal in Gefahr ist. Diesmal ist es Holland, das uns zu schaffen macht. Der König hat vor, einen Vertrag mit dieser Republik zu schließen, während mein Bruder gerade versucht, freien Schiffsverkehr über den Schelde-Fluss zu erlangen, um seine Wirtschaftsgüter im Antwerpener Hafen entladen zu lassen – Verschiffungsort der österreichischen Niederlande. Der Kaiser möchte auch, dass man bestimmte Festungen entlang der holländischen Grenze zerstört. Angeblich würde das ein Abkommen aus dem Jahre 1648 verletzen, für das der König von Frankreich Garant ist. Die Holländer und der Kaiser bitten um die Vermittlung meines Mannes. Ich habe Mercy gesagt, dass ich, zumal die Interessen Frankreichs jenen des Kaisers entgegenstehen, umso weniger daran denke, die Partei Frankreichs zu bemühen, als ich in meiner vom Glück gesegneten Ehe dem König Kinder schenken konnte. Dagegen scheint mir, dass ich mit Fug und Recht Joseph in die Pflicht nehmen muss. Ich muss mit meinem Mann und seinem Minister sprechen.

12. August – Ich bin wütend auf Monsieur de Vergennes, der es ablehnt, ein Zeichen unserer Allianztreue zu setzen. Er behauptet, man könne die Ansprüche des Kaisers gegenüber den Holländern nicht unterstützen. Und mein Mann hat mit mir wie sein Minister gesprochen, dem er immer Recht gibt. Ohne zu zögern habe ich ihm erwidert, dass ich nicht verstehen könne, warum er sich immer dessen Ansicht anschließt. Vergennes ist nur ein Lügner, und die anderen Minister sind charakterlos.

14. August – Ich habe wieder mit meinem Mann gesprochen, ohne irgendetwas zu erreichen. Ich kämpfe gegen eine Wand. Ich habe gewagt zu ihm zu sagen, die Öffentlichkeit halte ihn für willenlos, für einen Mann ohne eigene Meinung und für ein Spielzeug seiner Minister. Er hat nicht geantwortet. Da habe ich hinzugefügt, dass er, wenn dieser Ruf sich im Ausland verbreite, damit rechnen müsse, während seiner gesamten Regierungszeit nie mehr einen einzigen Verbündeten zu haben, der sich ihm verpflichtet fühlte. Er hat irgendetwas gestammelt und ich habe ihn verlassen.

16. August – Der König zeigt mir die kalte Schulter, und auch mein Ärger über ihn und vor allem über diesen Vergennes, der ihn immer auf Irrwege führt, verraucht nicht.

28. August – Mein Bruder hat mir soeben brieflich einen Verweis erteilt. Er betrifft natürlich Vergennes. Er versichert mir, dass ich keinerlei Autorität besäße, dass die großen Entscheidungen ohne mein Wissen fielen und ohne dass man es der Mühe wert fände, meine Meinung einzuholen. Das ist wahr, auch wenn ich es nicht gerne höre.

1. September – Nun bin ich also schwanger. Der König, der mir seine Freude darüber gezeigt hat, scheint allen Groll wegen der Holland-Affäre vergessen zu haben. Wir befinden uns dennoch mitten in einer Krise.

6. September – Die Vorwürfe meines Bruders treffen mich immer weit mehr als er ahnt. Er sollte begreifen, dass meine Lage schwierig ist. Der König spricht von Natur aus wenig; er hält mich über die großen Staatsangelegenheiten nicht auf dem Laufenden, selbst wenn er keinerlei Grund hat, sie vor mir zu verbergen. Er antwortet mir, wenn ich mit ihm darüber spreche, aber er benachrichtigt mich über nichts; wenn ich ein Viertel von etwas erfahre, muss ich so tun, als wüsste ich etwas, um von den Ministern den Rest zu hören, indem ich sie im Glauben lasse, der König hätte mir alles gesagt. Wenn ich meinem Mann vorwerfe, mir gewisse Dinge nicht gesagt zu haben, zeigt er sich keineswegs verärgert; er wirkt lediglich verlegen und antwortet mir manchmal, er hätte nicht daran gedacht. Sein natürliches Misstrauen ist schon vor unserer Heirat von seinem Erzieher, Monsieur de La Vauguyon, gesät worden, der ihn mit der Vorstellung, dass seine Frau einmal über ihn die Herrschaft ausüben würde, verschreckt hat, und diese schwarze Seele hat sich auch darin gefallen, seinem Schützling mit allen erfundenen Phantombildern über das Haus Österreich Angst einzujagen. Und Monsieur de Maurepas glaubte, seinem Ansehen damit zu nützen, den König in derartigen Vorstellungen zu belassen. Monsieur de Vergennes verfolgt den gleichen Plan, und vielleicht bedient er sich sogar seiner Korrespondenz in auswärtigen Angelegenheiten, um Falschheit und Lügen zu verbreiten. Ich habe darüber ganz offen mit dem König gesprochen. Er hat mir manchmal verstimmt geantwortet. Nachdem er nicht fähig ist zu diskutieren, kann ich ihn nicht davon überzeugen, dass sein Minister getäuscht wird oder ihn täuscht. Ich mache mir keine falschen Illusionen über das, was man mir zuspricht; ich weiß, dass ich in der Politik keinen großen Einfluss auf die Denkweise meines Mannes habe. Ist es für mich nicht unvorsichtig, seinem Minister Szenen über Fragen zu machen, bei denen er fast sicher sein kann, dass der König mich darin nicht unterstützen wird? Ich sollte dennoch die Öffentlichkeit glauben lassen, dass ich mehr Autorität habe, als dies tatsächlich der Fall ist, denn wenn man sie mir nicht zugesteht, werde ich sie noch weniger haben.

10. September – Während ich bei Staatsgeschäften wenig zu reden habe, schlägt mir der König dagegen nichts ab, wenn es meine persönliche Freude betrifft. So bewundere ich schon seit langem das Schloss Saint Cloud. Nachdem wir bald gezwungen sein werden, beträchtliche Renovierungsarbeiten in Versailles vorzunehmen, habe ich meinen Mann überredet, Saint Cloud zu kaufen, das viel größer als La Muette ist, und wir daher dort eine gewisse Zeit lang mit weniger großem Hofstaat als in Versailles wohnen könnten. Der König hat mir erlaubt, Duc d'Orléans zu schreiben, um ihn zu bitten, uns dieses Schloss abzutreten, an dem er selbst sehr hängt. Er wird nicht anders können als einwilligen. Dem König schlägt man nichts ab, und wir wissen, dass die Verrücktheiten von Duc de Chartres seinen Vater beinahe ruiniert haben.

20. September – Duc d'Orléans verkauft uns Saint Cloud. Ich fürchte, dass Calonne diese Anschaffung für zu teuer hält, nachdem der König Rambouillet gekauft hat. Es ist mir lieber, Baron de Breteuil mit den Verhandlungen zu beauftragen.

28. September – Alles scheint bestens zu laufen. Der König, der sich sehnlichst einen zweiten Sohn erhofft, wird Saint Cloud in meinem

Namen kaufen. Er spricht nicht mit mir über die Holland-Frage, und Mercy auch nicht. Unserem Dauphin geht es bestens; meine Tochter hat ein wenig Fieber, aber nichts Ernstes; meine Schwangerschaft schreitet glücklich voran; und schließlich schreibt Er mir oft. Im Frühjahr, nach meiner Niederkunft, werden wir uns endlich wiedersehen.

11. Oktober – Ich kann niemals lange Ruhe haben. Mercy hat mir die Nachricht überbracht, dass ein Schiff meines Bruders, das die Schelde herunterfuhr, von den Holländern angegriffen und gezwungen wurde, wieder den Hafen von Ostende anzufahren. Das bedeutet einen Casus belli zwischen den beiden Ländern. Wenn nur der König zugunsten des Kaisers interveniert! Ich lege Wert darauf, dass mein Bruder eine Genugtuung erhält, die der soeben zugefügten Beleidigung angemessen ist.

12. Oktober – Selbst wenn Vergennes mir gegenüber die Vorzüge der Allianz in den höchsten Tönen gepriesen hat: versprochen hat er mir nichts. Alles hinge vom König ab, wenn er von Fontainebleau zurückkommen wird. Und der König wird mir wahrscheinlich sagen, dass alles von seinen Ministern abhängt!

13. Oktober – Es ist so, wie ich befürchtete. Der König kann meinen Bruder nur auf eine diplomatische Intervention hoffen lassen, und ich habe das Gefühl, dass er die Partei Hollands ergreifen wird. Er bringt lieber die Allianz in Gefahr als sich mit den Holländern zu überwerfen. Das ist unfassbar.

24. Oktober – Ich habe zumindest die Genugtuung zu wissen, dass alles für den Kauf von Saint Cloud geregelt ist, der Anfang nächsten Jahres in Kraft tritt.

5. November – Ich bin verbittert über Vergennes. Der König zeigte mir soeben eine Denkschrift, die er vorhat dem Kaiser zu senden: er ersucht ihn, alle feindlichen Manöver gegen die Holländer einzustellen, und bittet ihn, eine Form der Verständigung zu finden, um das Feuer eines Krieges zu löschen, dessen Folgen unkalkulierbar sein könnten. Diese ebenso unvernünftige wie unverschämte Demarche hat mich wütend gemacht. Ich habe schließlich beim König erreicht, dass er noch überlegt, bevor er diese Note absendet. Ich habe anschließend so energisch wie nur möglich mit Vergennes gesprochen, dessen Verhalten nichts anderes als ein Gebilde aus Falschheit und Schwäche ist.

25. November – Mein Mann verursacht mir riesigen Kummer. Ohne Vorankündigung hat er schließlich meinem Bruder diese schreckliche Denkschrift geschickt. Ich weiß nicht, was Joseph von mir denken wird. Ich bin über das, was angezettelt wurde, getäuscht worden, aber, selbst wenn ich über die Absichten des Ministeriums unterrichtet worden wäre, hätte ich nichts ändern können. Ich habe Vergennes wohl gesagt, es müsse ihm klar sein, dass – sollte das Verhalten Frankreichs zu einem Bruch der Allianz führen – die gesamte Verantwortung dafür auf seinen Schultern laste.

27. November – Mercy macht einen bedrückten Eindruck. Er meint, es sei von jetzt an unmöglich, ein System wiederherzustellen, das de facto nicht mehr existiert. Und ich werde nichts dafür getan haben, um diese Allianz zu retten. Welch ein Unglück!

28. November – Am Hof hier ergreift alles für die Holländer gegen meinen Bruder Partei. Comte d'Artois würde sogar eine Allianz mit dem König von Preußen jener mit dem Kaiser vorziehen. Selbst Madame de Polignac lässt es sich nicht nehmen, Joseph zu kritisieren. Sie steht auf gutem Fuß mit Calonne, dem ich misstraue. Ich bin darüber sehr betroffen. All das ist der besten Freundin der Königin nicht würdig. Sollte ich mich in dieser Freundschaft getäuscht haben? Oh, mein lieber Bruder, könnten Sie auch in diesem Punkt Recht haben?

1. Dezember – Ich schöpfe wieder Hoffnung. Joseph hat mir einen sehr milden Brief geschrieben. Er hat nicht die Absicht, sich in den Niederlanden zu vergrößern. Er beschränkt sich darauf, eine Abordnung der Holländer mit einer Entschuldigung für die Beleidigung, die sie ihm zugefügt haben, zu verlangen. Er ist bereit, auf seine Ansprüche in der Schelde zu verzichten, wenn die Holländer ihm die Festung von Maastricht einräumen. Er kündigt mir andererseits an, dass er einen alten Plan umzusetzen hoffe: die österreichischen Niederlande gegen Bayern zu tauschen.

2. Dezember – Der König scheint kaum am Tauschplan Geschmack zu finden. Ich habe dennoch Grund zur Hoffnung. Monsieur de Vergennes scheint nämlich in dieser Sache keine großen Probleme machen zu wollen; er meint, man müsse sich dafür vor allem der Zustimmung des Königs von Preußen und der deutschen Prinzen versichern.

27. Dezember – Nachdem ich Vergennes misstraue, der immer meinen Mann in der Richtung beeinflusst, in die er ihn ziehen will, habe ich beschlossen, beide zu überraschen. Ich habe das Kabinett des Königs betreten, ohne eingeladen zu sein, um ihm in Gegenwart seiner Minister ein Wort der Entscheidung über den Tausch zu entreißen. Der König war verlegen und blieb stumm, wie das bei ihm oft der Fall ist. Also ergriff Vergennes das Wort. Er wollte mir die Gefahren vor Augen führen, die dem Königreich drohten, wenn der Tausch vollzogen würde. So sehr ich ihm die unschätzbaren Vorzüge, die die Allianz für Frankreich bedeutete, verdeutlichte, verharrte er dennoch auf seinen Positionen. Ich gebe zu, dass ich mich zu sehr hinreißen ließ, denn er spielt schon allzu lange ein perfides Spiel mit mir. Ich musste ihm gegenüber offenbar noch heftiger als sonst aufgetreten sein, denn er hat seinen Rücktritt angeboten; der König hat ihn aber abgelehnt. Als ich mit meinem Mann allein war, hat dieser mir versichert, dass Vergennes zur Allianz stünde und keinerlei Interesse daran hätte, dass die beiden Höfe sich überwarfen. Er behauptet, die negative Vorstellung, die ich von seinem Minister hätte, beruhe einzig auf Verdächtigungen, die mir eingegeben worden seien. Weiß Gott, von wem!

31. Dezember – Ich habe Monsieur de Vergennes gesprochen. Er zieht die Angelegenheit hinaus, was meine Geduld bis zum Zerreißen spannt. Trotz der falschen Ansichten und Widersprüche, die es noch auszuräumen gilt, habe ich jedoch große Hoffnung, dass alles auf annehmbare Weise ausgeht.

1785

1. Januar – Seit es Aufzeichnungen von Höflingen gibt (und Gott weiß, wie schonungslos die sind), hat der Hof von Versailles noch nie so viele Menschen zu Jahresanfang gesehen. Und doch ist es ein Winter ohne Freude, sogar ohne jedes Vergnügen. Dieses Holland-Problem zermürbt mich. Zu viele Menschen suchen mir zu schaden. Ich fühle mich allein und sehe nichts mehr, das der Erwähnung wert wäre. Ich weiß nicht einmal mehr, ob ich noch echte Freunde habe. Madame de Polignac ist mir gegenüber gekünstelt. In ihrer Gesellschaft nimmt man sich kein Blatt vor den Mund, die Schritte meines Bruders zu kritisieren, und man verübelt mir, dass ich für ihn Partei ergreife. Sowohl in meinem Kopf als auch in meinem Herzen herrscht Chaos.

5. Januar – Seit Wiederaufnahme der Bälle tanze ich wegen meiner Schwangerschaft nicht mehr, die mich viel mehr ermüdet als meine vorhergehenden. In Anbetracht meines Umfangs könnte man meinen, dass ich Zwillinge zur Welt bringe. Ich gehe früh zu Bett und schlafe schlecht.

16. Januar – Bei der Rückkehr vom Gottesdienst habe ich Monsieur Blanchard kennengelernt, den berühmten Luftschiff-Fahrer. Er hat die Leistung vollbracht, von Dover im Ballon abzuheben und soeben in Calais zu landen. Mit seinem Compagnon, Doktor Jeffries, ist er in unglaubliche Höhe aufgestiegen. Als die beiden über den Wolken dahinsegelten, sahen sie weder Land noch Meer. Getrieben von den Winden haben sie sogar weniger als zwei Stunden gebraucht, um den Ärmelkanal zu überfliegen. Wie mutig! Der König hat unserem neuen Ikarus soeben eine Pension und eine Sonderprämie gewährt; dieser bot Monsieur Pilâtre de Rozier an, in einem Luftballon nach England zurückzukehren. Man sagt, er möchte so auch das Mittelmeer überfliegen und Afrika erreichen. Wie verrückt! Vielleicht wird man eines Tages so tollkühn sein, auf den Mond fliegen zu wollen!

4. Februar – Die Situation meines Bruders schmerzt und beunruhigt mich. Damit Monsieur de Vergennes dem König nicht mehr falsche oder zweideutige Berichte von dem, was ich ihm sage, geben kann, habe ich beschlossen, mit ihm über das Holland-Problem nur mehr in Anwesenheit meines Mannes zu sprechen. Seine Gefühle für Joseph sind bestens, aber sobald er seinen Minster sieht, ändert er den Ton. Und wenn ich ihn veranlasse, mir zu antworten, findet er oft einen neuen Einwand, der das, was er mir Gutes hätte sagen können, abschwächt.

9. Februar – Gestern fand bei Comtesse Diane de Polignac ein Ball statt. Der König kam auch hin, aber ich bin nicht lange geblieben. Ich bin lieber zu Madame de Polignac gegangen, wo einige Nummern der »Variétés amusantes« gespielt wurden. Der Karneval, der dieses Jahr besonders kurz war, geht schon dem Ende zu. Viele Leute wollen die Fastenzeit verteufeln. Mein Zustand verbietet mir natürlich ohnehin meine üblichen Ausgänge.

11. Februar – Die deutschen Prinzen stellen sich den Plänen meines Bruders entgegen. Ich glaube nicht, dass unser Ministerium einen Krieg will, auch wenn man Truppen an die Grenze entsendet. Prince de Condé soll an der Spitze der Flandern-Armee stehen, und Maréchal de Broglie wird jene von Elsass befehligen. Die öffentliche Meinung ist weiterhin feindselig gegen den Kaiser eingestellt, und ich fürchte sehr, dass sich diese Feindseligkeit auch gegen mich richtet.

15. Februar – Heute früh wurde ich zur Ader gelassen.

16. Februar – Ich fühle mich immer noch gleich einsam, obwohl der König keine Gelegenheit versäumt, mir eine Freude zu machen

– außer wenn ich ihn bitte, die Allianz zu verteidigen. Wie versprochen hat er mir soeben das Schloss Saint Cloud gekauft, genauer gesagt: ich werde darüber nach meinem Belieben verfügen können unter der Bedingung, dass ich es meinen Kindern hinterlasse. Aber werde ich nicht bei dieser Niederkunft sterben, die ich so fürchte? Ich leide, ohne zu wissen warum. Ich fühle mich nicht wohl. Ich habe Angst vor allem und nichts. Ich erfülle meine religiösen Pflichten besser als je zuvor. Ich halte häufig Gespräche mit meinem Beichtvater ab; dennoch vermag mich die Religion nicht im Geringsten zu beruhigen.

24. Februar – Ich denke nicht ohne Traurigkeit daran, dass ich heuer dreißig Jahre alt werde. Ich habe daher Mademoiselle Bertin kommen lassen, um ihr anzukündigen, dass ich die schmückenden Accessoires meiner Kleidung, die nur zu einer wirklich jungen Frau passen, ändern werde. Ich werde keine Federn, Blumen, auch keine Hemden im Kinderstil mehr tragen, keine glockigen Mäntel, nichts mehr à la polonaise, levite, à la turque oder circassienne. Mademoiselle Bertin wird Kleider entwerfen müssen, die besser meinem Alter entsprechen.

1. März – Mich plagt jede Form von Unpässlichkeit, wie sie gegen Ende einer Schwangerschaft üblich ist. Der König leidet an Magenbeschwerden und nimmt zu sehr an Körperfülle zu. Er spricht wenig mit mir und liest alles, was über die Holland-Affäre erscheint, ohne mir ein Wort mitzuteilen. Er hält sich über die äußerst kritischen Schriften, die gegen Calonne kursieren, am Laufenden. Und zu meiner großen Überraschung verbringt er Stunden damit, das neue Werk von Monsieur Necker* zu studieren. Die einen heben es in den Himmel; die anderen (Calonnes Freunde) behaupten, es sei eine lange, ebenso ausschweifende wie langweilige Darstellung der Ideen, die er bereits in seinen anderen Büchern präsentiert hat; ich

* »Über die Finanzverwaltung in Frankreich«

kann dazu nichts sagen, denn diese Lektüre ist mir zu kompliziert.

7. März – Ich bin geradezu erschreckend beleibt. Ich fürchte ständig, dass ich zwei Kinder trage und eine mühsame Entbindung haben werde. Ich habe zwei Garnituren Babywäsche vorbereiten lassen, und vierundzwanzig Ammen sind in Bereitschaft, von denen wir einige aussuchen werden.

15. März – Vermond, mein Geburtshelfer, hat sich am Finger verletzt. Nachdem er nicht weiß, ob er seines Amtes walten können wird, will er einen seiner Kollegen ersuchen, ihm zu helfen, was mir sehr missfällt.

20. März – Ich erlebe Angstzustände, die mich gegenüber allem, was mich noch vor kurzem interessiert hat, gleichgültig machen. Es scheint mir mitunter, dass sich für mich nichts geändert hat, dann wieder, dass tausend Dinge passiert sind. Ich kenne mich nicht mehr aus; ich kann nicht ausdrücken, was ich empfinde. Und niemand kann mich verstehen.

22. März – Man ließ einen berühmten italienischen Tenor für ein kleines Konzert kommen, das Marquise d'Ossun für mich gab. Seine warme Stimme hat mich tief berührt. Für diese Aufmerksamkeit war ich meiner Hofdame, die mich so zu zerstreuen sucht, sehr dankbar. Ich mag sie gern. Ihre Gesellschaft ist ziemlich unterhaltsam.

23. März – Nachdem Aubert, der Hofjuwelier, einen Schlaganfall erlitten hat und seitdem gelähmt ist, habe ich an seiner Stelle einen gewissen Böhmer, Juwelier des Königs von Polen, ernannt. Er war es, der dem König dieses außergewöhnliche Diamantencollier verkaufen wollte, das er vergeblich an allen Höfen Europas präsentiert hatte. Monsieur Böhmer ist ein liebenswürdiger

Mann und für seinen guten Geschmack und seine Begabung geschätzt.

25. März – Der große Augenblick rückt näher. Der Gedanke daran, dass ich vor so vielen Leuten gebären soll, macht mich schon vorher krank.

27. März – Ich werde sicher heute entbinden. Seit heute Morgen spüre ich immer wieder kleine Schmerzen. Ich besuchte dennoch den Gottesdienst; als sich bei meiner Rückkehr in meinem Vorzimmer eine Menge Leute angesammelt hatte, erklärte ich, ich fühlte mich ausgezeichnet und ginge zu Prinzessin Lamballe speisen. Ich habe Madame de Polignac soeben meinen tatsächlichen Zustand anvertraut, wobei ich ihr Stillschweigen über das Geheimnis auferlegte. Gott sei Dank! Mehrere Leute sind weggegangen und ich hoffe, die anderen werden ihnen folgen.

4. April – Ich fühle mich wohl genug, ein paar Zeilen zu schreiben. Ich bin glücklich, einen zweiten Sohn zu haben, dem der König den Titel Duc de Normandie gegeben hat. Er ist ein prächtiges Kind, sehr kräftig, wohlgebaut und wird gewiss ohne Probleme leben und aufwachsen. Der König hat ebensoviel Freude wie Genugtuung geäußert. Mein Dauphin, der von Tag zu Tag stärker wird, hat viel Spaß an seinem kleinen Bruder. Seine Schwester liebkost ihn anmutig. Unser kleiner Duc de Normandie wurde am Taufbecken von Monsieur, der sein Taufpate ist, und meiner Schwester Élisabeth, welche die Königin von Neapel vertritt, gehalten. Seine Amme verheißt blühende Gesundheit; alles lässt darauf schließen, dass sie eine ausgezeichnete Milch gibt.

5. April – Gestern habe ich im Bett die hohen Würdenträger empfangen.

7. April – Solange ich nicht Hof halten kann, trifft man sich nachmittags im Salon und im Billardsaal von Madame de Polignac.

22. April – Es geht mir gut und ich schone mich so weit, dass ich nicht alle Erleichterungen in Anspruch nehmen muss, die mir die Ärzte zugestehen.

24. April – Ich habe heute im Stehen Hof gehalten – zum ersten Mal seit meiner Entbindung. Es wurden zweihundertsiebenundvierzig Damen gezählt, die gekommen sind, mir ihre Aufwartung zu machen, und nach und nach ebensoviele Herren. Es waren noch mehr Menschen da als am ersten Tag des Jahres.

27. April – Der Plan der Verehelichung des Sohns von Duc de Polignac mit der Enkelin von Baron de Breteuil ist zum Scheitern verurteilt. Madame de Polignac will, dass Mademoiselle de Matignon nächstes Jahr zu ihr zieht und bei ihr lebt, zumal sie dann zwölf Jahre alt ist; Madame de Matignon will sie aber erst in vier Jahren hergeben. Es war Duc de Polignac, der die Angelegenheit ausgehandelt hatte. Sie hätte sicher eine andere Wendung genommen, wenn Madame de Polignac und Monsieur de Breteuil sie gemeinsam in die Hand genommen hätten. Die Polignacs sind über den Baron sehr verärgert, den ich heute Abend empfangen werde. Weder der König noch ich sind geneigt, uns in diese Heirat einzumischen.

2. Mai – Das Holland-Problem wird gelöst. Der König sagte mir, Monsieur de Vergennes hätte den Holländern einen Brief geschrieben, der ihnen nahe legen sollte, nicht um den Preis von Maastricht zu handeln. Er spricht von der Allianz in einer Weise, wie sie meinen Bruder nur zufrieden stellen kann. Endlich kann ich aufatmen.

3. Mai – Mir geht es ausgezeichnet. Und es wird mir in ein paar Tagen gleich noch besser gehen, denn Er wird hier sein. Er hat Schweden am 20. April verlassen. Wenn ich an die trübsinnigen Hirngespinste denke, die mich vor der Entbindung so bedrückten! Es war sehr dumm von mir, so traurig und niedergeschlagen zu sein. Ich weiß jetzt, dass ich nicht mehr dieselbe bin, weil ich geliebt werde und weil sich bei mir in den letzten beiden Jahren in der Tat einiges ereignet hat.

5. Mai – Duc de Choiseul geht es sehr schlecht. Ich lasse mich ständig auf dem Laufenden halten. Die Nachrichten sind keineswegs beruhigend.

9. Mai – Monsieur de Choiseul ist nicht mehr. Sein Tod betrübt und berührt mich gleichermaßen. Ich verdanke ihm viel, und das vergesse ich nicht. Ich habe immer gegen die Vorurteile angekämpft, die mein Mann gegen ihn hatte, und es ist mir nicht gelungen, ihn zu überzeugen. Mit Choiseuls Hinscheiden verschwindet eine große Phantomvorstellung, derer sich einige Leute bedient haben, um Unruhe und Befürchtungen zu verbreiten. Das war ein Mittel, der Politik zu schaden und jenen, die man davon fernhalten wollte. Monsieur de Choiseul hatte sich sehr klar zugunsten der Allianz ausgesprochen und gegen schlechte Verhaltensweisen, die sie schwächen könnten.

11. Mai – Er ist gestern angekommen. Gibt es eine größere Freude als die Anwesenheit des geliebten Wesens?

13. Mai – Ich denke, wenn ich dieser Liebe entsagte, würde mich die Entbehrung, mich von Ihm fernzuhalten, aller Freude berauben. Ich erfülle deswegen nicht weniger meine Pflichten. Sollte ich sagen »leider«?

16. Mai – Heute Morgen ist Er gekommen, um offiziell seine Aufwartung zu machen. Er wird das sehr oft tun müssen, solange Er hier ist. Doch ausgerechnet dieser verfluchten Etikette, diesem Zwang verdanken wir das Vergnügen, Augenblicke des Alleinseins zu erhaschen, die vielleicht etwas von ihrer Kostbarkeit verlieren würden, wenn sie uns immer geschenkt wären.

18. Mai – Meinen Kindern geht es bestens, und der Kleinste ist kräftiger als man es gewöhnlich in seinem Alter ist.

25. Mai – Schon mehrmals ist mein Besuch in Paris zur Feier meiner Genesung verschoben worden. Ich glaube, er wird Anfang nächsten Monats stattfinden. Wie üblich wird ein Festgottesdienst in Notre Dame zelebriert und ein weiterer in Sainte Geneviève. Abends werde ich die Oper besuchen. Ich werde bei dieser Gelegenheit die Ohrgehänge in Birnenform tragen, die Böhmer mit viel Geschmack angefertigt hat. Ich habe alle Damen, die mich begleiten, angewiesen, in Kleidern aus Silberlamé zu erscheinen. Der Anblick wird prachtvoll sein.

1. Juni – Unsere Tanten sind vorgestern nach Vichy zur Kur gefahren. Ihr Gefolge umfasst zweihundertsechzig Personen, die mit hundertsechzig Pferden reisen. Mein Bruder de Provence wird dazustoßen, was die Ausgaben noch vergrößert. Als man dem König gegenüber mit Verlaub feststellte, dass diese Reisen die Finanzen ruinierten, antwortete er, man könne nur bei Fontainebleau sparen. Ich werde ihm diesbezüglich keine Schwierigkeiten machen. Ich liebte Fontainebleau, als ich noch Dauphine war; jetzt langweile ich mich dort. Man ist weit von allem entfernt, und der Herbst dort macht mich traurig.

10. Juni – Aber was habe ich ihnen nur getan, diesen Franzosen, die mich sosehr liebten und die mir jetzt nicht einmal mehr zujubeln, wenn ich zur Genesungsfeier in die Hauptstadt komme? Ich habe die Stadt inmitten einer riesigen Menschenmenge durchquert, aber bleiernes Schweigen hing in der Luft. Was wollen alle diese Leute von mir? Ich habe doch den Ärmsten beträchtliche Mittel gespendet! Als ich noch keine Kinder hatte, betete man, dass ich dem Königreich einen Thronfolger schenke. Jetzt habe ich zwei Söhne, aber man sieht mich kaum an und behandelt mich wie eine Ausländerin. Gott sei Dank hat man abends in der Oper eine Viertelstunde lang applaudiert. Ich habe Ihn in einer Loge wahrgenommen. Allein unsere Blicke haben gesprochen. Nach der Aufführung habe ich mir die Illuminierung der Place Louis XV angesehen. Die von Baron de Staël war besonders gelungen. Abends habe ich in meinem kleinen Appartement in den Tuilerien übernachtet, wo mich Élisabeth begleitete, und gestern bin ich zu den Italienern gefahren, bevor ich nach Versailles zurückkehrte. Ich konnte mich nicht halten, in den Armen des Königs zu weinen, als ich ihm von diesem Besuch in Paris erzählte. Und zu allem Überdruss nehmen die Frömmelnden auch noch Anstoß an der Tatsache, dass ich mich am Tag der Danksagung in der Oper zeigen konnte.

16. Juni – Der Kaiser hat seine Truppen von den Niederlanden abgezogen, und die unseren verlassen die Grenzen. Verhandlungen werden eröffnet. Monsieur de Vergennes hört auf Mercy ohne ihm zu widersprechen, aber auch ohne ihm das Geringste zu versprechen. Es ist über sechs Monate her, dass ich dem König, um ihn zu einer entschlossenen Sprache und Verhaltensweise gegenüber den Holländern zu bringen, dargelegt habe, dass die Verschleppungstaktik und die Manöver seiner Minister ihn gegen seinen Willen in einen Krieg ziehen könnten. Ich habe seine Haltung mehr als einmal ins Wanken gebracht. Aber sein Minister wusste immer den passenden Zeitpunkt verstreichen zu lassen, und die Ereignisse haben ihm ermöglich, dem König weiszumachen, es sei nichts zu befürchten.

22. Juni – Ich habe mich nun seit Sonntag in Trianon niedergelassen. Hier vergisst man alles. Ich nehme die Lebensweise auf, wie ich sie liebe. Und ich liebe sie noch mehr als sonst, denn Er ist fast jeden Tag hier.

28. Juni – Ich habe Ihm mein kleines Dorf, den Weiler, gezeigt. Welch bezaubernder Ort! Man glaubt, am Land zu sein. Ich habe einen Bauern und eine Bäuerin eingestellt, die sich der Feldarbeit widmen und um die Tiere kümmern, die vor zwei Wochen angekommen sind: es gibt einen Bock, Ziegen, Schafe, Schweizer Kühe, Hähne, Hühner – also alles, was man auf einem echten Bauernhof findet. Die Einfachheit des ländlichen Lebens hat etwas Rührendes. Die Leute, die die Heuarbeit machen und dabei singen, die verstreuten Herden, die Rufe der Tiere: man fühlt sich besänftigt, ohne zu wissen, warum.

7. Juli – Die Tage gehen dahin ... Wir sehen einander ... Wir lieben einander ... Was wünscht man sich mehr?

10. Juli – Ende des Monats wird Er zu seinem Regiment nach Landrecia aufbrechen, ein verlorenes Kaff in der Nähe von Valencia. Es ist weit weg, trostlos und öde, aber nichts wird Ihn daran hindern, ein paar kleine Reisen nach Versailles zu unternehmen. Valencia ist nicht Schweden.

11. Juli – Ich werde bald nach Versailles zurückkehren müssen, das augenblicklich völlig verlassen ist. Der König spricht wenig; er stellt mir keine Fragen. Was könnte ich ihm auch sagen, ohne zu lügen?

12. Juli – Nach dem Gottesdienst hat Böhmer mir die Epaulette und die Diamantschließen gebracht, die ich bei ihm für die Taufe von Duc d'Angoulême bestellt hatte. Er hat mir dabei auch einen merkwürdigen Brief überreicht, in welchem er sich brüstet, dass ich die schönsten Diamanten Europas trage, und mich bittet, ihn nicht zu vergessen. Dieser Mann muss begreifen, dass ich keinen neuen Schmuck mehr haben will. Ich ziehe es derzeit vor, Land um Saint-Cloud zu kaufen, um meinen Besitz dort zu vergrößern.

16. Juli – Am 4.September werden wir nach Saint Cloud fahren, wo mein älterer Sohn geimpft werden wird. Ich freue mich, einen Monat in diesem Schloss zu verbringen, das von nun an meines ist. Zur

Stunde bringen es unzählige Arbeiter in den Zustand, in dem es uns aufnehmen kann. Ich habe die Absicht, einen englischen Garten anzulegen, um ihm Weite zu geben, und ich habe die Missionare wegschicken lassen, welche in der Kapelle Kirchendienst versahen; sie wird in einen Theatersaal umgewandelt. À propos Theater: ich habe beschlossen, in meinem kleinen Theater in Trianon den »Barbier von Sevilla« aufzuführen. Ich werde Rosina sein, Comte d'Artois wird die Rolle des Figaro übernehmen, und Monsieur de Vaudreuil die des Almaviva, meines schmachtenden Liebhabers (!). Ich werde wieder nach Trianon ziehen. Der König hat nichts dagegen. Wie immer kommt er zum Diner und zum Souper zu mir. Ich habe ein großes Zelt errichten lassen, damit wir tanzen können, ohne Regen oder abendlicher Kühle fürchten zu müssen.

23. Juli – Der Zeitpunkt der Trennung rückt näher. Ich leide weniger darunter als bei früheren Gelegenheiten, denn wir werden uns bald wiedersehen.

24. Juli – Ich habe Böhmer wieder eine Audienz verweigert und ihn wissen lassen, dass ich keine Lust auf neues Geschmeide habe.

25. Juli – Ich bin empört; mir bleibt die Luft weg. Böhmer hat Madame Campan gegenüber verrückte Bemerkungen gemacht: Cardinal de Rohan hätte dieses außergewöhnliche Collier, dessen Kauf alle Herrscher an Europas Höfen abgelehnt hatten, in meinem Namen erworben. Ich muss Böhmer ganz dringend sprechen, und Abbé de Vermond sowie Baron de Breteuil sollen bei der Unterredung anwesend sein.

26. Juli – Es ist also wahr, was Madame Campan erzählt hatte! Die Geschichte ist sogar noch schlimmer, als ich mir hätte vorstellen können. Der Kardinal hat in meinem Namen eine Vereinbarung mit Böhmer und seinem Teilhaber Bassenge über den Kauf des Colliers unterschrieben. Und siehe da, nach den Papieren, die meine angebliche Unterschrift tragen, würde ich diesen Herren mehr als eineinhalb Millionen Livres schulden. Ich glaube, ich verliere den Verstand. Vermond wollte dieses Verbrechen der Majestätsbeleidigung sofort dem König melden, aber Baron de Breteuil hält jedes Aufsehen für verfrüht. Er musste mir nochmals seinen Plan erklären: nachdem die Übereinkunft vom Kardinal geschlossen worden ist, kann ihm aus diesem Kauf kein Verbrechen angelastet werden. Wenn es gelänge, die Juweliere bloßzustellen, würde ich mich mit der Bestrafung blamieren. Man muss der Intrige ihren Lauf lassen und diesen beobachten. Mit Hilfe der Polizei in Paris hat der Baron vor, Motiv und Zweck dieser Angelegenheit aufzudecken. Man muss schweigen und sich hüten, einzugreifen, bevor die erste Zahlung fällig wird, was bald der Fall ist. In diesem Augenblick wird man anfangen, das Komplott dieser unglaublichen Machenschaft zu fassen zu bekommen. Vorausgesetzt Breteuil hat Recht!

27. Juli – Je mehr ich an diese Affäre denke, desto weniger verstehe ich sie. Es ist nicht das erste Mal, dass man sich meines Namens bedient, um zu Geld zu kommen. Viele mit gefälschten Unterschriften versehene Briefe waren schon in Umlauf. Zugleich kann ich mir nicht vorstellen, dass sich ein Rohan derartiger Methoden bedient. Es ist ein Labyrinth für mich, in dem ich mich nicht zurechtfinde. Wenn Baron de Breteuil nicht so hartnäckig gewesen wäre, wäre ich Vermonds Rat gefolgt und hätte alles dem König gesagt.

29. Juli – Heute haben der König und ich Duc d'Angoulême über das Taufbecken gehalten. Ich hätte mit ihm sprechen wollen, aber ich hielt mich zurück.

31. Juli – Die Affäre wird immer schlimmer. Der Bankier Saint James hat soeben Vermond davon unterrichtet, dass der Kardinal die Absicht hatte, siebenhunderttausend Livres in meinem Namen zu leihen. Saint James wollte die Sicherheit haben, dass alles zwischen dem Hofprediger und mir vereinbart worden sei. Ich ließ sofort den

Baron rufen, der mir neuerlich abriet, dem König davon zu berichten. Er beschränkt sich im Augenblick darauf, Saint James um seine Aussage zu ersuchen. Ich habe volles Vertrauen in Breteuil, aber ich mache mir Vorwürfe wegen meines Schweigens gegenüber meinem Mann. Man muss dieser Flut von schrecklichen Dingen Einhalt gebieten.

3. August – Ich werde so lange keinen inneren Frieden finden, bis der König über diese Affäre, von der ich mich überfordert fühle, unterrichtet ist. Ich habe Angst, obwohl mir der Baron predigt, mich in Geduld zu üben. Bevor man dem König alles enthüllt, was der Baron herausgefunden hat, muss man einen sehr ausführlichen Bericht an die Juweliere schreiben, den er ihm zum gegebenen Zeitpunkt unterbreiten wird.

4. August – Ich habe nichts anderes zu tun als die Rolle der Rosina zu wiederholen, gerade so, als wäre alles in Ordnung, in der besten aller Welten. Ich habe allerdings mehr mit der Königin in einer Tragödie gemeinsam als mit dieser Naiven, die aus einem spanischen Kloster kommt.

5. August – Baron de Breteuil ist davon überzeugt, dass der Kardinal sich die Kaufvereinbarung betreffend das Collier ausgedacht hat, um sich von seinen zahlreichen Gläubigern zu befreien. Welch ein Ungeheuer! Ich werde mit dem König am 14. August sprechen, am Vorabend vor meinem Festtag*. An diesem Tag soll eben der Hofprediger das Hochamt zelebrieren …

7. August – Ich zittere. Sicher schreibt man meine Nervosität dem Lampenfieber zu, das ich manchmal habe, wenn ich auf die Bühne gehe. Niemand kann die Sorge ahnen, die mich aufwühlt.

---

* Der 15. August, Mariä Himmelfahrt, galt traditionell als Festtag der Königin (Anm. d. Ü.)

12. August – Ich weiß nicht, wie ich es schaffe, Ruhe zu bewahren. Niemand ahnt etwas, am allerwenigsten der König. Was wird er sagen? Was wird er tun?

14. August – Es ist geschehen. Der König weiß alles. Zumindest alles, was wir wissen, der Baron und ich. Ohne sich aufzuregen hat mein Mann Baron Miromesnil, seinen Justizminister, kommen lassen, der keine Meinung geäußert hat. Morgen wird er vor dem Gottesdienst in meiner Anwesenheit und assistiert von diesen beiden Ministern sowie vom unvermeidlichen Comte de Vergennes den Kardinal verhören. Das Geheimnis ist bis jetzt völlig gewahrt geblieben.

15. August – Was für ein Tag! Vor der Messe kam ich zum König in sein Arbeitszimmer, wo seine drei Minister bereits versammelt waren. Mein Herz schlug wie wild, als mein Mann den Kardinal rufen ließ, der in seinem Pontifikalgewand durch die Menge der Höflinge paradierte. Als er uns beieinander wie Richter versammelt erblickte, wurde er leichenblass. Ich hätte am liebsten aufgeschrien, aber bestimmt wäre kein Laut aus meiner Kehle gekommen. Der König hat sanft das Wort ergriffen, um die Gründe für diesen besonderen Schritt darzulegen. Ohne viel Aufhebens hat der große Almosenier bekannt, das Collier für mich gekauft zu haben. Da habe ich ihn mit der Frage unterbrochen, wer ihn mit diesem Kauf beauftragt hätte. Als er erklärte, ich sei es gewesen, wäre ich beinahe ohnmächtig geworden. – »Eure Majestät hat mich schriftlich, eigenhändig unterzeichnet, bevollmächtigt«, sagte er. Ich war so betroffen, dass ich nicht imstande war, etwas zu antworten. Der König fragte ihn, wo sich dieses Papier befände. Er antwortete, er hätte es bei sich in Paris. In diesem Augenblick warf er mir einen so verächtlichen Blick zu, dass mich ein schrecklicher Gedanke durchfuhr: wenn der Plan, mich in den Augen des Königs und der Franzosen zu ruinieren, das geheime Motiv für diese Intrige war, so würde dieser Schurke vielleicht auch noch behaupten, er hätte mir das Collier auch gegeben.

Daraufhin bin ich schluchzend zusammengebrochen. Während Rohan eine kurze Aussage zu Papier brachte, schlug Baron de Breteuil vor, ihn zu verhaften. Der König war damit einverstanden. Als der Schuldige in der Galerie war, hörte ich Stimmen rufen: »Man verhafte Monsieur le cardinal!« – Jetzt steht er gut bewacht unter Hausarrest. Morgen wird er in der Bastille schlafen.
Ich bin wirklich beeindruckt von der Vernunft und Festigkeit, die der König in dieser schwierigen Sitzung an den Tag gelegt hat. Als der Kardinal ihn anflehte, ihn nicht verhaften zu lassen, hat er geantwortet, er könne ihm weder als König noch als Ehemann nachgeben. Ich hoffe, diese Affäre wird bald zu Ende sein. Ich weiß noch nicht, ob sie zum Parlament geht oder der Kardinal und seine Familie der Gnade des Königs unterworfen werden. In jedem Fall will ich, dass diese schreckliche Angelegenheit und all ihre Einzelheiten vor den Augen aller völlig geklärt werden. Wenn sich hinter der römischen Kardinalswürde und dem Fürstentitel lediglich ein Bettler, ja sogar ein Gauner verbirgt, so sollen es ganz Frankreich und Europa wissen.

17. August – Monsieur de Vergennes und Maréchal de Castries werden den Kardinal verhören und seine Papiere unter die Lupe nehmen. Man wird diesen Verbrecher beschämen.

22. August – Der Kardinal hat zugegeben, in meinem Namen unter Benutzung einer Unterschrift, die er für die meine gehalten hatte, ein Diamantencollier zu einem Preis von sechzehnhunderttausend Livres gekauft zu haben. Er behauptet, von einer Madame de Valois de La Motte getäuscht worden zu sein, einer Intrigantin der untersten Klasse, die nie bei mir Zutritt hatte. Sie befindet sich seit zwei Tagen in der Bastille, und obwohl sie bei ihrer ersten Vernehmung zugab, viel mit dem Kardinal zu tun gehabt zu haben, leugnet sie hartnäckig, irgendwie am Kauf des Colliers beteiligt gewesen zu sein. Die Vertragspunkte sind eigenhändig vom Kardinal geschrieben; seitlich von jedem einzelnen steht das Wort »gebilligt« in derselben Schrift, mit der am Ende mit »Marie Antoinette von Frankreich«

unterzeichnet ist. Man nimmt an, dass die Unterschrift von der Valois de La Motte stammt. Sie wurde mit Briefen verglichen, die zweifelsfrei aus ihrer Feder stammen; man fand es nicht der Mühe wert, sie meiner Schrift gegenüberzustellen, denn sie ähnelt ihr in keiner Weise, und ich habe niemals mit »von Frankreich« unterschrieben. In den Augen des Hofes wirkt die Darstellung merkwürdig, auch nur vermuten zu wollen, dass ich gerade diesem Kardinal einen geheimen Auftrag erteilen hätte können, den ich immer ignoriert habe! Wie schrecklich!

23. August – In der Öffentlichkeit geht um, ich hätte ein Collier erhalten, das ich nicht bezahlt habe. Ich bin überzeugt, der Kardinal hat meinen Namen als gemeiner und ungeschickter Falschspieler missbraucht. Zweifellos unter dem Druck von Geldmangel war er davon ausgegangen, die Juweliere zu einer Zeit, die er festgelegt hatte, bezahlen zu können, ohne dass etwas auffliegen würde. Seine Eltern wünschen, dass er der regulären Gerichtsbarkeit unterstellt wird; angeblich wünscht auch er das; ich lege Wert darauf, dass die Affäre dorthin gelangt. Ich werde das dem König und den Herren de Castries und de Vergennes sagen.

25. August – Heute, am Feiertag des Heiligen Louis, war der Hof sehr zahlreich besucht. Man spricht von nichts anderem als der Kardinals-Affäre. Manche halten ihn des Verbrechens des Hochverrats für schuldig.

Der König bat mich, an der geheimen Ratssitzung teilzunehmen, die er mit den Messieurs de Breteuil, de Castries, de Miromesnil und de Vergennes abhielt. Er wollte die Meinung seiner Minister hören. Maréchal de Castries schlug vor, nachdem die Affäre auf außerordentlichem Weg untersucht wurde, auf diesem fortzufahren. Monsieur de Miromesnil und Monsieur de Vergennes sprachen sich für die übliche Justiz aus. Baron de Breteuil hat nichts Wesentliches gesagt. Nachdem er alle angehört hatte, sah der König mich an. Großes Schweigen trat ein. Da schlug ich vor, dass der Kardinal selbst wählen solle, von wem er gerichtet werden wollte, und sein Ersuchen dem König schriftlich vorlegen, unterzeichnet von ihm und den wichtigsten Mitgliedern seiner Familie. Sowie ich geendet hatte, ließ der König diese Entscheidung dem Kardinal übermitteln.

28. August – Der Kardinal hat entschieden, vom Parlament gerichtet zu werden. Recht geschieht ihm. Schon längst hat dieser Mann keinen guten Ruf mehr. Ich erinnere mich noch an das, was mir meine teure Mama zu seiner Person geschrieben hat. Jetzt werden sich die Zungen lösen. Es läuft hauptsächlich auf seine unglaublichen Ausschweifungen hinaus. Angeblich war sein kostspieligstes Vergnügen die Nachstellung von Posen des Bildhauers Arétin durch Schauspieler der Sorte, dass sie ihn das Geheimnis teuer bezahlen ließen. Wenn ich daran denke, dass der meine Kinder getauft hat! Ich werde nie das Verhalten des Königs mir gegenüber vergessen – es ist einfach vollkommen. Und seine Minister, mit denen er nur in meiner Anwesenheit gesprochen hat, konnten ihn nicht in einem einzigen Punkt abbringen, obwohl die einen mit dem Kardinal, die anderen mit dessen Eltern in Beziehung stehen.

Morgen fahren wir weg, um uns in Saint Cloud niederzulassen. Die Botschafter von Holland sollen Monsieur de Mercy treffen, um den Faden der Verhandlungen wieder aufzunehmen.

7. September – Saint Cloud ist eine bezaubernde Sommerfrische. Ich kann verstehen, dass es Duc d'Orléans so schwer fiel, sich davon zu trennen. Viele Leute gehen in den Gärten spazieren, und ich zeige meinen Sohn, der gerade geimpft worden ist, allen her, die herbeieilen, um uns zu sehen.

8. September – Natürlich wird weiterhin Kritik geübt. Zumal dieser Besitz mir gehört, ließ ich die Schweizer Garden und Schlossburschen meine Livrée anlegen wie auch die in Trianon, und ich ließ die Vorschriften für die interne Polizei in meinem Namen anbringen. Man stößt sich daran, dass alles »von der Königin« erlassen ist. Aber mein Name ist nicht unangebracht in den Gärten, die mein Besitz sind; ich könnte hier Befehle erteilen, ohne an die Gesetze des Staates zu rühren. Was für ein Ärger wegen so lächerlicher Angelegenheiten!

17. September – Ich wusste nicht, dass man mich nicht erkennen könnte. Ich promenierte ruhig im Bois de Boulogne, ohne Gefolge oder Leibgarde, als ich von einem kleinen Fest angezogen wurde, das Comte d'Estaing bei Ranelagh gab. Statt mich beim Haupteingang zu melden, wollte ich durch eine Seitentür eintreten. Als mir der Schweizer Gardist den Eintritt verweigerte, musste ich Comte d'Artois rufen lassen, der sich im Inneren aufhielt. Mit ernster Miene befahl er dem Schweizer, »diese Dame« eintreten zu lassen. Dieses Versehen hat uns verrückten Spaß gemacht.

18. September – Meinem älteren Sohn geht es wunderbar nach seiner Impfung. Er ist froh, dass diese Prozedur getan ist, sonst hätte er furchtbare Blattern bekommen können. Ein zweiter Ausbruch hat ihn sehr leiden lassen, aber eine rechtzeitig verabreichte Medizin hat die Unannehmlichkeiten abgewehrt und dabei keinen Zweifel an der Wirksamkeit der Behandlung gelassen.

19. September – Ich habe allen Grund, über die Art und Weise, wie der König und selbst Monsieur de Vergennes sich in der Holland-Sache ausgesprochen haben, froh zu sein. Die Sprache dieses Ministers mir gegenüber hat sich in letzter Zeit sehr gebessert. Morgen werden Monsieur de Vergennes und die holländischen Botschafter einander bei Monsieur de Mercy treffen, um die grundsätzlichen Punkte des Friedens zu vereinbaren und die Verhandlungstexte zu unterschreiben.

26. September – Der König mag den Aufenthalt in Saint-Cloud nicht besonders. Das ist sehr schade, denn mir gefällt es hier sehr gut und es ist so leicht, von hier zu den Aufführungen nach Paris zu fahren! Mein Mann meint, er sehe um uns herum hier nur Bauerntölpel und Straßenmädchen. Es stimmt, dass die Nähe der Stadt alle Arten von Leuten anzieht, die man in Versailles nicht zu Gesicht bekommt.

28. September – Wir müssen das Fest absagen, das Baron de Breteuil für uns geben wollte, denn die Königin von Sardinien liegt im Sterben.

30. September – Der König drängt auf unsere Abreise nach Fontainebleau. Ich wäre gerne länger in Saint-Cloud geblieben, aber ich will meinen Mann nicht verstimmen. In Fontainebleau hoffe ich, mich schon an den Veränderungen erfreuen zu können, die ich in meinen Gemächern in Auftrag gegeben habe. Ich möchte mein Zimmer im orientalischen Stil möbliert und auf neuartige Weise beleuchtet sehen.

9. Oktober – Ich werde morgen nach Fontainebleau fahren, und zwar in einer Yacht, die ich in Paris besteige. Mein älterer Sohn wird in Saint Cloud bleiben, Duc de Normandie in Versailles, nur meine Tochter wird uns begleiten. Zum Glück geht es allen dreien ausgezeichnet.

12. Oktober – Mein Bruder wird endlich den Frieden mit den Holländern unterzeichnen. Diese republikanischen Käsehändler waren fürwahr störrisch. Der Kaiser verzichtet auf alles, was er gewünscht hätte. Er wird dafür eine Entschädigung von zehn Millionen Gulden erhalten, von denen Frankreich sich verpflichtet, zwei Millionen zu bezahlen und Holland den Rest. Das Abkommen soll in ein paar Tagen unterzeichnet werden. Ich hoffe, die Allianz wird von keinen weiteren Wolken mehr getrübt werden. Mich braucht niemand zu ermahnen, über ihr zu wachen; sie ist mir kostbarer als irgendetwas auf der Welt. Wenn es dazu gekommen wäre, dass sie zerbricht, würde ich kein Glück und keine Ruhe mehr finden.

16. Oktober – Dieser Aufenthalt in Fontainebleau ist von einer Trübsinnigkeit, dass es zum Heulen ist. Es regnet, und weniger Menschen als sonst sind hier. Monsieur, Madame und Comte d'Artois können sich weder bei den Theaterabenden noch bei den Bällen zeigen, weil die Königin von Sardinien gestorben ist. Der König jagt. Ich verbringe meine Abende bei Comtesse Diane de Polignac. Man spielt dort Billard und Lotto. Man bleibt hier lange auf, amüsiert sich so gut es geht, und es ist sehr warm, denn die Räume sind niedrig.

18. Oktober – Die Aufführungen sind abscheulich. Heute hätte man vor Langeweile vergehen können bei »L'Amitié au village«: Text uninteressant, ein ständiges Geschwätz mit wenig Musik, bei der Philidor sich selbst wiederholt und dabei da und dort ein wenig bei den Werken anderer Komponisten Anleihe genommen hat, ohne dass er dabei wenigstens eine glückliche Auswahl bei den Plagiaten getroffen hätte.

25. Oktober – Es gelingt mir nicht wirklich, mich zu zerstreuen, denn ich kann nicht aufhören, an diese schreckliche Affäre zu denken. Bei Hof werden Ränke zugunsten des Kardinals geschmiedet. Angeblich werden bestimmte Richter des Parlaments ebenfalls zur Causa des Großalmoseniers zugezogen. Es ist unfassbar.

2. November – Ich bin heute dreißig Jahre alt, aber ich bin ziemlich unglücklich. Ich komme aus dem Teufelskreis des Schreckens dieser Angelegenheit nicht mehr heraus. Die Schmach, die mir der Kardinal angetan hat, ist noch schlimmer als ich befürchtete. Er hatte geglaubt, ich hätte ihm im vergangenen Jahr in einer Sommernacht ein geheimes Treffen im Venusgärtchen gewährt, um ihm zu vergeben. Er vermutet jetzt, dass er getäuscht worden sei und jemand anderer meine Rolle gespielt habe. Wie hat sich ein derartiges Märchen in diesem Gänsekopf festsetzen können? Wie konnte dieser Kirchenfürst es wagen sich vorzustellen, dass ich, Erzherzogin von Österreich, Königin von Frankreich, Mutter des Dauphins, mich für diese unanständige Intrige hergegeben hätte? Eine so unwürdige Haltung verdient eine exemplarische Bestrafung.

3. November – Monsieur, der nie Kinder haben wird, macht unserem Sohn, Duc de Normandie, die Schenkung allen Grundbesitzes, den er erworben hat.

4. November – Duchessse de Polignac ist über Baron de Breteuil sehr verärgert. Sie scheint zu bedauern, dass ihr Sohn nicht die kleine Matignon heiratet. Dieses Mädchen wird mit dem älteren Sohn des Duc de Montmorency verlobt. Meine Freundin hat augenblicklich alles leid. Sie hat den König gebeten, ihre Verpflichtungen als Gouvernante einschränken zu können. Sie möchte weniger Leute empfangen. Mein Mann hat ihr geantwortet, er sähe es ungern, dass sie sich nicht im Wesentlichen an alles, was ihre Stellung mit sich bringt, hielte. Er hat sie gebeten, weiterhin ihre Türen offen zu halten, was mir angenehm ist; aber er gestattet ihr, wenn sie ihre Salons der Gesellschaft überlässt, sich ohne Aufhebens zurückzuziehen und in ihrem Appartement auszuruhen, wenn sie es wünscht. Sie hat kein Recht, sich zu beklagen: Ich hatte bereits ihre Pflichten eingeschränkt. Keine Gouvernante der Königskinder war je so ungebunden. Sie schläft nicht mehr im Appartement der Kinder; sie sieht sie zweimal täglich – insgesamt höchstens eine Stunde; sie geht selten mit ihnen spazieren, und die tatsächliche Pflege und Fürsorge liegt auf den Schultern der Untergouvernanten.

9. November – Ich fühle mich nicht wohl. Ich habe Hitzewallungen. Wenn ich nur nicht wieder schwanger bin! Das würde ich nicht aushalten.

13. November – Monsieur le Duc d'Orléans liegt mit einer hochgestiegenen Gicht im Sterben. Seinen Hof schaudert beim Gedanken daran, dass man Monsieur le Duc de Chartres zum Herrn haben wird.

17. November – Bei der Rückkehr nach Fontainebleau habe ich einen Abend in Paris verbracht, um in die Oper zu gehen, und in den Tuilerien übernachtet. Die Oper war nur ein Vorwand; ich habe heimlich einige Mitglieder des Parlaments getroffen: Präsident d'Aligre, den Oberstaatsanwalt, Joly de Fleury und den Berater d'Amécourt. Sie halten den Kardinal für verloren. Und doch – ich weiß nicht, warum – fühle ich mich noch nicht beruhigt.

18. November – Duc d'Orléans ist gestern gestorben. Duc de Chartres, der selbst krank ist, kam nach Versailles, während wir bei der Messe waren. Er hat den König im Ratszimmer erwartet, um ihm den Tod seines Vaters mitzuteilen. Anschließend hat er sich zu mir und zu meinen Brüdern begeben.

1. Dezember – Frau La Motte, die in die Affäre des Kardinals verstrickt ist, hat soeben eine von ihrem Anwalt, Maître Doillot, verfasste Denkschrift veröffentlicht. Sie beschuldigt den Hofprediger, über dreihunderttausend Livres für das Zerlegen des von Böhmer verkauften Colliers bekommen zu haben. Was wird man noch alles erfahren?

7. Dezember – Madame de Marsan, Madame de Brionne und Maréchal de Soubise haben vor zwei Tagen allen Mitgliedern der Großen Kammer des Parlaments Besuche abgestattet, um entsprechend dem Brauch zugunsten des Kardinals, ihres Verwandten, zu intervenieren. Diese Demarche ist beleidigend für mich, und ich bat Madame de Brionne offiziell, sich ruhig zu verhalten. Es erstaunt mich zu sehen, dass eine Person aus dem Hause Lothringen gegen mich Ränke zu schmieden versucht.

15. Dezember – Das Parlament hat soeben die Verhaftung des Kardinals verfügt, der von nun an keine der Funktionen mehr ausüben darf, die ihm geblieben waren. Ein Haftantrag wurde ebenfalls gegen diesen Scharlatan Cagliostro gestellt, der mit der Intrige zu tun zu haben scheint; ferner gegen Madame de La Motte und ihren Mann sowie gegen das Mädchen Oliva, eine kleine Straßendirne, die meine Rolle in dieser unglaublichen Szene im Venusgärtchen gespielt hatte. Was für eine Gesellschaft für einen Großalmosenier und Kardinal Rohan! Seine Familie und seine Freunde fürchten, ihm würde keine gerechte Behandlung zuteil. Ihre große Hoffnung liegt jetzt auf dem Hof von Rom. Aber es wird nicht leicht sein, diesen dazu zu bringen, sich gegenüber der ersten Macht Europas zu kompromittieren – derzeit vielleicht der einzigen Stütze, die der Heilige Stuhl hat.

27. Dezember – Meine Gesundheit ist nicht schlecht; ich spüre allerdings mitunter kleine Unpässlichkeiten und fühle mich nicht wohl, und das wird wohl noch eine Weile so bleiben.

1786

4. Januar – Heute abend wurde der kleine Theatersaal, der gegen Ende der Regierungszeit des verstorbenen Königs an der Stelle der alten Botschafterstiege errichtet worden war, eröffnet. Man spielte hier »Ödipus« von Monsieur Sacchini. Trotz einiger Schwächen ist es eine ganz hübsche Oper, deren Musik mich für einen Augenblick alles vergessen ließ, was mich belastet.

6. Januar – Der Heiratsvertrag zwischen Baron de Staël und Mademoiselle Necker wurde unterzeichnet. Die junge Braut erhält sechshunderttausend Livres von ihrem Vater, der außerdem die Schulden seines zukünftigen Schwiegersohns bezahlt. Man hätte erwartet, dass Monsieur Necker seiner Tochter ein weit ansehnlicheres Vermögen sichert, aber es war gegen seinen Stolz, dass es so aussehen könnte, als würde sie nur des Geldes wegen geheiratet.

11. Januar – Heute wurden unsere Offiziere auf lächerliche Weise in Alarm versetzt. Unter dem Vorwand, dass sich Auvergner* am Louis XV.-Platz versammelt hätten, um dem König ihre Beschwerden vorzutragen (ich hörte, dass es zwischen ihnen und den Savoyern Rivalitäten beim Paket-Transport nach Paris gibt!), wurden die Palastgitter geschlossen. Als ob die Schweizer Garden und die französischen nicht ausreichten, um einer Bande ohne Waffen und Stöcken den Eintritt zu verwehren! Es wurde an die Leibgarden und an die Gendarmen sogar der Befehl ausgegeben, die Pferde zu satteln. Der König hat sich über all diese Vorkehrungen lustig gemacht. Der einzige Mann, der besonnen gehandelt hatte, ist ein Major der Garde der Feldgen-

* Angehörige der Region Auvergne; damals waren in den einzelnen Bezirken von Paris jeweils die Abkömmlinge aus den Provinzen konzentriert; so zum Beispiel auch jene aus Savoyen (A. d. Ü.)

darmerie. Nachdem er in der Avenue de Paris an die zwanzig von diesen Auvergnern aufgegabelt hatte, die im Übrigen von Reitern der Maréchaussée eingekreist waren, ließ er sie frei, und sie kehrten nach Paris zurück, wobei sie meinten, wenn man sie früher aufmerksam gemacht hätte, dass sie etwas Schlechtes täten, wären sie nicht von so weit hierher gekommen. Am Ball heute Abend hat man nichts von dieser komischen Revolte gemerkt; es wurde sehr fröhlich getanzt.

13. Januar – Obwohl Er jetzt in meiner Nähe ist, bin ich immer noch traurig. Gestern habe ich in seinen Armen geweint. Er allein vermag mich zu beruhigen, aber sobald Er sich entfernt, ergreifen meine Sorgen wieder von mir Besitz.

15. Januar – Ich muss es zur Kenntnis nehmen: ich bin wieder schwanger. Ich wollte es nicht glauben. Ich schrieb meine Unruhe den Problemen zu, mit denen ich seit diesem Sommer konfrontiert bin. Mein Arzt und mein Geburtshelfer sind sicher, dass der Zustand fortgeschritten ist. Diese neue Schwangerschaft betrübt mich. Ich fühle mich nicht wohl. Ich bin bereits dicker geworden und werde noch gewaltig zunehmen, werde hässlich sein, und Er wird mich in diesem Zustand sehen …

19. Januar – Ich habe mit Chevalier de Crussol bei Madame de Polignac am Puffbrett gewürfelt. Ich habe mich zu Tode gelangweilt. Am Ende habe ich mich gezwungen, mich mit zwei polnischen Damen, Comtesse Potocka und Comtesse Lubomirska, zu unterhalten. Man muss ja seine Pflicht erfüllen.

20. Januar – Der Winter richtet in meinem kleinen Dorf in Trianon Schaden an. Bei den ersten schönen Tagen werde ich Arbeiter hinsenden.

24. Januar – Die Anwälte des Kardinals haben die Stirn zu behaupten, er habe sich lediglich der Unvorsichtigkeit und Leichtgläubigkeit schuldig gemacht. Niemand wird solche Ammenmärchen glauben können. Im Übrigen erfährt man ganz schöne Dinge über ihn; vor seiner Verhaftung hatte er versucht, ein Mädchen zu heiraten, das er von einer Stiftsdame hatte! Ich kann es nicht erwarten, dass diese Affäre beendet wird, damit die Wahrheit ans Licht kommt und dieser ruchlose Mann der Strafe zugeführt wird, die er verdient.

31. Januar – Ich habe Mademoiselle Necker ihre erste Audienz gewährt, seit sie Baron de Staël geheiratet hat. Ihr Gesicht mit dem pickelübersäten Teint sieht aus, als hätte sich ihr Vater als Frau frisiert. Dabei war sie gut zurechtgemacht. Nach ihrer Einführung fand im Ballsaal ein Diner bei Kerzenlicht statt.

6. Februar – Man macht sich sehr über die neue schwedische Botschafterin lustig, die nicht den richtigen Gesellschaftston beherrscht.

17. Februar – Mir wurde Blut abgenommen, und meine Schwangerschaft ist soeben offiziell bekannt gegeben worden. Vermond meint, ich werde im Juli entbinden.

25. Februar – Heute Nachmittag begleitete ich meine Kinder zum Ball, den für sie unsere Tante Victoire gab. Mein kleiner Dauphin hatte als graue Ordensschwester verkleidet viel Erfolg. Bei meinem Ball heute Abend stach die Botschafterin von Schweden hervor. Sie tanzte wie eine Verrückte. Während sie wie eine Elster hüpfte, geriet der komische Pouf-Aufbau ihrer Frisur ins Wanken. Und es kam wie es kommen musste: sie stürzte, und die Contredanse wurde unterbrochen. Duchesse de Guiche kam ihr mitfühlend zu Hilfe. Sie heftete recht und schlecht das voluminöse Bauwerk mit einigen Nadeln wieder zusammen. Zum großen Erstaunen der Versammelten machte sich Madame Botschafter nicht viel aus der Sache. Mein sehr zärtlicher Freund war nicht da. Wenn ich daran denke, dass er von einer solchen Ehefrau hätte lächerlich gemacht werden können …

28. Februar – Ich war mit dem König beim letzten Ball des Karnevals bei Comtesse Diane, wo alle Frauen in Weiß zu erscheinen hatten. Nachdem ich zur Zeit nicht tanzen kann, hat uns Comtesse Diane vorgeschlagen, für eine Fünfzehner-Partie in ihre Räume hinaufzukommen. Dieses Zimmer, der Nebenraum und die angrenzenden Kabinette waren in einen Rosengarten verwandelt. Die Kerzen strahlten eine Wärme aus, die zu Kopf stieg, unsere Füße jedoch ebenso kalt ließen wie unsere Begeisterung. Die ganze Gestaltung amüsierte immerhin den König, von dessen Lachausbrüchen diese kleine Behausung erbebte. Gott sei Dank sind wir um Mitternacht zu Duchesse de Polignac gegangen, wo eine charmante Zerstreuung gespielt wurde: »La Matinée du jeune homme«.

7. März – Der Papst hat Prince de Rohan soeben der Kardinalswürde und ihrer Privilegien enthoben und zitiert ihn innerhalb von sechs Monaten vor Gericht. Das Motiv für diese Strenge ist keineswegs die Affäre selbst. Der Papst und das Kardinalskollegium sind beleidigt darüber, dass Rohan standeswidrig gegenüber der Immunität der Kirche gehandelt hatte, als er den König um Richter bat, die sie für nicht zuständig halten. Es gibt also weitere Elemente, die unnötig die Prozedur hinausziehen.

8. März – Dem Kardinal mangelt es nicht an Dreistigkeit. Er hat dem König einen Brief geschrieben, um sich dafür zu entschuldigen, meinen Namen kompromittiert zu haben! Dieser Brief ist von allen Mitgliedern seiner Familie unterzeichnet, die an die Güte des Königs appellieren. Dass sie nur nicht darauf zählen! Sie versuchen die Sache zu erschweren, indem sie ihre eigene Untersuchung betreiben. Sie würden gerne die Nebenpersonen verhaften lassen, um Spuren zu verwischen, in der Hoffnung, dass die Schuld von ihrem Verwandten genommen wird, dessen Anwälte ständig seine vollständige Rechtfertigung ankündigen. Niemand kann ernsthaft daran glauben. Es ist offensichtlich, dass der Kardinal die Juweliere betrogen hat, indem er sich meines Namens bediente und Frau La Motte, seine Komplizin, bat, die Diamanten zu verkaufen.

10. März – Mercy hat mich heute früh sehr beunruhigt. Er verfolgt die Angelegenheit sehr genau und trifft oft mit Parlamentspräsident d'Aligre zusammen, dem er meine Anweisungen übermittelt. Er fürchtet jetzt, dass die Herren de Vergennes und de Miromesnil diesen Ratsherrn zugunsten des Kardinals umdrehen. Das wäre der Gipfel! Vonseiten de Vergennes würde mich nichts überraschen. Auf mein Ersuchen hin hat Mercy speziell für Monsieur d'Aligre ein paar Anmerkungen verfasst, die er mir vorgelegt hat.

12. März – Die Gesundheit des Kardinals gibt Anlass zu Sorge. Er magert ab und man hat ihm soeben einen Polypen entfernt. Angeblich hat er in seiner Haft gebeichtet. Er kann von Glück reden, wenn er davon Gebrauch macht, um aus der Religion Tröstung zu schöpfen, die er wohl kaum woanders erwarten kann.

22. März – Die Gegenüberstellungen der Beschuldigten gehen ihrem Ende zu und nehmen eine immer ungünstigere Wendung für sie alle. Madame de La Motte und das Mädchen Oliva haben viel Schimpf und Schande abbekommen. Der Kardinal erklärte vor einem Zeugen, eine Dame sei Vermittlerin zwischen ihm und mir gewesen; dem stimmt der Zeuge keineswegs zu. Prince de Rohan verstrickt sich in Lügen. Was für eine Schande!

23. März – Gestern ist der Heiratsvertrag zwischen Mademoiselle de Matignon mit dem Sohn von Duc de Montmorency, dem kleinen Châtillon, unterschrieben worden. Meine liebe Duchesse und ihr Mann sind sehr betrübt über diese Angelegenheit, umso mehr als der zukünftige Ehemann ein Vermögen von zehn Millionen mit den Ländereien von Gournay und Seignelay erhält.

24. März – Die Denkschrift des Mädchens Oliva, die soeben veröffentlicht wurde, wirkt sich keineswegs günstig für die Sache des Kardinals aus. Sie belastet Frau La Motte und einen gewissen Villette, der meine Unterschrift gefälscht haben soll. Man sucht nach diesem Fälscher, der eine Rolle in der Angelegenheit gespielt haben soll. Dabei werden diese Entdeckungen jedoch niemals das unwürdige Verhalten von Prince de Rohan mindern können, der vorgegeben hat zu glauben, dass diese Unterschrift die meine sei, und es gewagt hat sich vorzustellen, dass ich ihm ein Rendezvous mitten in der Nacht im Venushain gewährt hätte. Wie wird die Wahrheit aus diesem Mysterium von Freveleien herauskommen? Ich empfinde mitunter Zweifel an der Ehrlichkeit unserer Ratsherren und an der gewisser Minister. Mercy sagte mir, Monsieur de Vergennes unterstüzt die Rohan-Clique.

30. März – Der mutmaßliche Fälscher, Rétaux de Villette, wurde verhaftet.

31. März – Mein kleiner Dauphin hat Fieber. Wenn er nur nicht so krank wird wie im vergangenen Jahr!

1. April – Meinem Sohn geht es kaum besser.

3. April – Madame de Polignac hat mir gestanden, dass mein Sohn schon seit zwei Monaten keine einzige Nacht ohne Fieber verbracht hat. Seine schönen Augen, die nun in tiefe Ränder getaucht sind, bedrücken mich sehr. Der Arzt besteht auf Luftveränderung. Ich will mich nicht von ihm trennen und zweifle daran, dass die Luft von Meudon, Saint-Cloud oder La Muette besser ist als die von Versailles. Ich bin sicher, dass meine teure Mama mir den Rat geben könnte, der mir fehlt. Wie unglücklich ich bin! Und doch habe ich nicht das Recht, so etwas zu schreiben, zumal mir der König eine solche Ergebenheit unter Beweis stellt (das muss ich wohl zugeben) und mein lieber Schatz sich alles Mögliche einfallen lässt, um mir all das Übel, das mich bedrückt, leichter zu machen. Niemand legt mehr Diskretion und Taktgefühl an den Tag als Er. Er ist immer da, wenn ich Ihn erwarte. Wenn Er mich in seine Arme nimmt, vergesse ich alles. Die Welt könnte stillstehen. Bei Ihm schöpfe ich alle Kraft, die mir ermöglicht, all die Prüfungen durchzustehen. Ich glaube und hoffe, dass der König, den ich mehr denn je schätze und achte, nichts vermutet. Aber ohne Ihn würde ich sterben.

5. April – Ich bin entsetzt über die Wende, welche die abscheuliche Collier-Affäre nimmt. Dieser Villette, der meine Unterschrift gefälscht haben soll, soll auch das Zimmermädchen der La Motte verdorben haben, heißt es. Diese hat in Anwesenheit dieses Mannes, der ihr Geliebter gewesen sein sollte, die Fassung verloren. Sie hat die Verrückte gespielt und so getan, als wollte sie ihre Kleider zerreißen; sie war dabei, sich vollkommen nackt zu zeigen, als man sie in ihr Zimmer brachte. Man verliert sich in Vermutungen und gerät allmählich zum Schluss, dass der Kardinal sich rechtfertigen wird, indem er vorgibt, von Frau La Motte und diesem Villette in die Irre geführt worden zu sein.

12. April – Villette hat angegeben, unter dem Diktat von Frau La Motte, »intime und sehr zärtliche« Briefe geschrieben zu haben, von denen der Kardinal glaubte, sie stammten aus meiner Hand. Wie weit wird man in diesem Schmutz noch gehen?

13. April – Die Angehörigen des Klerus glauben, sich alles erlauben zu können. Ein kleiner Abbé, der vor dem König die Fastenpredigt hielt, hat es gewagt, auf den »von Missgeschick betroffenen Kardinal« anzuspielen. Ich bat den König, ihn abzuberufen.

16. April – Ich bin erschüttert. Ich finde keine Worte, die meinen Schmerz und meine Empörung ausdrücken könnten: jetzt erzählt man, der Kardinal hätte vom Mädchen Oliva damals im Park von Versailles Gunstbezeugungen genossen und sei überzeugt gewesen, sie von mir erhalten zu haben! Die Rose, die sie ihm übergeben haben soll und von der in den Aktennotizen der Anwälte die Rede ist, sei, heißt es, nur das Zeichen dieses Wohlwollens gewesen. Das redet man also in Paris und am Hof hier. Was für Ungeheuer das sind!

6. Mai – Er ist weg, zu seinem Regiment zurückgekehrt. Er wird Ende des Sommers wiederkommen. Ich bin noch trauriger.

8. Mai – Das Verfahren ist beendet. Der Kardinal will als Opfer der Intrigen und geheimen Machenschaften der Dame La Motte gelten.

10. Mai – Meinem Sohn geht es besser, aber das Fieber hat nicht nachgelassen.

11. Mai – Mein Bruder Ferdinand und seine Frau sind heute morgens in Paris angekommen, wo sie in einem Hotel garni abgestiegen sind. Ich hatte sie gleich bei ihrer Ankunft mit meiner Anwesenheit überrascht. Man hat viel geschwatzt, als man mich an der Tür einer Schenke halten sah. Ich kann nichts, was ein wenig natürlich ist, tun, ohne dass man darüber munkelt. Ich hätte Ferdinand nicht wiedererkannt, sosehr hat er sich verändert. Er ist dick geworden und sein Gesicht länger. Er spricht ein sehr schlechtes Französisch. Er und seine Frau, die weder gut noch schlecht ist, geben ein sehr bürgerlich wirkendes Paar ab. Wenn sie nach Versailles kommen, werden sie sich beim Bader Touchet niederlassen wie Joseph. Sie haben es abgelehnt, im Schloss zu logieren, obwohl ich ihnen ein Ehebett vorbereiten ließ, nachdem sie jede Nacht zusammen schlafen. Heute abend habe ich sie zum Souper in die Tuilerien gebracht, wo es eine hübsche kleine Illuminierung gab.

12. Mai – Mein Bruder Ferdinand und seine Frau haben uns in Versailles einen Besuch abgestattet. Sie haben mit uns das Diner eingenommen, und ich habe ihnen die gesamte königliche Familie vorgestellt.

19. Mai – Ich hatte geplant, morgen mit meinem Bruder und meiner Schwägerin zum Bellevue zum Diner zu fahren, aber meine Kräfte erlauben mir diese Fahrt nicht. Nachdem sie ohne mich sehr in Verlegenheit wären und ich dazu noch weiß, dass es reine Höflichkeit vonseiten meiner Tanten war, sie einzuladen, habe ich es auf mich genommen, dieses Diner ganz abzusagen. Ich werde Ferdinand und seine Frau morgen anlässlich der Theatervorstellung empfangen, so gegen sechs Uhr. Wenn sie nicht ein paar Einkäufe in Paris zu tätigen haben, werden sie bei mir um drei Uhr das Diner einnehmen, denn der König jagt um diese Zeit.

20. Mai – Gott sei Dank befreit mich mein Gesundheitszustand davor, meinem Bruder und seiner Gemahlin alle Zerstreuungen zu bieten, die ich ihnen unter anderen Umständen auch geben würde. Sie langweilen mich alle beide sehr.

22. Mai – Mercys Besuch hat mich erschüttert. Seit Villettes Geständnis meinen die Ratsherren, dass der Kardinal nicht des Betrugs schuldig, sondern von zwei Abenteurern, Frau La Motte und Villette, getäuscht worden sei. Er sei nicht des Verbrechens der Majestätsbeleidigung schuldig, nachdem er so tollkühn war zu glauben, ich hätte ihm ein geheimes Rendezvous gewähren und ihn bitten können, in seinem Namen über ein Schmuckstück zu verhandeln. Der Oberstaatsanwalt kann Buße, die einer königlichen Majestät angemessen ist, nur für dieses Verbrechen auferlegen.

30. Mai – Für morgen ist die Urteilssitzung anberaumt. Ich bin mehr tot als lebendig.

31. Mai – Freispruch! Der Kardinal ist freigesprochen! Ich bin vernichtet; mein Schmerz sucht seinesgleichen. Dieses Urteil ist die schlimmste Beleidigung! Ich weine schon stundenlang. Ich will niemanden sehen außer dem König, der genauso empört ist wie ich.

1. Juni – Man kann jede Hoffnung verlieren, wenn es das Ziel von Perversitäten ist, mich mit allen Mitteln zu verletzen. Ich bin Opfer von gemeinen Intrigen. Es ist schrecklich daran zu denken, dass das Parlament nichts anderes als ein Gesindel von Leuten ist, die nur nach ihren Neigungen handeln und von denen die einen empfänglich für Bestechung sind und die anderen von einer Vermessenheit, wie sie sie schon immer gegen die Autorität an den Tag gelegt haben. Der König ist überzeugt, dass die Ratsherren in dieser Affäre nur den Kirchenfürsten und Prinzen Rohan sehen wollten, während er nur in Geldnot steckte!

2. Juni – Der König hat dem Kardinal einen Siegelbrief geschrieben, in welchem er ihm befiehlt, sich sofort in seine Abtei de La Chaise-Dieu in der Auvergne zu begeben und seine Demission vom Amt des Hofpredigers von Frankreich einzureichen. Das ist wohl das Mindeste.

3. Juni – Mercy ist über meinen Kummer erstaunt. Sogar er lebt in der Vorstellung, dass der Kardinal Opfer der Frau La Motte wäre; dass sie es war, die die ganze Sache eingefädelt hätte und dass er ihr dummer Betrogener wäre. Dagegen glaubt Mercy, die Intrigen der Rohans wären schuld daran, dass meine Ehre verunglimpft wird. Ich jedoch glaube beharrlich daran, dass der Kardinal bei dieser Affäre an allem Schuld trägt. Es ist unerträglich für mich, so grausam getäuscht worden zu sein. Noch nie im Leben befand ich mich in einer so tiefen, ausweglosen Verzweiflung.

7. Juni – Der König hat mir soeben angekündigt, dass er Ende des Monats den Hafen von Cherbourg besuchen wird. Ich kann mich nicht genug darüber wundern; er hat diesen Entschluss gefasst, ohne sich mit mir zu beraten. Ich konnte ihn bitten, wie ich wollte, diese Reise zu verschieben, nichts konnte ihn ins Wanken bringen. Welche Verstimmung für mich in dieser so schmerzlichen Zeit und so kurz vor meiner Entbindung!

18. Juni – Mein Bruder und seine Frau haben uns heute verlassen. Ich bin über ihre Abreise erleichtert. Ich war nie sehr eng mit Ferdinand verbunden, und die Verpflichtungen, die mir seine Anwesenheit auferlegte (vor allem die seiner Frau), waren mir oft zuwider. Im Übrigen ist mir zur Zeit alles zuwider. Ich habe den Eindruck, dass man mich seit diesem fatalen Urteil nicht mehr so betrachtet wie vorher. Ich weiß, dass man unglaubliche Märchen ausstreut bis in den Hof hier. Die Rasse der Höflinge ist abscheulich.

20. Juni – Heute Morgen um zehn Uhr ist der König nach Rambouillet abgereist und wird morgen in Harcourt auf dem Weg nach Havre übernachten. Ich habe die Damen des Palastes von jedem Dienst für mich freigestellt. Ich werde mich für ein paar Tage in das Innere meiner Gemächer und das von Madame de Polignac zurückziehen. Ich werde ausruhen; wir werden plaudern und ich werde versuchen zu vergessen.

21. Juni – An Frau La Motte ist das Urteil im Hof des Justizpalastes vollstreckt worden: sie wurde ausgepeitscht und mit einem V für voleuse (Diebin) gebrandmarkt.

29. Juni – Der König ist von seiner Reise zurückgekehrt. Ich erwartete ihn auf dem Balkon seines Zimmers mit den Kindern, die »Papa!« schrien, als sie seiner ansichtig wurden. Ich habe mich über seine Rückkehr gefreut. Er hat mich vor allen geküsst und war von liebenswürdiger Fröhlichkeit.

30. Juni – Die Aktivitäten in Cherbourg waren sehr gelungen. Der König wurde überall auf seiner Reise akklamiert. Er war an Bord des

Kommandoschiffes, das er bis ins Detail besichtigte und wo er das Mahl der Offiziere teilte. Die Fahrt entlang der Küste wird ihm in unauslöschlicher Erinnerung bleiben.

9. Juli – Ich spüre die ersten Wehen. Nachdem ich die Menschenmenge während meiner Niederkunft gerne vermeiden möchte, werde ich zum Gottesdienst gehen, damit man nichts ahnt.

15. Juli – Ich habe ein Mädchen zur Welt gebracht, das von so starker Konstitution ist wie es ein Kind nur sein kann. Sie wurde auf die Namen Sophie Hélène Béatrice getauft, wird aber den Namen Sophie erst tragen, wenn wir unsere Tanten gefragt haben, ob es ihnen recht ist. Wir fürchten, dass dieser Name sie schmerzlich an die Schwester erinnert, die sie so innig geliebt hatten.

16. Juli – Ich habe nicht die Absicht, weitere Kinder zu bekommen. Ich habe das dem König in aller Vorsicht gesagt. Ich werde es ihm wiederholen, wenn es nötig ist.

20. Juli – Ich hänge sehr an meiner Familie, aber es sind nicht immer die bevorzugten Familienmitglieder, die mich besuchen. Nächste Woche werden meine Schwester Marie-Christine *) und ihr Ehemann in Versailles sein. Nichts käme mir ungelegener. Ich musste schon Ferdinand und seine Frau ertragen. Aber das war nichts an Unannehmlichkeit gemessen an dem, was die Anwesenheit der Statthalterin der Niederlande in Begleitung ihres Mannes verursachen wird. Marie-Christine ist viel älter als ich. Ich war noch ein Kind, als sie kurz nach dem Tod meines Vaters Wien verließ. Ich erinnere mich kaum daran und konnte mich nicht freuen über das Verhalten, das sie mir gegenüber an den Tag legte, als ich an diesen Hof kam. Ich bin sicher, dass sie der Kaiserin Zeitungen aus Brüssel zukommen

---

* Marie-Christine (1742–1798), Statthalterin der österreichischen Niederlande seit 1778, hatte 1766 Prinz Albert von Sachsen-Teschen geheiratet.

ließ, die voll böser Märchen über mich waren. Das hat mir einige Rügen eingetragen, auf die ich gern verzichtet hätte. Obwohl ich sie kaum kenne, spüre ich schon förmlich ihren Verhör-Blick auf mich gerichtet, bar jeden Wohlwollens. Und das besonders nach der schrecklichen Affäre, deren Opfer ich bin.

29. Juli – Marie-Christine und ihr Mann reisen incognito. Meine Schwester ist ganz so, wie ich es mir vorgestellt hatte. Gott sei Dank wollen sie ihren Besuch in Paris nutzen, um alles zu besichtigen, was die Hauptstadt an Interessantem zu bieten hat. Ich werde meinen Gesundheitszustand vorschieben, um allzu ermüdende Empfänge zu vermeiden.

6. August – Zum ersten Mal seit meiner Entbindung habe ich im Sitzen alle Personen, die sich präsentiert haben, empfangen; ich nannte sie bei ihren Namen für meine Schwester, die diese Art Prozession hinter einem Paravent verfolgte.

10. August – Mein Schwager jagt oft mit dem König, dem dessen Gesellschaft nicht unangenehm ist. Meine Schwester hat begriffen, dass ich keinen großen Wert darauf lege, sie oft zu sehen. Ich habe Mercy gebeten, ihr zu sagen, dass ich gerne allein wäre und dass ich im Übrigen aufgrund meiner jüngsten Entbindung Ruhe bräuchte.

27. August – Der König von Preußen ist gestorben, was hier am Hof Aufsehen erregt, wo er allzuviel Bewunderer hatte. Ich werde die letzte sein, die ihn beweinen wird nach all den Greueltaten, denen er meine Familie ausgesetzt hat. Sein Neffe folgt ihm als Friedrich Wilhelm II. nach.

15. September – Angeblich verträgt der Kardinal gesundheitlich nicht das Gebirgsklima der Auvergne. Zumindest behaupten das seine Verwandten, die mehrere dringliche Ersuchen an den König gerichtet haben. Zumal er nicht beschuldigt werden will, den Tod dieses Prälaten – so ehrlos dieser auch sein mag – zu verursachen, beschloss mein Mann, ihn in die Abtei von Marmoutier bei Tours zu senden. Nachdem ihn das vom Elsass, wohin er zu gehen wünschte, entfernt, ohne ihn Paris viel näher zu bringen, werden sie glaube ich nicht sehr glücklich sein. Wenigstens werden sie aufhören sich zu beklagen.

30. September – Der König, der mich gewöhnlich wenig über Staatsangelegenheiten unterrichtet, hat mir immerhin seine Besorgnis anvertraut. Der Generalkontrolleur der Finanzen hat ihm mitgeteilt, dass das Defizit beträchtlich sei. Um dem abzuhelfen, schlägt er einen Plan zur Verbesserung der Finanzlage vor, der eine Änderung des Steuersystems des Königreichs bedeutete. Ich verstehe von all diesen Dingen nichts, und der König weiß das wohl. Ohne Zweifel musste er mit mir darüber sprechen. Wie Joseph sagen würde: Ich könne ihm in keiner Weise von Nutzen sein.

11. Oktober – Wir sind seit vorgestern in Fontainebleau. Sechs Wochen regnet es nun schon ohne Unterlass und nichts ereignet sich hier.

25. Oktober – Wir haben hier das übliche Gedränge, Aufführungen, Bälle und Jagden. Alle glauben, ich amüsiere mich, angefangen von Mercy, den ich weniger oft als sonst empfange. Tatsächlich fühle ich mich nicht wohl. Nichts ist mehr wie es früher war. Wann früher übrigens? Diese schreckliche Collier-Affäre ist die Ursache meines Unglücks.

26. Oktober – Der König hat soeben Duc d'Harcourt zum Erzieher des Dauphins ernannt. Es ist ein ehrlicher und verdienstvoller Mann, der bei den Frömmelnden als Materialist gilt. Mit dieser Wahl, für die mich der König konsultiert hatte, bin ich vollkommen einverstanden. Ich bin sicher, dass Duc d'Harcourt ein besserer Lehrer sein wird als es ein Bischof wäre, der ihm nur beibrächte, den ewigen Strafen zu entrinnen und zur Rettung den Schutz eines berechnenden Klerus anböte.

4. November – Die Ernennung von Duc d'Harcourt lässt die Frömmler aufheulen und erweckt große Genugtuung bei vernünftigen Leuten, die der Art, wie die Thronfolger über mehrere Regierungszeiten erzogen wurden, kritisch gegenüberstehen. Der König lehnt es ab, einen Hauslehrer für den Dauphin zu ernennen. Der Erzieher wird nur Unterlehrer zur Verfügung haben.

9. November – Wir sind bestürzt über den furchtbaren Unfall, der Marquis de Tourzel zugestoßen ist, als er der Jagd folgte. Als sein Pferd durchging, wollte er abspringen, dabei verfing sich sein Fuß im Steigbügel, und er wurde mit einer solchen Heftigkeit durch das Gelände mit dornigem Gestrüpp und Kieselsteinen mitgeschleift, dass er kein menschliches Gesicht mehr hatte, als man ihm zu Hilfe kam. Die Chirurgen konnten bei seinem Kopf nicht mehr vorne und hinten unterscheiden. Er ist erst vorgestern seinen Verletzungen erlegen. Alle trauern um ihn, und der König hat geweint. Er hinterlässt eine Witwe und ein kleines Mädchen, um das wir uns kümmern werden.

12. November – Ich mag Monsieur de Calonne nicht besonders, aber er hat mich angenehm überrascht. Heute früh habe ich unter meinen Fenstern eine reizende Kutsche mit dem Wappen des Dauphins gesehen. Sie wurde von hübschen Pferden gezogen, auf denen Männer von kleinem Wuchs saßen, die die Uniform meines Sohnes trugen. Das ist ein Geschenk, das der Finanzminister ihm zugedacht hat. Mein Kind war begeistert. Er klatschte in die Hände und wollte sofort in diesen eleganten Wagen klettern, was wir ihm nicht verwehren konnten. Der arme Kleine! Es schmerzt mich, ihn mit seinen fiebrigen Augen und seinem kleinen Gesicht mit dem durchscheinenden Teint zu sehen. Wenn er nur im Wachstum kräftiger wird!

16. November – Die Langeweile hat uns aus Fontainebleau vertrieben. Ich hätte gern, dass der König in Zukunft diesen Aufenthalt, der ebenso kostspielig wie unnütz ist, sein lässt.

20. November – Heute früh habe ich mich gewaltig aufgeregt, als ich Spuren von Blut auf dem Gesicht des Duc de Normandie sah. Madame de Polignac wirkte betroffen und sagte mir nichts. Ich war außer mir; sie sprach von Demissionieren, ohne mir etwas zu erklären. Schließlich beruhigten wir uns, und sie gestand mir, dass der Arzt angeordnet hatte, hinter den Ohren meines Sohnes Blutegel anzusetzen, um die Krampfanfälle zum Stillstand zu bringen, von denen er heimgesucht war. Aus Furcht, dass ich mich über diese Prozedur zu heftig aufregen würde, hat sie mit dem König darüber gesprochen. Dieser hat die Behandlung erlaubt und war beim Ansetzen der Blutegel anwesend. Ich kam gerade zum Zeitpunkt, als man sie eben weggenommen hatte. Ich ertrage nicht, dass man vor mir etwas verbirgt, was es auch immer sei, wenn es die Gesundheit meiner Kinder betrifft. Madame de Polignac musste versprechen, mir alles zu sagen, auch auf die Gefahr hin, dass es mich noch stärker aufregt.

15. Dezember – Das Haus Rohan glaubt immer noch, es stünde über den Gesetzen der Kirche und des Königreichs: der Erzbischof von Cambrai, der zu dieser ehrenwerten Familie gehört, hat soeben eine Jagdwache auf fremdem Boden, der gar nicht dem Bischof gehörte, erschossen – mit der Begründung, dass dieser arme Mann ihn gebeten hätte, sich zurückzuziehen, weil er außerhalb seines Reviers jagte.

29. Dezember – Der König hat mir in gewichtigem Ton erklärt, er werde eine Versammlung von Notablen* einberufen, um die finanziellen Angelegenheiten zu regeln. Ich weiß nicht wirklich, was das bedeutet, aber der Ausdruck meines Mannes verriet solches Unbehagen, dass ich davon beunruhigt war.

---

* Notable – Bürger der Elite, die höhere Ämter oder Funktionen bekleiden

1787

12. Januar – Der König ist so melancholisch, dass ihn nichts zerstreuen kann. Zu meiner großen Überraschung unterrichtet er mich über Staatsangelegenheiten, wie er es nie getan hat. Ich höre zu, ohne etwas zu sagen, und denke, er schätzt dieses Schweigen, das er von mir wohl kaum gewöhnt ist. Ich habe den Eindruck, dass er kein großes Vertrauen in den Plan von Monsieur de Calonne hegt, obwohl Monsieur de Vergennes ihn gut fand.

14. Januar – Monsieur de Calonne ist eingebildet genug zu glauben, dass er mich für immer gewonnen hat, seit er meinem Sohn dieses Präsent gemacht hat. Gestern ist er zu mir gekommen, als unter anderem Madame de Polignac, Baron de Besenval und der Erzbischof von Toulouse, Monseigneur Loménie de Brienne da waren. Der Finanzminister hat uns seinen Plan dargelegt. Der gesamte Kreis hat seinen Ausführungen Beifall gespendet, die Polignacs, die ihn in den Himmel heben, ebenso wie der Erzbischof von Toulouse, der ihn hasst. Sehr geschmeichelt von dieser wohlwollenden Aufnahme hat Monsieur de Calonne den Erzbischof gebeten, ihm die Prälaten benennen zu wollen, die er voraussichtlich in die Versammlung entsendet. Ich glaube, er ist in eine Falle gegangen, die ihn teuer zu stehen kommen wird. Angeblich hat der Erzbischof beim Weggehen von mir triumphiert. »Wir halten ihn«, sagte er. Ohne Zweifel wird er Anhänger Neckers ernennen lassen, die diesem brillanten Minister schwer zu schaffen machen werden.

16. Januar – Mercy nimmt diese Versammlung der Notablen nicht ernst:; »Das ist eine Farce, die dazu dient, dem Staat neue Einnahmen zu beschaffen«, hat er zu mir gesagt. Ich hoffe dagegen, dass der König Zuschüsse erreichen wird und man nicht mehr über diese elenden Finanzen spricht.

17. Januar – Der Gesundheitszustand von Monsieur de Vergennes ist beunruhigend. Er leidet an einer bösen Magenkrankheit, die ihn daran hindert, zu essen. Mercy preist mir unablässig die Vorzüge von Comte de Saint Priest an, der als Botschafter in Konstantinopel die Interessen meines Bruders sehr gut verteidigt hat. Ich will mich nicht in die Nachfolge von Monsieur de Vergennes einmischen, wenn er sterben sollte. Man hat mich zu oft kritisiert, wenn ich für die Interessen meiner Familie eingetreten bin. Ich werde dem König in seiner Wahl freie Hand lassen. Ich habe es vorgezogen, Mercy zu sagen, dass ich immer Zweifel daran hatte, dass ich mit meiner Vertrauensbasis beim König erfolgreich sei. Er sah erbärmlich drein. Da kann man nichts machen!

18. Januar – Ich habe gestern abend im Theater von Versailles sehr gelacht. Man gab »Le Roi Theodore à Venise«, eine burleske Oper mit Musik von Paisiello, in welcher der Herrscher, ruiniert und unfähig, seine Schulden zu bezahlen, in einem Augenblick der Verzweiflung ausruft: »Was soll ich tun, wo finde ich Zuflucht?« – In diesem Moment hat ein Zuschauer gebrüllt: »Bei der Notablenversammlung!« Die Garden sind sogleich herbeigeeilt, um diesen Störenfried zu überwältigen, aber ich war gegen seine Verhaftung. Wenn man die Spaßmacher und Verrückten ernst nähme, wo kämen wir da hin?

25. Januar – Der König hat den Saal der Menus Plaisirs besucht, den man für die Notablen vorbereitet. Es wurden Logen für die Zuschauer gebaut, und man fragt, ob ich der ersten Sitzung beiwohnen würde. Mein Mann lässt mir freie Hand zu tun, was mir beliebt, aber ich finde, dort habe ich nichts zu suchen. Die Versammlung wird ungefähr hundertvierzig Personen vereinen, die ausgewählt sind, um die von Monsieur de Calonne vorgeschlagenen Maßnahmen gutzuheißen, sie wird in sieben Komitees geteilt werden, deren Vorsitz jeweils ein Prinz von Geblüt führen wird. Unser Bruder Provence, der dem ersten vorstehen wird, spricht unentwegt über seine künftigen Verpflichtungen. Er hat noch nie einen solchen Missmut an den Tag gelegt.

26. Januar – Der Gesundheitszustand von Monsieur de Vergennes erlaubt es ihm nicht, am Rat teilzunehmen. Der König ist darüber sehr betrübt.

28. Januar – Mademoiselle Bertin ist so weit, dass sie in Konkurs geht. Das ist unfassbar angesichts aller Gelder, die ich ihr bezahlt habe. Ich habe mich geweigert, sie zu empfangen. Ich will nicht, dass man mir nachsagen kann, ich gäbe verrückte Unsummen für meine Ausstattung aus.

2. Februar – Der König weiß nicht, zu welchem Heiligen er beten soll. Monsieur de Vergennes wird zweifellos sterben, und nun ist auch noch Monsieur de Calonne krank; angeblich hustet er Blut. Obwohl wir keine intimen Kontakte mehr pflegen, hat mir mein Mann nie so viel anvertraut. Er informiert mich über Staatsgeschäfte, von denen ich bisher noch nie etwas gehört habe. Er hat mir gestanden, dass unsere Finanzen sich in einem schlimmeren Zustand befänden, als ich mir vorstellen könnte. Ich würde ihm gerne helfen. Aber wie?

3. Februar – Der Bankier Saint James, einer unserer reichsten Financiers, wird in Konkurs gehen, der wiederum andere nach sich ziehen wird. Cardinal Rohan, meine Freunde Polignac und Monsieur de Vaudreuil gehören zur Vielzahl seiner Gläubiger.

7. Februar – Monsieur de Calonne geht es besser. Die Eröffnung der Versammlung ist für den 14. festgelegt; der Großteil der Notablen ist in Versailles angekommen.

8. Februar – Mein Bruder hat sehr oft Recht. Ich hatte es nicht glauben wollen, als er unlängst Madame de Guémené kritisiert hatte und ich ihm Recht geben musste. Ich hielt ihn auch für sehr ungerecht gegenüber Madame de Polignac und deren Kreis. Ich fürchte sehr, dass er im Recht war. Ich bin verletzt von der Haltung einer Freundin, die ich mehr als alle anderen geliebt hatte. Ohne meine vertraulichen Mitteilungen zu verraten, agiert sie doch mit einer so unbesorgten Achtlosigkeit, dass ich daran zweifeln muss, ob sie mir ehrlich zugetan ist. Ich habe sie im Verdacht, dass sie keine echte Zuneigung zu meinen Kindern empfindet. Sie ist nachlässig ihnen gegenüber und lädt allzu oft Pflichten (wie kann man überhaupt von Pflichten sprechen!), die ihrer Funktion zukommen, auf den Schultern der Untergouvernanten ab. Ihr Umgang mit meinem Sohn vergangenen Monat hat mir die Augen geöffnet. Ich weiß auch, dass sie seit Monaten ihre Freunde mich halblaut bei sich kritisieren lässt, wenn ich nicht da bin. Das kränkt mich und bricht mir das Herz. Und heute ist mir auch nicht mehr unbekannt, dass sie die Freigebigkeit von Monsieur de Calonne ausgenutzt hat, ohne dass ich davon wusste. Ihr Salon ist im Übrigen die Hauptstütze dieses Ministers.

10. Februar – Madame de Polignac hat mich um die Erlaubnis gebeten, sie von ihrer Funktion zu befreien. Ich hatte eine offene Aussprache mit ihr. Sie hat so leidenschaftlich ihre Gefühle für mich und meine Kinder und ihre Ergebenheit dem König gegenüber beschworen, dass ich gerührt war. Am Ende lagen wir einander weinend in den Armen. Ich bin derzeit so empfindlich, dass ich mich nicht mehr beherrschen kann. Vielleicht bin ich mit meiner Freundin ungerecht gewesen, die selbst auch fragil ist. Sie wird nicht kündigen; sie wird Bäder in Spa nehmen, um ihre Nerven zu kurieren. Der König ist bereit, ihr diese Gunst zu gewähren.

12. Februar – Monsieur de Vergennes ist in dieser Nacht gestorben. Der König war so betroffen, dass er seine Jagd absagte. »Ich verliere den einzigen Freund, auf den ich mich verlassen konnte, den einzigen Minister, der mich niemals betrogen hat«, hat er mir mit Tränen in den Augen erklärt. Ich habe Monsieur de Vergennes nie gemocht, aber so getan, als fühlte ich mit dem Schmerz meines Mannes. Die Situation ist in der Tat beunruhigend. Monsieur de Calonne ist immer noch krank und die Eröffnung der Versammlung ist neuerlich verschoben worden.

14. Februar – Es ist schrecklich. Gestern abend in der Oper, als ich das Publikum wie gewohnt begrüßt hatte, erhob sich plötzlich ein Pfeifkonzert unter den Zuschauern. Was habe ich ihnen denn getan?

15. Februar – Der König hat soeben Comte de Montmorin zum Nachfolger von Monsieur de Vergennes ernannt. Ich habe mich in diese Nominierung nicht eingemischt. Die Assemblée wird am 22. Februar zusammentreten.

22. Februar – Heute Morgen hat der König mit Todesverachtung die Versammlung der Notablen eröffnet. Ich glaube, er fängt an, sich vor Monsieur de Calonne in Acht zu nehmen. Von allen Seiten kritisiert man den Minister. Der Vortrag, den er gehalten hat, lässt große Zweifel an der Art und Weise, wie er die Finanzen geführt hat: er hat ein Defizit von hundertzwölf Millionen Livres eingestanden! Wenn ich das gewusst hätte, hätte ich niemals so viele Erwerbungen getätigt und wäre die erste gewesen, meinen Hof zu reformieren. Ich konnte keine Ahnung von dieser Schmach haben: wenn ich dreißigtausend Livres brauchte, hat man mir dafür sechzig gegeben!

24. Februar – Monsieur de Calonne ist gekommen, um mich um die Erlaubnis zu bitten, mich jeden Tag über die Sitzungen zu informieren. Ich habe ihm geantwortet, dass das nur den Justizminister etwas angehe. Welche Rolle will man mir zuspielen?

26. Februar – Monsieur de Calonne flößt kein Vertrauen ein. Man verdächtigt ihn, für Veruntreuungen verantwortlich zu sein. Er gilt als Scharlatan, der alle überzeugen will, dass sein Plan zur Verbesserung der Finanzlage der einzig mögliche sei, den Bankrott zu verhindern. Sein großes Projekt der territorialen Besteuerung, die alle Grundbesitzer ohne Ausnahme treffen würde, könnten ihm die Aristokratie und den Klerus entfremden.

3. März – Gestern musste sich der Finanzminister im Verlauf einer großen Komiteesitzung unter dem Vorsitz von Monsieur äußern. Er verteidigte sich gewandt gegen die Angriffe, denen er seitens Monseigneur Loménie de Brienne und Monseigneur Dillon ausgesetzt war, ohne allerdings zu überzeugen. Heute Abend hat uns mein Bruder erklärt, das Vorhaben eines solchen Ministers könne nicht unterstützt werden. Ich weiß nicht, wie der König sich vor diesem schlechten Schritt retten wird.

8. März – Monsieur Necker, dessen Rechenschaftsbericht Monsieur de Calonne angegriffen hatte, schrieb an den König und bat ihn, sich rechtfertigen zu dürfen. Ich weiß nicht, was mein Mann ihm antworten wird. Es bildet sich am Hof und in der Notablenversammlung eine mächtige Partei, die immer stärker für eine Rückholung des Genfer Bankiers eintritt. Das alles wundert mich. Mercy meint, ich soll mich in nichts einmischen, aber ich würde so gerne dem König helfen. Sein leerer Blick macht mir Angst. Er geht umher wie ein Mann, der willenlos mitgerissen wird.

10. März – Gott sei Dank, mitten in all den Sorgen, die mich belasten, habe ich Hoffnung, Ihn bald in Versailles wiederzusehen. Da es mir wichtig ist, Ihn so viel wie möglich in meiner Nähe zu haben, lasse ich Ihm ein Zimmer über dem meinen vorbereiten. Es wird nicht sehr groß sein, aber diskret genug, um keinen Verdacht zu erwecken. Das wird mein einziger, wunderbarer Trost sein. Was für ein Schicksal ich habe!

13. März – Wenn ich zu traurig bin, denke ich an Ihn. Wenn Er da sein wird, sieht alles anders aus.

17. März – Man bringt eine Fülle von Problemen aufs Tapet, von denen ich nichts verstehe – und die anderen nicht sehr viel. Ich fürchte, das alles führt zu nichts Gutem. Alle Notablen vereinen sich gegen Monsieur de Calonne. Ich versuche, die größtmögliche Unparteilichkeit zu bewahren, und weiß nicht, was ich dem König sagen soll. Er ist nach wie vor völlig kraftlos. Was für ein Unglück!

25. März – Monsieur de Miromesnil versucht dem König einzureden, der Finanzminister wolle die Aristokratie und den Klerus gegen ihn aufbringen. Er scheut sich nicht ihm zu sagen, er sei im höchsten Maß um die Zukunft seiner Regentschaft besorgt. Mein Mann war darüber erschüttert. Wie schmerzlich das für mich ist!

27. März – Monsieur de Miromesnil ist ein Schurke. Ich habe erfahren, dass sich jeden Abend bei ihm Parlamentarier versammeln und darüber brüten, welche die effizienteste Methode wäre, die Pläne von Monsieur de Calonne zum Scheitern zu bringen. Ich habe dem König mitgeteilt, was ich soeben erfahren hatte. Er hat mich traurig angelächelt und mir dabei gestanden, er sei darüber unterrichtet, was bei Monsieur de Miromesnil angezettelt würde. Er ist mir dankbar, dass ich mich diskret für Staatsgeschäfte interessiere, wie ich es seit der Eröffnung dieser verfluchten Assemblée tue.

4. April – Die Arbeit der Assemblée, der Versammlung, ist für die heilige Osterwoche ausgesetzt. Monseigneur Loménie de Brienne und der Erzbischof von Aix, Monseigneur de Boisgelin, haben mich um eine ganz geheime Audienz gebeten. Sie haben mir zwei Denkschriften für den König übergeben: darin versprechen sie, gewisse Reformen zu unterstützen, wenn Calonne entlassen und ein neuer Finanzminister ernannt würde.

5. April – Der König spricht kein Wort, jagt atemlos, verschlingt alle Gänge des Soupers und versinkt in Schlaf. Sein Schweigen bedrückt mich tief und beunruhigt die Minister. Ich werde am Ende noch um Monsieur de Vergennes trauern. Wenigstens zu ihm würde er etwas sagen.

6. April – Madame Adélaide hat ihren Neffen aufgesucht, um mit ihm über die Unterschlagungen des Finanzministers zu sprechen. Trotz dem Respekt für seine Tante hat der König vermieden, ihr zu antworten. Ich glaube, er weiß nicht, was er tun soll. Und ich auch nicht. Wir haben niemanden, mit dem wir uns beraten können.

7. April – Monsieur beschwört seinen Bruder, Monsieur de Calonne und Monsieur de Miromesnil zu entlassen, deren Umtriebe jetzt allen bekannt sind. Der König ist überzeugt, dass er von seinem Justizminister betrogen worden ist.

8. April – Heute, am Ostersonntag, hat der König sich entschlossen, die beiden Minister zu entlassen. Ich habe ihn schließlich überzeugen können, dass er Monsieur de Calonne loswerden muss, den alle auf die Schlachtbank wünschen. Es ist nicht so sehr sein Programm, sondern der Mann selbst, der Ziel des Spotts ist. Der König ersetzt ihn durch Monsieur Bouvard de Fourqueux, der als hochanständig gilt. Monsieur de Lamoignon wird Monsieur de Miromesnil nachfolgen. Die Aufregung in der Assemblée wird sich legen.

20. April – Die Arbeiten der Assemblée werden nicht, wie man hoffen könnte, fortgesetzt. Monsieur de Fourqueux ist nicht genügend in die Staatsgeschäfte eingeführt; die Notablen stellen daher immer größere Ansprüche; die öffentlichen Wechsel fallen. Es wird nicht ein Sou an der Börse gehandelt. Man muss um jeden Preis den Staatsbankrott verhindern. Der Name von Monsieur Necker ist in aller Munde. Man munkelt, er sei der einzige, der das Vertrauen wiederherstellen und die Finanzen wieder in Ordnung bringen könne. Monsieur de Montmorin hat das dem König gesagt. Mein Mann ist sich der Fähigkeiten von Monsieur Necker bewusst, weigert sich aber, ihn zurückzuholen. Er meint, er müsste ihm in gewisser Weise seinen Thron abtreten. Ich glaube, der Erzbischof von Toulouse würde einen guten Generalkontrolleur der Finanzen abgeben. Seit langem schon hat mein Bruder sich bei mir für ihn eingesetzt. Leider mag der König ihn nicht besonders.

23. April – Der König verbannt Monsieur de Calonne auf dessen Besitz in Lothringen.

25. April – Ich habe lange mit Baron de Breteuil gesprochen. Er hat mir versprochen, den Erzbischof beim König zu unterstützen.

26. April – Monsieur de Montmorin möchte neuerlich den König davon überzeugen, dass er Monsieur Necker zurückholen sollte, koste es, was es wolle.

30. April – Es ist geschehen. Der König hat soeben Monseigneur Loménie de Brienne anstelle von Monsieur de Fourqueux ernannt. Die Messieurs de Montmorin und de Lamoignon haben für Monsieur Necker plädiert, aber es war Baron de Breteuil, der den Sieg davongetragen hat.

1. Mai – Mein Sohn, der nun fünf Jahre und sieben Monate alt ist, gehört jetzt zu den Männern, wie man hier bei Hof sagt. Duc d'-Harcourt wird, unterstützt von zwei Unter-Erziehern, seine Erziehung leiten. Ich kann mir nicht helfen, aber ich bin ziemlich besorgt über die Zukunft dieses so lieben und intelligenten Kindes. Seine Gesundheit macht mir ständig Sorgen. Er leidet an häufigen Fieberanfällen, und auf seinem kleinen Gesicht zeichnen sich dunkle Flecken ab. Der König war angeblich auch sehr empfindlich als Kind. Wenn sich nur unser Sohn bald der gleichen kräftigen Gesundheit erfreuen könnte wie sein Vater!

3. Mai – Madame de Polignac ist nach England gereist. Sie wird in Bath eine Bäderkur machen, wo sie Monsieur de Vaudreuil treffen wird. In anderen Zeiten hätte mich ihre Abreise viel trauriger gemacht.

5. Mai – Monsieur de Calonne ist in Verdun verhöhnt worden; man hat ihn mit Schlamm beworfen und wollte sich seiner Pferde bemächtigen, um ihn eine Runde um einen Galgen drehen zu lassen, wo man gerade einen kleinen Dieb aufhängte, der um nichts lieber gebeten hätte als ihm seinen Platz zu überlassen, nach dem Motto »wieviel Herr, so viel Ehr'«.

8. Mai – Ich habe den König nach Paris zur Truppeninspektion begleitet, wo es einen gewaltigen Auflauf gab. Aber wir wurden kaum akklamiert, was meinen Mann noch trauriger macht. Vor zwei Tagen habe ich ihn einmal überrascht, als er gerade weinte. Was kann ich nur tun, um ihm die Bürde der Macht zu erleichtern?

14. Mai – Die Notablen stellen verrückte Ansprüche. Die Freude darüber, dass Monsieur de Calonne in Ungnade fiel, ist rasch verflogen. Diese Herren möchte jetzt, dass ein Finanzrat eingerichtet wird, der alle Ausgaben überwacht. Das kommt einer Bevormundung des Königs gleich. Mein Mann wird diesen Notablen ein paar Versprechen geben und sie verabschieden, ohne länger zu warten.

15. Mai – Die Notablen werden die Dinge in etwa jenem Zustand lassen, wo sie waren, als sie zusammengetreten sind – mit dem einzigen Unterschied, dass jetzt die ganze Welt über unsere zerrütteten Finanzen unterrichtet ist. Das ist das schöne Werk von Monsieur de Calonne.

16. Mai – Der Erzbischof hat dem König versprochen, eine große Zahl von Reformen auszuführen. Sein Ministerium hört sich an wie die Herrschaft der Gerechten.

17. Mai – Er ist vorgestern von einer kurzen Reise nach Schweden wieder in Frankreich angekommen. Wie mein Herz klopft beim Gedanken, Ihn zu sehen!

24. Mai – *Er* hat mich in Trianon überrascht, wo ich Ihn nicht erwartet hatte. Wir haben den Rest des Tages geplaudert und sind promeniert. Ich hätte darüber beinahe die Notablen vergessen, wenn er nicht selbst davon angefangen hätte: Er war bei der Abschluss-Zeremonie dabei, die Er sehr beeindruckend fand.

6. Juni – Die Tage vergehen zu schnell, wenn Er in Versailles ist. Leider wird Er bald wieder zu seinem Regiment abreisen.

7. Juni – Frau La Motte ist aus der Salpêtrière geflohen, wo sie seit ihrer Verurteilung inhaftiert war. Man nimmt an, dass sie zu ihrem Mann nach London fahren wird. Dieser gemeine Schuft behauptet, Briefe zu besitzen, die ich angeblich dem Kardinal geschrieben habe. Er will natürlich Geld von uns erpressen. Madame de Polignac und Monsieur de Vaudreuil werden wegen dieser Zoten verhandeln, deren Veröffentlichung diejenigen, die bereit sind, jede Schandtat zu glauben, sicher beglücken würde … Ich fürchte, dass das gar nicht so wenige sind.

19. Juni – Meine arme kleine Sophie ist nicht mehr aufgewacht. Sie ist im Schlaf gestorben. Als man mich benachrichtigte, war sie noch warm und schien zu lächeln. Sie sah aus wie diese kleinen Engel, die man in den Kirchen sieht. Im Augenblick habe ich nichts gefühlt, aber am Abend bin ich von einem unsagbaren Schmerz erfasst worden, der mich zur Gänze erfüllt. Ich spüre, dass ich in dieser Nacht keinen Schlaf finden werde. Der König ist niedergeschlagen. Aber ist er das nicht schon lange?

20. Juni – Heute ist der Tod in meinem Herzen statt die Liebe. Ich habe meinen Tag in einer Art Agonie verbracht, die so tief war, dass ich mich nicht erinnere, jemals trauriger gewesen zu sein – außer vielleicht, als ich meine geliebte Mama verlor.

28. Juni – Ich wache in noch schlechterem Zustand auf als ich einschlafe.

30. Juni – Alle Antriebskräfte meiner Seele sind so sehr erlahmt, dass ich viele Stunden Schlaf bräuchte, den ich nicht finden kann, um sie wieder zu rekreieren.

2. Juli – Madame de Polignac ist in Versailles. Gleich nach meiner Rückkehr aus Rambouillet, wo ich den Tag verbracht hatte, bin ich gegen Mitternacht zu ihr gekommen. Wir haben gemeinsam meinen kleinen Engel beweint. Sie hat mir von ihrer Mission berichtet, die sie zu einem guten Ende gebracht hat. Ich würde so gerne nie mehr von dieser schrecklichen Affäre hören.

4. Juli – Der Erzbischof bereitet sein großes Reformwerk vor, über das er mich unterrichtet. Wir werden gewaltige Sparmaßnahmen setzen und sehr viele Posten einstellen müssen. Es ist vorauszusehen, dass hier bei Hof eine Menge Leute unmutig sein werden. Der Erzbischof kann auf meine Unterstützung zählen. Ich werde mein Haus umorganisieren, wie er es wünscht. In der Zwischenzeit unterbreitet er dem Parlament verschiedene Edikte, die bei den Magistraten kaum gut ankommen werden.

5. Juli – Monsieur de Calonne, den man immer noch der Veruntreuung beschuldigt, fürchtet, dass das Parlament sich gegen ihn stellt. Er ist ebenfalls nach England gereist. Recht geschieht ihm.

13. Juli – *Er* ist gestern in Paris angekommen, während Baronne de Staël gerade ihre Niederkunft hatte. Er wird morgen bei mir sein.

16. Juli – Er ist wieder zu seinem Regiment gefahren. Wir haben ein paar wundervolle Augenblicke genossen; ich habe geweint und wir haben von der Vergangenheit gesprochen. Unsere Geschichte findet nicht ihresgleichen, und wir versuchen, sie geheim zu halten.

26. Juli – Das Parlament stellt sich gegen neue Steuern und präsentiert dem König seine Ablehnung. Diese Herren haben die Kühnheit, eine Versammlung der Generalstände zu verlangen unter dem Vorwand, dass sie, die Magistrate, nicht befugt seien, über neue Steuern abzustimmen. Das ist ein starkes Stück. Man wird sie zur Vernunft bringen müssen. Wenn man ihnen folgte, nähme man Zuflucht zu einer Prozedur, die außer Gebrauch gekommen ist und die man seit 1614 nicht mehr angewandt hat!

30. Juli – Der König hat Parlamentspräsident d'Aligre empfangen, um ihm seine Meinung darzulegen. Im Stehen am Kamin hat er angekündigt, ihn bald seine Entscheidung wissen zu lassen, und ohne seine Reaktion abzuwarten, ihm die Tür vor der Nase zugeschlagen.

1. August – In ein paar Tagen wird der König einen Großen Gerichtstag abhalten, um die Eintragung seiner Erlässe beim Parlament zu erzwingen. Er wird auch den Stand der Einsparungen veröffentlichen, den wir am Hof vornehmen werden. Man muss die öffentliche Meinung besänftigen.

2. August – Frau La Motte macht wieder von sich reden. Sie erfindet neue Schauermärchen. »Die Geschichte des Colliers«, ein gemeines Pamphlet, deren Autorin ohne Zweifel sie ist, erschien soeben in London. Der König sendet Abbé de Vermond hin, um die Broschüren aufzukaufen, bevor sie hierher gelangen.

3. August – Ich bin in Trianon, wo ich hoffe, bis Ende des Monats bleiben zu können. Gemäß seiner Gewohnheit wird der König mich alle Tage besuchen, kehrt aber zum Schlafen nach Versailles zurück.

4. August – Nichts geht so wie ich wollte. Alle beschweren sich. Madame de Polignac macht kein Hehl aus ihrem Verdruss angesichts der Tatsache, dass ihr Mann das Amt des Generaldirektors der berittenen königlichen Post verloren hat. Duc de Coigny ist sehr verärgert, keine Befehle mehr erteilen zu können, nachdem der König seinen kleinen Marstall mit dem großen zusammengelegt hat. Baron de Besenval hat gewagt mir zu sagen, es sei schrecklich, in einem Land zu leben, wo man nie sicher sein könne, dass einem morgen noch gehöre, was man gestern besaß, und hinzugefügt, das gebe es nur in der Türkei! Und zu allem Unglück sind die Einsparungen der Posten, die den Stolz der Höflinge verletzen, in der Öffentlichkeit nicht gut aufgenommen worden …

7. August – Das Parlament hat seiner Kühnheit den Gipfel aufgesetzt, indem es sich neuerlich geweigert hat, die Erlässe zu registrieren, und das trotz des Gerichtstags von vorgestern. Es erlaubt sich, alles was dort geschah, für null und nichtig zu erklären. Nie zuvor sind diese Herren so weit gegangen. Der Erzbischof bleibt jedoch hoffnungsvoll, dass man sie zur Vernunft bringen könne, wenn man sie für einige Zeit verbanne.

10. August – Baron de Besenval sagte mir, man sei vergeblich stolz darauf, das Parlament wieder einzuberufen. Er meint, es würde noch kühner, wenn der König nicht ein Zeichen seiner Autorität setze. Ich zitterte, als er mir sagte, mein Mann riskiere seine Krone. Und er fügte hinzu, dass man mir in der Öffentlichkeit vorwerfe, an seiner Stelle regieren zu wollen. All das bedrückt mich.

15. August – Das Parlament ist nach Troyes verlegt worden.

20. August – Monsieur de Calonne, der sich wohl nach England abgesetzt hat, logiert bei einem Druckereibesitzer der Cité von London, um zweifellos leichter die Frechheiten, die er sich zu schreiben vornimmt, publizieren zu können. Er hatte die Unverschämtheit, dem König anzukündigen, dass er seine Vorgangsweise in der Finanzverwaltung rechtfertigen würde, um seine Feinde zu beschämen.

24. August – Meine Situation hat sich sehr geändert. Die Minister, die mich früher nie über irgendetwas informiert hatten, kommen jetzt und setzen mich über alle Angelegenheiten in Kenntnis. Der Erzbischof möchte, dass ich dem Rat beiwohne. Ich habe den Eindruck, jetzt ebenso viel zu gelten wie der König. Mein armer Mann hat ein Magenleiden und fällt mitten am Tag in den Schlaf. Mir ist berichtet worden, dass er beim letzten Großen Gerichtstag vor den Magistraten eingeschlafen sei. Sein Körper ist aufgequollen, und bei der Rückkehr von der Jagd isst er gewöhnlich unmäßig in sich hinein, wird in der Folge völlig gedankenlos und abrupt geistesabwesend, was für diejenigen, die dieses Verhalten ertragen müssen, sehr unangenehm ist. Er ist misstrauischer denn je, hört aber auf mich und vertraut mir. Ich habe jedoch nicht das Format, die Rolle eines Premierministers für ihn zu spielen. Monsieur de Maurepas war ein Premierminister, ohne dass er diesen Titel getragen hätte. Seit seinem Tod beriet Monsieur de Vergennes den König. Heute möchte ich ihn dazu bringen, die Befugnisse des Erzbischofs zu erweitern.

26. August – Ich atme auf. Der König hat den Erzbischof zum Ersten Minister ernannt. Man muss ihn jetzt in Ruhe lassen, damit er seine Reformen zu einem guten Ende führen kann. Zum Glück herrscht Einigkeit zwischen ihm, Baron de Breteuil und Comte de Montmorin. Der König wird Maréchal de Castries und Comte de Ségur ersetzen, die demissioniert haben.

1. September – Ich vergieße bittere Tränen. Im Theater bin ich mit Pfiffen empfangen worden. In der Kunstausstellung hat man auf den Rahmen des großen Porträts von mir mit meinen Kindern, das noch nicht aufgehängt ist, weil es von Madame Vigée-Lebrun gerade erst fertig gestellt wird, »Madame Défizit« geschrieben. Diese Franzosen sind von einer Undankbarkeit, die schmerzt.

6. September – Die Reise nach Fontainebleau ist abgesagt worden, was zwei Million Livres spart. Ich bemühe mich, bei allem zu sparen. Ich habe sogar den kleinen Ball der Kammerzofen abgeschafft, den ich gewöhnlich in Trianon gebe.

16. September – Wir – der König und ich – hatten mit dem Erzbischof eine ziemlich unangenehme Unterredung. Er hat bekräftigt, das Parlament würde die Edikte nur gegen das Versprechen registrieren, dass die Generalstände einberufen werden. Seiner Ansicht nach sollte man diese Versammlung für 1792 einberufen, zu einem Zeitpunkt, zu dem die Finanzen wiederhergestellt sein müssten, was dann die Einberufung unnötig machen würde. Die Diskussion war sehr hitzig. Wir befürchten, von Monseigneur de Brienne hineingelegt zu werden. Er hat uns ein derartiges Bild von unserer Lage gezeichnet, dass der König sich seiner Meinung nur anschließen kann.

22. September – Der König beruft das Parlament in Paris wieder ein. Diese Herren haben sich endlich entschlossen, eine neue Anleihe zu registrieren, wenn man ihnen die Versammlung der Generalstände verspricht. Das bereitet mir unermesslichen Schmerz, aber es gärt so stark, dass es unbedingt notwendig ist, dass der König einer direkten Forderung zuvorkommt. Wenn er diese Maßnahme trifft und Herr der Zeit wird, wird er zweifellos die Unannehmlichkeiten dieser Versammlung verhindern können. Der König von Frankreich darf nicht ein König von England sein.

8. Oktober – Die Briefe, die ich von meinem lieben Fersen erhalte, sind mein ganzer Trost. Er wird gegen den 18. hier sein. Nachdem Er sich wegen seiner Unterkunft in Versailles Sorgen macht, habe ich Ihm geantwortet, dass ich in seinem Zimmer von einem schwedischen Ofensetzer einen Ofen errichten ließ.

16. Oktober – Gedulde dich, mein Herz. Übermorgen …

18. Oktober – Er wird heute Abend hier sein. Sehe ich immer noch so blendend aus und immer noch so frisch? All das Unglück, das mir zu schaffen macht, könnte mir das Gefühl geben, dass ich um zehn Jahre gealtert bin. Auf dem großen Gemälde, auf dem Madame Lebrun mich mit meinen Kindern dargestellt hat, strahlt mein Teint heller als jener meiner Tochter. Ist das wahr oder nur eine Schmeichelei der Künstlerin?

25. Oktober – Wenn Er da ist, bin ich immer dieselbe. Was für ein Glück!

29. Oktober – Ich lebe nur für die Augenblicke, die wir miteinander verbringen. Man schwätzt sicherlich darüber, aber man wird immer etwas auszusetzen haben, was auch immer ich tue. Ich vergeude nicht diese Stunden der Zärtlichkeit. Ich vergesse dabei die gemeinen Schmähschriften und Karikaturen, die mich als skrupellose Frau darstellen, die von Machtgier verzehrt ist. Ich bin nur Liebe allein.

30. Oktober – Es kommen wenig Besuche nach Versailles, und das ist mir gleichgültig. Mercy besteht darauf, dass ich glanzvoll Hof halten soll. Aber wie soll man da sparen?

10. November – Der Erzbischof hält mich über alles am Laufenden. Das Parlament wird die neue Anleihe anlässlich einer Festsitzung, die der König am 19. abhalten wird, registrieren müssen.

15. November – Madame d'Ossun hat einen bezaubernden Ball gegeben. Ich habe mit dem jungen Lord Strathoven eine Ecossaise getanzt. Ich lasse alle im Glauben, dass ich mich für diesen jungen Mann interessiere. Mein großer *Freund* amüsiert sich darüber sehr. Er begleitet mich zu Pferd drei- oder viermal pro Woche im Park von Trianon. Wir sprechen über uns und über alles.

17. November – Der Kaiser und die Zarin werden ohne Zweifel der Heiligen Pforte den Krieg erklären. Die aktuelle Lage erlaubt es dem König nicht, anders als auf diplomatischem Wege zu intervenieren, und ich selbst werde mich in keiner Weise einmischen. Aber ich fürchte sehr, dass der König von Schweden die Situation ausnützt, um Russland den Krieg zu erklären. In diesem Fall wird Er leider gezwungen sein, Frankreich zu verlassen. Was für ein Pech!

20. November – Duc d'Orléans ist nichts anderes als ein Verräter. Als gestern der König befahl, die Anleihens-Erlässe zu registrieren, nachdem er die Magistrate angehört hatte, erhob sich sein lieber Cousin und wagte auszurufen: »Das ist gesetzwidrig!« Der König wurde wütend. Er antwortete erregt, es s e i gesetzlich und verließ den Justizpalast. Mein Mann war rot vor Zorn, als er mir diesen Ausfall erzählte, der in der Geschichte der Monarchie ohne Beispiel dasteht.

23. November – Das Parlament ist gestern in Versailles einberufen worden. Der König hat kreuz und quer alles durchstreichen lassen, was seit der Sitzung anderntags hingekritzelt worden war. Er ließ »zwei Hitzköpfe«, einen gewissen Abbé Sabathier und einen anderen von dessen Kollegen, einen großen Schwätzer, dessen Namen ich vergessen habe, verhaften. Sie waren es gewesen, die Duc d'Orléans dazu angestachelt hatten, diesen schönen Knalleffekt zu inszenieren. Baron de Breteuil hat diesem Prinzen den Verbannungsbefehl auf sein Schloss Villers-Cotterêts überbracht, wo er bis zu einem neuen Befehl bleiben muss. Er hat lediglich das Recht, seine Familie und die Personen seines Hofes zu sehen. Ich bin verärgert, dass man gezwungen ist, Zeichen der Autorität zu setzen; leider sind sie notwendig, und ich hoffe, sie werden Respekt einflößen.

1. Dezember – Meinem Sohn geht es nicht gut. Er hat immer noch Fieberanfälle. Wann wird das endlich aufhören? Ich verstehe das alles nicht und habe Angst vor der Zukunft.

2. Dezember – Mein liebes Kind leidet so sehr am Rücken, dass es sich nicht mehr gerade halten kann. Ich weine heimlich angesichts eines solchen Unglücks.

10. Dezember – Der König ist immer noch mürrisch und unser armes Kind immer noch krank. Glücklicherweise sagen die Ärzte, sein Leben sei nicht in Gefahr. Wird es für mich kein Glück mehr geben?

18. Dezember – Jetzt hat man also aus mir auch noch eine Intrigantin gemacht. Ja, es ist das passende Wort: Jede Frau, die sich in Angelegenheiten, von denen sie nichts versteht und die sie nichts angehen, einmischt, ist nichts anderes als eine Intrigantin. Mit Bedauern muss ich mir diesen Titel verleihen. Die Königinnen von Frankreich sind nur glücklich, wenn sie sich um nichts kümmern und lediglich dadurch genügend Ansehen bewahren. Seit ich die Sitzungen der Sonderkomitees beim König besuche, habe ich beim Durchqueren des »Ochsenauges« über dem Kapellentor gehört, wie einer der Kirchenmusiker ziemlich laut sagte: »Eine Königin, die ihre Pflicht erfüllt, bleibt in ihren Gemächern und stickt.« – Gewiss, dieser Mann versteht nichts von unserer Position, aber er hat ausgedrückt, was man allgemein in diesem Königreich denkt. Wer kann verstehen, welchen Tribut ich dem, was notwendig ist, und meinem Schicksal zolle?

23. Dezember – Madame Louise ist im Karmeliterkloster von Saint Denis gestorben.

1788

2. Januar – Das Jahr fängt schlecht an: der Bischof von Dol hat sich erlaubt, dem König eine Predigt gegen die Protestanten zu halten zu einem Zeitpunkt, wo man ihnen eine bürgerliche Existenz gewähren will. Mein Mann war nicht darauf gefasst, in dieser Frage zurechtgewiesen zu werden; er wird diesen Prälaten, der seine Rechte auf unverschämte Weise überschritten hat, verbannen.

9. Januar – Die innere Lage ist verworrener denn je. Das Parlament fordert die Freilassung von Duc d'Orléans und der beiden Magistrate. Es beschränkt sich nicht auf diese Forderungen. Es will jetzt auch die Abschaffung des Haftbefehls. Ich frage mich, wie wir seinen Ansprüchen ein Ende setzen können.

18. Januar – Meine Tochter und meine beiden Söhne sind krank. Ich hoffe, es handelt sich nur um eine starke Verkühlung. Ich bin vor allem um meinen kleinen Dauphin besorgt, der so schwach und empfindlich ist. Sein Wuchs ist verunstaltet: eine Hüfte ist höher als die andere; seine Wirbel sind verschoben und treten ein wenig hervor.

21. Januar – Meinem älteren Sohn geht es kaum besser. Er hat immer noch Fieber, magert ab und wird immer schwächer. Die Ärzte wiederholen, die Bildung der Zähne sei der Hauptgrund seines Leidens. Der Jüngere hat an Kraft und Gesundheit genau das, was seinem Bruder fehlt; er ist ein wahres Bauernkind, groß, frisch aussehend und rundlich.

12. Februar – Wir haben gestern für unseren Sohn die besten Ärzte konsultiert. Sie bestätigen, dass alle seine Probleme von seinen zweiten Zähnen herrührten, die nur schwer durchkommen. Sie sind erst auf einer Seite herausgekommen. Was die ungleich hohen Hüften betrifft, käme das von einer mangelhaften Haltung und ein wenig von seiner Schwäche. Eine Luftveränderung müsste dazu führen, das in Ordnung zu bringen. Sobald die ersten schönen Tage kommen, werden wir ihn nach Meudon schicken. In der Zwischenzeit wird der Anatomieexperte Petit ihn ein Eisenkorsett tragen lassen, um seinen Rücken gerade zu richten.

15. Februar – Die Bälle dieses Karnevals bereiten mir kaum Freude in diesem Jahr. Ich bin als Äsop verkleidet nach Paris gefahren. Niemand hat mich erkannt. Mein Liebster begleitete mich und ich musste daran denken, wie ganz anders früher Bälle waren. Wie sich die Zeiten ändern! Und doch bin ich heute, da ich doch sicher sein darf, geliebt zu werden, nicht glücklich!

22. Februar – Duc de Normandie hustet immer noch stark; ich fürchte, er hat die Masern oder Keuchhusten, aber er ist so kräftig und fröhlich, dass mich das nicht allzusehr beunruhigt. Dasselbe kann ich leider nicht von seinem Bruder sagen. Man wird ihn früher nach Meudon bringen, als wir es uns wünschen.

25. Februar – Vor mehreren Tagen hat der Kaiser der Türkei den Krieg erklärt. Er wird seine Armee mit jener Russlands vereinen. Der Zustand meines Sohnes hindert mich daran, über diese Angelegenheiten nachzudenken. Ich weiß, dass wir derzeit nicht imstande sind, Krieg zu führen. Wenn dieser nur nicht lange dauert!

28. Februar – Der Erzbischof ist krank, arbeitet aber ohne Ruhepause entgegen dem Rat der Ärzte weiter. Ich unterstütze ihn so gut ich kann. Die Einsparungen und Streichungen werden hier weiter fortgesetzt. Ich klage nicht darüber.

2. März – Können wir hoffen, dass uns unser liebes Kind erhalten bleibt? Ich weine jedes Mal, wenn ich sein Zimmer verlasse. Ich bin auf das Schlimmste gefasst. Glücklicherweise hat sein Bruder sein gutes Aussehen wiedererlangt; er hatte nur Husten, und die Krampfzustände, von denen er zeitweise heimgesucht wird, alarmieren mich nicht.

17. März – Alle Parlamente des Königreichs scheinen gegen die Autorität des Königs verschworen zu sein und führen einen internen Krieg. Beinahe jeder Tag bringt missliche Nachrichten. Weder Transferieren noch Exilieren bereitet diesem unsinnigen Widerstand ein Ende.

5. April – Der König ist fest entschlossen, seine Parlamente wieder auf Schritt zu bringen, zumal sie immer mehr aufrührerische Akte setzen. Man erwägt, sie einzig auf die Funktion von Richtern zu reduzieren; man würde dann eine andere Versammlung bilden, um die Steuern und die allgemeinen Gesetze des Königreichs zu registrieren. Ich glaube, es sind alle nur möglichen Vorsichtsmaßnahmen getroffen worden, um diesen Plan geheim zu halten. Es ist ärgerlich, zu derartigen Änderungen gezwungen zu sein; wenn man sie dagegen länger aufschieben würde, hätte man weniger Mittel, die Autorität des Königs aufrechtzuerhalten.

11. April – Mein älterer Sohn kommt sichtlich zu Kräften, seit er in Meudon ist. Er hat kein Fieber mehr, ist guter Laune und zeigt wieder Farbe im Gesicht. Der Appetit ist wieder da, seine Kräfte erstarken und man hofft, dass sich mit ihnen sein Wuchs einrenkt.

17. April – Heute Morgen war Duc d'Orléans beim Lever des Königs da. Mein Mann hat keinerlei Freude empfunden, seinen Cousin zu sehen, aber er hatte soeben den Verbannungsbefehl aufgehoben, weil dieser in seiner Position als Prinz von Geblüt an der Sitzung der neuen Versammlung teilnehmen muss.

22. April – Meinem Sohn geht es immer besser. Ein Zahn ist bei ihm vollständig durchgekommen, und von zwei weiteren sieht man die Spitzen. Nach Pfingsten werden wir nach Saint Cloud fahren, wo

Duc de Normandie geimpft werden wird. Ich werde sehr erleichtert sein, wenn ich mir keine Sorgen mehr wegen dieser grässlichen Krankheit machen muss. Man hat nie ein gesünderes Kind gesehen, frischer und kräftiger. Es ist wahrlich schade, ihn mit der Impfung krank zu machen. Meiner Tochter geht es blendend.

3. Mai – Ich habe den König zur Truppenschau begleitet. Wir sind weniger bejubelt worden als im vergangenen Jahr. Bei unserer Rückkehr haben wir erfahren, dass das Pariser Parlament wieder verrückt gespielt hat. Es beschuldigt die Regierung, die Rechte des Volkes mit Füßen zu treten und erklärt, dass einzig die Generalstände neuen Steuern zustimmen können. Der König ist wütend. Ich glaube, er ist fest entschlossen, durchzugreifen.

5. Mai – Der König hat die Beratungen des Parlaments aufgehoben und ließ zwei ihrer Anführer verhaften. Nachdem sie sich ins Innere des Justizpalastes geflüchtet hatten, musste die Gardetruppe intervenieren, was viel Aufsehen in Paris verursacht hat. Man muss diese Magistrate zur Raison bringen und ihnen zeigen, wer regiert. Anlässlich des Großen Gerichtstags, den der König heute abhielt, kündigte er ihnen die Schaffung der neuen Versammlung an, die man Vollversammlung nennen wird. Ich hoffe, dass dieser Autoritätsakt Eindruck machen wird und dass wieder Ruhe einkehrt.

9. Mai – Ich komme weinend aus Meudon zurück. Mein Sohn hat wieder Fieber, ein schleichendes Fieber, unter dem er leidet. Um die davon beeinträchtigte Laune zu verbessern und das Blut zu süßen, hat man das Sirup durch Eselsmilch ersetzt und ihm ein Zugpflaster auf den Rücken gegeben. Nun geht er gebeugt wie ein Greis. Er fürchtet die Begegnung mit anderen Menschen aus Scham, sich zu zeigen. Es ist schrecklich!

18. Mai – Alle meine Hoffnungen werden vergeblich gewesen sein. Mein Sohn öffnet sterbende Augen in einem kleinen fahlen Gesicht.

Der König ist ebenso betroffen wie ich. Wir weinen gemeinsam. Es ist unmöglich, dass dieses arme Kind lange so weiterleben kann. Dieser Gedanke zerreißt mir das Herz. Aber ich kann mich nicht dem Kummer hingeben; ich muss meinen Mann unterstützen, der nicht mehr weiß, was er tun soll, um wieder Ruhe zu schaffen. Die Parlamente protestieren gegen die Schaffung einer Vollversammlung. Man musste Truppen in die Bretagne schicken, wo die Unruhe stärker ist als anderswo. Wann werden diese Aufständischen ihre unglaublichen Ansprüche aufgeben?

23. Mai – Der König ist unschlüssiger denn je. Er hat immer noch Angst, einen Fehler zu begehen; kaum ist ein erster Schritt getan, ist er nur mehr von der Sorge gepeinigt, etwas Unrechtes begangen zu haben. Mir scheint, beim Regieren ist es wie bei der Erziehung; man darf nur sagen »Ich will es«, wenn man sicher ist, Recht zu haben; und wenn man es gesagt hat, darf man nicht mehr lockerlassen, was man veranlasst hat.

25. Mai – Wir fahren morgen nach Saint Cloud, wo wir näher bei Meudon sein werden.

1. Juni – Mit jedem Besuch bei meinem Sohn bin ich noch mehr bedrückt.

9. Juni – Die Kräfte sind voll entfesselt. Die Bretagne ist Beute der Aufständischen; die Provinz Dauphiné setzt der Regierung mit unsinnigen Beschlüssen ihres Parlaments und aufrührerischen Reden von Bewohnern Grenobles noch weiter zu, und das Parlament von Toulouse unterstützt die Revolte von Languedoc. Ich bestärke den König in seiner Festigkeit. Er wird die ganze Autorität verlieren, wenn er dem Druck weicht.

14. Juni – Morgen kehren wir nach Versailles zurück.

16. Juni – Unsere Tanten haben uns zum Diner in Bellevue empfangen. Es war reizend dank der Anwesenheit der kleinen Adèle d'-Osmond, die mit meinem Sohn spielt, wenn er gesund ist. Am Ende des Diners hat man das Kind holen lassen. Da wurden die beiden Türflügel geöffnet, und eine prächtige Puppe kam auf ihrem Bett hereingefahren, begleitet von all ihren Requisiten. Adèle war voller Staunen, und – wage ich es zu gestehen? – ich habe mit ihr gespielt. Wir haben viel gelacht, meine Schwester Élisabeth und ich, beiderseits des Bettes knieend, während wir die Kissen der Puppe wendeten und sie die Kleider ihrer Ausstattung anprobieren ließen. Heute war ich so jung wie Adèle.

21. Juni – Man sagt dem König, sein Königreich brenne an allen vier Ecken. Ich fürchte sehr, dass das wahr ist. Der Aufruhr in der Bretagne geht weiter und ist lediglich in der Dauphiné leicht besänftigt. Die Bourgogne und die Provence sind auch nicht ruhig. Der Erzbischof versucht meinem Mann weiszumachen, dass das alles nicht so schlimm sei wie man ihn glauben machen wolle. Ich frage mich manchmal, ob die Anforderungen Monsieur de Briennes Kapazität nicht übersteigen. Mein Vertrauen in ihn beginnt langsam zu wanken. Vielleicht bin ich zu ängstlich. Mir fehlt die Erfahrung. Die Aussicht auf eine Revolution erfüllt mich mit Schrecken.

28. Juni – Es gärt in den Provinzen weiterhin stark. Die Parlamente widersetzen sich den neuen Edikten; ein Teil der Aristokratie schließt sich ihnen an. Die Aufstandskundgebungen sind unübersehbar geworden. Der König ist Gott sei Dank entschlossen, seine Autorität zu wahren. Ich weiß nicht, wie er all diesen Erhebungen ein Ende bereiten wird können.

3. Juli – Der Zustand meines älteren Sohnes wechselt zwischen besser und schlechter, und selbst wenn man die Hoffnung nicht völlig aufgeben will – zählen kann man darauf nicht.

12. Juli – Ich werde mich drei Tage lang in Trianon niederlassen. Ich habe nicht die Absicht, dort Feste zu geben. Wir werden uns mit kleinen Bällen und der Eröffnung der Boule*-Spielstätte begnügen.

17. Juli – Gibt es eine Frau, die bedauernswerter ist als ich? Mein Sohn siecht langsam dahin. Mein Mann, der an der Spitze des schönsten Königreichs in Europa steht, ist nicht mehr imstande, es zu regieren. Seine Untertanen scheinen vom Wahnsinn erfasst zu sein. Er verlässt sich nur auf mich, und ich habe als Premierminister einen Mann gewählt, der sich der Nation trotz seiner Qualitäten und seiner Redlichkeit verhasst macht. Ich will nur das Wohl Frankreichs, wo man mich noch vor kurzem geliebt hat und wo man mich heute hasst, ohne dass ich etwas getan hätte, womit ich den Verlust der Achtung dieser Franzosen verdient hätte, die ich nicht mehr verstehen kann.

23. Juli – Baron de Breteuil hat demissioniert. Unser treuester Minister verlässt uns. Er konnte es nicht mehr ertragen, mit dem Erzbischof zu arbeiten. Ich hoffe, er wird eines Tages in die Politik zurückkehren.

25. Juli – Ich habe gestern ein großes Diner für unsere Tanten gegeben, die uns einen Besuch abgestattet haben.

8. August – Der Erzbischof hat es für angebracht befunden, die Einberufung der Generalstände für Mai nächsten Jahres anzukündigen. Das Herz blutet mir dabei. Was wird bei dieser Versammlung herauskommen? Ich frage mich, ob Monsieur de Brienne wohl Herr der Lage ist.

9. August – Wir erleben hier ein seltenes Schauspiel: die drei Botschafter des Königs von Maisur, Tippoo Sahib, sind für ein paar Tage

---

* Eine Art Kegelspiel

in Versailles. Man erwartete sie um fünf Uhr im Grand Trianon; gekommen sind sie erst um halb neun. Eine riesige Menschenmenge stürmte die Tore, aber die Standhaftigkeit der Schweizer Garden hat sie in Schranken gehalten. Diese Inder glänzen nicht gerade durch Liebenswürdigkeit. Sie haben in den Gemächern, die für sie vorbereitet waren, alles ändern lassen; sie haben nur Launenhaftigkeit an den Tag gelegt und dem König keinerlei Dankbarkeit bezeugt. Dabei war aber alles im Überfluss beschafft und ihrem Ritus entsprechend gestaltet worden. Morgen vormittag werde ich diese drei Magots* sehen, von denen alles spricht und die wir mit großem Staat empfangen werden.

10. August – Diese Inder machen nun wirklich alles anders als sonst hier üblich. Als der König sie bereits auf dem Thron erwartete, der im Herkules-Saal aufgestellt war, haben sie bemerkt, dass sie ihr Beglaubigungsschreiben vergessen hatten. Sie sind wieder verschwunden, um es zu holen, und wir mussten warten, bis es ihnen passte, dass die Zeremonie beginnen konnte. Ich hatte viel Zeit, mich bei den gehaltenen Reden zu langweilen, die für uns ins Französische und für sie in ihre Sprache übersetzt werden mussten. Was ihre Kleidung anlangt, war sie gar nicht so außergewöhnlich. Sie hatten nicht ihre Nationaltracht behalten, sondern trugen eine Art Uniform in grünem und rotem Saffianleder, von der nicht klar war, was sie sein sollte. Nach der Audienz wurden sie in der Kutsche durch die Gärten gefahren, wo der König ihnen das Erlebnis der großen Wasserspiele bot. Der ganze Hof ist ihnen gefolgt. Ich kann diese Schwärmerei für diese Gesandtschaft überhaupt nicht verstehen, die nur hierher gekommen ist, um uns um militärische Hilfe und um Subventionen zu bitten. Dazu ist der Zeitpunkt wahrlich nicht günstig. Die Neugier ihnen gegenüber ist stärker als jede andere Überlegung.

---

* Groteske Figuren

16. August – Die Staatsgeschäfte gestalten sich von schlecht bis schlimm. Der Erzbischof hat eine Zwangsanleihe ausgegeben, um den Großteil der Staatsschulden abzudecken. Ich hätte nicht gedacht, dass wir so heruntergekommen sind, in eine derart extreme Notlage zu geraten.

9. August – Monsieur de Brienne hat mir gegenüber nicht verhehlt, wie sehr er besorgt ist. Er möchte, dass man raschest Monsieur Necker für die Finanzen beruft. Er allein könne das Vertrauen wiederherstellen, und der Erzbischof ist bereit, mit ihm zusammenzuarbeiten. Ich glaube selbst auch, dass wir nicht darum herumkommen. Leider kann mein Mann weder dessen Person noch seine Denkweise leiden. Der Erzbischof wird mit dem König gleich nach diesem Diner sprechen.

Der König überlässt es Monsieur de Brienne, Monsieur Necker zurückholen zu lassen – unter der Bedingung, dass er selbst ihn nicht verlässt. Genau das wird Monsieur Necker nie akzeptieren. Ich fürchte, der Erzbischof wird gezwungen sein, zu gehen. Aber welchen Mann dann an die Spitze von allem setzen? Denn einen braucht man, vor allem bei Monsieur Necker. Er braucht Zügel. Der König ist dazu nicht imstande, und ich bin, was auch immer man sagt und was auch immer geschieht, nie etwas anderes als an zweiter Stelle. Das lässt mich mein Mann oft spüren.

20. August – Ich habe Monsieur de Mercy gebeten, Monsieur Necker aufzusuchen, um festzustellen, ob er in die Politik zurückkehren würde. Das Botschafter wirkte überrascht, dass er diesen Schritt in meinem Namen unternehmen sollte, aber er ist der einzige, in den ich völliges Vertrauen habe. Wenn Monsieur Necker dieses schwierige Amt nur annimmt! Ich fürchte, wir sind verloren, wenn er ablehnt.

22. August – Wie ich gedacht hatte, will Monsieur Necker nicht unter der Führung des Erzbischofs in das Ministerium eintreten: er fürchte, seinen Ruf zu kompromittieren mit einem Minister, der sich den Hass der Nation zugezogen habe. Mercy gibt Monsieur Necker recht. Er rät mir, den Erzbischof zu bewegen, selbst um seinen Rücktritt zu ersuchen. Das tut mir weh. Ich schätze diesen Mann; ich glaube an seine Redlichkeit und Aufrichtigkeit. Kein Minister ist mir so ergeben gewesen – und gerade diesen soll ich opfern.

24. August – Ich hatte eine entscheidende Unterredung mit meinem Mann. Er ist einverstanden, den Erzbischof zu opfern und Monsieur Necker zu bestellen, dem er alle Freiheit für die Finanzen geben wird. Er hofft, dass dessen Anwesenheit, die von der öffentlichen Meinung gewünscht wird, das Vertrauen wieder herstellen kann. Ich habe nicht den Mut, selbst Monsieur de Brienne um seine Demission zu bitten. Monsieur de Mercy hat mir versprochen, mit ihm offen zu sprechen. Ich verlasse mich auf ihn.

25. August – Dieser Tag hat mich sehr mitgenommen. Der Erzbischof ist weg. Ich glaube, dieser Entschluss war nötig, aber ich fürchte, er wird auch viel Unglück bringen. Ich habe drei Zeilen an Monsieur Necker geschrieben, um ihn morgen früh um zehn Uhr zu mir kommen zu lassen. Es gibt kein Zögern mehr; wenn er sich gleich morgen an die Arbeit macht, wäre es am besten. Ich zittere bei dem Gedanken, dass ich es bin, die ihn zurückkehren lässt. Mein Schicksal ist es, Unglück zu bringen; und wenn die höllischen Machinationen die Autorität des Königs untergraben, wird man mich noch mehr hassen.

26. August – Mein Mann, der mit großer Betrübnis die Demission des Erzbischofs annimmt, hat gewünscht, dass ich Monsieur Necker gemeinsam mit ihm empfange. Das ist noch nie vorgekommen.

2. September – Der Hof ist begeistert über den Abgang des Erzbischofs. In Paris hat man eine Puppe, die ihn darstellt, verbrannt. Gott sei Dank rief man von allen Seiten: »Es lebe der König!« – Der König hat Monsieur Necker zum Generaldirektor der Finanzen und Staatsminister ernannt. Es steht nicht zur Diskussion, einen Premierminister zu designieren. Monsieur Necker könnte womöglich eine Dummheit begehen, wenn er jemand anderem als dem König allein unterstünde. Wir sind also wohl gezwungen, uns den Forderungen dieses Herrn zu unterwerfen, der behauptet, das Königreich zu regieren. Immerhin, an der Börse sind die königlichen Effekte seit seiner Rückkehr in die Staatspolitik gestiegen.

3. September – Abbé de Vermond kann sich nicht von der Entlassung des Erzbischofs erholen. Ich habe ihm jedoch erklärt, dass ich nicht anders handeln konnte als dem König raten, sich von ihm zu trennen. Er tut so, als verstünde er mich nicht und benutzt die Gelegenheit, um mehr denn je Madame de Polignac zu kritisieren, die Monsieur de Brienne bei mir anschwärze. Der Abbé müsste begreifen, dass die schwersten Vorwürfe oder inständigsten Bitten kein Gewicht haben bei einer Entscheidung, die ich leider treffen musste. Im Übrigen bleibe ich in Briefwechsel mit dem Erzbischof. Ich werde dafür sorgen, dass er zum Kardinal befördert wird und dass seine Nichte Hofdame im Palast sein kann. Wie schwierig das alles ist! Ich brauche Ruhe in meinem Inneren.

4. September – Monsieur Necker, der eine lange Beratung mit dem König hatte, will die Rückkehr der Parlamente in ihren bisherigen Funktionen bis zur Versammlung der Generalstände. So ist die ganze Arbeit des Erzbischofs zunichte gemacht. Wer hat Recht? Die Zukunft allein wird es sagen.

12. September – Obwohl er kein Fieber mehr hat, ist mein Sohn immer noch extrem schwach. Er krümmt sich mit jedem Tag mehr und sein Brustkorb ist eingefallen. Er hat jetzt am Rücken zwei offene Wunden durch die Zugpflaster, die ihm furchtbare Qualen bereiten.

14. September – Die indischen Botschafter waren heute bei meinem Spiel dabei. Durch ihr Getue war ihre Anwesenheit erheiternd. Diese Leute sind so anders als wir. Anderntags wollte ich ihre Küche kosten, von der man die Düfte bis in meinen Garten von Trianon riecht. Die Stärke ihrer Würzung ist allerdings unerträglich. Sie benutzen Gewürze wie Curry, Knoblauch und Piment. Ich habe Madame Tussaud gebeten, die Herren in Wachs darzustellen, und die Figuren werde ich dann in einer der Strohhütten in meinem Dorf aufstellen. Das wird meinen Kindern Spaß machen.

15. September – Welche Freude heute Morgen! Endlich habe ich Nachrichten aus Schweden erhalten. Er wird nach Frankreich zurückkommen, nachdem er ein paar Tage bei seinem Vater und seinen Schwestern verbracht hat. Der Krieg ist für Ihn zu Ende. Er kritisiert Gustave heftig, der verzweifelt ist, weil er diesen Krieg so schlecht geführt hat.

19. September – Ich habe in Meudon meinen Sohn gesehen und nicht aufgehört zu weinen, seit ich ihn verlassen habe. Er kann sich kaum auf den Beinen halten, und seine Schmerzen peinigen ihn unablässig. Er ist von einer Sanftmut und Geduld, die unvorstellbar sind.

28. September – Der König ist unglücklicher denn je. Vorgestern während der Jagd hat Prince de Lambesc ihn in einem Gebüsch weinend vorgefunden. Er las ein Paket von Briefen, die man ihm gerade übergeben hatte. Er bat den Prinzen inständig, ihn allein zu lassen. Und als er dann zu seiner Suite kam, musste man ihm helfen, das Pferd zu besteigen. Kaum saß er im Sattel, wurde ihm übel und man musste ihm eine Sänfte bringen. Bei seiner Rückkehr nach Versailles hatte er seine Fassung wiedererlangt. Ich weiß nicht, was ich denken soll. Er hat mir nichts gesagt und wird mir zweifellos nichts sagen. Es gibt wohl gewisse Themen, die wir nie anzuschneiden wagen werden.

30. September – Alles wird immer schlimmer. Das Parlament ist nicht bereit, irgendwelche Steuern zu registrieren. Was Monsieur Necker betrifft, ist er unfähig, das Wunder zu vollbringen, die Kassen wieder zu füllen und das Defizit abzudecken. Er verliert an Achtung und Popularität.

4. Oktober – Der König wird eine Versammlung der Notablen einberufen, welche die Konferenz der Generalstände vorbereiten soll.

10. Oktober – Madame de Polignac fängt an, eine erschreckende Empfindlichkeit an den Tag zu legen. Sie beschwert sich, Abbé de Vermond kritisiere sie heftig gegenüber jedem, der es hören wolle, angefangen bei mir; sie ist überzeugt, er tut alles in seiner Macht Stehende, um mich von ihr zu trennen. Sie erklärte schließlich, in unserer Situation sei es an der Zeit, dass ich meine Rolle wieder spielte, das heißt in Würde Hof zu halten und nicht jeden Nachmittag in ihren Salon zu kommen, wo meine zur Gewohnheit gewordenen privaten Besuche den Respekt, den ich allgemein einflößen soll, mindern. Meine Freundin hat keinen Begriff, welche Sorgen mich belasten, die ich nicht mit ihr teilen kann. Ich habe jetzt leider einigermaßen Zweifel daran, dass ihre Anhänglichkeit aufrichtig ist. Ich habe ihr geantwortet, wenn ich sie weniger oft träfe, würde die Öffentlichkeit meine Haltung der Abkühlung für sie zuschreiben und meiner Verärgerung darüber, dass ich Anlass für derart alberne Gerüchte gegeben hätte. Nachdem sie offenbar nicht eine solche Antwort erwartet hatte, fühlte sie sich verpflichtet hinzuzufügen, sie fürchtete niemals böse Zungen, solange ich ihr meine Güte bewahrte.

13. Oktober – Der König ließ die indischen Botschafter abreisen, zumal sie die Absicht erkennen ließen, den ganzen Winter in Paris zu verbringen. Ihr Unterhalt war sehr kostspielig, und dabei waren ihre Geschenke nicht besonders wertvoll – anders als man hätte erwarten können: ein paar Muster Mousseline, ziemlich gut gearbeitete Waffen und ein großer Rubin, den der König am Rand einer Diamantenepaulette anbringen ließ. Dafür nehmen sie viele Stoffe aus Lyon und Porzellan aus Sèvres mit.

15. Oktober – Mein Sohn ist nach Versailles zurückgekehrt. Sein Gesundheitszustand hat sich gebessert. Die Ärzte würden ihn gerne in den Süden schicken, damit er sich vollkommen erholt. Ist das vernünftig? Ich möchte nie gezwungen sein, mich von meinen Kindern zu trennen.

25. Oktober – Die Begeisterung, die bei der Rückkehr von Monsieur Necker geherrscht hatte, wird immer schwächer. Dabei hat er immerhin soeben sein gesamtes Vermögen in die Königliche Staatskasse eingebracht und ist dabei mit gutem Beispiel für die Öffentlichkeit zur Nachahmung vorangegangen. Es gibt leider wenige, die ihm folgen.

6. November – Die Versammlung der Notablen ist heute Morgen eröffnet worden. Duc d'Orléans, der in seiner Eigenschaft als erster Prinz von Geblüt einem der Komitees vorsteht, glänzt immer noch durch dumme Arroganz. Er hat einem Engländer gesagt, er sei »notable«. Das englische Wort »able« bedeutet »imstande« und »not« – »nicht«. Somit hat er sich also selbst für nicht imstande erklärt, bei der Umsetzung der wohlgemeinten Ideen mitzuwirken, von denen sein König geleitet ist.

7. November – Endlich ist Er bei mir und hat mir gestanden, dass von nun an nichts mehr zu Seinem Glück fehle ... Ich hatte genauso starkes Herzklopfen wie beim ersten Mal.

8. November – Heute Abend habe ich das Finale der »Frescatana« an einem kleinen Konzertabend bei Comtesse d'Artois gesungen. Ich habe viel Beifall bekommen. Ich hatte allerdings schon lange nicht mehr gesungen und fürchtete, meine Stimme könnte nicht mehr genau genug intonieren. Ich glaube, ich habe mich mit Anstand aus der Affäre gezogen. Er war da.

10. November – Duc d'Orléans ist in der Tat genau so, wie es seine schlechten Scherze prophezeien. Er treibt sich lieber in Paris umher als sein Komitee zu leiten. Es ist Maréchal de Broglie, der ihn ersetzen wird, wenn er weggeht, um sich anderswo zu zerstreuen. Das wird bestimmt so besser sein.

21. November – Ich habe Baron de Breteuil eine Audienz gewährt, nachdem ich ihn seit seinem Rücktritt nicht mehr gesehen hatte. Er kann sich nicht genug über all das wundern, was er sieht und er hört: die Zügellosigkeit der Schriften und der Ideen heute ist unglaublich. Ich habe ihn gebeten, mit mir oft über die Staatsgeschäfte zu sprechen. Dabei beunruhigt mich das, was er mir sagt, noch mehr.

3. Dezember – Wir haben unsere geheimen Rendezvous wieder aufgenommen. Ich konnte mich nicht beherrschen, Ihm alles zu sagen, was mir Sorgen macht. Er hat mich beruhigt, indem er mir versicherte, Frankreich sei eine Kranke, aber von guter Verfassung in voller Kraft ihres Alters und benötige nur einen guten Arzt. Wenn wir den nur finden!

12. Dezember – Die Prinzen haben dem König eine Denkschrift vorgelegt, in der sie ihn beschwören, nichts an der alten Verfassung des Königreichs zu ändern und vor allem die Anzahl der Abgeordneten des dritten Standes anlässlich der nächsten Versammlung der Generalstände nicht zu verdoppeln. Monsieur hat dieses Memorandum nicht unterzeichnet und sich persönlich zugunsten der Verdoppelung eben jenes Standes ausgesprochen. Er ist überzeugt, in dem Zustand, in welchem Frankreich sich gegenwärtig befindet, habe die Monarchie mehr von der Aristokratie und dem Klerus zu befürchten als vom dritten Stand. Vielleicht hat er dabei nicht

Unrecht. Aber wenn Duc d'Orléans die Schrift nicht unterzeichnet hat, dann deshalb, weil er sich weigert, finanzielle Opfer zu bringen, die ihm abverlangt würden, wenn es eine gleiche Aufteilung der Steuern unter allen drei Ständen gäbe. Unser lieber Cousin vergisst nie, dass er der größte Grundbesitzer Frankreichs ist. Denn alles läuft darauf hinaus: der Klerus und der Adel wollen nicht zum Unterhalt des Staates beitragen, mit dem bis jetzt der dritte Stand belastet ist.

17. Dezember – Die Denkschrift der Prinzen hat dem König sehr zu schaffen gemacht. Alle enttäuschen ihn: der Adel und der Klerus, die davon träumen, ihn zu bevormunden und die sich neuen Pflichten widersetzen; und der dritte Stand (das heißt alle anderen), weil er zu sehr zum Äußersten getrieben wird. Er fragt sich jeden Tag, ob es angebracht ist, die Zahl von dessen Repräsentanten zu verdoppeln oder nicht. Ich habe das Gefühl, die Messieurs Necker und de Montmorin, die gerne der öffentlichen Meinung folgen, neigen zur Verdoppelung des dritten Standes. Was mich betrifft, ich wüsste nicht, was eher angebracht ist.

22. Dezember – Monsieur Necker meint, der König sollte sich auf den dritten Stand stützen. Mein Mann, der immer zögert, eine Entscheidung zu treffen, hat mir verärgert gesagt: »Man hat mich Necker zurückholen lassen, was ich nicht wollte, aber man wird es nicht lange bereuen. Ich werde alles tun, was er mir sagt, und man wird sehen, was dabei herauskommt.« Was hätte ich ihm antworten können?

23. Dezember – Der Tod des Königs von Spanien erlegt uns Trauer auf, was das Ende dieses Jahres noch düsterer macht.

27. Dezember – Mein Mann hat mich gebeten, dem Rat beizuwohnen, zu dem er auch seine Brüder zugezogen hat. Ich habe die Entscheidung, die Anzahl des dritten Standes zu verdoppeln, unterstützt. Wenn es nur die richtige ist! Alles ist so schwer vorauszusehen.

31. Dezember – Es ist ein sehr schweres Jahr, das nun zu Ende geht. Möge Gott geben, dass das nächste besser wird.

1789

1. Januar – Noch nie war es so kalt. Das Thermometer ist auf minus neunzehn Grad gefallen. Die Seine führt Eis und das schon seit mehreren Wochen. Wir können kaum ausreichend heizen, und dem Gottesdienst beizuwohnen erfordert echte Tapferkeit.

15. Januar – Die Entscheidung des Königs, die jetzt im ganzen Königreich bekannt ist, beruhigt die Tumulte, die der dritte Stand, der Tiers, nahezu überall zu entfachen drohte. Es ist gar nicht so günstig, wenn das Volk seine Rechte allzu gut kennt, denn es besteht die Gefahr, dass die Menschen übers Ziel hinausschießen. Andererseits fühlen sich sowohl Klerus, Adel als auch die Parlamente angegriffen. Es ist nicht vorauszusehen, was sie anzetteln werden.

20. Januar – Die Versammlung der Generalstände ist allgemeines Gesprächsthema. Man weiß noch nicht, wo diese Assemblée zusammentreten wird. Ich bin der gleichen Ansicht wie Monsieur Barentin, der neue Justizminister: Er schlägt Soissons oder Compiègne vor. Wenn es dabei Unruhen gäbe und man gezwungen wäre, die Tagung der Abgeordneten aufzulösen, wäre das bequemer als in Paris oder in Versailles. Monsieur Necker hält dagegen an Paris fest, weil er fürchtet, die Pariser seien gekränkt, wenn die Versammlung woanders abgehalten würde. Ich glaube, der König zieht Versailles vor, um sich nicht in seinen üblichen Gewohnheiten stören zu lassen.

2. Februar – Von allen Seiten treffen beim König Dankesbezeugungen für die Verdoppelung der Abgeordneten des dritten Standes ein. Es kommen jedoch auch Nachrichten aus den Provinzen, die eher alarmierend und oft widersprüchlich sind.

16. Februar – Ich finde wieder Gefallen am Gesang. Heute Abend bei Madame de Polignac bat ich Marquis de Bombelles, mich am Klavier zu begleiten. Ich habe Arien der »Dido«, »Chimène« und »Armide« gesungen. *Er* hörte mir zu und wusste, dass ich für Ihn singe. Als ich die berühmte Arie der »Dido« anstimmte, in der ich Ihm seinerzeit vor seiner Abreise nach Amerika meine Gefühle gestand, hat meine Stimme gebebt. Nach dem Konzert habe ich vorsichtshalber einen Walzer mit Chevalier de Roll getanzt, als wollte ich ihm meine Gunst widmen.

19. Februar – Meine Tochter und ihr kleiner Bruder hatten bei einem Kinderball viel Spaß. Der älteste Tänzer war zwölf und der jüngste drei Jahre alt.

21. Februar – Comtesse de Provence und Comtesse d'Artois sind nichts wert – die eine wie die andere. Die Jüngere hat sich ihrem Leibgardeoffizier hingegeben, der ihr ein Kind machte. Erstere, die den Freuden der gleichgeschlechtlichen Liebe frönt, ist unter den Einfluss ihrer Vorleserin geraten, einer Dame Gourbillon niedriger Herkunft, in die sie völlig vernarrt ist. Sie liebt sie wahnsinnig und kann ohne sie nicht existieren. Diese Frau, die einen fragwürdigen Einfluss auf unsere Schwester ausübt, hat stets deren Hang zum Trinken beschönigt (wir waren oft Zeugen des betrüblichen Schauspiels ihrer Trunkenheit). Aber das Schlimmste blieb uns bis vor kurzem vorenthalten: die Gourbillon ist Spionin im Solde Englands! Madame hatte sich ihr stets an die Brust geworfen und alles erzählt, was in unserem internen Bereich vor sich geht. Der König hat diese Intrigantin entlassen und nach Lille zurückgeschickt, wo sie zu Hause ist. Hoffentlich kann man sich die Briefe sichern, die unsere Comtesse de Provence ihr geschrieben hatte. Monsieur ist wütend auf seine Frau, die sich wie eine Verrückte benimmt. Sie hat sich in ihr Zimmer eingeschlossen und tobt in hysterischen Anfällen. Sie spricht davon, dass sie sich umbringt, wenn ihre geliebte Person nicht zu ihr zurückkehrt. Welche Schande!

22. Februar – Ich weiß nicht, was die Briefe von Comtesse de Provence enthalten, aber ich habe erfahren, was in den Memoiren von Frau La Motte steht. Es ist ein Gewebe aus unbeschreiblichen Hässlichkeiten, von deren Lektüre einem schlecht wird. Meine Empörung ist so groß, dass ich nicht einmal weinen kann.

23. Februar – Meinem Sohn geht es immer schlechter. Er hustet Blut.

26. Februar – Unser Kind ist heute ein wenig besser beisammen. Die Ärzte wollen es nach Meudon schicken. Ich habe kaum noch Hoffnung.

1. März – Wir haben nichts als Sorgen und Kummer. Im Inneren des Königreichs gärt es einmal mehr, einmal weniger – je nach den Ereignissen des Tages und dem angeborenen Wankelmut der Franzosen. Der König sagt kein Wort; Monsieur Necker benimmt sich blasiert und hält sich für einen Gott. Ich fürchte allmählich, er ist ebenso unfähig wie der Erzbischof, die Fluten einzudämmen, die über uns hereinzubrechen drohen.

8. März – Es ist unglaublich, wie erhitzt die Gemüter sind. Die Generalstände sollen einberufen werden, um das Defizit in den Griff zu bekommen, aber man spricht von nichts anderem als davon, Frankreich eine Verfassung zu geben. Es ist unfassbar.

16. März – Es gärt ganz stark in den Köpfen. Das zeigt sich in lächerlichen Verhaftungen, die immer den gleichen Zweck verfolgen: unsere Gesetze zu sabotieren und die Macht des Königs zu beschneiden. Es beunruhigt mich, beobachten zu müssen, dass da und dort proklamiert wird, die gesetzgebende Macht gehöre dem Volk.

20. März – Ich fange an, Monsieur Necker zu misstrauen. Man hat ihn zurückberufen, um unsere Finanzen wiederherzustellen und Vorsichtsmaßnahmen zu treffen, die ein neuerliches Entstehen des Defizits verhindern sollen – und nun möchte er sich damit beschäftigen, uns eine Verfassung zu geben. Unter dem Mantel der Integrität verbirgt sich bei ihm offenbar maßloser Ehrgeiz. Ich habe Angst, dass er unseren Stand verrät.

28. März – Ich habe mit Baron de Breteuil gesprochen. Er ist verärgert über die katastrophale Tätigkeit von Monsieur Necker, der sein ganzes Talent im Spinnen von Intrigen verausgabt, die wiederum Feuer im Königreich Feuer entfachen – alles, um den König leichter seiner Macht entheben zu können. Ich habe immer noch Vertrauen zum Baron. Ich muss ihn unbedingt überreden, ins Ministerium zurückzukehren – zuerst natürlich den König, dass er ihn zurückruft.

2. April – Die Brüder des Königs sind über die Umtriebe von Monsieur Necker beunruhigt. Er sucht die öffentliche Meinung durch verfängliche Ausflüchte zu gewinnen. Er bringt den Tiers, der ohnehin der zügelloseste der drei Stände ist, gegen die beiden ersten auf, wobei er zugleich mit zweideutigen Phrasen, hinter denen er sich vor einer klaren und verbindlichen Stellungnahme versteckt, so tut, als favorisiere er die Privilegierten. Monsieur und Comte d'Artois werden ihre eigenen Räte konsultieren. Wir müssen unbedingt gute Beweise finden, um meinem Mann die Augen zu öffnen.

3. April – Wir sind um ein Haar einem großen Unglück entgangen. Der König war auf das Dach seines Appartements gestiegen, um die Arbeiten zu verfolgen, die dort getätigt werden. Doch seine Leiter kippte um und fiel von sechzig Fuß Höhe herunter. Zum Glück konnte einer der Maurer meinen Mann gerade noch am Arm packen und ihn kräftig zu sich hochziehen. Er hat ihm das Leben gerettet. Mir sitzt der Schrecken noch in den Gliedern, noch dazu wenn ich daran denke, dass er im Marmorhof aufgefallen wäre. Wie groß wäre unser Unglück gewesen! Mein Mann hat diesen beherzten Mann mit einer schönen Pension belohnt.

12. April – Der Mangel an Brot und die Teuerung der Lebensmittel verursachen Unruhen und Ausschreitungen in den unteren Bevölkerungsschichten. Das ganze Land ist in Aufruhr. Im Palais Royal, in den Cafés und in den Clubs quasselt man Tag und Nacht über Reformen, die durchzuführen wären. Unser Cousin d'Orléans hört nicht auf, den wenig ehrenwerten Pöbel um sich zu sammeln, anzustacheln und aufzuhetzen. Was wird aus uns? Ich mache mir große Sorgen und finde keinen Schlaf mehr.

14. April – Es ist ganz offensichtlich, dass Monsieur Necker der königlichen Autorität eine gemeine Falle stellt. Ich bin sicher, dass er Generalstände mit einem Parlament nach englischem Vorbild schaffen will. Er zählt auf den dritten Stand für die Umsetzung seiner Pläne.

19. April – Ich habe Baron de Breteuil gesprochen. Ich will, dass er in den Rat eintritt. Er allein ist imstande, Neckers Aktivitäten Widerstand zu leisten, die auf den Sturz der Monarchie hinzielen. Er würde die Rechte der Krone und den Auftrag unserer Regierung zu erhalten wissen. Comte de Provence und Comte d'Artois denken wie ich. Wir müssen mit dem König sprechen.

20. April – Ich teile die Ansichten meiner Brüder nicht: sie würden es gerne sehen, dass Prince de Condé und Prince de Conti gemeinsam mit ihnen in den Rat einziehen. Baron de Breteuil hätte die Auswärtigen Angelegenheiten, und Monsieur Necker behielte man für die Finanzen, aber unter Beobachtung. Der König hätte dann nichts anderes mehr zu tun als die Prinzen walten lassen, die davon träumen, ihm ihren Willen aufzuzwingen. Diesen Plan wird er natürlich nicht billigen, und er hat recht. Hauptsache ist für mich, dass er Monsieur de Breteuil beruft.

23. April – Der König geriet beinahe in Wut, als ich ihm mitteilte, dass die Prinzen den Wunsch hegten, in den Rat einzutreten. Er hat auch Condé und Conti stets misstraut. Da wird er gewiss nicht heute seine Meinung ändern. Was Baron de Breteuil betrifft, fände er es ungeschickt, ihn am Vorabend des Tages zu berufen, an dem die Generalstände zusammentreten. Vielleicht hat er nicht Unrecht. Ich habe den Eindruck, wir befinden uns am Rande eines Abgrunds, und niemand kann uns davor bewahren, hinabzustürzen.

24. April – Comte d'Artois hat sich soeben eine heftige Szene mit Monsieur Necker geliefert, dem er nicht verhehlte, was er denkt. Er erklärte ihm ohne Umschweife, es sei seine Pflicht als Bruder S.M., alle legitimen Mittel zu ergreifen, ihn von Fehlentscheidungen zurückzuhalten. Monsieur Necker war angeblich empört über dessen Bemerkungen. Kurz darauf holte Comte d'Artois Comte de Provence, und sie gingen alle beide zum König. Sie haben ihn beschworen, Minister zu ernennen, die fähig seien, übel Gesinnten Einhalt zu gebieten, um die Rechte des Szepters zu verteidigen. Sie baten ihn auch, ihnen die Ehre zu erweisen, sie im Rat aufzunehmen. Mein Mann hat ihnen kalt zu verstehen gegeben, er werde sie rufen, wenn er ihre Meinung hören wollte. Sie sind sehr verärgert. Ich halte das Misstrauen meines Mannes für völlig gerechtfertigt.

25. April – Ich habe Baron de Breteuil mitteilen lassen, dass der Zeitpunkt seines Eintritts in den Rat für ihn noch nicht gekommen ist. Er hält sich indessen bereit, dem Ruf des Königs zu folgen. Er ist ihm völlig ergeben. Zur Stunde erhofft er vom genialen Vormund Frankreichs Necker, was nicht zu erwarten ist, nämlich die Maßnahmen, die man schon bisher nicht imstande war durchzuführen.

26. April – Die Abgeordneten kommen in starker Besetzung an, und ihre Gesichter verraten Befremden darüber, dass sie sich in Versailles einfinden müssen.

30. April – Der König ist heute davon unterrichtet worden, dass sich in Paris eine aufgebrachte Menge bei einem Tapetenhändler eingefunden hat.

1. Mai – Der König bereitet allein die Rede vor, die er vor den Abgeordneten halten wird. Möge die Ehrlichkeit seiner Absichten genügen, ihm die nötige Würde für diesen feierlichen Augenblick zu verleihen.

2. Mai – Heute Abend hat in Anwesenheit eines ziemlich zahlreich versammelten Hofs der König scherzhaft zu Monsieur Necker gesagt: »Bin es ich, der den Generalständen eine Verfassung präsentiert oder werden es die Generalstände sein, die sie mir präsentieren?« Monsieur Necker war auf diese Frage wohl kaum gefasst und um seine Antwort etwas verlegen. Er war jedoch noch verlegener mir gegenüber, als ich ihn fragte, ob die Generalstände Herren über den König wären oder der König Herr über das Land bliebe. All das beweist mir die Falschheit dieses Ministers, den ich hatte zurückholen lassen und dem ich bereitwillig große Fähigkeiten attestierte. Wir stehen an einem Abgrund und können nur mit Schrecken diese Generalstände beobachten, die in drei Tagen zusammentreten werden. Hoffentlich kündigen sie nicht unheilvolle Niederlagen für unsere Monarchie an!

4. Mai – Was für ein anstrengender Tag! Dabei könnte der nächste noch schlimmer werden. Heute morgen bahnte sich eine gewaltige Menge in einer Prozession den Weg zur Saint Louis-Kirche, wo der feierliche Gottesdienst zur Eröffnung der Ständeversammlung zelebriert wurde. Der König ging zu Fuß, begleitet von den Prinzen, und ich folgte mit den Prinzessinnen. Ich habe viele Blicke auf mir gespürt, aber weder »Vivat«-Rufe noch Beifall gehört. Plötzlich schrie ein Gaffer: »Es lebe Duc d'Orléans!« Dieser törichte Ausruf hat mich durchbohrt wie ein Dolchstoß und mehr aufgewühlt als er wert war. Ich hoffe nur, man hat mir meine Erregung nicht angesehen. Später musste ich mich sehr über den Applaus ärgern, den man Bischof von Nancy für seine Predigt gespendet hat. Dieser nahm sich nach einem pathetischen Redeschwall zugunsten der Armen, deren Belastungen man verringern müsse, heraus, den Luxus ins Visier zu nehmen, der bei Hof herrsche, um schließlich meinen Weiler zu kritisieren, den er als »infantile Imitation der Natur« betrachte. Worin mischt sich dieser Prälat überall ein? Lebt er vielleicht selbst in Armut? Hat er den Annehmlichkeiten dieser Welt etwa entsagt? Mit welchem Recht überantwortet er mich dem Hass der Franzosen?

5. Mai – Der Tag war weniger schwierig als befürchtet. Die Eröffnung der Stände gestaltete sich sehr würdevoll. Der König hat eine Rede gehalten, die ganz den Umständen entsprach und der man anhaltenden Beifall spendete. Er musste anschließend jene des Justizministers und vor allem die von Monsieur Necker über sich ergehen lassen – insgesamt drei Stunden lang! Nachdem die Stimme dieses Ministers nicht kräftig genug für eine Rede von so langer Dauer ist, wurde sein Text von jemand anderem gelesen. Ich musste mich zwingen, wach zu bleiben. Es war fünf Uhr, als der König die Sitzung aufhob. Wir wurden vor Verlassen des Menus Plaisirs-Saals akklamiert, der heute seinen Namen gar nicht verdient.*

Gleich nach der Rückkehr ließ der König Duc d'Orléans rufen, um ihm seinen Zorn zu zeigen. Gestern hatte sich unser Cousin nämlich geweigert, im Gefolge des Königs gemeinsam mit den anderen Prinzen zu gehen. Zumal er vom Adelsstand der Gemeinde Crépy-en-Valois gewählt war, zog er es vor, mit den Abgeordneten seiner Gemeinde zu defilieren unter dem Vorwand, das Vertrauen seiner Anhänger rechtfertigen zu wollen. Er hat heute ähnlich agiert, als er nicht an der Seite von Prince de Condé Platz nahm. Angeblich wurde er von den Abgeordneten des Tiers mit Ovationen bedacht. Unser Cousin unterhält merkwürdige Beziehungen zu dem, was man jetzt die »patriotische Partei« nennt, und er fördert die Aufwiegelung der Leute in den Gärten des Palais Royal. In Gegenwart des Königs hat er selbstverständlich seine Loyalität beschworen. »Diese werde ich erst aus Ihrer Haltung erfahren!«, rief mein Mann aus, als er seinem Zorn freien Lauf ließ. Und heute abend gefällt sich dieser Prinz darin zu wiederholen, was der König ihm gesagt hatte: »Ihre Person wird

* Der Name bedeutet »Kleine Freuden«

mir für Ihre Haltung bürgen!« Da sieht man also ein schönes Beispiel dafür, wie ehrlich er es meint.

6. Mai – Ich stehe noch ganz unter dem Eindruck des Schocks, den mir die Unterredung mit Monsieur Augeard gestern spätabends versetzt hat. Er hat mir zwei Schriften überreicht, die er bereits meinem Bruder d'Artois gezeigt hatet. Es sind zwei Rede-Entwürfe, wie sie der König vor den Ständen halten könnte: der erste ist dazu angetan, die Pläne von Monsieur Necker zu durchkreuzen; der zweite soll die Schaffung von Provinzvertretungen im Ressort jedes Parlaments ankündigen, um die Errichtung von Generalständen zu verhindern, welche die Souveränität mit dem König teilen wollen. Monsieur Augeard ist überzeugt, dass Monsieur Necker uns in den Ruin treibt und dass er das Königreich auf Gedeih' und Verderb aufs Spiel setzt. Ist dieser Mann verrückt oder begreife ich nicht, was vor sich geht? Ich finde keinen Schlaf mehr, so sehr muss ich ständig an alles denken, was uns Sorgen macht.

10. Mai – Der König hat mir immer noch nichts zu den Schriften von Monsieur Augeard gesagt, die ich ihm vorgestern überbracht habe. Wie gewöhnlich spricht er wenig. Die drei Stände haben getagt, um die Vollmachten der Abgeordneten zu prüfen. Der Tiers, der dritte Stand, will, dass diese Prüfung gemeinsam vorgenommen wird, anders als es bis jetzt gehandhabt wurde. Werden sie sich endlich an die Arbeit machen?

11. Mai – Man tut alles Nötige, den Tiers seine kühnen Forderungen bis zum Letzten durchsetzen zu lassen. Mehrere Damen sind auf der Schlossterrasse von Angehörigen dieses Standes beleidigt worden, dessen Abgeordnete sich damit brüsten, dass innerhalb weniger Tage »Deserteure« des Adels- und ebensolche des Klerusstandes zu ihnen stoßen würden, um auf diese Weise »die wahren Generalstände« zu bilden. Monsieur Necker nährt ihre Hoffnung, dass der König seine Zustimmung geben wird. Und der König sagt nichts.

15. Mai – Ist Monsieur Augeard ein Unglücksprophet oder ein vorausblickender und gut informierter Mann? Er jagt mir Angst ein, wenn er behauptet, eine Verschwörung gegen uns werde vorbereitet, wobei der dritte Stand überzeugt sei, den Herrscher in seiner Gewalt zu haben. Er rät uns, nach Compiègne zu gehen, wo man leicht dreißigtausend Mann zusammenziehen könnte, während die Versammlung nach Soissons und das Parlament nach Noyon verlegt würden. Ich war entsetzt über das, was er da sagte. Die Idee, dass man eine Verschwörung gegen den König und die Monarchie anzettelt, erschreckt mich, ohne dass sie mich allzusehr überrascht. Ich weiß andererseits, dass die Prinzen und ein Teil der Aristokratie davon träumen, eine Art Rat zu bilden, der dem König seinen Willen aufzwingt und auf diese Weise die Regierung in der Hand hat. Mein Mann ist von Gottes Gnaden König von Frankreich. Niemand kann an seiner Stelle die Macht ausüben, weder das Volk noch die Prinzen. All das macht mich verrückt.

18. Mai – Mein armes Kind liegt im Sterben und weiß es. Seine Sanftmut und Ergebenheit sind unfassbar. Wie kann ein so zerbrechliches, von so viel Leiden erschöpftes Wesen so lange gegen den Tod ankämpfen?

30. Mai – Mein Sohn ist entstellt; sein ganzer kleiner Körper ist aufgedunsen und Wasser sickert in seine Lungen. Ich weiß, dass der Augenblick, wenn sie voll Wasser sind, seinen Schmerzen ein Ende bereiten wird. Er leidet jedoch seit ein paar Tagen weniger, und nie war er so sanft und zärtlich zu mir. Er wollte, dass ich bei ihm mein Diner einnehme, wobei er darum bat, dass man mir die Speisen servierte, die ich am liebsten mag. Vor Tränen, die ich zurückzuhalten suchte, konnte ich kaum das Essen hinunterwürgen. Mein armes Kind!

4. Juni – Es gibt für uns keine Angst und keine Hoffnung mehr; übrig bleibt einzig der Schmerz, der uns das Herz bricht: unser Sohn ist gestorben, heute früh um drei viertel eins nach Mitternacht.

5. Juni – Ich habe nicht den Mut gefunden, selbst meinen Kindern den Tod ihres Bruders zu melden. Sie sind alle in Tränen ausgebrochen. Die Etikette, die an diesem Hof stets auf ihre Rechte pocht, hält uns von unserem Sohn fern, dessen sterbliche Hülle jetzt in ein silbernes Tuch gehüllt und auf einer Bahre zur Schau gestellt ist. Er wird am 13. von Prince de Condé nach Saint Denis gebracht werden.

7. Juni – Ich musste die Zeremonie der Beileidsbezeugungen über mich ergehen lassen. Alle Frauen des Hofs haben, ganz in Schwarz, mich in völliger Stille gegrüßt. Mehrmals glaubte ich, mir würde übel. Wie glücklich sind doch die Leute, die kein Herz haben! Sie können selbst in den stärksten Stürmen immer ruhig bleiben.

10. Juni – Wir sind in Marly, aber die Ereignisse erlauben uns nicht, uns unserem Kummer und der Trauer hinzugeben. Der König braucht mich, und ich weiß nicht, was ich tun soll, damit er seine Macht so bewahrt, wie er sie von seinem Großvater erhalten hat.

17. Juni – Wir sind vernichtet. Der Tiers-Stand, dem sich einige Angehörige des Klerus angeschlossen hatten, erklärte sich soeben selbst zur Nationalversammlung. Sie behaupten, sich so die exekutive und legislative Macht aneignen zu können. Ich kann den König eine solche Ungeheuerlichkeit nicht dulden lassen.

18. Juni – Der Klerus hat sich zur Gänze bei der angeblichen Nationalversammlung eingefunden. Monsieur Necker kann zufrieden sein. Deshalb schlägt er dem König vor, den drei Ständen zu genehmigen, in Fragen von nationalem Interesse gemeinsam zu beraten und pro Kopf und nicht nach Stand abzustimmen, wie es die Tradition vorsieht. Monsieur de Barentin, der Justizminister, hat sich dem Finanzminister heftig widersetzt. Die Diskussion hat bis zehn Uhr gedauert. Mein Mann war so müde, dass er sich ohne ein Wort schlafen legte. Ich fürchte, er gibt den Wünschen von Monsieur Necker nach. Ich weiß nicht, wie ich ihn daran hindern kann. Ich habe keine andere Möglichkeit, als mit meinen Brüdern zu sprechen.

19. Juni – Ich habe es auf mich genommen, den Rat zu unterbrechen, um den König zu bitten, zu mir in mein Kabinett zu kommen, wo sich Comte de Provence und Comte d'Artois befanden. Wir haben ihn beschworen, Monsieur Necker nicht nachzugeben, der zum Glück heute nicht in Marly ist. Er hat uns versprochen, bis Sonntag nichts zu entscheiden.

20. Juni – Die Abgeordneten handeln nur nach ihrem Willen. Nachdem der König ihren Beratungssaal hatte schließen lassen, haben sie die Sitzung in einen anderen verlegt und geschworen, nicht eher auseinander zu gehen, als bis sie Frankreich eine Verfassung gegeben hätten. Sie scheinen nicht zu wissen, dass das Königreich bereits eine besitzt, die vorzüglich ist. Es ist unbedingt notwendig, dass der König seine Autorität einsetzt.

21. Juni – Die Ratssitzung ist besonders hitzig verlaufen. Ich habe ihr ebenso beigewohnt wie die beiden Brüder des Königs. Monsieur Necker, der weiterhin beharrt, sein Plan sei der beste, wurde lediglich von Monsieur de Montmorin unterstützt. Der König wird übermorgen eine königliche Sitzung vor den Abgeordneten abhalten, um ihnen seinen Willen mitzuteilen.

22. Juni – Der König hat den ganzen Tag an seiner Rede gearbeitet, die er morgen halten wird. Er wird die Beschlüsse der so genannten Assemblée Nationale – also Nationalversammlung – für Null und nichtig, gesetzwidrig und verfassungswidrig erklären. Leider ist er gezwungen, den Abgeordneten das Stimmrecht pro Kopf zuzugestehen in Fällen, wo er es für nützlich erachtet.

23. Juni – Der König hat starken Applaus erhalten von den beiden ersten Ständen, doch der Tiers verharrte in Schweigen. Wir erfahren soeben, dass dessen Abgeordnete eine neue Entschließung angenommen haben, welche die Beschlüsse bestätigt, die er – der Tiers – gefasst hatte. Das ist eine Kriegserklärung an den König. Dem muss man Widerstand leisten.

Monsieur Necker, der bei der Sitzung heute morgen nicht anwesend war, hat dem König seine Demission übersandt. Das wird uns nun erlauben, wieder Monsieur de Breteuil zu berufen, damit er Maßnahmen ergreift, die verbindlich sind. Der Baron wird sie zu finden wissen.

Das Gerücht von Monsieur Neckers Rücktritt hat in Versailles die Runde gemacht. Eine gewaltige Menschenmenge ist in den Hof des Schlosses eingedrungen. Sie schwillt immer stärker an, und ständig ruft man den Namen des Finanzministers.

Der König hat mich gebeten, nach Monsieur Necker zu senden.

Monsieur Necker hat gesiegt. Er ist um sechs Uhr gekommen, und der heftige Aufruhr, der hier herrschte, hat uns gezwungen, ihn inständig zu ersuchen, seinen Entschluss rückgängig zu machen. Ich hätte mir nie vorgestellt, einmal diesen Mann, der uns betrügt, beinahe bitten zu müssen, im Ministerium zu bleiben.

Er triumphiert auf Kosten der Autorität des Königs. Wir sind Geiseln in seiner Hand. Wo wird er uns hinführen?

26. Juni – Wir sind wie von Sinnen. Ich weiß nicht, wo mir der Kopf steht. Gestern hat sich der Großteil der Abgeordneten des Klerus mit dem dritten Stand vereint. Heute war ein Teil des Adels an der Reihe. Es war nötig, dass ich energisch mit Comte d'Artois spreche, der die Entlassung von Monsieur Necker forderte. Er versteht nicht, dass das die schlimmste Dummheit wäre zu einem Zeitpunkt, da Paris Beute einer Hungersnot ist und der Bankrott droht. Was soll man tun? Nach Compiègne fahren, wie uns viele Höflinge dringend raten, oder bleiben und versuchen, Zeit zu gewinnen, wie Mercy es rät? Der König wird gezwungen sein, dem Tiers nachzugeben und allen Abgeordneten zu befehlen, zusammenzutreten. Was für eine Erniedrigung!

27. Juni – Mein Mann ist verzweifelt, dass er dem Willen des Tiers folgen soll. So haben wir wenigstens einmal lange miteinander gesprochen. Obwohl der König von seinem Wesen her kaum vom Willen zu absoluter Macht getrieben ist, wird er nie darauf verzichten, sie einzufordern. Er will sie so bewahren, wie er sie von seinen Vorfahren erhalten hat. Das Schicksal der Monarchie ist in seinen Händen. Erst wird er die Abgeordneten entlassen, aber nachdem viele von ihnen wahre Hitzköpfe sind, muss er der Armee sicher sein. Von heute Abend an wird er Maréchal de Broglie konsultieren, und ich denke, er wird Baron de Breteuil berufen, um ein neues Ministerium zu bilden. Es ist wichtig, ganz geheim zu handeln und die derzeitigen Minister, vor allem Monsieur Necker, nichts ahnen zu lassen. Ich bin gelähmt vor Angst bei der Vorstellung, dass dieser Plan scheitern könnte.

28. Juni – Maréchal de Broglie schätzt, bis 13. Juli dreißigtausend Mann zusammenziehen zu können. Diese Truppen würden ausreichen, die Ordnung aufrechtzuerhalten, wenn irgendwelche Unruhen anlässlich der Auflösung der Ständeversammlung ausbrächen. Der König lässt Baron de Breteuil noch nicht kommen, aber dieser hält sich bereit.

3. Juli – Wenn die Feinde des Königs insgesamt nicht in der Übermacht sind, haben wir Hoffnung, die königliche Autorität zum größten Wohl dieses Landes wiederhergestellt zu sehen, zu dem keine andere Regierungsform als die reine Monarchie passen würde. Ich beginne aufzuatmen.

4. Juli – Baron de Breteuil fleht den König an, sein Ohr nicht gefährlichen Schmeicheleien zu leihen, welche die Kräfte von ihm entfernen könnten, die es zu sammeln gelte. Man muss sich in der Tat vor den vorhandenen Ministern in Acht nehmen. Ich habe Monsieur de Saint Priest um Rat gefragt: er hat mich zu überzeugen versucht, dass nach alldem, was sich gerade ereignet hatte, jede Maßnahme, die den Wünschen der Assemblée zuwiderhandle, gefährlich sei. Er denkt auch wie Monsieur Necker, und ich habe das dem König gesagt.

5. Juli – Unser Plan, von dem noch keiner unserer Feinde etwas ahnt, wird unter besten Vorzeichen vorbereitet. Ich glaube an sein Gelingen. Comte d'Artois, den der König beauftragt hat, größere Summen aufzubringen, ist sich der Unterstützung einiger Großbankiers sicher.

6. Juli – Die Aufstellung von Regimentern im Umkreis von Paris beginnt die Abgeordneten zu beunruhigen.

8. Juli – Der König hat den Abgeordneten geantwortet, er benötige die Truppen, um die Ordnung in der Hauptstadt aufrechtzuerhalten. Er wird handeln müssen, ohne länger zu zögern.

9. Juli – Der König ist fest entschlossen, einen starken Schlag zu versetzen, denn die Versammlung hat nun die Kühnheit besessen, sich zur verfassungsgebenden Nationalversammlung zu erklären. Die Zeit drängt.

11. Juli – Der König hat soeben Monsieur Necker entlassen und ihn dabei gebeten, das Königreich so diskret wie möglich zu verlassen, um Aufruhr zu vermeiden. Die Messieurs de Montmorin und de Saint Priest fallen dem gleichen Schicksal anheim. Wir erwarten Baron de Breteuil.

12. Juli – Seit langem bin ich nicht mehr so ruhig aufgewacht. Nun muss sich Ordnung einstellen. Die Regimenter sind fast alle angekommen. Morgen werden zu ihren Ehren Feste gegeben. Wir werden natürlich Protestaktionen der Versammlung und einige Unruhen in Paris zu erwarten haben, aber die Truppen sind jetzt zahlreich genug, um die Aufständischen einzuschüchtern. Der König wird den Sieg über die Verschwörer davontragen.

13. Juli – Heller Aufruhr regiert in der Versammlung. Die Entlassung von Monsieur Necker hat in Versailles und in Paris große Entrüstung ausgelöst. Die Abgeordneten fordern, ihn zurückzurufen und die Truppen zu entfernen. Gottlob sind uns alle Regimenter treu gesinnt. Wir werden endlich wieder Ruhe einkehren sehen.

14. Juli – In Paris haben sich bei weitem schwerere Unruhen ereignet als man erwarten konnte. Das Gefängnis der Bastille wurde gestürmt, sein Direktor und mehrere Offiziere wurden von einer wild gewordenen Meute massakriert. Wir sind erschüttert, denn die Truppen haben gewähren lassen und sich geweigert, den Befehlen ihrer Chefs zu gehorchen. Was wird aus uns, wenn wir nicht mehr auf die Armee zählen können? Ich sehe keinen anderen Ausweg als dass wir uns in die Festung von Metz begeben. Monsieur meint, das wäre ein Fehler, und Maréchal de Broglie fragt sich, was wir dort tun würden. Es wird morgen noch Zeit dazu sein. Das wird eine unruhige Nacht!

15. Juli – Heute Morgen ist der König in die Versammlung gegangen, um die Gemüter zu beruhigen. Er hat angekündigt, den Truppen den Befehl zu geben, sich von Paris und Versailles zurückzuziehen. Er ist zu Fuß gegangen, gefolgt von den Abgeordneten. Eine gewaltige Menge war bereits in den Marmorhof eingedrungen. Wir haben uns am Balkon gezeigt. Ich ließ nach meinem Sohn senden, aber ich wollte keinesfalls, dass er mit Madame de Polignac kommt. Man hasst sie. Es werden die verrücktesten Gerüchte verbreitet. Man behauptet, der König hätte den Saal verminen lassen, wo die Assemblée tagt!

16. Juli – Wir befinden uns immer noch in der düstersten Ungewissheit. Comte d'Artois hat den König auf Knien angefleht wegzugehen, während sich Monsieur gegen unsere Abreise aussprach. Mein Mann, der nie leicht eine Entscheidung fällt, hat schließlich beschlossen zu bleiben. Ich bin verzweifelt. Das war unsere einzige

Chance zur Rettung. Ich hatte bereits meine Diamanten in einen kleinen Koffer gepackt und viele Papiere verbrannt.

Wir sind am Boden zerstört von den Nachrichten, eine entsetzlicher als die andere. Fahndungslisten kursieren in Paris. Sie tragen die Namen von Comte d'Artois, Prince de Condé, Baron de Breteuil und den Polignacs. Auf meine Person ist ein Kopfgeld ausgesetzt. Für morgen hat der König versprochen, im Rathaus von Paris zu erscheinen.

Der König ist gezwungen, Monsieur Necker zurückzuholen und die Minister zu entlassen, die er ausgewählt hatte. Er hält es nun für besser, dass Comte d'Artois, Prince de Condé, die Polignacs und Baron de Breteuil das Königreich verlassen, um neue Unruhen zu vermeiden und – wage ich es zu schreiben? – ihr Leben zu retten, denn so weit sind wir gekommen.

Der Abschied des Königs von seinem Bruder war herzzerreißend. Ich habe meine arme Freundin fest umarmt, der ich heute alle Fehler vergesse, um mich nur an die glücklichen Stunden zu erinnern. Wenn ihnen nur nichts zustößt!

17. Juli – Der längste Tag meines Lebens hat begonnen. Der König ist um zehn Uhr weggefahren. Werden wir uns wiedersehen? Ich bin auf das Schlimmste gefasst. Hier herrscht tödliches Schweigen. Ich habe mich mit meinen Kindern in mein Arbeitszimmer eingeschlossen. Nur die Kammerzofen bleiben bei uns. Das Schloss ist beinahe verwaist. Alle sind vor dem Terror geflohen.

Man muss im Voraus an alles denken. Wenn durch ein Unglück der König nicht zurückkommt, werde ich in die Assemblée gehen, wo ich eine Rede halten werde.

Je mehr Zeit vergeht, desto größer werden meine Befürchtungen. Es ist nicht möglich, sie werden ihn niemals zurückkommen lassen!

Es ist fünf Uhr. Immer noch nichts. Ich habe meinen Wagen vorbereiten lassen.

Er ist am Leben. Einer seiner Pagen ist im Galopp gekommen, um uns seine Rückkehr anzukündigen.

Welche Erleichterung und welche Freude, als mein Mann mich geküsst hat! Er hat viel Mut und kühlen Kopf bewiesen. Er musste die Reden dieser furchtbaren Revolutionäre ertragen und auf seinen Hut ihre Kokarde in den Farben blau, weiß und rot stecken. Ich bebe vor Wut, wenn ich an Monsieur Bailly denke, der zum Bürgermeister von Paris ausgerufen wurde. Er wagte zu sagen, Henri IV. hätte sein Volk besiegt, und heute wäre das Volk es gewesen, das wiederum seinen König zurückerobert hätte. Dieses Wort »besiegen« …

23. Juli – Monsieur de Mercy ist von allem, was vor sich geht, tief betroffen. Er will mir klarmachen, dass es notwendig ist, Monsieur Necker in seiner Politik zu bestärken, wenn er zurückkommt.

25. Juli – Mit unglaublicher Tücke ist plötzlich ganz Frankreich bewaffnet und in Nationalgarden organisiert. In Paris ist es ein gewisser Monsieur de La Fayette, der diese Miliz leitet. Welche Schande!

28. Juli – Jeden Tag werden Schlösser verbrannt. Überall schüren Verschwörer Zwietracht, um das gesamte Königreich in Aufruhr zu versetzen. Wenn man nicht zu exemplarischen und öffentlichen Bestrafungen greift, sind dem Wahnsinn keine Grenzen gesetzt. Der König lässt die Assemblée gewähren, die immer mehr Ausflüchte sucht, um von Tag zu Tag zu überleben.

29. Juli – Ich habe Monsieur Necker empfangen. Ich habe ihm empfohlen, im Dienste des Königs viel Eifer an den Tag zu legen, zumal wir genug Vertrauen in ihn demonstrieren, ihn zurückzuholen. Er hatte die Kühnheit mir zu antworten, Eifer im Dienste des Königs sei eine Pflicht seines Amtes, doch nichts verpflichte ihn zu Dankbarkeit. Und dann, als wäre er sich seiner Unverschämtheit bewusst geworden, wagte er meine Hand zu nehmen, ohne dass ich sie ihm entgegengestreckt hätte, und zu seinen Lippen zu führen. Ich habe sie nicht zurückgezogen, obwohl seine Geste völlig unangebracht war.

5. August – Diese Nacht wurde eine Nacht der Verzweiflung: Die Abgeordneten der beiden ersten Stände haben auf ihre Rechte und ihre Privilegien verzichtet. Sie betrachten einander heute mit Betroffenheit und Furcht. Der König ist zu Passivität reduziert.

12. August – Wir wissen nicht, was wir tun sollen. Ich empfange niemanden mehr. Alles flieht. Ich wage kaum, auf die Terrasse hinauszugehen und verbringe die Tage mit meinen Kindern, die meine einzige Freude sind. Ich liebe meinen Sohn wie verrückt. Er ist knapp viereinhalb Jahre alt und beträgt sich hervorragend. Seine Gesundheit war immer gut, aber seine Nerven sind sehr empfindlich. Ein Geräusch, das er nicht gewohnt ist, kann ihn immer noch verschrecken. Er hat Angst vor Hunden, weil er sie in seiner Nähe bellen gehört hatte. Ich habe ihn nie gezwungen, sie zu Gesicht zu bekommen, weil ich glaube, mit seinem wachsenden Verstand werden seine Ängste vergehen. Er ist ein Wildfang, sehr leicht aufzubringen und heftig in seinem Zorn; aber er ist ein gutes Kind, sanft und sogar zärtlich, wenn er nicht von seiner Wildheit mitgerissen wird. Sein Selbstbewusstsein ist grenzenlos, aber wenn man es richtig lenkt, kann es zu seinem Vorteil geraten. Bis er vor jemandem die Scheu verliert und sich ungezwungen gibt, versteht er für sich einzunehmen und sogar seine Unbeherrschtheit in Zaum zu halten, um sanft und liebenswert zu wirken. Er hält sehr brav Wort, wenn er etwas versprochen hat, aber er ist auch sehr indiskret; er wiederholt genüsslich alles, was er gehört hat, und oft fügt er, ohne lügen zu wollen, dabei hinzu, was ihm seine Phantasie eingibt. Das ist seine größte Schwäche, an der man gut arbeiten muss. Wenn man behutsam und gleichzeitig konsequent ist, ohne allzu streng zu sein, kann man von ihm alles haben. Aber gegen Strenge lehnt er sich auf, denn er hat für sein Alter schon viel Charakter. Um ein Beispiel zu geben: schon als er ganz klein war, hat ihm das Wort »Verzeihung« immer zu schaffen gemacht. Er tut und sagt, was man will, wenn er schuld ist, aber das Wort »Verzeihung« bringt er nur unter Tränen und mit größter Mühe heraus. Man hat meinen Kinder angewöhnt, zu mir großes Vertrauen zu haben, und wenn sie etwas angestellt hatten, es mir selbst zu sagen. Das führt dazu, dass ich bei der Rüge mehr betrübt wirke als böse über das, was sie getan haben. Ich habe ihnen auch beigebracht, dass mein Ja oder Nein von ihnen ohne Widerspruch hingenommen werden muss, aber ich gebe ihnen auch immer eine Begründung entsprechend ihrem Alter, damit sie nicht glauben können, es ist eine Laune meinerseits. Mein Sohn kann nicht lesen und lernt sehr schlecht, denn es mangelt ihm zu sehr an Konzentrationsfähigkeit, sich ganz einer Sache zu widmen. Er hat noch keine Ahnung von seiner hohen Position und ich will unbedingt, dass das so bleibt: Unsere Kinder lernen immer noch früh genug, wer sie sind. Er liebt seine Schwester sehr und ist gutmütig. Jedes Mal wenn ihm etwas Freude bereitet, ist stets das erste, was er tut, dasselbe für seine Schwester zu erbitten. Er ist von angeborener Fröhlichkeit; für seine Gesundheit muss er viel an der frischen Luft sein, ich glaube, es ist besser, ihn am Boden auf den Terrassen spielen und auf der Erde arbeiten zu lassen als ihn weiter weg zu bringen. Die Bewegung beim Laufen und Spielen in frischer Luft ist für kleine Kinder gesünder als wenn man sie zum Gehen zwingt. All das habe ich Marquise de Tourzel erklärt, die der König zur Gouvernante der Enfants de France* anstelle von Duchesse de Polignac ernannt hat. Obwohl sie einen strengen Eindruck macht, flößt sie Vertrauen ein.

14. August – Es gibt keine Ordnung mehr. Wir haben innen und außen Spione. Man schmiedet Komplotte und wir können nicht erfahren, was vor sich geht. Mir ist körperlich beinahe ebenso zumute wie in meiner Gemütsverfassung.

* Titel für die Erzieherin von Kindern des Königs von Frankreich

22. August – Alles ist in merkwürdigem Aufruhr. Während die Versammlung ewig weiterdiskutiert, schmiedet der abscheuliche Duc d'Orléans Ränke, um den König vom Thron zu stürzen. Er zählt auf Anhänger unter den Abgeordneten; er schmeichelt dem Pöbel von Paris und besticht ihn mit Versprechungen. Seine gefährlichen Aktionen beunruhigen selbst diejenigen, die am gemäßigsten sind. Diese sollten unserer Sache dienen.

25. August – Entsprechend der Tradition sind die Repräsentanten der Stadt Paris und die einfachen Marktfrauen gekommen, dem König an seinem Feiertag, dem Tag des heiligen Ludwig, ihre Glückwünsche zu überbringen. Ich habe sie zeremoniell im grünen Salon empfangen, der an mein Schlafzimmer angrenzt. Monsieur Bailly hat nicht geruht, sein Knie auf den Boden zu setzen bei seinem Gruß. Er hat sich lediglich vor mir verbeugt. Ich musste mich noch weit mehr beherrschen, meine Wut in Zaum zu halten, als Monsieur de La Fayette mir den Regimentsstab seiner schrecklichen Nationalgarde vorstellte. Das ist nichts anderes als ein Gesinde von gefährlichen Unruhestiftern.

30. August – Diesen Nachmittag haben Monsieur de La Fayette und seine Männer eine Gruppe Aufständischer zerstreut, die sich des Königs und des Dauphins bemächtigen wollten, um sie nach Paris zu bringen und mich in ein Kloster. Welches Verbrechen habe ich denn begangen, dass ich mich so schmachvoll behandelt sehen muss?

31. August – Die politische Lage scheint ungeachtet der gestrigen Ereignisse eine Wende zum Besseren zu nehmen. Doch all das Missgeschick macht mich vorsichtiger. Man muss darauf hoffen, dass eines Tages wieder Frieden einkehren wird. Wir sind noch sehr weit davon entfernt, beruhigt sein zu können. Gott sei Dank kann der König auf mehr Getreue zählen als die Revolutionäre glauben. Mehrere Abgeordnete des Adelsstandes möchten uns im Verband mit denen, die das Land verlassen haben, unter dem Schutz loyaler Truppen in irgendeine Stadt der Provinz bringen. Der König würde dann die Versammlung auflösen. Aber in diesem Fall würden wir zu Geiseln derer, die erklärten, uns zu retten. Andere Abgeordnete, die als gemäßigt gelten, haben die Absicht, uns nach Compiègne oder nach Soissons zu bringen, wohin uns die Assemblée folgen würde. Bei dieser Variante wäre der König Geisel der Assemblée. Meine Abneigung für die Aktionen beider Seiten ist gleich groß. Diese Pläne zeigen deutlich die Unruhe, die sich der Abgeordneten bemächtigt hat und bezeugen die reale Macht, die der König bewahrt. Man muss ein anderes Mittel suchen, seine Autorität wiederherzustellen.

17. September – Ich hatte eine lange Unterredung mit Comte de Montmorin: er hat mir die Gefahren aufgezeigt, denen wir uns aussetzen, wenn wir Versailles verlassen und uns dadurch auf die Seite der Konterrevolutionäre stellen. Ich habe ihm zugestimmt und erklärt, dass ich seine Sicht teile und dasselbe auch Messieurs Necker und de Saint Priest gesagt.

23. September – Der König lässt das Regiment von Flandern in unsere Nähe beordern, um uns zu beschützen und vielleicht die Versammlung aufzulösen, wenn Gott will.

25. September – Monsieur Necker hat alles Vertrauen verspielt, als er ein sehr düsteres Bild vom Zustand der Finanzen gezeichnet hat. Er ist also an der einzigen Aufgabe gescheitert, für die ihn der König gerufen hatte. Er ist so weit gegangen, die Bevölkerung zu bitten, ihre Silbermünzen in die Münzkammer zu bringen, damit sie möglichst bald eingeschmolzen werden können (wir werden unser Silbergeschirr opfern). Die Aufregung der Assemblée ist umso größer, als in Paris Brot knapp zu werden beginnt. Das ist also der Mann, der Frankreich hätte retten sollen. Es wird Zeit, dass wir die richtigen Maßnahmen ergreifen, um Ordnung wiederherzustellen. Zum großen Glück ist das Regiment von Flandern in Versailles.

1. Oktober – Zum ersten Mal seit langem werde ich mit leichtem Herzen einschlafen. Das Bankett, das die Leibgarden zu Ehren des Regiments von Flandern gaben, hat uns eben wieder Mut gemacht. Der König hatte nicht vor, dort zu erscheinen, aber die junge Madame de Tessé hat uns mit der jugendlichen Begeisterungsfähigkeit ihrer zwanzig Jahre überredet, mit unserem Sohn hinzugehen. Das Orchester hat bei unserer Ankunft »Oh Richard, oh mein König« gespielt, und wir haben Ovationen ohne Ende erlebt. Die Offiziere hatten bereits getrunken, aber die Atmosphäre war sehr nett. Einer von ihnen hat respektvoll meinen Sohn gebeten, auf einen Tisch zu klettern und so die Runde zu machen, was der arme Kleine sehr mutig getan hat. Ich habe ihn fest umarmt, als er wieder heruntergekommen ist. Ich werde gewiss zu empfindlich. Ich bin seit den letzten Ereignissen sehr fragil. Wir haben uns nicht allzu lange aufgehalten, und die Männer haben uns mit ihren Hochrufen bis zu unseren Appartements verfolgt. Wir werden mehr geliebt als je zuvor. Es kann nicht sein, dass ein paar tausend Unruhestifter diesem Königreich ihr Gesetz diktieren können.

4. Oktober – Die Loyalitätskundgebungen werden weiter fortgesetzt. Wir können ohne Sorge sein.

5. Oktober – Immer wenn ich ein wenig ruhiger bin, kommt ein neues Unglück auf mich zu, das mich allen Ängsten zurückgibt. Einige Zeilen zu schreiben wird vielleicht meine Nerven beruhigen: der Mob von Paris marschiert auf Versailles zu und der König jagt bei Châtillon …

Die Zeit verstreicht. Es ist drei Uhr. Der König ist immer noch nicht da. Man ist in unvorstellbarer Sorge. Ich habe nie die Minister in einer solchen Verfassung gesehen. Monsieur de Saint Priest hat soeben gebrüllt, wir könnten massakriert werden, ohne uns schützen zu können. Ich habe Angst. Der Zufall hat mich in einen Spiegel blicken lassen, und ich habe festgestellt, dass ich abwechselnd erblasse und gleich wieder erröte. Ich fühle mich schwach. Wenn der König nur vor diesen Aufständischen zurück kommt!

Mitternacht. Die letzten Stunden waren furchtbar. Diese Banditen sind kurz nach dem König in großer Schar gekommen und haben sich jetzt auf der Place d'Armes versammelt. Es gibt unter ihnen zahlreiche betrunkene und in Fetzen gekleidete Frauen – und Männer, die als Frauen verkleidet sind. Sie sind bewaffnet. Sie verlangen Brot. Man hat es austeilen lassen. Die Minister haben dem König vorgeschlagen, nach Rambouillet zu fahren; als er sich dazu entschloss, war keine Zeit mehr dazu. Zur Stunde scheint alles besänftigt. Wir werden zu Bett gehen. Mein Mann sagte mir, ich könne unbesorgt sein. Monsieur de La Fayette, der aus Paris mit der Nationalgarde angerückt ist, hat ihn beruhigt. Und doch weiß ich, dass wir in Gefahr sind.

7. Oktober – Ich danke dem Himmel, noch am Leben zu sein, mit meinem Mann und meinen Kindern. Aber wie lange noch? Ich hätte unzählige Erlebnisse zu erzählen, aber viel zu wenig Zeit, sie niederzuschreiben. Mein Leben ist in Gefahr. Wie werde ich jemals den Anblick vergessen von diesem Blut, diesen Köpfen unserer Wache, aufgepflanzt auf den Spießen vor unserem Wagen, den diese betrunkenen Horden umringt hatten, oder diese Frauen, die Beleidigungen ausstießen und Verwünschungen ausspieen? Ja, diese Aufständischen, die uns mit Gewalt hierher nach Paris brachten, wollen mich töten. Ich wurde schon den ganzen gestrigen Tag vom Tod gestreift: Am Morgen, als ich aus meinem Schlafzimmer flüchten musste, halbnackt, während eine abstoßende Meute in meine Appartements eingedrungen war, und später, als ich vom Balkon aus diesen Horden gegenübertreten musste, die wütend ihre Waffen auf meine Brust richteten. Es ist ein Alptraum; ich denke immer, ich werde endlich aufwachen. Aber nein! Es ist die Wirklichkeit.

8. Oktober – Dieses Palais der Tuilerien ist schrecklich. Nichts war für unsere Aufnahme hier vorbereitet worden außer dem kleinen Appartement, das ich gewöhnlich benutze, wenn ich nicht nach Versailles zurückkehre. Mein Sohn hat in diesen beiden Nächten in einem Zimmer geschlafen, wo die Türen nicht zu schließen sind. Madame de Tourzel musste sie mit Möbeln, die sie da und dort gefunden hatte, verbarrikadieren. Sie hat die Nacht sitzend bei meinen Kindern verbracht. Meine Tochter war auf ein Sofa gebettet.

9. Oktober – Wenn wir vergessen, wie wir hierher gekommen sind, könnten wir über uns über die Haltung der Bevölkerung freuen. Wenn kein weiterer Brotmangel auftritt, hoffe ich, dass sich vieles einrenken wird. Ich spreche mit all den Leuten, die herbeieilen, um uns in den Gärten zu sehen. Alle strecken mir die Hand entgegen. Ich gebe sie ihnen. Heute morgen haben sie uns gebeten, hier zu bleiben. Ich habe für den König, der bei mir war, geantwortet, es hinge von ihnen ab, ob wir blieben, und dass all der Hass weichen müsse, dass das geringste Blutvergießen uns in Schrecken von hier flüchten ließe. Die in der Nähe standen, haben geschworen, alles wäre vorbei. Ich glaube nicht daran.

10. Oktober – Ich konnte zwar kaum annehmen können, dass Monsieur Augeard zur Übertreibung neigt, aber ich bin es, die blind ist. Dieser Mann hat früher als alle anderen alles völlig richtig gesehen. Deshalb legte ich großen Wert darauf, ihn allein zu einer Aussprache zu empfangen. Er äußert sich mit einer Offenheit, die einem Angst macht. Er hat mir den Ernst der Lage nicht verhehlt: Wir sind richtige Gefangene in den Händen der Aufständischen. Er ist der Ansicht, dass allein der Kaiser uns zu Hilfe kommen kann, wenn er die Angelegenheiten Frankreichs als die seinen betrachtet. Monsieur Augeard geht so weit vorzuschlagen, dass ich unter größter Geheimhaltung mit meinen Kindern Paris Richtung Wien verlasse, um unsere Lage meinem Bruder darzustellen. Seiner Meinung nach könnte niemand anderer diese Mission ausführen. Als ich auffuhr, ich könnte doch den König nicht im Stich lassen, antwortete er, es wäre der einzige Weg, die Monarchie und meinen Mann zu retten.

11. Oktober – Die Idee von Monsieur Augeard ist gar nicht so verrückt wie ich dachte. Aber warum nicht über ein Verschwinden gemeinsam mit dem König nachdenken? Mein armer Mann ist übrigens nicht mehr König von Frankreich, sondern »König der Franzosen«. Ein diesbezügliches Dekret hat die Assemblée erlassen und es ist uns nach Paris nachgesandt worden.

12. Oktober – Duc d'Orléans, der die Schrecken der vergangenen Tage organisiert hatte, ist gekommen, um sein Verhalten vor dem König zu rechtfertigen. Er behauptet, er sei unschuldig an allem, dessen ihn die Gerüchte bezichtigen. Mein Mann tat, als glaubte er ihm, denn er weiß, dass er viele Anhänger unter den Aufständischen hat. Wir werden ihn nach England schicken, um nichts mehr von dem zu hören, was man über ihn erzählt.

13. Oktober – Der König hat Duc d'Orléans den Zweck der Mission erklärt, mit der er ihn beauftragt: Er soll herausfinden, welche Rolle der Hof von Saint James in den Ereignissen gespielt hat, die seit dem Frühjahr Frankreich heimgesucht haben. Er soll versuchen, die Absichten Englands in Hinblick auf die Revolten der Niederlande gegen den Kaiser in Erfahrung zu bringen. So wird er nicht mehr imstande sein, Unruhen gegen uns zu organisieren. Ich bin sicher, dass dieser Prinz die Unruhestifter der vergangenen Tage bezahlt und dass er sie angeleitet hat. Er wünscht, dass wir verschwinden, damit er sich der Krone bemächtigen kann. Ich halte ihn zu allem fähig.

18. Oktober – Mein Mann hat dem König von Spanien geschrieben. Er wollte ihn in Kenntnis setzen, dass er nicht mehr frei ist. Er protestiert dabei feierlich gegen alle Akte, die seit dem 15. Juli gewaltsam erzwungen worden sind. Ich werde Monsieur de Fontbrune (einen zuverlässigen Mann, von dem mir der Botschafter Spaniens erzählt hat) bitten, mich über die Haltung dieses Herrschers zu unterrichten. Zugleich halte ich meinen Bruder über alles am Laufenden, was hier passiert. Ich möchte, dass sich die Monarchen Europas zusammenschließen mit dem Ziel, die französische Monarchie in ihren historischen Vorrechten wiederherzustellen.

20. Oktober – Unser Leben, äußerlich ruhig, ist von einer Traurigkeit, die durch die Angst noch drückender wird. Ich frühstücke jeden Tag allein, bevor ich meine Kinder sehen kann; der König kommt zu uns und wir besuchen gemeinsam den Gottesdienst. Wir nehmen das Mittagessen mit den Kindern und Madame Élisabeth ein; danach spielen wir eine Partie Billard, und anschließend arbeite ich an einer Tapisserie. Ich ziehe mich danach in meine Arbeitszimmer zurück, wo ich bis halb neun Uhr abends bleibe, dem Zeitpunkt, zu dem Monsieur und Madame zum Souper kommen (wie ich sie um ihr Palais de Luxembourg beneide, das Monsieur erst kürzlich hübsch eingerichtet hat). Wir ziehen uns um elf Uhr zurück. Ich gebe kein Fest, keinen Ball, wir besuchen kein Theater mehr noch die Oper. Ich beschränke mich darauf, die Botschafter an den üblichen Tagen zu empfangen und öffentlich mit dem König mittags das Diner einzunehmen. Wir sind jetzt annähernd eingerichtet. Der König, der wie ich wünschte, den Kindern näher zu sein, teilt sein Appartement mit dem unseres Sohnes und hat für sich die Arbeitsräume, die von meinem Appartement ausgehen, eingenommen. Wir haben meiner Tochter die Wohnung im Zwischengeschoss unter dem Schlafzimmer des Königs überlassen und ich werde weitere Zimmer unter meinen Räumen einrichten lassen. Ich habe ein herrliches Versteck hinter der Täfelung meines Schlafzimmers entdeckt. Dort werde ich die Blätter dieses kostbaren Tagebuchs verstecken.

2. November – Der König wollte auf die Jagd gehen, aber es wurde ihm nicht erlaubt. Er müsste Monsieur de La Fayette mehrere Tage im Voraus unterrichten, damit man ein Korps von viertausend Mann zu seiner Eskorte und Verteidigung bereitstellen könnte!

3. November – Die Versammlung schreitet voran in ihrem Programm der allgemeinen Subversion. Gestern, am Tag von Allerseelen und meinem Geburtstag, hat man den Kirchengütern den Garaus gemacht. Sie sind dem Staat anheim gefallen. Der König konnte nichts anderes tun als dieses Dekret sanktionieren. Wie weit wird man noch gehen? Überall verspottet man unseren Glauben. Die Abgeordneten wollen die katholische Religion zerstören und hoffen, sie durch den Calvinismus ersetzen zu können.

7. November – Geheime Versammlungen in Paris, Wellen von Unruhen, von denen Provinzen erschüttert werden – all das kündet davon, dass die revolutionäre Hydra immer noch nicht gebändigt ist. Die im Verborgenen agierenden Anstifter versuchen den Pöbel aufzuwiegeln. Man wird sie nie finden – trotz der schönen Beteuerungen der Assemblée und derer unserer Minister. Wir können auf niemanden mehr zählen.

20. November – Einer schlimmen Nachricht folgt die nächste. Die Pariser Nationalgarde hat alle Angehörigen der Aristokratie aus ihren Rängen ausgestoßen.

2. Dezember – Hausdurchsuchungen, die durchgeführt werden, um die Urheber der Greueltaten vom 6. Oktober zu finden, ergaben, dass drei Abgeordnete, als Frauen verkleidet, zu den Ungeheuern gehörten, die gewaltsam die Türen zu meinen Appartements geöffnet hatten. Sie haben aus Hass gegen mich gehandelt. Die Abgeordneten wollen die Angelegenheit vertuschen. Ich bin sicher, man wird keinen Schuldigen verhaften.

10. Dezember – Monsieur de La Fayette hat dem König angeboten, im Bois de Boulogne zu jagen. Mein Mann hat sich geweigert, sich seiner bevorzugten Zerstreuung unter Aufsicht dieser abscheulichen Nationalgarde zu widmen.

25. Dezember – Ich hatte das Gefühl für Glück bereits verloren. Gestern jedoch konnte ich zum ersten Mal einen ganzen Tag mit Ihm verbringen. Er ist immer an meiner Seite. Der Anteil, den Er an meinem Unglück nimmt, macht Ihn mir noch teurer. Wenn mein Herz nicht so stark an meinen Kindern, am König und an Ihm hinge, würde ich lieber sterben. Ich fürchte, ihnen allen Unglück zu bringen.

26. Dezember – Man hat gestern die Verhaftung eines gewissen Marquis de Favras durchgeführt. Es heißt, er hätte den Plan gehabt, dreißigtausend Mann zu sammeln, um La Fayette und den Bürgermeister von Paris zu ermorden. Man erzählt, Monsieur wäre an der Spitze dieses Komplotts gewesen. Mein Bruder versichert uns, es handle sich um reine Verleumdungen. Er wird sich dennoch vor der Kommune von Paris rechtfertigen müssen. Diese Geschichten machen mich verrückt.

1790

1. Januar – Was für ein merkwürdiges Gefühl, hier die Wünsche zum neuen Jahr entgegenzunehmen! Ich musste mich sehr beherrschen, um die Abscheu zu verbergen, die ich für die Handlanger dieser Revolution empfinde: die Delegation der Versammlung, die Repräsentanten von etwas, das sich Kommune von Paris nennt, und der Regimentsstab der Nationalgarde. Ich kann nicht vergessen, dass sie uns in den Zustand von Gefangenen versetzt und erniedrigt haben. Nach dieser Prozedur haben wir dem Gottesdienst auf der Empore der Kapelle und mit dem gleichen Ritual wie in Versailles beigewohnt und heute Abend mit Großem Gedeck diniert, als sei nichts geschehen. Es gab eine Menge Leute. Man enthält uns alles vor – außer der ewigen Etikette, die niemals ihre Rechte verliert an diesem Hof.

2. Januar – Ich habe geweint vor Rührung, als mein Sohn mir gestern um den Hals gefallen ist, nachdem er triumphierend meinen Raum betreten hatte, ein Buch in der Hand. Er rief: »Hier ist Ihre Neujahrsgabe: ich habe mein Versprechen gehalten und kann jetzt lesen!« Ich erfuhr von Madame de Tourzel, dass er Abbé d'Avaux gebeten hatte, ihm zwei Unterrichtsstunden pro Tag zu geben, weil ich ihn einmal mit der Bemerkung beschämt hatte, dass er mit vier Jahren noch nicht lesen könne. Er hatte mir versprochen, es bis zur Neujahrsgabe zu können.

Ich hatte diesen unschuldigen Schwur nicht mehr im Gedächtnis. Er ist ein wahrer Schatz. Ich liebe ihn wahnsinnig.

15. Januar – Ich nehme manchmal den Tee bei Madame de Tourzel, die ich gebeten hatte, einige Gäste mit Kindern gleichen Alters wie die meinen einzuladen. Es macht mir Freude, sie in meiner Nähe zu sehen, wie sie sich amüsieren. Sie spielen in den Salons Verstecken. Die kleine Pauline de Tourzel ist eine reizende Spielgefährtin für meine Tochter und ich stelle fest, dass mein Sohn in sie beinahe verliebt ist: er weint, wenn sie nicht da ist!

15. Januar – Was hatte nur dieser unglückliche Marquis de Favras vor? Monsieur hat dem König erzählt, er hätte ihn gebeten, Männer und Mittel bereitzustellen, um uns wegzubringen und uns nach Péronne zu transportieren. Die Initiativen dieses Favras sind vereitelt worden. Jetzt wird er beschuldigt, ein konterrevolutionäres Komplott angestiftet zu haben mit dem Ziel, Monsieur de La Fayette und Monsieur Bailly zu ermorden. Die Rolle meines Bruders in dieser Affäre ist ziemlich merkwürdig. Ich kann kaum glauben, dass er uns retten wollte, ohne etwas davon zu haben. Und im Übrigen – warum hat er den König nicht von diesen Umtrieben unterrichtet? Mein Mann tut so, als glaubte er diese Geschichte. Was mich betrifft, ich sehe, dass es noch Menschen gibt, die an unser Wohl denken, aber ich mache mir Sorgen um Monsieur de Favras, der dem Urteilsspruch des Châtelet unterworfen wird. Wir können nichts für ihn tun.

28. Januar – Man wird – daran besteht nicht der geringste Zweifel – Monsieur de Favras dem Volkszorn opfern. Seine Richter erwarten von ihm, dass er den Namen seiner Geldgeber und seiner Komplizen preisgibt. Wieder einmal bin ich auf das Schlimmste gefasst in einer Angelegenheit, von der ich nur das weiß, was Monsieur uns zu sagen gewillt war.

30. Januar – Leider können wir zu diesem Zeitpunkt nichts vom König von Spanien erwarten. Er hat weder die Möglichkeiten noch vielleicht den Willen, uns Geld zu geben. Ich empfange oft seinen Botschafter, Comte Feran Nuñez. Er ist ein zuverlässiger Mann.

1. Februar – Mein großer *Freund* ist immer in meiner Nähe. Was würde aus mir ohne Ihn? Sein kluges, besonnenes und diskretes Verhalten hat Ihm sogar die Wertschätzung des Königs eingetragen, der volles Vertrauen in Ihn hat. Er ist überzeugt, dass einzig ein Krieg von außen oder innerhalb des Landes die königliche Autorität wiederherstellen könnte.

4. Februar – Heute morgen hat der König eine Rede vor der Assemblée gehalten, die dabei ist, ihn gänzlich seiner Rechte zu berauben, der Besitztümer, die seit Menschengedenken ihm gehören und seiner gesamten realen Macht. Dennoch hat er alle glauben gemacht, er hege weder Bedauern über Vergangenes noch Vorbehalte in Bezug auf die Zukunft. Es sei eben die Zukunft, die man bewältigen müsse. Der König ist entschlossen, die Dekrete der Assemblée zu sanktionieren, denn er ist überzeugt, dass sie dank den Fehlern und schlechten Maßnahmen bald diskreditiert sein würde und dass er sich den Franzosen guten Willens als Herr der Lage anbieten könne. Eine Delegation von Abgeordneten hat meinen Mann anschließend bis zur Terrasse der Feuillants begleitet, wo ich mit meinen Kindern promenierte. Ich tat, als improviserte ich die kleine Ansprache, die ich zu diesem Zweck eigens vorbereitet hatte. Schon lange hatte ich nicht mehr den Ruf gehört »Es lebe die Königin!« Aber heute haben sich diese Herren zu meinen Ehren die Lungen aus dem Leib gebrüllt. Niemand konnte ahnen, wie sehr ich den ganzen Morgen geweint hatte beim Gedanken an die in der Versammlung beschlossenen Erniedrigungen.

10. Februar – Die Rede des Königs geriet zu einem solchen Triumph, dass man nahezu überall »Te Deum«-Messen feierte. Wir hatten das unsrige in der Notre Dame. Mein Sohn klatschte in die Hände, als man rief »Es lebe die Königin!«

12. Februar – All dies Lächeln nützt nichts. Der König musste auf seine Jagd in Rambouillet verzichten. Die Garde, die ihm Monsieur de La Fayette aufzwang, war so zahlreich, dass er den Anblick eines richtigen Gefangenen abgegeben hätte. Wir können nicht weiter so leben. Wenn das Volk sich all der üblen Dinge, welche die Assemblée getan hat, bewusst wird, kommt der Zeitpunkt zu handeln. Wenn das nur möglichst bald der Fall ist!

13. Februar – Die Versammlung setzt ihr Werk der Zerstörung fort. Heute hat sie das Dekret erlassen, wonach klösterliche Gelübde verfassungswidrig sind und Kongregationen aufgehoben werden.

19. Februar – Der arme Favras ist zum Tod durch Erhängen verurteilt worden und zwar heute abend. Die Grausamkeit ging so weit, dass man zum Zeichen der Zustimmung in die Hände klatschte, als sein Todesurteil ausgesprochen wurde. Er ist in Würde gestorben, ohne etwas von dem zu enthüllen, was er wusste. Bevor er das Schafott bestieg, rief er aus, er sterbe nicht schuldig der Verbrechen, derer man ihn bezichtigte. Und als sein Körper bewegungslos geworden war, brüllte die Menge: »Springe herunter, Marquis!« Die Garde musste sich in den Weg stellen, damit sein Leichnam nicht von diesen Ungeheuern in Stücke gerissen wurde.

21. Februar – Man muss sterben, wenn man von Kriminellen angegriffen und von sehr angesehenen Menschen verteidigt wird, die aber keine richtige Vorstellung von unserer Lage haben. Man hat zu unserem Diner, das wir in der Öffentlichkeit einnehmen müssen, die Witwe de Favras und ihren Sohn gebracht, die beide in tiefer Trauer sind, und uns zusehen lassen. Der abscheuliche Santerre, Kommandant der Garde, stand hinter meinem Stuhl: Ich konnte zu dieser Frau nichts sagen, ihr nicht einmal einen Blick schenken. Wäre ich frei in meinen Handlungen, ich hätte das Kind eines Mannes, der sich soeben für uns geopfert hat, genommen und es an den Tisch zwischen den König und mich gesetzt; aber was soll man tun, wenn man von den Henkern dessen Vaters umgeben ist, die vielleicht eines Tages die unseren sein werden? Die Königstreuen werden mich beschuldigen, mich nicht dieses armen Kindes angenommen zu haben, und die Revolutionäre werden wütend sein, weil sie meinen, man glaubte mir einen Gefallen zu tun, wenn man mir die beiden bringt. Ich werde mich dennoch bemühen, über den Sohn und seine Mutter eine schützende Hand zu halten.

22. Februar – Die Unruhen weiten sich rasch aus. Frankreich ist dabei, ein Land von Räubern zu werden. Ein Mann wäre vielleicht imstande, uns zu Hilfe zu kommen. Ich wage kaum seinen Namen zu schreiben: Mirabeau. Die Abscheu, die ich angesichts seiner Charakterlosigkeit empfinde, seine Rolle während der Oktobertage, die Vorsicht, die ich meinem Verhalten auferlegen muss, all das müsste mich daran hindern, mich an ihn zu wenden. Aber er beherrscht die Versammlung und gilt als bestechlich. Man muss sich seiner bedienen oder ihn vernichten. Man muss ganz im Geheimen handeln. Ich sehe nur Monsieur de Mercy, der diskret bei ihm vorsprechen könnte, ohne Verdacht zu erwecken.

23. Februar – Mein Kummer kennt nicht seinesgleichen. Joseph, mein so sehr geliebter Bruder, mein Vertrauter, Zeuge meiner Kindheit und meiner Jugend, ist soeben gestorben. Mein Bruder Leopold, der bisher in der Toskana regiert hat, wird ihm auf dem Thron nachfolgen. Wir haben einander seit seiner Hochzeit nicht gesehen, deren Feierlichkeiten vom Tod meines Vaters geprägt waren. Was wird er nun für uns tun können? So viel Unglück bedrückt mich nun schon seit so langer Zeit, dass ich nicht sagen kann, welches am schmerzlichsten ist.

25. Februar – Ich denke nur an den Tod. Ich hätte mich den ganzen Tag ausruhen sollen, um wieder zu Kräften zu kommen. Wie hat mein lieber Joseph sein Leben beendet? Monsieur de Mercy weiß auch nicht mehr als ich.

7. März – Ich habe Monsieur de Mercy gebeten, bei Comte de La Marck Erkundigungen über die Haltung von Monsieur de Mirabeau einzuholen. Dieser treue Untertan meines Bruders, der seit langem mit dem Botschafter in Verbindung steht, kennt den Tribun, den wir brauchen, sehr gut.

12. März – Ich habe einen sehr liebevollen Brief von meinem Bruder Leopold erhalten. Er wünscht »unsere Bande in unverletzlicher Treue so weit wie nur möglich aufrechtzuerhalten«. Ich hatte eine solche Bezeugung herzlicher Freundschaft seinerseits nicht erwartet. Dieser Brief hat mein Herz wieder erwärmt. Das hatte es wirklich nötig.

20. März – Ich habe Comte de La Marck bei Madame Thibault getroffen, eine meiner Kammerzofen, zu der ich Vertrauen habe. Vor allem anderen wollte ich wissen, ob Mirabeau an den Greueltaten vom 5. und 6. Oktober Anteil hatte. Monsieur de La Marck hat mich beruhigt, denn ich hegte gegen diesen Abgeordneten einen schrecklichen Verdacht. Das war es, was uns gehindert hatte, uns an ihn zu wenden, irgendwie die unheilvollen Folgen der Revolution zum Stillstand zu bringen. Als wir uns gerade ruhig unterhielten, trat mein Mann bei Madame Thibault ein und fragte Monsieur de La Marck ganz direkt, wie Mirabeau uns nützlich sein könne. Er fügte wohl hinzu, er hätte nicht die Absicht, ihn zum Minister zu nehmen, doch er gedenke sich seiner zu bedienen, ohne dass seine Minister etwas wüssten.

25. März – Diejenigen, die sich unserer Sache annehmen, verursachen oft mehr Unheil als Gutes und riskieren dabei, unser Leben in Gefahr zu bringen. Comte d'Artois, der sich bei seinem Schwiegervater in Turin aufhält, wünscht, dass der König einen Protest gegen alle Dekrete, die von der Versammlung erlassen worden sind, veröffentlicht (er übermittelt ihm übrigens ein Muster für eine solche Protestnote, die er nur nachzuahmen hätte!). Diese Geste sollte das Signal für eine Kampagne mit dem Ziel sein, mit Gewalt die Rechte und den wahren Willen des Königs durchzusetzen. Truppen würden in der Dauphiné einmarschieren, wo sich eine Partei organisieren würde. Daraus würde sich ein Bürgerkrieg entfesseln, der das Ancien Régime wiederherstellen würde. Wie kann man sich solche Verrücktheiten ausdenken? Mein Mann teilt meine Entrüstung. Wir werden unseren Bruder warnen, dass derartige Pläne unsere Lage nur verschlimmern und unser Leben in Gefahr bringen können. Ich bin sicher, dass dieser Plan eine Idee von Prince de Condé ist, dieser würde sich die ganzen Lorbeeren aufsetzen, wenn er gelänge, aber alle Verantwortung auf Comte d'Artois schieben, wenn er schief liefe. Die beiden haben leicht reden und sich aufspielen dort unten, wo auf ihre Person kein Kopfgeld ausgesetzt ist.

26. März – Wir sind in einer so peinlichen Lage, dass der König gezwungen war, den Botschafter Spaniens um etwas Unterstützung für den Mann zu bitten, der beauftragt ist, seinen Brief nach Turin zu bringen.

28. März – Beinahe jeden Tag teilt uns jemand Fluchtpläne mit, von denen einer verrückter ist als der andere. Man schmiedet Komplotte, von denen wir gar nichts wissen. So steht angeblich der alte Comte de Maillebois an der Spitze einer Verschwörung. Man behauptet, er wollte den Saal der Versammlung verminen lassen, um sie in die Luft zu sprengen. Vergangene Nacht haben sich angeblich fünfzig Adelige versammelt, und Monsieur de La Fayette wurde zum Führer der Konterrevolution mit dem Titel »Generalleutnant des Königreichs« gekürt. Zum gleichen Zeitpunkt durchsucht man sein Haus. Man sagt, diese Verschwörer hätten die Absicht, uns nach Lyon zu bringen. Ist das alles wahr? Und wenn es so wäre, was wäre ihr wahrer Plan? Wir wissen nichts, und wir müssen uns vor allem in Acht nehmen. Seit heute Morgen werden wir ganz aus der Nähe überwacht. Dieses Leben ist eine Hölle.

30. März – Wir wissen immer noch nichts über die Verschwörung von Monsieur de Maillebois.

1. April – Heute, am Gründonnerstag, hat der König die Füße von zwölf Armen gewaschen, und ich habe sie getrocknet. Wir haben ihnen die üblichen Almosen gegeben, ehe wir ihnen in Holztellern Essen servierten.

4. April – Heute, am Ostersonntag, hat unsere Tochter ihre Erstkommunion erhalten. Bevor sie sich auf den Weg zur Kirche Saint Germain l'Auxerrois machte, ist die arme Kleine uns zu Füßen gefallen, um unseren Segen zu erbitten. Der König war ebenso gerührt wie ich. Er hat sie fest umarmt und gesagt, sie möge für Frankreich und für uns beten. Er hat hinzugefügt, dass die Gebete der Unschuld den himmlischen Zorn mildern könnten. Sie ist in Tränen ausgebrochen und war außerstande, ein Wort hervorzubringen, dann ist sie mit Madame de Tourzel und Madame de Mackau weggegangen. Ich habe incognito der Zeremonie beigewohnt, die in sehr inniger Atmosphäre und größter Einfachheit vor sich gegangen ist.

5. April – Comte de Maillebois hatte den Plan, Truppen unter dem Kommando von Prince de Condé in Frankreich einrücken zu lassen. Er selbst konnte Frankreich verlassen, aber mehrere andere Personen sind verhaftet worden. Monsieur de La Fayette scheint mit der Sache nichts zu tun zu haben. Ich zittere um unser Leben, obwohl der König der Assemblée weiterhin jedes Pfand in die Hand gibt, das sie nur wünschen kann.

10. April – Nie wird man mich in Ruhe lassen. Man macht im Palais Royal besonders heftig Stimmung gegen mich, seit eine abscheuliche Schrift mit dem Titel »Das wahre Rotbuch«, das eine Liste meiner »Verschwendungen« und derer des Hofs aufzählt, veröffentlicht worden ist. Man behauptet, hier lägen die Gründe, die die Revolution rechtfertigten. Unsere unzähligen Feinde erfinden immer neue Mittel, um uns zu ruinieren.

20. April – Mitten in meinem Unglück erlebe ich dennoch die Freude, Ihn ungestört bei mir zu sehen. Das tröstet mich. Er erzählt mir von seiner Schwester, von der ich meinen könnte, sie zu kennen. Ach! Wenn wir nur die innere Ruhe wiederfänden, wie glücklich könnten wir sein! Er sagte mir, ich sei ein Engel …

1. Mai – Ich habe dem Kaiser geschrieben, damit er wohl begreift, dass unsere aktuelle Situation alle Herrscher der Welt, von ihm angefangen, bedenklich stimmen muss.

7. Mai – Im Châtelet führt man die Untersuchungen über die Vorkommnisse des 5. und 6. Oktober weiter fort. Monsieur de La Chârtre hat soeben eine erschreckende Aussage gegen Duc d'Orléans gemacht. Er beschuldigt ihn, Mädchen für die Expedition von Versailles gedungen und den Mann empfangen zu haben, der unseren armen Garden die Köpfe abgeschlagen hat. Er hatte ihm gesagt: »Wir brauchen den Kopf der Dirne; und ich verspreche euch, wir werden ihn bekommen.« Diese Nachrichten sind abscheulich, aber statt dass sie mich entmutigen, spüre ich, wie sie mir erst recht wieder Kraft geben.

12. Mai – Monsieur de Mercy hat mir einen Brief überreicht, den Mirabeau Comte de La Marck anvertraut hat. Er beklagt den Zustand der Anarchie, in den wir geraten sind, und verbürgt sich dafür, den wahren Interessen des Königs zu dienen. Er schlägt vor, uns seine Vorstellungen darüber darzulegen, wie man die Ereignisse lenken könnte und solche, die zu befürchten wären, abzuwenden wären. Er gibt vor, Einfluss auf die Abgeordneten nehmen zu können, um dem König auch in dieser verfluchten Verfassung die exekutive Macht zu erhalten. Können wir ihm tatsächlich vertrauen?

16. Mai – Ich habe Monsieur de La Marck bei Madame Thibault getroffen. Ich habe ihn gebeten, Mirabeau zu sagen, dass der König keinerlei Absicht hätte, seine Autorität in der früheren Form wieder zu beanspruchen, denn er glaube nicht, dass dies für sein persönliches Glück und das seines Volkes nötig sei. Ich habe ihn anschließend gefragt, was Mirabeau wünschte, um mit dem König und mir zufrieden zu sein. Wir wissen, was uns zu tun bleibt.

17. Mai – Der König konnte endlich einen Ausritt unternehmen, und zwar in den Bois de Boulogne; es waren nur ein paar Wachen der Nationalgarde auf dem Weg aufgestellt. Im Übrigen gibt es für uns einen neuen Grund, beunruhigt zu sein. Da er fürchtet, dass Bürgerliche, abgestoßen von der aktuellen Situation, in Scharen abfallen könnten, rekrutiert Monsieur de La Fayette nun kräftige Lastenträger der Markthalle, Kohlearbeiter und andere Leute dieser Art. Alles wird immer schlimmer.

20. Mai – Die Royalisten brüten unentwegt Verschwörungen aus und bringen uns damit in Gefahr. Das Volk sieht überall Verräter und Verschwörer. Ich habe Angst.

22. Mai – Die Abgeordneten haben diesen Morgen darüber befunden, ob der König das Recht hat, Krieg zu erklären. Die Minister zittern um ihre Autorität und um ihr Leben. Monsieur de La Fayette, der sehr beunruhigt ist, hat meinem Mann gesagt:

»Majestät, beim ersten Kanonenschuss, den man auf der Pont Neuf abfeuert, seien Sie nicht alarmiert; beim zweiten schließen Sie sich mit Ihrer Familie in Ihren Appartements ein, zugleich werde ich Ihr Palais mit zwanzigtausend Mann umstellen lassen, um Ihr heiliges Leben zu garantieren; beim dritten werde ich ausschließlich dafür Sorge tragen, Sie zu verteidigen und sterben, wenn es für Ihre Majestät nötig ist. Weiter kann ich für nichts garantieren.« Wir haben tagsüber nicht das Haus verlassen. Als man kam, um dem König das Dekret zu überbringen, konnte er seine Erregung nicht verbergen. Getreu der Haltung, die er eingenommen hat, seit wir hier sind, hat er schlicht erklärt: »Dieser Beschluss ist so, wie ich ihn gewünscht hatte; ich will nur eines: das Volk glücklich und frei sehen.« Es ist von nun an die Assemblée, die auf Vorschlag des Königs Krieg erklären kann. Mirabeau hat es so eingerichtet, dass der König nicht vollständig seiner Rechte beraubt ist.

29. Mai – Trotz der schrecklichen Lage unserer Position kommt manchmal in mir Hoffnung auf. Ich glaube, man erlaubt uns, die schöne Jahreszeit zu genießen: man gestattet uns, für ein paar Tage nach Saint Cloud zu ziehen. Es ist für unsere Gesundheit absolut notwendig, dass wir eine reinere und frischere Luft atmen, aber wir werden oft hierher zurückkommen. Man muss dem Volk, das man ständig gegen uns aufzubringen versucht, Vertrauen einflößen. Es wird früher oder später begreifen, wie sehr es zu seinem eigenen Glück einen einzigen Chef behalten muss, und was für ein Chef das ist, der in größter Güte seine Ansichten, seine Sicherheit bis hin zu seiner Freiheit geopfert hat, um den Franzosen wieder Ruhe und Glück zu geben. Ich könnte mir nicht vorstellen, dass so viel Leid, so viel Tapferkeit nicht eines Tages belohnt würden.

30. Mai – *Er* ist für mich immer wunderbar, aber auch für den König. *Er* will Paris nicht verlassen, da er weiß, wie unglücklich ich bin. Ich weine oft in seinen Armen und empfinde dabei unglaublich tröstliche Zärtlichkeit.

4. Juni – Wir sind nun in Saint Cloud. Ich bin endlich wieder bei mir zu Hause, aber wir sind von fünfhundert Mann der Nationalgarde umgeben. Sie sind überall.

5. Juni – Die Assemblée hat einen Erlass herausgegeben, wonach am 14.Juli die feierliche Vereinigung der Nationalgarden mit sämtlichen Armeekorps stattfinden sollte. Delegierte aus allen Teilen des Königreichs werden sich in unvorherstellbarer Zahl in Paris versammeln, um bei dieser patriotischen Zeremonie den Treueeid zu leisten, wo wir natürlich beiwohnen müssen.

12. Juni – Der Kontakt mit Mirabeau wird weitergeführt, und wenn er es ehrlich meint, habe ich allen Grund, zufrieden zu sein. Er glaubt, man müsse mit der gleichen Waffe zurückschlagen, mit der man uns angreift: Geld. Man müsse es einzusetzen wissen; aber wo soll man es finden? Der König müsste heimlich zwei oder drei Millionen bei meinem Bruder, dem König von Spanien, in Neapel oder in Sardinien leihen. Er würde diese Summe auf sein persönliches Budget aufnehmen. Solche Verhandlungen sind umso schwieriger zu führen, als die Anleihe aufgenommen werden müsste, ohne dass die Minister davon Kenntnis haben.

13. Juni – Wenn der Friede zwischen Preußen und Österreich anhält, könnten diese beiden Mächte in jenem Ton sprechen, den man anschlägt, wenn man sich einer guten Sache und seiner Truppen sicher fühlt, und das sagen, was sie an der Art und Weise, wie man einen König behandelt, für unakzeptabel halten.

14. Juni – Das Ministerium und Monsieur de La Fayette halten uns jeden Tag mit falschen Maßnahmen in Atem. Man kommt allem nur noch weiter entgegen. Da man weit davon entfernt ist, diese Ungeheuer in Schranken halten zu können, werden diese Leute mit jedem Tag noch unverschämter, und so wurden wir vor ehrlichen Menschen heruntergesetzt. Ich denke nicht ohne Zittern an diese Vereinigungsfeier. Dort wird sich alles, was es für uns an Abscheulichem und Schmerzhaftem gibt, versammeln. Es bedarf übermenschlicher Tapferkeit, diesen Augenblick zu ertragen.

21. Juni – Die Assemblée setzt ihr Werk der Zerstörung fort. Ihre Beschlüsse sind die Quintessenz von Wut und Wahnsinn. Von nun an wird es keine Titel und keine Würden mehr in Frankreich geben. Alle Orden sind abgeschafft mit Ausnahme des Saint Louis-Ordens. Erbadel gibt es nicht mehr; man wird keinen Titel mehr zulassen wie Prinz, Herzog, Marquis, Graf und dergleichen. Livrées und Wappen sind verboten. Der König, der seine Methode, alles zu akzeptieren, weiter pflegt, wird auch diese abscheuliche Maßnahme sanktionieren.

28. Juni – Unser Leben hier ist nicht mit dem zu vergleichen, das wir in den Tuilerien führen, und es ist dennoch sehr verschieden von dem in früheren Zeiten. La Fayettes Leute folgen uns auf Schritt und Tritt. Wenn ich hinunterblicke, entdecke ich einen darüber; wenn ich dorthin gehe, wo ich ihn gesehen habe, sehe ich einen weiteren in der Nähe.

30. Juni – *Er* hat ein kleines Haus im Dorf Auteuil gemietet, was Ihm ermöglicht, mich leichter hier zu besuchen. Wir können einander in Ruhe sehen. Sein einziger Kummer ist, dass er mich nicht so glücklich machen kann wie ich es verdiente. Heute hat Er sehr viel Gefallen an meinem weißen Leinenkleid gefunden, das mit lila Zweigen gesäumt ist und über das ich ein Tuch geschlagen habe, das in einem großen Knoten von den gleichen Bändern wie mein Hut gebunden ist. Einen Augenblick lang hatten wir die Illusion, in eine andere Zeit versetzt zu sein. Mein armer Geliebter!

2. Juli – Ich habe mich entschlossen, heimlich Mirabeau zu empfangen. Sein Drängen hat die Abscheu, die ich immer noch für ihn empfinde, nur verstärkt. Die Begegnung könnte unserer Sache vielleicht dienen. Man soll nicht die magische Wirkung unterschätzen, die wir ausüben.

3. Juli – Ich werde Mirabeau heute abend sehen, wenn es dunkel wird. Ich bin von einem Gefühl des Ekels wie gelähmt. Ist er das Ungeheuer, der die Bande rasender Meuterer gelenkt hat, die gekommen waren, mich umzubringen? Oder ist er ein ehrlicher Königstreuer, wie mir Comte de La Marck versichert?

Diese Begegnung hat bei mir einen seltsamen Eindruck hinterlassen. Als ich ihn erblickte, musste ich einen Anflug von Ekel überwinden. Ich wäre am liebsten geflüchtet. Aber ich musste mein Gesicht wahren und mich meinem Rang entsprechend zeigen. Ich habe ihm ein paar schmeichelhafte Worte gesagt, die ich vorbereitet hatte. Anschließend hat er das Wort ergriffen. Mit einer solchen Inbrunst hat er gesprochen, dass ich darüber sein schreckliches Gesicht und alles, was ich über ihn wusste, vergaß. Er stellt sich als Verteidiger des Königs dar und hat mir Treue geschworen. Beim Weggehen hat er mir versichert, dass die Monarchie gerettet sei. Wenn das nur wahr sein könnte!

8. Juli – Ich denke nicht ohne Beklemmung an diese »Vereinigung«, die »Föderation« genannt wird. Duc d'Orléans hat dem König geschrieben, um ihm anzukündigen, dass er dort sein würde. Mirabeau behauptet, wir hätten nichts zu befürchten, und der König müsste sich in seiner ganzen Würde zeigen. Eben das ist wohl ausgeschlossen.

22. Juli – Endlich sind die Orgien und Bacchanale der Vereinigungsfeier vorbei. Der Tag des 14. und die Zeremonie am Champ de Mars waren lächerlich, ungebührlich und wenig eindrucksvoll – trotz dem großartigen Platz. Der König wurde gezwungen, den Schwur zu sprechen, der ihn verpflichten sollte, an der Verfassung festzuhalten. Ich musste mich mit aller Kraft beherrschen, um meinen Zorn zu verbergen. Mir kam jedoch die glückliche Idee, meinen Sohn in die Arme zu nehmen und ihn dem Volk zu präsentieren, um allen zu versichern, er teile die Gefühle seines Vaters. Das hat mir brausenden Beifall eingetragen. In den darauffolgenden Tagen musste er allen Freudenfesten, die zu Ehren der Vereinten gegeben wurden, beiwohnen. Die »Föderierten« sind indessen wieder in ihre Provinzen zurückgekehrt. Man hat den König bloßgestellt, ohne seiner Autorität zu nützen, und La Fayette gedient, diesem angeblichen Held, der als einziger Mann der Stunde auftrat, als Retter Frankreichs und Rivale des Monarchen.

Juli – Mirabeau schlägt uns einen Plan vor: Der König würde die Assemblée um die Erlaubnis bitten, sich nach Fontainebleau begeben zu dürfen. Die Nationalgarde würde uns bis an die Grenze des Bezirks Paris eskortieren, wo ein Regiment der Strecke die Eskorte bis Fontainebleau übernehmen würde. Einmal in Sicherheit, hätte der König mehr Möglichkeiten, der Versammlung seinen Willen aufzuerlegen. Oh! Paris verlassen, diese schrecklichen Tuilerien fliehen …

26. Juli – Der König leidet an einer Halsentzündung, die von Fieber begleitet ist. Ich bin nicht allzu sehr besorgt.

1. August – Dem König geht es besser. Er konnte schon aufstehen. In drei Tagen wird er wieder ganz gesund sein.

2. August – Die Erkrankung hat den König daran gehindert, nach Paris zu fahren. Umso besser, denn dort herrscht immer noch großer Aufruhr.

8. August – *Er* ist von der Duchesse de Fitz James zurückgekehrt, wo Er fünf Tage verbracht hat. Die Gesellschaft war angeblich charmant, aber Er hat mir gestanden, Er könne ohne mich nicht glücklich sein. Für Ihn gebe es kein vollkommenes Glück ohne mich. Und für mich?

14. August – Monsieur de Saint Priest, den ich unserer Sache verbunden glaubte, hat sich erlaubt mir zu sagen, dass eine französische Wache Ihn antraf, als Er das Schloss um drei Uhr morgens verließ. Dieser Minister wollte mir zu bedenken geben, dass Seine Anwesenheit und Seine Besuche gewisse Gefahren nach sich ziehen könnten. Ich heuchelte größte Gleichgültigkeit, als ich ihm hochmütig antwortete, er möge Ihm selbst seine Bedenken äußern, mich ginge das nichts an …

15. August – Ich hatte Recht, Mirabeau zu misstrauen. Er ist entweder verrückt oder kriminell. Er spricht nicht mehr von einer Abreise nach Fontainebleau. In Hinblick auf drohenden Bankrott,

Meutereien in der Armee und den herannahenden Winter meint er, man müsse Ereignisse provozieren, um sie dann in die Hand zu nehmen und zu lenken. Ebenso versichert er mit der größten Gelassenheit, der Bürgerkrieg komme sicher und sei vielleicht notwendig. Wie kann er annehmen, dass wir absichtlich einen Bürgerkrieg provozieren würden?

18. August – Mirabeau bleibt dabei. Er beschwört uns, dass wir uns zwischen einer passiven und einer aktiven Rolle (das sind seine eigenen Worte) entscheiden müssten. Er hält den Bürgerkrieg für das einzige Mittel, den Männern, den Parteien und den Meinungen ihre Herren zurückzugeben. Er verspricht uns, in jedem Fall die Versammlung in einem für den König günstigen Sinn arbeiten zu lassen. Das werden wir sehen. Nachdem wir uns nicht von einem so gefährlichen Mann beraten lassen können, hat der König Baron de Breteuil geschrieben, der sich in der Schweiz befindet. Es liegt ihm daran, dessen Meinung zu kennen.

2. September – Wir haben endlich einen General, der imstande ist, die Ordnung wiederherzustellen. Monsieur de Bouillé hat soeben gewaltsam die Meuterei der Regimenter von Nancy zum Stillstand gebracht. Natürlich ist Blut geflossen, was wiederum eine Revolte in Paris provoziert.

4. September – Die Meuterer von Paris haben Monsieur Necker dazu gebracht, zu demissionieren. Während er noch vor einigen Monaten als Retter des Königreichs galt, geht er heute in allgemeiner Gleichgültigkeit ab. Ich werde bestimmt nicht um ihn weinen. Ich vergesse nicht, dass er uns verraten hat. Man fürchtet, dass der Mob sich hierher bewegt, um die Entlassung der anderen Minister zu fordern. Der König hat keinen Grund, sie nicht liebend gerne darin zu unterstützen. Die Minister haben sich keiner Maßnahme widersetzt, selbst damals nicht, als sie es noch gekonnt hätten; sie haben geglaubt, ihre Posten zu behalten, wenn sie der Assemblée und dem

Volk schmeicheln. Sie verdienen es, entlassen zu werden, aber es wäre gefährlich, wenn dies als Folge eines Aufstandes geschähe. Der Mob darf auf keinen Fall wissen, dass man ihn fürchtet und dass er alles erreichen kann.

7. September – Mirabeau glaubt, dass die Meutereien in Paris vorteilhaft für uns sein können, da La Fayette dabei seine ganze Glaubwürdigkeit verliert. Während er Herr über seine Leute ist, wenn es darum geht, den Hof zu bedrohen, kann er nichts mehr ausrichten, wenn er Aufstände zum Stillstand bringen soll. Ich glaube, die Assemblée muss aufhören, alles auf den Kopf zu stellen. Sie wird dabei selbst zugrundegehen. Wenn das Volk noch deutlicher das Elend und all das Übel begreift, das sie ihm angetan hat, wird der Augenblick da sein, zu handeln. Man darf nichts überstürzen.

8. September – Der König hat eigenhändig ein Schreiben an Monsieur de Bouillé gerichtet und ihm eines seiner Pferde geschickt – als Ersatz für das seine, das in Nancy getötet worden war.

10. September – Ich unternehme lange Ausritte zu Pferd, und wenn ich spät zurückkehre, denken alle, ich hätte versucht zu fliehen. Ich denke immer öfter daran zu verschwinden, aber ich würde niemals allein weggehen, und die Angelegenheit müsste perfekt organisiert sein. Mein Teuerster spricht jeden Tag davon. Er ist bereit, sein Leben zu riskieren, um uns von hier herauszubringen. Was für ein Liebesbeweis!

17. September – Der König, der zu Pferd unterwegs war, hat darauf verzichtet, bis Versailles zu reiten, denn seit drei Tagen gibt es über dreitausend Jäger, die seine Jagd zerstören. Diese Nachricht hat ihn heftig erschüttert.

20. September – Bei Comte d'Artois besteht die Gefahr, dass er wieder Dummheiten macht. Wenn er nur ja nicht Frankreich betritt, um sich an die Spitze der Königstreuen von Languedoc zu stellen, die sich in Jalès reorganisiert haben! Es ist gewiss dieser ehrgeizige Prince de Condé, der unseren Bruder dazu treibt, verrückte Dinge zu begehen, die für uns fatal sein könnten. Der König hat die beiden seine Meinung wissen lassen.

3. Oktober – Man hätte damit rechnen müssen, dass das Urteil, das soeben über die Vorkommnisse des 5. und 6. Oktober gefällt worden ist, nicht weniger verabscheuungswürdig ist als die Vorgangsweise der Assemblée. Das ganze Verfahren bestand aus nichts anderem als der Aufnahme von Zeugenaussagen. Es gibt deren dreihundertachtundneunzig. Zweihundert von ihnen sind vage und unerheblich, siebzig sind zurückhaltend, aber einhundertzwanzig beschreiben die Fakten konkret genug, als dass sich daraus die Geschichte dessen, was im Laufe dieser Tage vorgefallen ist, ausreichend rekonstruieren lässt. An diese Tage kann ich jetzt noch nicht ohne Zittern denken. Es kommt bei dem Bericht heraus, dass es abscheuliche Massaker gegeben hat; dass ein Plan mit dem Ziel existierte, mich zu ermorden (ich kann diese Worte nicht schreiben, ohne von Übelkeit heimgesucht zu werden); dass man sich des Königs entledigen wollte und der Person unseres Sohnes bemächtigen, um einen Regentenrat zu bilden. Man erfährt auch, dass geheime Emissäre diesen Plan umgesetzt und dabei viel Geld verteilt haben, mit dem sie sich die Soldaten des Flandern-Regiments gefügig machten. Selbst wenn die Haupturheber klar ausgemacht sind, weigert man sich, sie offen bloßzustellen. Man bleibt zweideutig. Diese Verfügung ist ein Dolchstoß in alle Herzen, wie das, was im vergangenen Jahr im Königspalast geschehen ist. Es wird ganz Europa und der Nachwelt obliegen, diese Ereignisse zu beurteilen und dabei mir ebenso Gerechtigkeit zuteil werden zu lassen wie diesen tapferen und treuen Garden des Königs.

15. Oktober – Ich spiele mit meinen Kindern, mache Musik, singe, empfange Menschen. Ich bin hier, anwesend und doch geistig mitunter abwesend. Es vergeht kein Augenblick, in dem ich nicht an

Flucht denke. Wenn ich zu meinem Mann von Fluchtplänen spreche, tut er so, als hörte er mir nicht zu; ich weiß jedoch genau, dass ihm kein Wort von dem entgeht, was ich sage. Seine Trägheit wirkt auf alle, entmutigend angefangen von mir. Wird er sich endlich dazu entschließen, einen Akt der Autorität zu setzen?

23. Oktober – Mein Drängen war nicht vergeblich. Ich glaube, der König ist endlich entschlossen, Paris zu verlassen, wenn die Umstände uns dazu zwingen. Baron de Breteuil hat gewiss mehr Einfluss als ich, und ich bin froh darüber. Dieser wahre Verteidiger der Monarchie hat meinem Mann eine lange Denkschrift gesandt, um ihn zu ermahnen, einem Plan zuzustimmen, welcher dem allgemeinen Misstrauen ein Ende setzt, das alle Seiten unsicher macht. Kurz, er schlägt dem König vor, sich an einen sicheren Ort zu flüchten, irgendwo im Inneren des Königreichs, wo er unter dem Schutz der Truppen von Monsieur de Bouillé stünde, zu denen man österreichische Truppen stoßen ließe – sowohl um ihnen Vorbild zu sein als auch um sie in Schach zu halten, wenn sie schwanken sollten. Der Baron gibt nur die großen Linien eines Plans vor, den wir nach unserem Belieben modifizieren können. Er empfiehlt uns natürlich höchste Vorsicht.

Der König hat diese Schrift immer wieder gelesen; er hat soeben Marquis de Bouillé geschrieben, um ihn zu fragen, ob es vernünftig wäre, sich nach Metz zurückzuziehen, wie wir am 14. Juli vorigen Jahres die Absicht hatten. Monseigneur d'Agoult, Bischof von Pamiers, wird den Brief überbringen.

30. Oktober – Monseigneur d'Agoult hatte eine lange Unterredung mit dem König. Monsieur de Bouillé meint, dass die Bevölkerung von Metz von den neuen Ideen erfasst ist, was die Stadt als königliches Refugium unsicher erscheinen lässt; man sollte besser einen anderen gesicherten Ort wählen, der nahe der Grenze liegt, wie etwa Besançon. In diesem Fall wäre es gut für den König, das Kommando von Monsieur de Bouillé mit jenem von de la Franche Comté zu vereinen. Andererseits meint Monsieur de Bouillé, sollte man sich der wohlwollenden Haltung der anderen Monarchen versichern, im Besonderen der Unterstützung des Kaisers. Der König wird also Baron de Breteuil einen Brief zukommen lassen, in welchem er ihm die Vollmacht überträgt, in seinem Namen bei den Höfen des Auslands zu verhandeln. Monseigneur d'Agoult wird ihn dem Baron in wenigen Tagen überbringen.

7. November – Ich weiß, es ist die Pflicht eines Königs, für die anderen zu leiden, auch die erfüllen wir gut. Wir kehren morgen nach Paris zurück. Ich habe das Gefühl, ins Gefängnis zu gehen.

10. November – La Fayette hat einen gemeinen und niedrigen Charakter. Angesichts der Tatsache, dass er den Befehl gegeben hat, Monsieur de Fersen ungehindert Zugang zu meinen Appartements zu gewähren, glaubt er mit einer Freiheit zu mir sprechen zu können, die jedes Edelmanns unwürdig ist, der diesen Titel verdient. Er hat mir zu sagen gewagt, man würde nicht zögern, mich des Ehebruchs zu bezichtigen. Er hat mich beschworen, ich sollte mich besser in ein Kloster zurückziehen. Einmal von meiner unseligen Anwesenheit befreit, würde der König vor dem Volk in neuer Reinheit dastehen und wäre gleich einer Säule ein unerschütterlicher Monarch, von dem alle träumten. Ich habe mir gottlob genug kühlen Kopf anerzogen, meine Gefühle zu verbergen, was mir ermöglichte, La Fayette in Würde zu entlassen. Aber kaum hatte er mich verlassen, ließ ich meiner Verzweiflung freien Lauf und war erst wie ohnmächtig, ehe ich in Tränen ausbrach. Das schmachvolle Verhalten dieses Mannes, so weit zu gehen, und das als Adeliger, der alles der Monarchie verdankt, den Königen und meinem Mann, ist für mich unfassbar.

11. November – Man hat wieder mit Petitionen und aufpeitschenden Schriften angefangen, aber mit größerer Bissigkeit als je zuvor. Dabei wird besonders stark das Königtum angegriffen, es werden

Aristokraten und Priester verleumdet; die Ausschreitungen bleiben ungestraft.

14. November – Wer hätte sich je die Schrecken des gestrigen Tages vorstellen können? Der Mob hat das Haus von Maréchal de Castries geplündert, ehe man sich bis zu den Tuilerien fortbewegte, wo man Beleidigungen gegen mich ausspie. Der König, der gewöhnlich Ruhe bewahrt, wurde von einer Art Panik erfasst, die ihn auf den Dachboden flüchten ließ. Ich hatte keine Angst. Ich habe überhaupt nichts empfunden. Ich habe der Nationalgarde befohlen, die Gitter zu schließen und vor den Toren auf Posten zu stehen. Zu meiner großen Überraschung haben diese Männer es geschafft, die Revoltierer zurückzuschlagen. Und alles war wieder in Ordnung. Ich glaube, das Unglück macht weniger empfindlich, und am Ende sind wir überhaupt unverletzlich.

15. November – Die Minister haben ihren Rücktritt eingereicht mit Ausnahme von Monsieur de Montmorin, in den ich nicht das geringste Vertrauen habe.

20. November – Der Ehemann der La Motte ist in Paris, um die Revision des Prozesses gegen seine Frau zu erwirken. Er wird gewiss bei all diesen Schurken eine Wiederaufnahme des Falls erreichen. Ich weiß, dass die Revolutionäre nicht aufhören, die öffentliche Meinung gegen mich aufzuheizen und davon träumen, mich zu töten. All das macht mir im Herzen große Angst.

27. November – Der König ist verzweifelt. Die Assemblée hat einen Erlass herausgegeben, wonach alle Priester einen Treueeid auf das Gesetz, das Volk und die abscheuliche bürgerliche Verfassung des Klerus leisten müssen. Wenn der König dieses Dekret nicht gutheißt, wird er den Volkszorn entfesseln. Aber es zu akzeptieren führt zu einem Schisma mit Rom. Ich habe noch nie meinen Mann so aufgelöst gesehen. Er hat Cardinal de Bernis geschrieben, unserem Botschafter beim Heiligen Vater, um ihm mitzuteilen, dass er nicht mehr frei in seinen Handlungen sei. Ich glaube, diese neue Maßnahme der Versammlung wird ihn ein für allemal überzeugen, Paris zu verlassen.

4. Dezember – Was wird aus mir ohne Ihn? Er tröstet mich, unterstützt mich und denkt über unsere Flucht nach. Er hat mich in meiner Überzeugung bestärkt, dass dies das einzige Mittel ist, unsere Freiheit wiederzuerlangen und die Krone wieder auf das Haupt des Königs zu setzen.

10. Dezember – Monsieur Duport-Dutertre, der neue Justizminister, quält den König, das Dekret, das den bürgerlichen Status des Klerus festschreibt, zu sanktionieren. Dieser Herr fürchtet nichts mehr als der Assemblée zu missfallen. Er will meinen armen Mann einschüchtern, indem er ihm prophezeit, dass sich der Mob zu den äußersten Exzessen gegen die Priester hinreißen lassen würde, wenn er sich weigerte, dieses Dekret zu unterzeichnen. Meine Schwester Élisabeth bedrängt ihren Bruder, sich nicht von einem unfähigen Minister einschüchtern zu lassen. Der König weint, und ich bin nicht imstande, etwas zu sagen. Zu welcher Hölle wir verurteilt sind!

17. Dezember – Als wir wieder in der Öffentlichkeit speisten, fand ich unter meiner Serviette einen Brief mit folgendem Inhalt: »Ihr Kopf ist die Revanche für den ersten Kanonenschuss, der vom Kaiser abgefeuert wird.« Ich bin vor Schreck erstarrt.

19. Dezember – Wir erwarten den Sohn von Marquis de Bouillé. Um keinen Verdacht zu wecken, wird er meinen großen *Freund* treffen, der ihn im Namen des Königs empfangen wird. Ich werde ihm einen vom König persönlich geschriebenen Brief übergeben, der dessen Willen darlegt. Der König hat die Absicht, nach Montmédy zu fahren, einem befestigten Ort nahe der Grenze zu den österreichischen Niederlanden. Dort wird er dann eine Erklärung im Geiste des

Programms abgeben, das er am 23. Juni 1789 umrissen hat, und das die guten Franzosen hinter ihm sammeln soll. Fern von Paris, inmitten getreuer Truppen, wird er sich als Schiedsrichter in den Konflikten anbieten. Er wünscht, dass sich seine Anhänger unterstützt wissen und seine Gegner eingeschüchtert sehen von den Truppenaufmärschen an den Grenzen, die die Revolutionäre verschrecken würde.

26. Dezember – Der König hat das abscheuliche Dekret über den zivilen Stand des Klerus sanktioniert. Er ist verzweifelt. Heute abend trifft der Sohn von Marquis de Bouillé mit meinem großen *Freund* in Paris zusammen.

27. Dezember – Der Sohn von Monsieur de Bouillé hat lange mit Monsieur de Fersen gesprochen. Der General wird die Anweisungen des Königs ausführen, predigt uns jedoch Vorsicht. Er glaubt sich seiner Truppen nicht sicher und meint, man benötige etwa fünfzehn Millionen,* um unsere Angelegenheit zu einem guten Ende zu führen. Mein großer *Freund* hat mich beruhigt. Er ist sicher, dass alles gelingen wird. *Er* ist es, der sich dafür verbürgt, uns aus den Tuilerien herauszubringen, und das flößt mir Zuversicht ein. Wir werden unsere Pläne ganz heimlich ausarbeiten.

28. Dezember – Wir haben noch ein langes Schreiben von Mirabeau erhalten. Er glaubt, dass die bürgerliche Verfassung des Klerus großen Missmut hervorrufen wird. Das sollte vorteilhaft für den König sein, der einen Aufruf an das Volk gegen die Assemblée richten könnte. Mirabeau fügt hinzu, dass der König dies nur einmal tun könne, und nur wenn er an einem sicheren Ort Zuflucht gefunden hätte. Bis zu diesem Punkt denken wir wie er. Dennoch beschwört er uns, das Prinzip der konstitutionellen Monarchie und die neuen Ideen zu akzeptieren, aber das lassen wir nicht zu.

---

* Vermutlich Livres

1791

1. Januar – Wenn ich an all das denke, was ich seit zwei Jahren durchgestanden habe, scheint mir, ein ganzes Jahrhundert ist vergangen und ich habe eine Metamorphose durchgemacht. Keine Freude mehr. Angst. Entmutigung. Aber man muss durchhalten. Für den König. Ich bin seine einzige Stütze …

5. Januar – Der König ist fest entschlossen, unseren Plan durchzuführen. Es ist indes derzeit unmöglich, von hier herauszukommen. Es würde bedeuten, alles zu verlieren und uns der größten Gefahr auszusetzen, vor allem zu einem Zeitpunkt, da die Prinzen uns wieder damit drohen, ihre Truppen nach Frankreich hereinzuführen. Mein Mann hat soeben an den König von Sardinien und an Comte d'Artois geschrieben, um sie formell darauf aufmerksam zu machen, dass er, wenn sie weiter ihren Plan betrieben, gezwungen wäre, ihre Handlungen öffentlich zu missbilligen. Wir sind die einzigen, die beurteilen können, ob Umstände günstig sind, die all unserem Übel und dem des Königreichs ein Ende bereiten könnten.

6. Januar – Man brüllt in den Straßen die Namen der Bischöfe, die nicht den Eid auf die Zivilkonstitution des Klerus geleistet haben. Man dringt selbst nachts bei kirchlichen Würdenträgern ein, die Einfluss haben, um sie zu bedrängen, diesen Schwur zu tun. Die Kirchen sind voller Straßenräuber, die unglaubliche Tumulte entfachen. Es gilt, die Priester zu vertreiben, die sich der Monarchie verbunden fühlen. Man stachelt die blinde Wut des Pöbels an, indem man behauptet, die Festigung der Revolution erfordere noch einige Opfer.

7. Januar – Ich habe meinem Bruder geschrieben, um von ihm Hilfe für unseren Plan zu erhalten, den ich auch Comte Fernan Nuñez anvertraut habe, einem der wenigen Freunde, die uns geblieben sind.

Ich habe ihn gefragt, ob man mit der Unterstützung Spaniens rechnen kann und in welcher Form sie sich äußern könnte.

12. Januar – Wie sehr mir Mercy fehlt! Es ist nun schon fast zwei Monate her, dass mein Bruder ihn nach Den Haag gesandt hat. Seine Briefe sind mir nicht genug. Wenn er da wäre, wüsste ich ihn mit Fragen zu bedrängen, die er mir beantworten müsste. Ich bin am Ende meiner Kräfte.

18. Januar – Jeder Tag, jede Stunde straft das Lügen, was man eben erst erfahren hat; einzig unverändert bleibt unser Unglück und das aller ehrsamen Menschen. Die Revolutionäre denken nur an die Erschütterung des gesamten Königreichs. Sie kommen dabei mit einer solchen Geschwindigkeit voran, dass es uns gefährlich erscheint, dem nichts entgegengesetzt zu sehen.

27. Januar – Der König von Spanien hat geantwortet, er würde uns helfen, wenn der Kaiser, der König von Sardinien und die Schweizer Kantone eine offizielle Erklärung zu unseren Gunsten abgäben. Also bin ich jetzt gezwungen, meinen Bruder zu beschwören, zu intervenieren.

28. Januar – Nachdem wir unsere Tanten nicht mitnehmen können, hat der König ihnen empfohlen, nach Rom zu gehen. Mein Mann legt großen Wert darauf, dass sie in Sicherheit sind, früher noch als er selbst. Wir werden ihnen morgen Adieu sagen.

4. Februar – Man versucht, unsere Tanten von der Abreise abzuhalten. Man lässt die Bevölkerung glauben, sie nähmen Millionen mit, und streut jede Menge unsinniger Gerüchte dieser Art aus.

12. Februar – Nachdem er erfahren hat, dass eine aufgebrachte Menge von Marktweibern zum Schloss Bellevue marschieren würde, hat der König unsere Tanten hierher kommen lassen. Die beiden sind ganz außer sich. Wir haben versucht, die Armen zu beruhigen, obwohl wir zur Zeit selbst nicht gerade von Hoffnung getragen sind. Sie werden zu sich nach Hause zurückkehren und heimlich die Straße nach Italien nehmen, und zwar während der Nacht von Sonntag auf Montag. Wenn sie nur ruhig und ungestört reisen können.

20. Februar – Unsere Tanten haben Bellevue verlassen, bevor eine Kohorte von Räubern kam, die, als sie sich betrogen sahen, zu brüllen begannen und sich in ihren Appartements festsetzten. Man weiß nicht, wann man sie delogieren wird. Man darf kaum auf die Nationalgarde von Monsieur de La Fayette zählen.

22. Februar – Jeden Tag stehen wir neue Ängste aus. Diesen Nachmittag wurde das Gerücht verbreitet, Monsieur und Madame hätten vor zu fliehen. Eine gewaltige Menschenmenge bewegte sich auf das Palais Luxembourg zu, wo mein Bruder eine Abordnung von halb betrunkenen Frauen empfing. Nachdem er ihnen versichert hatte, dass er keinerlei Absicht hegte, Paris zu verlassen, bestieg er mit seiner Frau eine Karosse und machte sich, umringt von diesem Mob, auf den Weg hierher zum Souper. Die Horden haben sich erst später zerstreut. Wann wird das alles aufhören? Ich habe genug davon.

24. Februar – Der Tag hat wieder sein Maß an Schrecken gebracht. Wir haben erst einmal erfahren, dass unsere Tanten in der Bourgogne, in Arnay-le-Duc, angehalten wurden unter dem Vorwand, sie hätten keinen von dieser Stadt ausgestellten Pass. Die Assemblée hat Gott sei Dank per Dekret verboten, ihrer Reise ein Hindernis in den Weg zu legen. Aber eben dieses Dekret, das uns bezüglich des Schicksals von Mesdames beruhigte, hat eine Meuterei ausgelöst. Wir hörten, wie Generalalarm geschlagen wurde und der Lärm der Menge anschwoll. Bald hat man den König benachrichtigt, dass man die Gitter schließen müsse und die Kanonen in Stellung gebracht würden. Das geschah während meines Spiels. Ich habe mich nicht von der Stelle gerührt und versucht, mich nur auf die Karten zu konzentrieren, während das Geschrei mit all den Beschimpfungen von draußen immer lauter wurde und unsere Stimmen übertönte. Da trat Monsieur Bailly ein. Er war kreidebleich. Kurz zuvor hatte ihm der Mob, vor dem er eine Ansprache hatte halten wollen, zugebrüllt: »Auf die Laterne!« Deshalb hatte er die Unverschämtheit und Torheit, dem König zu sagen, man müsse mit dem Volk erst sanft verfahren, bevor man zu Gewalt übergehe. Mein Mann, der schon ziemlich wütend war, hat ihm geantwortet, es wäre besser, Sanftmut nicht mit Schwäche zu verwechseln. Während Monsieur Bailly sprach, beruhigte sich draußen der Lärm. Ich habe später erfahren, dass die Menschenmenge sich zum Rathaus bewegte, wo sie diverse Forderungen erhob, von denen eine bedrohlicher war als die andere. Als ich das Appartement meines Mannes betrat, war ich angenehm überrascht: Ich fand das Arbeitszimmer und sein privates Gemach voller bewaffneter Adeliger vor, vor denen er gerade gefasst und in erkenntlichem Ton eine Rede hielt. Diese mutigen Männer waren gekommen, um uns zu verteidigen! Einer von ihnen drohte Monsieur Bailly, wenn man Seine Majestät weiter beunruhige, bezahle er mit seinem Kopf dafür.

25. Februar – Ich konnte nicht schlafen. Es gab die ganze Nacht hindurch Alarm. Ich bin völlig erschöpft.

28. Februar – Wir werden niemals Ruhe haben. Heute sind Randalierer vom Vorort Saint Antoine bis zur Festung Vincennes gelaufen; sie wollen sie demolieren – mit dem Argument, dass dieses Schloss sonst am Ende zur neuen Bastille werden könnte. Monsieur de La Fayette hat sich mit seinen Männern auf den Weg dorthin gemacht. Unsere treuen Adeligen sind beim König.

Ich zittere immer noch. Es war ein solcher Höllenlärm zu hören, dass ich schon glaubte, man kommt uns massakrieren. Als ich mich schlafen legte, hörte ich ein Geräusch, das aus dem Inneren des Schlosses kam, und mich packte blankes Entsetzen. Eine meiner

Frauen ging Nachschau halten. Ich war halbtot vor Angst. Sie kam nach endlos langer Zeit am ganzen Körper zitternd zurück. Die Nachrichten waren keineswegs beruhigend. Garden, die keinen Dienst versahen, waren in den Palast eingedrungen und haben die Männer festgenommen, die aus dem Schlafgemach des Königs kamen. Sie haben sie durchsucht, offenbar im Wissen, dass sie Waffen trugen. Viele von ihnen wurden verhaftet und übel misshandelt. Monsieur de La Fayette kam gerade in dem Augenblick, als diese Randalierer drohten, in das Vorzimmer des Königs einzudringen, um die Adeligen zu töten, die sich noch dort befanden. Unfähig, Ruhe zu gebieten, trat er beim König ein und drängte ihn, aufzustehen und persönlich denen, die bewaffnet waren, zu befehlen, die Waffen auf der Stelle niederzulegen. Die armen Männer haben das in Gegenwart des Königs auch getan. Jetzt ist annähernd Ruhe eingekehrt.

29. Februar – Wir sind immer mehr bedroht. Was wird nach diesen schrecklichen Tagen aus uns? Ich sehe keine Rettung mehr außer in der Flucht.

1. März – Kein Unglück bleibt uns erspart. Der König ist unpässlich. Die Ärzte befürchten eine schwere Erkrankung, was angesichts der Lage, in der er sich befindet, nicht wundern kann. Man wird seinen Organismus mit Abführmitteln reinigen und ihm Blutegel ansetzen. Nachdem er sehr stark ist, weil er wegen seiner psychischen Belastung viel isst, aber nicht die körperliche Bewegung pflegen kann, die er gewöhnt ist, scheint mir diese Vorsichtsmaßnahme nicht ausreichend, um seine Gesundheit zu erhalten, die derzeit so wichtig ist.

3. März – Der König leidet an einer akuten Gallenerkrankung mit Rachenentzündung, die blutigen Auswurf verursacht.

5. März – Der König hat Ipecacua eingenommen, und das wirkt sehr effizient, das Fieber ist gefallen. Er bleibt im Bett. Er benötigt Ruhe, reinigende Säfte und Erfrischungen.

12. März – Dem König geht es besser, aber er ist immer noch müde und abgeschlagen.

13.März – Endlich zwei gute Nachrichten inmitten all unseren Unglücks. Unsere Tanten haben ihre Reise Richtung Italien wieder fortgesetzt, und mein großer Freund, der unsere Flucht vorbereitet, hat mir versichert, dass der Wagen, der uns nach Montmédy bringen soll, schon bereit stehe. Es ist eine große, sehr bequeme Kutsche. Jetzt muss ich daran denken, für meine Kinder und für mich eine Wäscheausstattung für die Reise schneidern zu lassen. Madame Campan wird damit beauftragt, obwohl sie behauptet, ich würde überall, wo ich hinkäme, Hemden und Kleider finden. Ich lege dennoch Wert darauf, eine komplette Ausstattung zu haben, die in Paris genäht ist.

21. März – Der König ist wiederhergestellt. Um seine Genesung zu feiern, hat die Stadtverwaltung ein »Te Deum« mit großem Pomp in Notre Dame zelebrieren lassen, und ganz Paris wurde illuminiert. Wer wird die Franzosen jemals verstehen können?

22. März – Ich glaube, man wird uns anlässlich des Osterfestes für ein paar Tage nach Saint Cloud fahren lassen. Wir haben es bitter nötig.

30. März – Baron de Breteuil hat kein Geld in der Schweiz aufgetrieben. Mein Bruder erklärt, er könne uns nicht so wirksam wie er wünschte aus der Verlegenheit helfen und empfiehlt uns, jede überstürzte Aktion zu vermeiden. Was Mercy anlangt, dieser macht mich auf die Gier der Großmächte aufmerksam, die nichts ohne Gegenleistung tun. Aber im Augenblick tun sie nicht nur nichts, sondern wollen auch nichts tun. Ich bin verzweifelt.

1. April – Wenn man weit weg ist, fällt es nicht schwer, jemandem Vorsicht und Zögern zu raten. Aber es ist unmöglich, wenn einem schon das Messer an die Brust gesetzt wird! Prince de Condé droht immer noch, in Frankreich einzumarschieren. Wenn er das Königreich betritt, ist der König gezwungen, sich eher mit der Partei der Revolutionäre einzulassen, sich gegen den Prinzen zu stellen und ihn vielleicht verurteilt und geköpft zu sehen, nachdem er vorher sein Todesurteil unterschreiben muss. Wenn die anderen Höfe uns nicht aus der Lage befreien, in der wir sind, ist zu befürchten, ja geradezu zu wünschen, dass sie sich eines Tages in derselben Situation finden.

2. April – Monsieur de Mirabeau ist tot. Ich habe darüber geweint. Es ist ein großer Verlust. Er hätte uns noch helfen können. Sein Tod ist in der Versammlung als Unglück für die Allgemeinheit verkündet worden, und man hielt auf ihn eine Lobesrede als einen der größten Männer, den die Freiheit jemals hervorgebracht hätte. Niemand scheint zu wissen, dass er für uns gearbeitet hatte. Gott sei Dank!

5. April – Mein Arzt, Monsieur Vicq d'Azir, hat mir versichert, dass Mirabeau nicht vergiftet worden war wie das Gerücht kursierte. Er war bei der Öffnung des Leichnams dabei. Aber er und seine Kollegen haben zu große Angst, sich die Rache der Jakobiner zuzuziehen, wenn sie eine andere Vermutung zulassen. Wir leben in einer furchtbaren Welt.

17. April – Wir fahren morgen nach Saint Cloud. Welch ein Glück, wieder bei sich zu Hause zu sein! Selbst wenn die Nationalgarden dabei sind.

18. April – Unser Leben ist ein Kreuzweg. Wir genießen nicht einmal mehr die Freiheit, derer sich die Revolutionäre so sehr erfreuen. Jeder kann heute feststellen, dass wir behandelt werden wie echte Gefangene. Als wir die Karosse bestiegen, die uns nach Saint Cloud bringen sollte, war eine bedrohliche Menschenmenge schon um die Tuilerien versammelt und weigerte sich, uns wegfahren zu lassen.

Wir haben den Generalalarm schlagen und die Sturmglocke läuten gehört. Der König kauerte im Eck des Wagens, sprach kein Wort und atmete heftig. Ich habe meinen Sohn auf den Schoß genommen. Zum großen Glück ist er brav geblieben. Seine Gegenwart und die Wärme seines kleinen Körpers haben verhindert, dass ich in Wut geriet, denn ich wollte sie schon an dieser Bande von Lumpen entladen, vor denen ich mich diesmal nicht fürchtete. Als mich der Zorn übermannte, beruhigte die Anwesenheit meines Sohnes meine aufbrausende Stimmung. Als wir im großen Hof ankamen, stürzte sich der Mob auf die Pferde, und die Nationalgarde weigerte sich einzuschreiten. Eindreiviertel Stunden lang saßen wir im Wagen inmitten dieses unvorstellbaren Aufruhrs. Die Kammerdiener sind fürchterlich misshandelt worden. Ich musste mich aus dem Fenster neigen und rufen, Monsieur Duras sei Kammerherr des Königs, damit man sich nicht auch auf ihn stürzte. Mein Sohn fing zu weinen an. Monsieur de La Fayette war unfähig, Ruhe wiederherzustellen. Er hatte jedoch die Kühnheit, den König zu fragen, ob er Gewalt anwenden dürfe, damit man unseren Wagen hinausfahren lasse. »Es liegt an Ihnen«, hat ihm der König scharf geantwortet, »zu wissen, was Sie zu tun haben, um Ihre Verfassung auszuführen.« Nach neuerlichen, ebenso fruchtlosen Versuchen wie den ersten, hat Monsieur de La Fayette meinem Mann erklärt, seine Ausfahrt sei gefährlich. So haben wir die Karosse verlassen. Mir ist von alledem so übel, dass ich mehrere Tage lang nicht imstande sein werde, auch nur die geringste Nahrung zu mir zu nehmen.

19. April – Der König ist in die Versammlung gegangen, wo er eine Rede gehalten hat; dabei hat er seine Absicht dargelegt, sich nach Saint Cloud zu begeben, wie es vereinbart war. Er erhielt starken Beifall, aber im Laufe des Abends sind die Repräsentanten der Stadtverwaltung gekommen und haben ihn beschworen, seine Abreise aufzuschieben und vor allem jene Personen wegzuschicken, die verdächtigt werden, der Adelspartei anzugehören. Einmal mehr hat der König den Forderungen nachgeben müssen. Cardinal de Montmorency, der erste Hofprediger, der Bischof von Senlis, der zweite Hofprediger, Duc de Villequier und Duc de Duras, die ersten Kammerherren, haben daraufhin ihre Kündigung eingereicht. All das wird uns gewiss nicht helfen, die öffentliche Meinung zurückzugewinnen, und wir finden uns immer mehr allein. Alles verlässt uns.

20. April – Unsere Lage ist schrecklich. Was gestern und vorgestern vorgefallen ist, bestärkt uns mehr denn je in unseren Plänen. Gerade von der Garde, die uns umgibt, geht die größte Bedrohung aus. Unser Leben ist in Gefahr. Wir müssen den Anschein erwecken, allem nachzugeben, bis wir handeln können. Baron de Breteuil und unser großer Freund treiben die Vorbereitungen voran, die gut laufen. Ich muss jedoch unbedingt sicher sein, dass mein Bruder fünfzehntausend Mann in Arlon und Virton und ebensoviele in Mons zur Verfügung stellen kann. Monsieur de Bouillé sieht hier einen dringenden Bedarf, weil ihm das die Möglichkeit geben würde, Truppen in Montmédy zu sammeln. Wir wollen von hier weg, koste es was es wolle, aber dazu müssen uns die Mächte im Ausland helfen. Man bittet sie ja nicht, in Frankreich einzumarschieren, sondern lediglich ausreichend Kräfte an ihren jeweiligen Grenzen zu stationieren. Ich schreibe noch an meinen Bruder und an den König von Spanien und hoffe, eine echte Antwort zu erhalten statt lediglich Worte liebevoller Besorgtheit.

26. April – Man kann sich nicht vorstellen, wie wir in der heiligen Osterwoche gelitten haben. Die Bedrohung bei den letzten Ausfällen des Pöbels, der sich an unserer Isolation ergötzt, die so frappierenden Analogien der Gottesdienste der Kirche mit unserer Situation – all das hat die tiefe Traurigkeit nur verstärkt, wie sie von uns Besitz ergriffen hat. Und wir mussten unser Osterfest in der Kirche Saint Germain l'Auxerrois feiern, da in der Pfarre der Tuilerien der Gottesdienst von konstitutionell-bürgerlichen Priestern versehen wird.

7. Mai – In den Gärten des Palais Royal wurde eine Strohpuppe, die den Heiligen Vater darstellt, verbrannt, nachdem er die Verpflichtung des Klerus zur Zivilkonstitution verurteilt hat.

13. Mai – Wir fühlen uns mit jedem Tag mehr isoliert. Es fehlt uns an gutem Rat und Mitteln, unseren Plan mit einer gewissen Aussicht auf Erfolg umzusetzen. Er allein glaubt an dessen Gelingen und gibt mir den Mut, weiterzuleben und zu kämpfen.

18. Mai – Der Brief, den Mercy an mich gerichtet hat, macht mich verzweifelt. Wie kann er mir raten, dass ich für unsere persönliche Sicherheit Sorge trage, während das Leben jedes einzelnen von uns ständig bedroht ist? Er stellt sich vor, dass die Schrecken, die derzeit regieren, nicht von Dauer sein können! Ist er verrückt geworden?

22. Mai – Ich verbringe Stunden damit, Briefe zu schreiben und andere zu dechiffrieren. Ich kann nicht mehr.

29. Mai – Unser Plan ist fertig. Mein großer Freund weiß, wie er uns trotz der Garden von hier herausbringen kann. Bei Anbruch der Nacht wird Er als Kutscher verkleidet einen Fiaker in den Hof fahren. Nach unserem Souper werde ich die Kinder wecken, die früh zu Bett gehen, und werde sie zu diesem Wagen bringen, wobei ich den Palast innen durchquere und eine Flucht unbewohnter Zimmer benutze (eine Route, die wir schon vor Wochen festgelegt haben). Madame de Tourzel wird uns begleiten. Ich werde hinauf in den Salon zurückkehren und Comte und Comtesse eine gute Nacht wünschen. Wie gewöhnlich werden wir alle zu Bett gehen, der König, meine Schwester Élisabeth und ich. Anschließend müssen wir die Aufsicht unseres Hauspersonals überlisten, um wegzugehen, jeder auf unserer Seite, sehr schlicht gekleidet, und den Fiaker finden, den mein lieber Fersen in eine Straße unweit der Tuilerien gebracht haben wird. Am Stadtrand von Paris wird uns eine Kutsche erwarten. Das ist der Zeitpunkt, da mein großer Freund uns verlassen wird. Der König ist dagegen, dass Er uns bis zum Ende unserer Reise begleitet. Wir werden einander später wiedersehen, wenn Gott will. Er wird die Richtung Quesnoy einschlagen, um nach Mons zu fahren, während wir unseren Weg ohne Begleitung bis Chalons fortsetzen. Nach ein paar Meilen werden uns Abordnungen erwarten, um uns nach Montmédy zu geleiten. Madame de Tourzel wird einen Pass auf den Namen Baronne de Korff haben. Ich werde unter dem Namen Madame Rocheret reisen und ihre Begleiterin mimen. Der König wird ihr Verwalter mit dem Namen Dubois, und Élisabeth ihre Kammerzofe sein. Um jeglichen Verdacht zu zerstreuen, wird mein Sohn als Mädchen verkleidet sein. Drei Leibgarden, zuverlässige Männer, werden uns begleiten. Ich kenne sie nicht.

5. Juni – Endlich ernst zu nehmende Versprechen! Der Kaiser hat bindend zugesagt, fünfunddreißigtausend Mann zur Verfügung zu stellen, dazu Spanien, Sardinien und die Schweizer Kantone je fünfzehntausend. Preußen und England werden ebenfalls Kontingente entsenden.

6. Juni – Ich gehe so oft wie möglich mit meinen Kindern außer Haus. Man muss sich daran gewöhnen, uns zu sehen.

13. Juni – Ich zittere vor Angst. Es heißt, man wird die Wachen verdoppeln und alle Wagen durchsuchen.

14. Juni – Wir haben Monsieur unsere Abreise angekündigt. Er wird seine Frau erst unterrichten, wenn er selbst Pläne gemacht hat.

15. Juni – Ich habe immer mehr Angst. Er hat mir jedoch geschworen, dass niemand in der Stadt etwas ahnt.

18. Juni – Monsieur hat seine Vorbereitungen getroffen. Er wird mit Comte d'Avaray nach Brüssel fahren. Seine Frau wird einen anderen Wagen und einen anderen Weg nehmen mit der schrecklichen Dame de Gourbillon, die ihre Stellung bei der Prinzessin wieder aufgenommen hat.

20. Juni – Es ist für heute Abend vorgesehen. Er ist gekommen. Er hat mich in seine Arme genommen. Ich habe geweint, geweint … Ich führe meine Kinder in die Boutin-Gärten, um keinen Verdacht zu wecken. Ich werde meine Anweisungen für die Ausgänge des morgigen Tages und für die Fronleichnamsprozession geben. Wie sehr ich zittere! Ich nehme mein kostbares Heft mit.

29. Juni – Wir existieren noch, aber wir erleben eine wahre Tragödie seit unserer Verhaftung, die nur wenige Meilen von Montmédy stattgefunden hat. Wie konnte unser Unternehmen nur scheitern, so kurz vor dem Ziel, als wir die Verwirklichung unserer Wünsche schon so nahe vor Augen hatten? Ich kann es nicht fassen. Seit unserer schrecklichen Rückkehr in die Tuilerien ist die Macht des Königs aufgehoben, und die Assemblée soll über sein Schicksal entscheiden. Bis dahin sind wir Tag und Nacht unter Gewahrsam. Ich entkomme nur selten der Aufsicht der Wachposten, die mich vom Vorzimmer aus beobachten. Glücklicherweise sind einige von ihnen ehrenwerte Leute, welche die Vorschriften des Hausarrests nicht streng anwenden. Und es gibt auch Männer, die ergeben genug sind, die Briefe aufzugeben, die ich hastig schreibe, wenn ich meine Tür geschlossen lasse. Ich habe Ihm schon zwei Schreiben zukommen lassen, um Ihn bezüglich unseres Schicksals zu beruhigen. Welche Sorgen ich mir um Ihn gemacht hatte! Gott sei Dank ist Er in Sicherheit. Wie schwer es mir auch fallen mag, Er darf auf keinen Fall zurückkommen. Er wäre verloren: Man weiß, dass Er es war, der uns von hier weggebracht hat.

8. Juli – Trotz der verschärften Überwachung, der wir ausgesetzt sind, habe ich Nachricht von meinem lieben Fersen bekommen. Ich fürchte, Er ist sich nicht über unsere Situation im Klaren. Er schlägt vor, dass der König Monsieur alle Vollmachten gibt (der im Übrigen bis Brüssel durchgekommen ist), oder Comte d'Artois, um bei den Höfen des Auslands zu verhandeln. Das wäre Wahnsinn. Die Versammlung vollendet die Verfassung. Sie braucht den König und fängt an, uns mit mehr Milde zu behandeln. Wie würde man den König wieder einsetzen können, wenn bekannt wird, dass er die Vollmachten seinen Brüdern abgetreten hat? Das würde bedeuten, dass wir noch tiefer ins Verderben stürzen. Die Vorgangsweise der Prinzen, deren Ansinnen ich kenne, würde nichts anderes bewirken als die Revolutionäre zu irritieren, ohne sie einzuschüchtern. Wenn die Monarchen Europas sich gefälligst in einem Kongress versammelten und ein paar genügend starke Resolutionen verabschiedeten, würde die Revolutionäre der Schreck erfassen. Das ist es, was wir wünschen. Ich werde Ihm das mitteilen.

10. Juli – Die Nationalversammlung geht ihrem Ende entgegen; jede Form der Regierung ist zertrümmert; die Clubs haben sich Autorität angeeignet, während die Abgeordneten immer noch über unser Schicksal und über ihre Verfassung beratschlagen. Zur Stunde neige ich dazu, den jungen Barnave für unsere Sache beizuziehen, einen dieser Verrückten, dem ich wider Willen wohlwollend entgegengetreten bin: Er war einer der drei Abgeordneten gewesen, die uns am Rückweg unserer Reise entgegengesandt worden waren. Wir hatten Zeit, uns im Vertrauen zu unterhalten. Ich habe den Eindruck, dass es ein Gefühl von Stolz gewesen sein musste, das ihn alles willkommen heißen ließ, was den Weg von Ehre und Ruhm für die Klasse, in der er geboren ist, ebnen konnte. Ich habe wohl gespürt, dass er, als er uns so sah wie wir sind, von der Zauberkraft des Königtums, selbst in unserer Erniedrigung, nicht unbeeindruckt blieb. Er hat mit tiefer Überzeugung, ja sogar mit Leidenschaft zu mir gesprochen. Wie noch kürzlich Mirabeau erklärte auch er sich bereit, uns zu helfen, wenn der König die Verfassung wohl zu akzeptieren und entsprechend den Gesetzen zu regieren bereit sei. Wenn jemals die Macht wieder von unserer Hand ausgehen sollte, ist es in unseren Herzen schon im Voraus festgeschrieben, diesen jungen Mann zu pardonieren. Aber er muss uns dienlich sein. Ich habe mich auf eine geheime Korrespondenz mit ihm und Monsieur de Lameth, einem seiner Freunde, eingelassen. Es gilt, sie einzuschläfern und ihnen Vertrauen einzuflößen, um sie dann besser zu überlisten.

12. Juli – Der König hat an den Kaiser geschrieben, um ihn zu bitten, dem Königreich zu Hilfe zu kommen.

13. Juli – Die Assemblée hat ihre Schlussfolgerungen bekannt gegeben. Sie gibt vor, nicht zu glauben, dass der König gegen seinen eigenen Willen entführt worden sei und ich ihm lediglich gefolgt bin. Barnave hat alle seine Versprechen gehalten. Er stellte sich den jakobinischen Abgeordneten unter der Führung von Robespierre und Danton entgegen und hielt eine Rede, in der er erklärte, es sei nun notwendig, die Revolution zum Stillstand zu bringen. Er äußerte sich im Namen der Gemäßigten (wenn davon die Rede sein kann) und hat gesiegt. Nichtsdestoweniger bleiben die Machtbefugnisse des Königs ausgesetzt bis zur Annahme dieser abscheulichen Verfassung.

20. Juli – Der republikanische Geist breitet sich in unglaublicher Weise aus. Die Jakobiner fordern, dass der König abgesetzt und Anklage gegen ihn erhoben wird. Vor drei Tagen haben sich tausende Männer niederster Sorte lärmend auf dem Marsfeld versammelt, um die Bevölkerung zu einer Revolte anzustacheln. Die Nationalgarde musste, nachdem sie von Steinen, die auf sie geworfen wurden, getroffen worden war, auf den Mob schießen. Es hat Todesopfer gegeben. Angeblich hatten diese Leute vor, uns anzugreifen. Ich hielt es für angebracht, Barnave zu schreiben, dass ich mit Genugtuung die Kraft und den Mut beobachtete, den er zur Unterstützung der Monarchie an den Tag gelegt hat.

22. Juli – Unsere Überwachung wird erträglicher. Barnave verspricht uns, alles in seinen Kräften Stehende zu tun, um die Macht des Königs wiederherzustellen, wenn wir den Grundsätzen der Verfassung von Herzen zustimmten. Leider ersucht er mich auch, einen Brief an den Kaiser zu schreiben, in dem ich diesem versichere, dass der König ihr bereitwillig zustimme und er sich darauf freue, sie sanktionieren zu können. Er wird mir den Entwurf des Briefes geben, den ich an ihn richten soll. Und ich werde in den sauren Apfel beißen müssen. Welche Schande!

30. Juli – Barnaves Schritt beweist mir, wie sehr sie eine bewaffnete Intervention fürchten. Ich habe also meinem Bruder den Brief geschrieben, wie es dieser junge Mann wünschte. Er konnte ihn unbesorgt lesen. Er ahnt nicht, dass ich zugleich damit ein anderes Schreiben an den Kaiser gerichtet habe, um diese Feststellungen zu dementieren, die nicht die meinen sind. Es ist so wichtig, dass alle diese Herren glauben, dass wir ihrer Ansicht sind.

4. August – Nun haben wir schon seit Wochen das Haus nicht verlassen – trotz der drückenden Hitze. Ich will nicht einmal in den kleinen Garten meines Sohnes gehen. Wir laufen zu sehr Gefahr, Ziel von Beschimpfungen zu werden. Der König verbringt seine Tage im Arbeitszimmer mit Lektüre oder Arbeit. Nach dem Diner bringe ich ihn dazu, eine Partie Billard mit Élisabeth und mir zu spielen, damit er sich ein wenig Bewegung verschafft. Gottlob scheinen unsere Kinder nicht allzu sehr unter dieser Gefangenschaft zu leiden. Mein Sohn spielt mit der kleinen Pauline de Tourzel und läuft auf der Terasse umher. Meine Tochter beschäftigt sich bei Élisabeth mit Stickerei. Wenn ich Zeit habe, erteile ich ihr Unterricht.

8. August – Monsieur Barnave möchte mich davon überzeugen, dass die Verfassung sehr monarchisch sei. Ich gebe zu, dass ich in diesem Punkt Erklärungen benötige und wissen will, worin er diese Eigenschaft zu finden meint! Es ist ein Geflecht aus unpraktikablen Absurditäten.

16. August – Dieser Augenblick ist furchtbar: Man wird die Verfassung dem König bringen. Sie ist so ungeheuerlich, dass ausgeschlossen ist, dass sie sich lange hält. Aber können wir riskieren sie abzulehnen in der Situation, in der wir uns befinden? Wir müssen eine Vorgangsweise pflegen, die uns über Misstrauen erhaben macht, und die uns zugleich dazu dienen kann, möglichst bald dieses abscheuliche Werk zu Fall zu bringen, das wir gutheißen sollen. Dazu ist es wesentlich, dass die Brüder des Königs im Hintergrund bleiben und dass die ausländischen Mächte allein agieren. Wir setzen alle Hoffnung in sie allein; sie müssen uns um jeden Preis zu Hilfe kommen. Der Kaiser ist es, der sich an die Spitze aller stellen und alles regeln muss. Ich schreibe das Mercy und auch meinem Bruder.

26. August – Der gestrige Tag, Tag des heiligen Louis und damit Feiertag des Königs, ist in betrüblicher Stille vergangen.

1. September – Der Kaiser, der König von Preußen und der Kurfürst von Sachsen, die sich in Pillnitz trafen, haben erklärt, sie betrachteten die Situation des Königs von Frankreich als Gegenstand von allgemeinem Interesse für alle Herrscher Europas. Diese wenigen Worte haben angeblich im Herzen der Versammlung Unruhe gestiftet. Allerdings sehe ich die Hilfe aus dem Ausland nicht so rasch kommen.

8. September – Ich habe dem Kaiser geschrieben, um ihm einmal mehr unsere Situation vor Augen zu führen und ihn zu bitten, den Kriegseifer der Brüder des Königs zu mäßigen. Diese Maßnahme wird umso notwendiger, als für den Fall, dass sich die Franzosen im Ausland zu Gegnern der Verfassung erklären, sie von dieser Meute von Tigern, die das Königreich überschwemmen, als Schuldige betrachten würden.

12. September – Wir befinden uns in einem sehr kritischen Augenblick; morgen ist der Tag, an dem der König schriftlich kundtun soll, dass er die Versammlung akzeptiert. Es geht darum, seine Haltung entsprechend den Umständen festzulegen. Ich muss große Kämpfe in meinem Inneren austragen, zumal mein Mann nicht weiß, was er tun soll, und seine Schwester für die Brüder Partei ergreift. Ich ahne nur Unglück voraus angesichts der geringen Aktionsbereitschaft der einen und dem Mangel an gutem Willen der anderen. Ist es denn möglich, dass ich, die ich mit Charakter geboren und mir so tief des Blutes bewusst bin, das in meine Adern fließt, dazu bestimmt bin, meine Tage in einem solchen Jahrhundert mit derartigen Menschen zu verbringen? Und doch, ich werde nicht aufgeben, und sei es nur für meinen Sohn, und meine schwere Lebensaufgabe bis zum Ende erfüllen. Ich sehe nicht mehr, was ich schreibe, so sehr müde bin ich.

13. September – Der König hat die Verfassung angenommen. Bevor er seinen Brief übergab, hatte seine Schwester Élisabeth ihn bedrängt, nicht ein gottloses Machwerk gutzuheißen. Sie hat damit die Verzweiflung ihres Bruders nur noch vergrößert.

14. September – Wie werden wir von nun an noch leben können? Der König ist seiner Machtbefugnisse beraubt. Ich habe dieser entwürdigenden Sitzung in einer Loge des Manege-Saals beigewohnt. Stehend und entblößten Hauptes hat der König den Treueeid, der ihm von der Versammlung auferlegt worden war, ausgesprochen; als er gewahr wurde, dass alle Abgeordneten sich nicht erhoben hatten, sondern ihre Sitze behielten, nahm er an der Seite von Thouret, der den Vorsitz führte, Platz. Dieser beantwortete, mit überkreuzten Beinen und auf den Stuhllehnen aufgestützten Armen, die Rede des Königs im äußerst beleidigender Weise: er hielt eine Lobesrede auf die Assemblée und deren Mut zur Zerstörung von allem Missbrauch! Er schloss seine Rede, indem er versicherte, die Versammlung würde den Franzosen eine Heimat, dem König neuen Ruhm und eine neue Quelle der Freude geben! Beleidigender konnte man sich nicht über die königliche Majestät lustig machen. Sobald wir allein waren, brach der König schluchzend in meinen Armen zusammen.

20. September – Wenn ich daran denke, wie sehr ich Feste liebte. Sie waren wohl nicht zu vergleichen mit jenen, die wir dieser Tage zu Ehren der Verfassung über uns ergehen lassen mussten: der Dankesgottesdienst »Te Deum«, die Fahrt durch das illuminierte Paris, die Vorstellungen in der Oper, bei den Franzosen und bei den Italienern. Wie sehr habe ich all das geliebt. Das ist lange her ... Wie traurig ist es, dass von so schönen Aufführungen in unseren Herzen nur mehr ein Gefühl der Traurigkeit und Sorge zurückbleibt.

26. September – Ich habe endlich Nachricht von meinem lieben Fersen erhalten. Niemand hatte mir sagen können, wo Er ist. Er setzt alles in Bewegung, um uns zu retten, immer noch ohne eine Ahnung von unserer Lage zu haben. Ich musste ihm erklären, dass die Verfassung zurückzuweisen ganz gewiss edler gewesen wäre, aber unter den gegenwärtigen Umständen ausgeschlossen. Ich musste Ihm auch sagen, dass ich mich nicht den Wahnsinnigen überlassen würde: Ich sähe sie nur, um mich ihrer zu bedienen. Sie sind zu abscheulich für mich, um mich in ihre Hände zu begeben. Alles, was ich in diesem Augenblick tue, ist jenseits dessen, was ich mir jemals vorgestellt hätte. Ich bin sicher, dass Er mich verstehen wird. Niemand kennt mich besser als Er.

30. September – Die Versammlung ist heute auseinandergegangen. Der König hat eine Rede gehalten, die von Liebe zu seinem Volk und vom Wunsch getragen war, Frieden und Eintracht anstelle des Aufruhrs zu sehen, der noch immer in Frankreich herrscht. Fromme Wünsche bei all den Verbrechern, von denen wir umgeben sind.

8. Oktober – Es gibt keine Partei, die sich in der neuen, von den Republikanern beherrschten Versammlung hervorhebt. Es ist eine Ansammlung von Verbrechern, Verrückten und Bestien.

19. Oktober – Alles scheint derzeit ziemlich ruhig, aber diese Ruhe hängt an einem Faden, und das Volk ist immer noch dasselbe wie früher, das heißt bereit, Greueltaten zu begehen. Man sagt uns, man sei für uns; ich glaube davon kein Wort. Es liebt uns nur dann, wenn wir tun, was es will. Die Franzosen sind in jeder Hinsicht grausam. Die hier halten uns in Abhängigkeit von ihrer Gnade, aber wenn die Emigranten etwas zu reden hätten, dürfte man ihnen auch nicht missfallen. Deshalb dränge ich meinen Bruder, einen Kongress einzuberufen. Das ist die einzige Möglichkeit, die Emigranten in Zaum zu halten und die Revolutionäre zu verschrecken. Die Mächte würden gemeinsam zu einer Sprache finden, an die sich alle Seiten halten könnten. Unterstützt von einer eindrucksvollen Armee würden ihre Erklärungen die hitzigen Köpfe der Emigranten bändigen, deren Rolle zweitrangig würde, die Revolutionäre wären verunsichert, aber unter den guten Bürgern, die Freunde von Ordnung und der Monarchie sind, würde wieder die Zuversicht zurückkehren.

31. Oktober – In unserem inneren Bereich herrscht die Hölle: Man kann nichts mehr sagen. Meine Schwester hält mich für eine Demokratin. Man kann nicht miteinander sprechen: man müsste sich jeden Tag zanken. Élisabeth hört nur auf ihre Brüder und die Emigranten, die sie umgeben.

10. November – Manchmal höre ich mich selbst nicht, und ich bin gezwungen nachzudenken, um festzustellen, ob ich es bin, die spricht. Ich halte mich aufrecht, trotz einer gewaltigen Müdigkeit. Ich verlasse meine Appartements wenig. Ich habe keinen Augenblick für mich zwischen den Treffen mit Personen, die ich sehen muss, den Schreibarbeiten und der Zeit, die ich mit meinen Kindern verbringe. Diese Beschäftigung, die nicht die geringste ist, macht mein einziges Glück aus. Wenn ich sehr traurig bin, nehme ich meinen kleinen Sohn in die Arme. Ich küsse ihn von ganzem Herzen, und das tröstet mich.

11. November – Trotz der dringenden Empfehlungen Barnaves hat der König vom Vetorecht, das ihm die Verfassung einräumt, zur Ablehnung von zwei Dekreten Gebrauch gemacht. Das eine hätte Monsieur verpflichtet, nach Frankreich zurückzukehren, unter Androhung der Strafe, seine Regierungsansprüche zu verlieren; das andere verlangt die Rückkehr der Emigranten, die zu Verdächtigen einer Verschwörung erklärt werden, wenn sie im Ausland bleiben.

20. November – Die republikanische Partei erlangt von Tag zu Tag mehr Macht und dominiert die Versammlung. Die Mehrzahl der Abgeordneten nehmen deren Ansichten an, ohne sich über ihren Gegenstand und die Verbrecher selbst klar zu sein, die sehr zahlreich und nur an neuen Unruhen interessiert sind. Der Club der Jakobiner, der zur Gänze aus exzentrischen und aufrührerischen Republikanern besteht, übt Druck auf die Mehrheitspartei der Versammlung aus.

25. November – Unsere Lage ist schrecklich. Die Revolutionäre sind ohne Unterlass tätig. Jederzeit ist das Volk bereit, sich zu erheben und Greueltaten zu begehen. Die Republikaner machen davon nach Kräften Gebrauch. Wenn uns niemand von außen zu Hilfe kommt, sind wir machtlos. Es ist furchtbar, nicht zu wissen, ob draußen endlich Vorkehrungen getroffen werden. Mein Bruder antwortet nicht auf meine Bitten. Dabei sind sie dringend.

29. November – Ein neuer Erlass verlangt den Bürgereid von jenen Priestern, die sich ihm bisher widersetzt hatten. Der König will ihn nicht sanktionieren. Die Abgeordneten finden es nicht richtig, dass er vom Vetorecht Gebrauch macht, das ihm die Verfassung gibt.

7. Dezember – Ich erhalte jetzt regelmäßig die Briefe meines Geliebten. Er bemüht sich mit ganzer Kraft für uns. Ich bin leider gezwungen, Ihm abzuraten hierher zu kommen, wie Er es beabsichtigt hatte. Es hieße, unser Glück zu riskieren, und wenn ich das sage, kann man mir glauben, denn ich hege den größten Wunsch, Ihn zu sehen. Ich bin besorgt um Ihn. Ich bin sicher, dass Er sich nicht genug um sich selbst sorgt. Wann werden wir uns wiedersehen?

9. Dezember – Das letzte Dekret der Versammlung bedeutet eine unverhoffte Freude für uns. Tatsächlich wollen die Abgeordneten, dass der König die Prinzen des Reiches aufruft, den Truppenkonzentrationen der Emigranten, die sie an der Grenze dulden, ein Ende zu setzen. Ich glaube, wir werden nicht einer Macht den Krieg erklären, die starke Mittel gegen uns einzusetzen hätte (dazu sind wir zu schwach), sondern nur ein paar Prinzen Deutschlands – natürlich in der Hoffnung, dass sie sich nicht verteidigen können. Die Dummköpfe hier begreifen nicht, dass dies für uns nützlich ist. Denn wenn wir anfangen, müssen sich alle Mächte einmischen. Aber es muss ihnen klar sein, dass wir dabei nur den Willen der Revolutionäre ausführen und dass die beste Art, uns zu helfen, ist, uns direkt anzugreifen.

16. Dezember – Unsere Lage, die bis jetzt immer unangenehmer geworden war, kann sich jetzt zu unseren Gunsten wenden, wenn sie gut gelenkt ist und wenn der Kaiser und die anderen Mächte uns wirklich helfen wollen. In gewissem Sinne bittet die Versammlung den König praktisch, den deutschen Prinzen den Krieg zu erklären. Diese Idee keimt in allen Köpfen, und der König, der im Interesse seiner persönlichen Sicherheit sich keiner anderen Formulierung als jener der Versammlung bedienen kann noch darf, hat soeben angekündigt, dass er gegenüber den deutschen Prinzen lautstarke Erklärungen abgeben wird, dass sie bis zum 15. Januar aufhören müssten, den Aufmarsch französischer Emigranten auf ihrem Gebiet zu dulden. Er wird offiziell an den Kaiser schreiben und ihn ersuchen, seine guten Beziehungen zu den Prinzen einzusetzen, damit sie diese bewaffneten Ansammlungen auflösten. Wenn der König keine zufrieden stellende Reaktion erhält, wird ihm nichts anderes übrig bleiben als der Versammlung eine Kriegserklärung vorzuschlagen. Wir können eine derart absurde Vorgangsweise nur wünschen, denn wir sind ohne Armee, ohne Disziplin und ohne Geld. Es liegt nun ganz am Kaiser und den anderen Mächten, uns dienlich zu sein.

1792

1. Januar – Ich wage nicht mir vorzustellen, wie das Jahr ausgehen wird, das soeben begonnen hat. Es ist zu zermürbend, an die Zukunft zu denken.

4. Januar – Das Schweigen Wiens belastet mich. Aber dass mein Bruder sich nur nicht täuscht – früher oder später wird er sich mit unseren Angelegenheiten zu befassen haben. Man kann nicht länger sondieren; das ist jetzt der Zeitpunkt, uns zu helfen; wenn man ihn versäumt, wird er sich nur mehr zu schämen und vorzuwerfen haben, dass er vor den Augen der ganzen Welt seine Schwester, seinen Neffen und seinen Verbündeten in den Untergang stürzen ließ.

5. Januar – Ich habe soeben an den Kaiser eine Denkschrift gerichtet, die mir Barnave und dessen Freunde diktiert haben. Aber ich bitte meinen lieben Fersen und Mercy, den Kaiser darauf aufmerksam zu machen, dass kein einziges Wort dabei ist, das von uns kommt. Ich hoffe, dass mein Bruder mir in einem Brief antworten wird, den ich diesen Lumpen zeigen kann, denn wir müssen sie uns so lange wie möglich erhalten. Es ist wichtig, dass wir wissen, worauf wir von seiner Seite wirklich zählen können.

6. Januar – Ich habe allen Herrschern Europas geschrieben und ihnen unsere grauenvolle Lage geschildert. Wir wünschten, dass sich eine Koalition formiert.

10. Januar – Monsieur Barnave gibt die Fortsetzung seiner politischen Laufbahn auf. Er ist heimlich gekommen, mir Adieu zu sagen, bevor er in seine Provinz zurückkehrt. Er hat, scheint mir, zu gut begriffen, dass wir eine andere Politik als die seine betreiben, und ist darüber sehr enttäuscht. Er sieht keine Rettung für uns außer in der Respektierung der Konstitution. Er ist ein mutiger junger Mann, der mir vielleicht fehlen wird.

16. Januar – Der Krieg ist zum Gegenstand aller öffentlicher Reden geworden. Die Versammlung ist beunruhigt und gespalten. Alle Blicke richten sich darauf, was in Deutschland vor sich geht. Monsieur de Narbonne, der neue Kriegsminister, hat einen detaillierten Zustandsbericht der Armeen abgegeben. Er lässt den Schluss zu, dass wir bereit seien. Zugleich erklärte er jedoch, dass viele Offiziere sich nicht an die Verfassung gebunden fühlten und dass man fünfzigtausend Mann rekrutieren müsse. Ein Abgeordneter – sein Name ist Gensonné – hat das Wort ergriffen und die Übel der Allianz gegeißelt. Die Allianz meiner teuren Mama, die Allianz, deren Pfand ich war; die Allianz, die ich noch unlängst gegen Monsieur de Vergenne verteidigt habe! Welch ein Hohn! Man hat aus dieser schönen Rede geschlossen, dass der Kaiser die Absicht hätte, eine Koalition gegen Frankreich zu bilden, und dass es gälte, rasch und entschlossen zu handeln, um sich dessen hinterhältigen Manövern entgegenzustellen. Man wird somit die Kriegsvorbereitungen beschleunigen, und die Assemblée hat schließlich beschlossen, dass der König den Kaiser auffordern soll, ihm seine Absichten kund zu tun.

21. Januar – Seit mehreren Tagen lassen die Republikaner das Gerücht kursieren, dass wir verschwinden. Man spioniert uns pausenlos nach; sogar die Marställe werden überwacht.

23. Januar – Wieder eine Nacht des Aufruhrs. Um Mitternacht, als ich gerade eingeschlafen war, hörte ich den Generalalarm schlagen. Ich bin aufgestanden und zum König geeilt. Zweitausend Mann umstellten die Tuilerien. Wir haben erfahren, dass man Feuer im Gefängnis La Force gelegt hat und dass die Revolutionäre versuchten, einen Bezirk von Paris in Brand zu setzen. Wir sind erst im Morgengrauen wieder zu Bett gegangen. Der König hat sich beim Bezirksdirektor über das Misstrauen beschwert, das man gegen uns schürt. Diese Leute hier hassen uns.

8. Februar – Die völlige Unkenntnis, wo ich bei den Entscheidungen Wiens stehe, macht meine Lage mit jedem Tag kritischer. Ich weiß nicht, welche Haltung ich einnehmen noch welchen Ton ich wählen soll; man beschuldigt mich der Heuchelei, der Falschheit, und niemand kann glauben (und das zu Recht), dass sich ein Bruder so wenig für die schreckliche Lage seiner Schwester interessiert und dass er sie ständig allem aussetzt, ohne sich ihr gegenüber zu äußern. Ja, er setzt mich aus, und tausendmal mehr als wenn er handelte. Hass, Misstrauen und Unverschämtheit sind die drei Motive, von denen die Handlungen hier geleitet werden. Die Revolutionäre sind frech, weil sie extrem ängstlich sind und weil sie gleichzeitig glauben, dass man draußen untätig ist. Der Kaiser muss sich an der Spitze der anderen Mächte mit einer eindrucksvollen Streitmacht zeigen, erst dann wird man hier zittern. Es gilt nicht mehr, sich um uns zu sorgen: hier, im Land selbst, provoziert man den Krieg, und es ist die Versammlung, die ihn will. Der Weg der Verfassung, den der König nimmt, stützt ihn von der einen Seite, und auf der anderen Seite ist seine Existenz und die seines Sohnes für die Schurken, die uns umgeben, notwendig, und das macht unsere Sicherheit aus. Es gibt nichts Schlimmeres als wenn alles bleibt, wie es ist.

15. Februar – Ich kann kaum glauben, dass mir dieses Glück geschehen konnte. Vorgestern stand Er vor mir. Ich hatte Ihn nicht erwartet. Er hat mir diese verrückte, diese unvorstellbare Überraschung bereitet. Einmal mehr hat Er sein Leben für mich, für uns, riskiert. Augenblicklich ist mein Unglück verflogen. Es gab nichts anderes als uns, allem zum Trotz. Wir hatten den König nicht verständigt, und Er blieb bis heute Abend bei mir. Dann habe ich meinen Mann kommen lassen. Wir haben alle drei miteinander gesprochen. Er hat uns einen neuen Fluchtplan im Namen des Königs von Schweden überbracht. Der König hat ihn abgelehnt. Er sagte, er hätte den richtigen

Augenblick versäumt, den 14. Juli 1789, und jetzt sei es zu spät. Wir hofften nur mehr auf die ausländischen Mächte. Das wird Er in unserem Namen kund tun. Soeben ist Er wieder gegangen. Er fährt nach Spanien. Wann werden wir uns wiedersehen? Vielleicht bei Seiner Rückkehr; nichts ist weniger gewiss als das. Meine ganze Traurigkeit ist wieder da.

28. Februar – Ich glaube nicht, dass Er je wiederkommen kann.

1. März – In der Versammlung hat die Lesung eines Schriftstücks von Graf Kaunitz einen schönen Tumult ausgelöst. Im Namen meines Bruders hat er sich lange über die revolutionäre Clique empört, die ebenso gefährlich für Frankreich wie für die anderen Staaten sei. Und er verspricht, sie im Verband der österreichischen Truppen mit den preußischen, russischen und schwedischen zu vernichten, wenn die Monarchie, die Person des Königs oder die königliche Familie bedroht sei.

2. März – Endlich Nachrichten von meinem Bruder! Er hat vor, ein Ultimatum an Frankreich zu richten, in welchem er fordert, dass die Monarchie in angemessener Form wiederhergestellt werde; dass die feindlichen Demonstrationen gegen Deutschland eingestellt würden, indem die drei Armeen aufgelöst würden, die man an den Grenzen zu stationieren beabsichtige; dass die Lehensfürsten des Elsass wieder ihre Besitzrechte zurückerhielten, dass Avignon dem Papst zurückgegeben würde, und dass die französische Regierung die Gültigkeit der Verträge zwischen ihr und den anderen Mächten Europas anerkennt. Inzwischen lässt mein Bruder Truppen an den Grenzen aufstellen. Er kündigt an, dass er auch mit der Unterstützung Preußens rechnet. Die Ideen des Kaisers sind richtig, aber all das wäre vor acht Monaten besser gewesen.

8. März – Man beschuldigt die Minister des Verrats und der Machenschaften mit dem Wiener Hof! Der König wird ihren Rücktritt verlangen. Er hat beschlossen, jakobinische Minister zu nehmen: Er wird Monsieur Dumouriez für Auswärtige Angelegenheiten ernennen. Es ist ein Berufsmilitär, den der verstorbene König für seine Geheimdiplomatie benutzt hatte.

9. März – Mein Sohn lässt mich manchmal die Grauen unserer Situation vergessen. Als er den Wunsch äußerte, er wolle ein bewaffneter Ritter sein, beschloss der König mitzuspielen. Er ließ ihn einen Schwur leisten und erteilte ihm den Ritterschlag. Anschließend fügte er hinzu, ein tapferer Ritter müsse sich eine Dame seines Herzens wählen, der er seine Gefühle und seinen Arm weihe. Da trat mein Sohn zu mir vor, kniete sich mit einem Fuß hin, und indem er meine Hand nahm, schwor er, für die Verteidigung meiner Rechte gegen alle und alles zu sterben. Ich habe ihn umarmt und musste meine Tränen zurückhalten.

10. März – Ich bin am Boden zerstört. Mein Bruder ist gestorben – in dem Augenblick, da er sich zu unseren Gunsten zu entscheiden schien. Wir sind vom Unglück verfolgt.

11. März – Princesse de Lamballe, die aus England zurückgekommen ist, wohin sie zu Beginn der Revolution gereist war, ist seit gestern an meiner Seite. Ihre Freundschaft rührt mich.

13. März – Ich habe Monsieur de Goguelat, einen zuverlässigen Mann, an den Hof meines Neffen, des neuen Kaisers, gesandt. Er wird ihm unsere Ansichten darlegen: der König rechnet damit, dass sich, wenn der Krieg erst einmal entfacht sei, eine große Schar von Anhängern um ihn sammeln werde. Er glaubt, auf seine derzeitige Garde zählen zu können, weiters auf einen Teil der Nationalgarde in Paris, auf seine gesamte Kavallerie und auf seine Schweizer. Innerhalb von Paris hofft er, dass sich sieben Achtel der Bourgeoisie für ihn aussprechen würden und dass nur der Pöbel der Vorstädte den Jakobinern folgen würde.

20. März – Man setzt wie rasend Kriegsvorbereitungen fort. Gänzlich unter der Klinge der dominanten Partei schreibt Monsieur Dumouriez an alle Herrscher Europas und ersucht sie um eine klare Äußerung ihrer Haltung. Je näher der Augenblick einer Entscheidung kommt, desto mehr Anzeichen von Furcht und Wut werden spürbar. Wie immer hetzen die Revolutionäre das Volk auf.

23. März – Ich habe Monsieur Dumouriez empfangen. Er spricht alles hart aus. In der Art eines Soldaten. Ich habe ihm nicht verhehlt, dass wir die Verfassung nicht dulden könnten. Er hat mir geantwortet, zumal er dank seiner Stellung besser imstande sei, die Ereignisse zu beurteilen, könne er sagen, dass wir sie keinesfalls verraten dürften. Von ihr hinge unser Heil ab. Kurz, sie sagen alle dasselbe.

24. März – Ich bin völlig von Schmerz erfüllt. Wir leben in einer grausamen Welt: Der König von Schweden ist von einem Offizier seiner Garde ermordet worden. Er war nicht auf der Stelle tot, aber es gibt keinerlei Hoffnung, sein Leben zu retten. Der Kronprinz ist noch ein Kind. Der König erinnert sich, dass er von dessen Geburt erfuhr, als ich kurz vor der Entbindung meiner Tochter stand. Dieses arme Mädchen ist ebenso bestürzt wie wir.

26. März – Der Krieg scheint gewiss. Es ist gestern im Rat beschlossen worden, dass man damit beginnt, Savoyen und das Land um Lüttich anzugreifen. Eine Armee unter dem Kommando von de La Fayette soll diesen Angriff ausführen. Ich habe das Mercy und meinem großen *Freund* mitgeteilt. Ich habe auch Turin informiert. Was würde aus mir ohne die mir treu ergebenen Menschen, die all diese chiffrierten Briefe weiterleiten?

30. März – Unsere Lage ist immer noch furchtbar, indes aber weniger gefährlich, zumal wir es sind, die angreifen.

1. April – Mein Sohn ist soeben sieben Jahre alt geworden. Es ist an der Zeit, ihm einen Erzieher zu geben. Wir haben lange überlegt, der König und ich, und haben uns für Monsieur de Fleurieu entschieden, obwohl wir seine Herkunft nicht schätzen. Er hat Mademoiselle d'Arcambal geheiratet, die Enkelin von Monsieur Le Norman d'Étioles, dem Ehemann von Madame de Pompadour.

4. April – Der arme Gustave ist nicht mehr. Für uns ist das ein großer Verlust; er hatte echtes Engagement für uns bewahrt und uns noch sagen lassen, eines seiner größten Betrübnisse angesichts seines Dahinscheidens sei das Wissen, dass sein Tod unseren Interessen schaden könnte. Ungeachtet der Tatsache, dass er furchtbar leiden musste, hat er bis zum Ende einen Mut, einen wachen Geist und Mitgefühl an den Tag gelegt, wie sie bemerkenswert sind. Feldmarschall de Fersen, der sein Erzieher gewesen war, konnte seine tiefe Betroffenheit nicht verbergen, auch wenn er noch vor kurzem gegen ihn rebelliert hatte. Er war bis zu dessen letztem Atemzug an seiner Seite. »Es ist ein schönes Gefühl, umgeben von seinen alten Freunden zu sterben«, hat Gustave gemurmelt.

8. April – Heute, am Ostersonntag, bin ich um fünf Uhr morgens nur in Begleitung von Madame Campan in die Kapelle gegangen. Sie ließ einen Priester kommen, der nicht den Bürgereid geschworen hatte. Ich kehrte zu mir zurück, als sich der Tagesanbruch ankündigte.

12. April – Ich habe einen Brief vom neuen Kaiser* bekommen, der gerne bereit zu sein scheint, uns zu helfen.

19. April – Die Jakobiner wollen! Morgen wird der König dem Haus Österreich den Krieg erklären mit dem Argument, dass es durch seine Verträge vom vergangenen Jahr die Allianz (!) von 1756 verletzt und

* Nach Leopold II. folgte Franz II. auf dem Kaiser-Thron

nicht kategorisch die letzte Depesche beantwortet hätte. Die Minister hoffen, dass dieser Schritt Angst machen und dass man in drei Wochen verhandeln wird. Gebe Gott, dass das keinesfalls geschehen wird und dass man sich endlich für alle Schmach rächt, die man von diesem Land hier zu ertragen hatte.

22. April – Die Kriegserklärung ist auf allgemeine Zustimmung gestoßen.

30. April – Der König hat einen langen Ausritt unternommen, gefolgt von seiner »konstitutionellen Garde« unter dem Kommando von Duc de Brissac. Er ist sehr befriedigt zurückgekehrt und hat die Absicht, es von Neuem zu versuchen.

1. Mai – Wir erhalten nur düstere Nachrichten: General Dillon ist von seinen Soldaten massakriert worden und Monsieur de Chaumont, sein Adjutant, wurde schwer verletzt. Die Einheit dieses bedauernswerten Dillon war gerade vor Tournai geschlagen worden und befand sich auf dem Rückzug nach Lille in schrecklicher Auflösung. Da geschah es, dass diese rasenden Wahnsinnigen ihren Befehlshaber umgebracht haben. Das ist ein abscheulicher Mord.

6. Mai – Ich habe meine Kinder den Tag über nach Saint Cloud gebracht und mit Princesse de Tarente und Madame de Tourzel gesprochen. Ihre Anwesenheit bringt mir einen gewissen Trost.

10. Mai – Einzig meine Kinder rufen in mir noch beglückende Empfindungen hervor; meine Seele ist ruhig, wenn sie da sind; ihre Liebkosungen sind so echt, ihre Gefühle so zärtlich, dass ich mich noch durch sie am Glück erfreuen kann, geliebt zu werden.

12. Mai – Seit Beginn des Krieges sind drei Regimenter auf die Seite der Emigranten gestoßen.

15. Mai – Die Frechheit der Revolutionäre hat ihren Gipfel erreicht. Jeden Tag lassen sie heftige Schmähungen gegen den König und mich los, aber auch gegen unsere treuesten Diener. Sie feuern das Volk zum Aufstand an. Heute brandmarkt eine ihrer Zeitungen das »österreichische Komitee in den Tuilerien«, dem sie das Scheitern der letzten militärischen Operationen anlastet.

20. Mai – Monsieur de Molleville und Monsieur de Montmorin, die alten Minister, die in diesem Artikel beschuldigt werden, zu diesem »österreichischen Komitee« zu gehören, wollten den Autor der Schmähschrift vor Gericht zitieren. Der König seinerseits hat befohlen, die Urheber dieser Komitee-Verleumdung zur Verantwortung zu ziehen. Alle Versuche sind vergeblich. Die Revolutionäre sind die Herren.

21. Mai – Die Versammlung verletzt selbst die Verfassung, und die Revolutionäre verspotten die Abgeordneten, die sich darüber beschweren. Sie entziehen ihnen das Wort und stecken diejenigen, die allzu sehr deren maßloses Verhalten anprangern, ins Gefängnis. Sie wollen die Schweizer Garden aus Paris entfernen. Das sind unsere treuesten Verteidiger.

22. Mai – Wieder ein Tag, an dem es galt, Nerven zu bewahren. Unter dem Kommando von Santerre und von Saint Huruge ist eine Abordnung der Vorstadt Saint Antoine, bestehend aus Siegern der Bastille, vor der Versammlung aufmarschiert. Sie trugen alle Piken, und die Frauen, die sie begleiteten, waren mit Gewehren, Pistolen und Säbeln bewaffnet. Ihre Musik spielte »Ça ira«, und ein Redner hat gegen die »verbündeten Despoten« gewettert. Sie haben den König als Verletzer der Verfassung gebrandmarkt und versucht, sich Eintritt ins Schloss zu verschaffen. Wie durch ein Wunder waren die Gitter sorgfältig bewacht. Wir können uns ruhig schlafen legen. Zumindest hoffen wir es.

26. Mai – Man hört nicht auf, das Volk durch Schüren falscher Angstgefühle ständig aufzuwiegeln: einmal mit Erfindungen über neue Verschwörungen des Adels, dann wieder mit Vermutungen einer neuerlichen Abreise des Königs aus Paris. Pétion, der Bürgermeister, und Manuel, der Generalstaatsanwalt der Kommune, sind mit der umstürzlerischen Clique sowohl durch gleiche Interessen als auch durch gleiche Grundsätze eng verbunden. Und so versäumen sie nicht, diesen Gerüchten mit dem ganzen Gewicht ihrer Autorität Nachdruck zu verleihen.

27. Mai – Ich bin beunruhigt: Die militärischen Operationen verlangsamen sich.

29. Mai – Wir sind bestürzt. Die Assemblée, die weiter die Gesetze verletzt, hat soeben per Dekret die Auflösung der Garde des Königs beschlossen. Man schiebt den Verdacht vor, sie wäre an einem Komplott mit dem Ziel unserer Befreiung und der Zerschlagung der Versammlung beteiligt gewesen. Gegen Duc de Brissac, ihren Kommandanten, ist Anklage vor dem Höchstgericht, das in Orléans tagt, erhoben worden. Der König ist verzweifelt darüber, dass er nichts für ihn tun kann.

30. Mai – Unsere Lage wird immer schlimmer. Ich setze ganz auf den Vormarsch der Armeen. Was machen sie? Die Nachrichten, die mir mein großer *Freund* zukommen lässt, sind nicht beruhigend. Die preußischen Truppen können nicht vor dem 1. Juli in Koblenz sein. Es kann bis dahin viel Unglück geschehen, und wir haben die einzige Truppe verloren, auf die wir vertrauen konnten.

3. Juni – Heute hat sich uns Monsieur Morris, der bevollmächtigte Minister der Vereinigten Staaten, präsentiert.

5. Juni – Ich lasse meinen lieben Fersen und Monsieur de Mercy drängen, dass die Armee Luckners unverzüglich angreifen möge, auch wenn dieser General dagegen ist. Das Ministerium will es. Den Truppen mangelt es an allem, und sie befinden sich in größter Unordnung. Viele Offiziere haben demissioniert, und alles ist völlig durcheinander.

6. Juni – Wir sind ein weiteres Mal einer Invasion der »Sansculottes« entgangen. Ich kann nicht mehr.

7. Juni – Nachdem man uns hat wissen lassen, dass man uns zu vergiften drohte, essen wir kein Gebäck mehr, das in unseren Küchen zubereitet wird, sondern nur dasjenige, das uns Madame Campan von einem Bäckerladen bringt.

8. Juni – Wir befinden uns in großer Gefahr. Die Assemblée hat ein Dekret erlassen, das die Rekrutierung eines Korps von zwanzigtausend Mann anordnet, die aus den dreiundachtzig Departements des Königreichs eingezogen werden. Sie sollen sich am 14. Juli in Paris versammeln und an einer Art Wiederholung ihrer Föderationsfeier, dem Fest der Vereinigung aller Truppenverbände, teilnehmen. Das sind Tausende Mörder, die da in Verstärkung antreten.

8. Juni – Roland, der Innenminister, hat einen Brief an den König geschrieben und ihn darin aufgerufen, das Dekret zu sanktionieren. Dieser Handlanger der Jakobiner wollte meinen Mann in dem Glauben lassen, dass dieser Brief vertraulich sei, aber wir wissen, dass er dafür gesorgt hatte, ihn in ganz Paris zu verbreiten mit dem Ziel, dass der König im Falle seiner Weigerung, das Dekret zu sanktionieren, den Eindruck erwecken würde, gegen die Verfassung anzukämpfen.

12. Juni – Der König lehnt die Sanktionierung des Dekrets ab und hat es an seine Minister zurückgesandt. Es hat nichts gebracht, jakobinische Minister zu ernennen. Sie beschützen uns keineswegs. Eher im Gegenteil.

15. Juni – Man brüllt unter meinen Fenstern ein schreckliches Lied, wo ich mit dem Namen »Madame Veto« bezeichnet werde. Die Versammlung erhält aufhetzendste Petitionen und solche, die größte Bedrohungen für die königliche Autorität bedeuten.

16. Juni – Die ungeheuerlichsten Anträge werden von den Jakobinern vorbereitet. Man denkt an die Schaffung einer Minderheitsregierung, wobei man von Geistesverwirrung des Königs ausgeht, und man spricht vor allem davon, mich ins Kloster zu stecken. Der König würde nie die Umsetzung eines so abscheulichen Plans dulden; und doch würde ich ihn dem Risiko vorziehen, dass das Leben des Königs in Gefahr wäre, wenn seine Weigerung solche Folgen haben kann.

17. Juni – Der Hass, der mir entgegengebracht wird, zwingt mich, Vorsichtsmaßnahmen zu treffen. Ich habe heute eine Menge Papiere vernichtet und meine getreue Madame Campan gebeten, welche mitzunehmen, um sie bei sich zu verbrennen. Ich habe mich gefragt, was ich mit diesen kostbaren Blättern tun soll, die die Geschichte meines Lebens von meiner Ankunft an diesem Hof hier nachzeichnen. Trotz der Risken, die ich eingehe, habe ich beschlossen, sie zu behalten. Mein Versteck, das sehr klein und sehr schwer zu finden ist, ermöglicht es mir, sie noch in Sicherheit zu verwahren.

18. Juni – Der König hat auf seine Ausritte verzichtet, seit man ihm seine Leibgarde entzogen hat. Er ist in eine Mutlosigkeit verfallen, die bis zur körperlichen Niedergeschlagenheit reicht. Er spricht nicht mehr.

19. Juni – Wie kann ich in solchen Zeiten mein Spiel abhalten?

20. Juni – Seit heute morgen ist das Karussell von einer Meute Räuber übersät. Sie singen abscheuliche Lieder und sind mit Pikes bewaffnet. Man hat uns gesagt, es fände ein Bürgerfest zur Erinnerung an den Ballhauseid vor zwei Jahren statt. Wir sind auf das Schlimmste gefasst.

21. Juni – Ich existiere noch, aber es ist ein Wunder. Der gestrige Tag war schlimmer als alles bisher. Ich kann mich nicht erwehren ständig zu zittern, seit sie weg sind. Es ist schrecklich, schrecklich; ich weiß nicht mehr, was ich schreibe; übrigens kann ich nicht mehr schreiben. Es ist zu schrecklich. Alles verlief zugleich so schnell und hat doch so lange gedauert. Immer wieder sehe ich diese tausenden abscheulichen Gesichter vor mir, die mir ihre Schimpfworte ins Gesicht schleuderten, während mein armes Kind die rote Mütze auf dem Kopf tragen musste. Diese ständigen Morddrohungen! Und während dieser ganzen Zeit nicht zu wissen, wie es um den König steht. Sie hatten auch ihm die rote Mütze aufgesetzt und ihn mit Beleidigungen überschüttet. Nicht nur mein Leben ist es, das man fordert, es ist sogar das Leben meines Mannes. Er hat eine Festigkeit und Kraft an den Tag gelegt, die für alle bezwingend war. Zumindest für den Augenblick. Aber es ist alles möglich. Die Zeit drängt.

22. Juni – Ich fürchte mich vor allem vor Blicken, vor Dunkelheit, vor Schritten. Der geringste Lärm macht mich zittern. Alles wird beängstigend. Meine armen Kinder!

24. Juni – Diesen Nachmittag bin ich in einer Karosse über die Champs Élysées dem König gefolgt, der zu Pferd war, um ein paar Bataillone der Nationalgarde abzureiten. Und wie jeden Sonntag habe ich mein Spiel abgehalten. Das ganze diplomatische Korps war da, in unserem verwüsteten Palast, als befänden wir uns in Versailles. Ein paar Augenblicke lang glaubte ich den Verstand zu verlieren.

26. Juni – Mehrere Departements haben an den König eine Denkschrift gerichtet, um ihre Empörung über die Verletzung der Verfassung zu bekunden.

28. Juni – Gestern ist überraschend La Fayette nach Paris gekommen. Er ist heute in die Assemblée gegangen, um sich als Redner Gehör zu verschaffen, wo er die Greuel des 20. Juni brandmarkte. Er hat gefordert, dass die Urheber wegen des Verbrechens des Hochverrats verfolgt werden und dass die Abgeordneten effiziente Maßnahmen ergreifen, die die Wahrung der Autorität des Königs sicherstellen. Es ist höchste Zeit dazu. Seine Rede hat einen allgemeinen Tumult ausgelöst. Er ist anschließend gekommen, um den König zu sehen. Er behauptet, uns retten zu wollen, indem er uns nach Compiègne bringt, und zwar am Vorabend dieser schrecklichen Föderationsfeier, wo wir alles zu befürchten haben. Der König würde diesem Plan gerne folgen, aber ich tue alles, um ihn davon abzubringen. La Fayette würde uns wieder verraten.

29. Juni – La Fayette ist wieder weggegangen. Wir haben ihm nichts versprochen. Er macht nun selbst die traurige Erfahrung, dass er nur mehr geringes Vertrauen genießt. Der Empfang, den ihm die Versammlung bereitet hat, war ein Beweis dafür, wie leicht sich Übel anrichten lassen und wie schwer sie zu korrigieren sind, und dass es Fehler gibt, die durch unvorhergesehene Umstände nicht wieder gutzumachen sind.

3. Juli – Unsere Lage ist nach wie vor gleich schlimm, aber ich spüre wieder Mut in mir aufkeimen, und etwas in mir sagt mir, wir würden bald glücklich und gerettet sein. Allein dieser Gedanke hält mich aufrecht. Und es gelingt mir, die Briefe meines lieben Fersen zu erhalten, der keine Mühe scheut, uns zu retten. Wann werden wir uns ruhig und ohne Sorgen wiedersehen?

4. Juli – Man kann sich weder auf die Nationalgarde noch auf die Armee verlassen. Worauf warten also die Mächte, um ein starkes Wort zu sprechen? Man befürchtet am 14. Juli Greueltaten. Die Raserei der Versammlung hat ihren Höhepunkt erreicht. Vergniaud hat erklärt, man müsse den König als seinen gefährlichsten Feind betrachten. Das ist ein Aufruf zum Mord. Alles ist verloren, wenn man nicht die Revolutionäre aus Sorge vor der nächsten Strafaktion verhaftet. Sie wollen um jeden Preis eine Republik. Sie haben beschlossen, den König zu ermorden, um ihr Ziel zu erreichen. Ich habe Mercy angefleht, ein Manifest veröffentlichen zu lassen, das der Versammlung und der Stadt Paris die Verantwortung über unser Leben gibt.

6. Juli – Ich habe nicht einen Augenblick der Ruhe. Die Jakobiner kommen aus allen Provinzen in Scharen an. Es gibt keinen Tag, wo man mir nicht sagt, ich solle mich besonders hüten. Einmal kommt die Warnung von offizieller Seite, dann wieder von einem Intriganten.

7. Juli – Die verschiedenen Parteien der Versammlung sind heute zusammengetreten. Die Jakobiner wollen offenbar, dass der König einen Frieden aushandelt. Das wäre unser Tod.

9. Juli – Die Versammlung hat erklärt, die Heimat sei in Gefahr.

11. Juli – Der Zeitpunkt der Vereinigungsfeier, des »Föderationsfestes«, rückt näher. Wir werden in den Tod gehen. Meine armen Kinder!

14. Juli – Dieser schreckliche Tag ist vorbei. Unsere Eskorte, die aus Schweizern und Grenadieren der Nationalgarde bestand, hat die Revolutionäre durch ihre Fassung beeindruckt. Doch nie war eine Zeremonie schauderhafter. Der Mob brüllte unablässig: »Hoch leben die Sansculottes und die Nation! Es lebe Pétion! Nieder mit dem Veto!« Man sah auf dem Marsfeld eine unüberschaubare Menge von Soldaten aus der Provinz, Frauen und zerlumpte Kinder. Ich hatte große Angst, als der König hinging, um den Eid zu leisten. Ich folgte jeder kleinsten seiner Bewegungen mit einem Fernglas. Ich bewunderte die Ruhe, die er den Schreihälsen entgegensetzte. Um sieben Uhr waren wir wieder in den Tuilerien.

17. Juli – La Fayette hat uns Monsieur de Lally-Tollendal gesandt. Er wäre bereit, uns mit zuverlässigen Truppen bis Rouen zu eskortieren. Wir fürchten zu sehr, uns in die Hände von Konstitutionellen zu begeben, die uns in die Lage gebracht haben, in der wir jetzt sind.

20. Juli – Die Föderierten kommen. Der König war gezwungen, die Heimat offiziell für gefährdet zu erklären, wobei er das Risiko einging, als Verräter zu gelten.

21. Juli – Wieder ein Tag, an dem wir glaubten, massakriert zu werden. Am frühen Morgen sind wir vom Generalalarm geweckt worden. Es waren die Föderierten, die nach einer Orgiennacht auf der Place de la Bastille beschlossen hatten, die Tuilerien zu umschließen und den »Verrätern« den Tod zu bringen. Pétion ist es gelungen, sie zu verhaften. Wir wissen nicht, für welche Seite die Nationalgarden Partei ergriffen haben. Wenn das Schloss angegriffen worden wäre wie am 20. Juni, hätte der König beschlossen, dass wir uns alle in die Versammlung flüchten. Das hieße von Charybdis zu Scylla – oder vom Regen in die Traufe geraten.

24. Juli – Wir leben im Terror. In Petitionen droht man, den König zu massakrieren, wenn die Versammlung ihn nicht absetzt. Ich dränge Mercy, auf der Stelle ein Manifest auszusenden, das sie verschreckt und das viele Menschen um den König sammeln würde. Die Zeit drängt. Die Truppe der Mörder wächst ständig an.

25. Juli – Das Manifest ist gekommen. Der Herzog von Braunschweig kündigt an, Paris eine militärische Exekution zu liefern und einen totalen Umsturz, wenn uns auch nur ein Haar gekrümmt würde.

30. Juli – Die Armee aus Marseille, die seit langem angekündigt war, ist in Paris angekommen. Sie besteht aus sämtlichen Banditen des Südens und hat unterwegs alle Taugenichtse rekrutiert, die sich ihnen anschließen wollten.

31. Juli – Die Revolutionäre nehmen sich nicht einmal mehr die Mühe, ihr Vorhaben uns zu töten, zu verbergen. Sie sind sich nur noch über die Art und Weise uneins. Man kann nicht auf die Nationalgarde zählen. Die Marseiller spielen die Polizei des Palais Royal und des Parks der Tuilerien, die ihnen die Versammlung geöffnet hat. Monsieur de Paroy hat mir für den König, für meine Kinder und für mich Taft-Brustpanzer übergeben, die für Kugeln und Dolchstöße undurchlässig sind. Wir werden sie beim nächsten Alarm tragen.

1. August – Die Mörder treiben sich ständig bei uns herum. Man muss versuchen, den Spitzen auszuweichen und Verschwörungen um den Thron zu vereiteln, der am Rande des Abgrunds steht. Wenn nicht jemand kommt, uns zu befreien, kann uns nur mehr die Vorsehung retten.

2. August – Madame de Tourzel hat darauf bestanden, dass ich im Zimmer meines Sohnes übernachte, wo ich weniger gefährdet bin als in meinem. Ein kleiner Hund wird in meinem Zimmer schlafen, um mir schon das geringste Geräusch in meinem Zimmer zu melden.

3. August – Wir sind gelähmt vor Entsetzen. Das Manifest verschreckt niemanden, sondern stachelt vielmehr den Hass der Revolutionäre noch mehr an.

4. August – Der König hat in der Assemblée erklärt, er habe kein Mittel gescheut, um den Erfolg unserer Waffen zu sichern, und er wolle im Einverständnis mit der Versammlung alle Vorkehrungen treffen, auf dass die Übel des Krieges der Nation zu Freiheit und Ruhm gereichten. Ich weine beim Schreiben dieser Zeilen, denn ich weiß, dass niemand daran glaubt.

5. August – Man verlangt allseits die Absetzung des Königs.

8. August – Die Revolutionäre sind in Aufruhr und haben begonnen, sich zu bewaffnen. Der König lässt die Schweizer Garden, die nach Courbevoie verbracht worden waren, hierherkommen. Wird man sie zu uns vordringen lassen?

Sie sind da. Gott sei gelobt!

9. August – Die Vorstädter bereiten einen Angriff auf die Tuilerien vor. Ganz Paris erhebt sich gegen uns.

Elf Uhr. – Ich höre Generalalarm schlagen. Die Sturmglocke hat zu läuten begonnen. Das ist die Totenglocke aller unserer Hoffnungen.

Mitternacht. – Hören die Glocken nie auf? Wogen der Verzweiflung schlagen über mir zusammen.

10. August – Élisabeth ruft mich, den Sonnenaufgang zu erleben. Der König ist soeben aufgewacht.

Ich höre Geschrei zu uns heraufdringen. Ich habe Angst. Es ist mein Schicksal, dem König zu dienen. Das wird mir den Tod bringen. Ich will nicht sterben …

Epilog

Das Tagebuch der Königin endet am 10. August 1792, dem Tag des Zusammenbruchs der Monarchie. Von nun an Gefangene, ist es ihr untersagt, eine Feder zu führen.

In der Morgendämmerung dieses tragischen 10. August 1792 stellen sich die Bewohner der Vororte und föderierte Truppenteile in Kampfordnung nahe dem Schloss auf. Nachdem er vergeblich versucht hatte, an die in seiner Nähe verbliebenen Truppen das Wort zu richten, entschließt sich Ludwig XVI., in der Versammlung Schutz zu suchen. Während in den Tuilerien Kämpfe toben, erleben der König und die Königin den legalen Sturz der Monarchie. Die Abgeordneten sprechen sich für die Absetzung des Monarchen aus. Sie beschließen, dass eine neue Versammlung über sein Schicksal befinden soll. Bis zu diesem Beschluss sollen der Monarch und seine Familie in der Temple-Festung eingekerkert sein.

In dieser unheimlichen Festung beginnt sich unter der Knute der städtischen Wachen bald ein merkwürdiges Familienleben zu organisieren. Ein Tag folgt unausweichlich dem anderen. Doch trotz der direkten Überwachung, der sie ausgesetzt sind, gelingt es Ludwig XVI. und Marie Antoinette, über die Ereignisse der Außenwelt am Laufenden gehalten zu werden, und sie geben die Hoffnung, von Armeen des Auslands befreit zu werden, nicht auf. Unterdessen erleidet die französische Armee eine Niederlage nach der anderen und scheint damit immer mehr die Vermutung einer Verschwörung der Aristokratie zu bestätigen. Am 2. September stürmt wie von einer plötzlichen Welle der Wut erfasst, die den Rahmen jeglicher Vernunft sprengt, eine von Gerüchten hysterisch gewordene Menschenmenge die Gefängnisse, wo seit dem 10. August alle jene festgehalten sind, die verdächtigt werden, königstreu zu sein. Es ist ein grauenvolles Massaker, das bis zum 6. September andauert: Ganz Paris hallt wider von den Schreien der Opfer, die erwürgt werden, und die Rinnsale sind voller Blut. An einem dieser Tage muss die Königin durch das verhangene Fenster den Kopf von Prinzessin Lamballe entdecken, das verzerrte Gesicht auf einer Pike aufgespießt, die blutverschmierten blonden Haare flattern immer noch im Wind.

Seit Beginn ihrer Gefangenschaft als Geiseln betrachtet, sind der König, die Königin und ihre Kinder zu politischen Gefangenen geworden, über deren Freilassung es keine Verhandlungen geben kann. Nach einigen Diskussionen erklärt sich die neu gewählte Versammlung, die sich Convention nennt, zum Tribunal, das über Ludwig XVI. richten soll. Am 11. Dezember tritt der Bürgermeister von Paris bei der königlichen Familie ein und verkündet dem König brutal, dass er ihn seinen Richtern vorführen wird. Vor Sorge verzehrt wartet Marie Antoinette auf die Rückkehr ihres Mannes. Doch an diesem Abend kehrt er nicht wie sonst zu den Seinen zurück. Jede Zusammenkunft ist ihnen für die Dauer des Prozesses untersagt. Die Königin nimmt kaum Nahrung zu sich und siecht dahin, spricht kein Wort und weint stundenlang. Am Abend des 20. Januar 1793 wird ihr endlich gestattet, gemeinsam mit Madame Élisabeth und ihren Kindern den Gefangenen zu besuchen. Der König selbst teilt ihnen seine Verurteilung mit. Ihr Abschied ist herzzerreißend. Am nächsten Morgen um zehn Uhr und zweiundzwanzig Minuten wird Ludwig XVI. enthauptet. Die Königin überwindet ihre Verzweiflung und kniet vor ihrem Sohn nieder, um ihn als Ludwig XVII. zu grüßen.

Nach dem Tod des Königs verfällt Marie Antoinette in völlige Agonie. Mit siebenunddreißig Jahren ist sie eine alte Frau geworden, ihre Gesundheit gebrochen. Ihre Verwandten in Österreich kümmert ihr Schicksal wenig. Dass sie hingerichtet werden könnte, scheint ihnen kaum Sorgen zu bereiten. Einzig Fersen wird das Unmögliche versuchen, sie zu befreien.

Als die Armeen des Auslands französisches Territorium bedrohten, behauptet man, ein königstreuer General wolle den Sohn Ludwigs XVI. entführen und als Ludwig XVII. zum König ausrufen. Mehr bedurfte es nicht, am 3. Juli das Kind seiner Mutter zu entreißen.

In ihrer Trauerkleidung einem Gespenst gleich, irrte die Königin nun in ihrem Zimmer umher, völlig verstummt. Ihr einziger Wunsch war jetzt nur mehr, den Turm zu besteigen, um durch eine Spalte in der Mauer das Kind vorübergehen zu sehen, das sie so wenigstens von weitem erspähen könnte.

Während die Alliierten weiter vorrückten und die Aufstände im Landesinneren immer weitere Ausmaße annahmen, riefen die Abgeordneten dazu auf, die Feinde der Revolution zu bekämpfen: Nun hatte man es direkt auf die Königin abgesehen. Am 2. August um zwei Uhr früh führte man sie in die Concièrgerie. Am 5. Oktober 1793 wurde Anklage gegen sie erhoben. Man begnügte sich damit, hastig mehrere subalterne Statisten zu versammeln, die notdürftig zu Zeugen umfunktioniert wurden.

Marie Antoinette schien nicht zu begreifen, dass man ihren Prozess »vorbereitete«. Am 12. Oktober um sechs Uhr ließ Hermann, der Vorsitzende des Revolutionstribunals, sie vorführen. Es handelte sich um ein geheimes Verhör, das dazu dienen sollte, die für den 15. vorgesehene Verhandlung vorzubereiten. Hermann kommt direkt zur Sache: Marie Antoinette ist der Spionage für den Feind und der Verschwörung zu Lasten der Sicherheit des Staates angeklagt. Nach dem Verhör beauftragt das Tribunal zwei Anwälte, die über die Causa, die sie zu vertreten haben, nichts wissen.

Am Mittwoch, dem 15. Oktober 1793, tritt um acht Uhr morgens in der alten Großen Kammer des Justizpalastes die ehemalige Königin von Frankreich vor, blass und majestätisch, und erscheint vor dem Revolutionstribunal. In Schwarz gekleidet, das Haar unter einer Witwenhaube in weißem Leinen mit einem Trauerflor verborgen, nimmt sie in dem für sie vorbereiteten Stuhl vor dem Tisch des öffentlichen Anklägers, dem weitere Richter zur Seite stehen, Platz. Hinter diesen nehmen die Geschworenen Aufstellung, die alle Robespierre und Fouqier-Tinville, dem öffentlichen Ankläger, ergeben sind. Weiters sind ein Chirurg, ein Buchhändler, ein Perruquier, ein Holzschuhmacher, ein Kaffeesieder, ein Hutmacher, ein Musiker, zwei Schreiner, ein Tabakhändler, ein Journalist, ein alter Staatsanwalt und Marquis d'Antonelle anwesend – ein alter Abgeordneter, der sich von Anfang an der Revolution verschrieben hatte. Eine einfache Brüstung trennt den Gerichtssaal von der Volksmenge, die begierig ist, »l'Autrichienne« – »die Österreicherin« – zu Gesicht zu bekommen, deren Verurteilung sie erwartet. Diejenigen, welche die Königin schon früher einmal gesehen hatten, können sie in dieser abgemagerten Frau mit dem schmerzverzerrten Gesicht kaum wiedererkennen.

Nach der Verlesung der Verbrechen der »Autrichienne« ziehen die einundvierzig Zeugen vorbei. Kein Tribunal, das diesen Namen verdient, könnte je deren Aussagen zu Protokoll nehmen. Die Königin verteidigt sich heftig. Niemals gelingt es dem Vorsitzenden, sie bei einer Unwahrheit zu ertappen. Ihre Anwälte verteidigen ihre Sache mit Feuereifer, aber nicht ihnen gehört das letzte Wort. Bevor sich die Geschworenen zurückziehen, »um zu beraten«, hält Hermann eine lange Rede, die zu einer Art zweiter Anklage gerät.

Die Königin hegt noch die Hoffnung, zu Verbannung verurteilt zu werden. Für ihren Verrat konnte kein Beweis erbracht werden, aber die Geschworenen belasten sich nicht mit solchen Gedanken. Sie geben vor, eine Stunde lang zu beraten, um den Anschein zu erwecken, als sei das Urteil nicht schon im Voraus entschieden.

Als das Ende der Beratungen gemeldet wird, tritt augenblicklich Totenstille ein. »Antoinette, hier ist der Beschluss des Schwurgerichts«, kündigt Hermann an. Fouqier-Tinville ruft es lautstark aus: Die Angeklagte ist zum Tode verurteilt. Die Königin hört das Urteil wortlos und ohne eine Geste an. Wie von einer überraschenden Nachricht ausgelöscht, bahnt sie sich den Weg durch den Gerichtssaal. Als sie an der Brüstung ankommt, wo sich das Volk befindet, richtet sie majestätisch den Kopf hoch.

Am nächsten Tag, dem 16. Oktober, um elf Uhr morgens wurde die Königin auf der Place de la Révolution inmitten einer gewaltigen Menschenansammlung enthauptet.

Zeittafel

1715–1715	Ludwig XV. wird König (Tod von Ludwig XIV.).
1754	Geburt von Ludwig, dem Enkel von Ludwig XV. und späteren König Ludwig XVI.
1755	Geburt von Marie Antoinette, Erzherzogin von Österreich, als Tochter von Kaiser Franz Stephan von Lothringen und Maria Theresia.
1770	Ankunft von Marie Antoinette am französischen Hof und Hochzeit mit Ludwig, dem Dauphin von Frankreich.
1774	Tod von Ludwig XV.; sein Enkel wird als Ludwig XVI. König und somit Marie Antoinette Königin von Frankreich.
1777	Erste Amtsperiode des Schweizer Bankiers und Finanzreformers Jacques Necker; weitere Staatsverschuldung.
1778	Geburt des ersten Kindes von Marie Antoinette und Ludwig XVI., Marie Thérèse, Madame Royale, Herzogin von Angoulême.
1780	Tod von Kaiserin Maria Theresia, ihr folgt Kaiser Joseph II. auf den Thron.
1781	Geburt des ersten Sohns und Dauphins Louis.
1785	Geburt des zweiten Sohns Charles Louis.
1786	Geburt der zweiten Tochter Sophie Hélène.
1786	Prozess gegen Kardinal Rohan wegen der Halsbandaffäre.
1787	Tod der jüngeren Tochter Sophie Hélène.
1788	Zweite, kurze Amtsperiode von Jacques Necker.
1789	Im Mai Zusammenkunft der Generalstände in Versailles.
17. 6. 1789	Der »dritte Stand« erklärt sich zur Nationalversammlung.
20. 6. 1789	»Ballhausschwur« – Beschluss der Abgeordneten, erst nach Verabschiedung einer Verfassung auseinanderzugehen.
23. 6. 1789	Der König stellt sich auf die Seite der alten ständischen Ordnung. Lebensmittelknappheit und Gerüchte über die Auflösung der Nationalversammlung sowie Neckers Entlassung führen zum Aufruhr.
14. 7. 1789	Der Mob erstürmt das alte Stadtgefängnis, die Bastille und ermordet zahlreiche Personen. Ähnliche Aufstände in den Städten und Ortschaften des Landes.

26. 8. 1789	Erklärung der Menschenrechte durch die französische Nationalversammlung.
5. 10. 1789	Die königliche Familie wird in den Tuilerien unter Hausarrest gestellt.
1790	Tod von Kaiser Joseph II., sein Bruder besteigt als Leopold II. den Thron.
20. 6. 1791	Gescheiterte Flucht Ludwigs XVI. und Marie Antoinettes und Rückkehr in die Tuilerien. Comte de Provence gelingt die Flucht nach Belgien.
10. 8. 1792	Erster Sturm auf die Tuilerien, mit Plünderungen und Todesopfern.
10. 8. 1792	Mit der offiziellen Absetzung des Königs Ende der Monarchie. Ludwig XVI. und Marie Antoinette werden mit ihren Kindern im Temple-Gefängnis gefangen gehalten. Vormarsch der Preußen und Österreicher in Ostfrankreich. Anlässlich des Falls von Verdun die so genannten Septembermorde in Paris. Frankreich wird zur Republik erklärt. Anklage gegen Ludwig XVI.
21. 1. 1793	Hinrichtung Ludwigs XVI. auf dem Schafott.
August 1793	Marie Antoinette wird in die Concièrgerie überstellt.
16. 10. 1793	Hinrichtung von Marie Antoinette auf dem Schafott.
1794	Massenhinrichtung von Girondisten und Gemäßigten.
10. 5. 1794	Hinrichtung von Élisabeth, der jüngsten Schwester von Ludwig XVI. auf dem Schafott.
27. 7. 1794	Sturz und am 28. Juli Hinrichtung Robespierres und seiner aktiven Anhänger auf dem Schafott. Ende der Schreckensherrschaft (»La Terreur«). Die Revolution in Frankreich forderte insgesamt etwa 15 500 Opfer.
1795	Marie Thérèse, Tochter von Marie Antoinette, verlässt das Temple-Gefängnis im Austausch gegen Drouet in der elsässischen Stadt Hüningen.
1810	Axel Comte de Fersen, Geliebter von Marie Antoinette, wird 1810 während eines Aufstandes in Stockholm von der Menge ermordet.
1814	Comte de Provence, Bruder von Ludwig XVI., wird als Ludwig XVIII. König der Franzosen, ihm folgt 1814 sein jüngerer Bruder, Comte d' Artois als Karl X. (bis 1836).

Genealogien

Haus Habsburg-Lothringen

Maria Anna
(1738–1789)

Josef II.
(1741–1790)
römischer König 1764,
Kaiser 1765
∞ 1. Isabella von
Bourbon-Parma
∞ 2. Maria Josefa
von Bayern

Marie Christine
(1742–1798)
∞ Albert von
Sachsen-Teschen,
Statthalter der
Niederlande
1781–1793

M. Elisabeth
(1743–1808)

Karl Josef
(1745–1761)

Maria Amalia
(1746–1804)
∞ Ferdinand
von Parma

Leopold II.
(1747–1792)
Großherzog von
Toskana 1765–1790
Kaiser 1790
∞ Maria Ludovica
v. Bourbon-Spanien,
ihm folgte 1792
Franz II. (I.) nach

Marie Thérèse
Charlotte
(1778–1844)
Madame Royale
Herzogin
v. Angoulême

Maria Theresia ∞ **Franz I.** (Franz Stefan)

Maria Theresia
(1717–1780)
Königin von Ungarn 1741,
Königin von Böhmen 1743

Franz I. (Franz Stefan)
(1708–1765)
Herzog von Lothringen
1729–1735
Großherzog von Toskana
1737–1765
Kaiser 1745

M. Josefa
(1751–1767)

Maria Karoline
(1752–1814)
∞ Ferdinand
von Bourbon-
Neapel

Ferdinand
(1754–1806)
∞ Maria
Beatrix
von
Modena-
Este

Maria Antoinette
(1755–1793)
∞ Ludwig XVI.
von Frankreich

Maximilian
(1756–1801)
Kurfürst
von
Köln/
Münster

Children of Maria Antoinette:

Kind totgeb.
(1780)

Louis Joseph
(1. Dauphin)
(1781–1789)

Kind totgeb.
(1783)

Charles-Louis
(2. Dauphin)
(1785–1795)
(seit 1793
Ludwig XVII.)

Sophie Hélène
(1786–1787)

Heinrich IV., † 1610

Ludwig XIII., † 1643

- **Ludwig XIV.**, † 1715
  - Ludwig, Dauphin, † 1711
    - Ludwig, † 1712
Hz. v. Bourgogne
      - **Ludwig XV.**
† 1774
        - Ludwig, Dauphin
† 1765
∞ 1747 Maria Josepha
von Sachsen
          - **Ludwig XVI.**
† 1793
∞ Marie Antoinette
† 1793
            - Marie Thérèse
Charlotte
(1778–1844)
Madame Royale
Herzogin
v. Angoulême
            - Kind totgeb.
(1780)
            - Louis Joseph
(1. Dauphin)
(1781–1789)
            - Kind totgeb.
(1783)
            - Charles-Louis
(2. Dauphin)
(1785–1795)
(seit 1793
Ludwig XVII.)
          - **Ludwig XVIII.**
† 1824
Graf v. Provence
(»Monsieur«)
(1814–1824)
          - **Karl X.**
Graf v. Artois
(1824–1836)
          - Marie Clotilde
∞ 1775 Prinz
v. Piemont
          - Elisabeth
† 1794
        - Adélaide († 1800)
        - Victoire († 1789)
        - Sophie
        - Louise

        »Mesdames«, les »tantes«
    - Philipp, † 1746
Hz. v. Anjou
seit 1701 als Philipp V.
Kg. v. Spanien
Stammvater
der Bourbonen
in Spanien, Neapel
und Parma

Ferdinand
† 1842
Hz. v. Orléans

Häuser Bourbon ältere Linie und jüngere Linie (Orléans)

Philipp I., † 1701
Hz. v. Orléans
∞ Elisabeth Charlotte v. d. Pfalz, † 1722

Philipp II., † 1723
Hz. v. Orléans

Ludwig, † 1752
Hz. v. Orléans

Ludwig Philipp, † 1785
Hz. v. Orléans

Ludwig Philipp (Égalité), † 1793
Hz. v. Orléans
(geb. Duc de Chatres)

Louis Philippe, † 1850
Hz. v. Orléans
Kg. d. Franzosen 1830, abges. 1848

Sophie Hélène
(1786–1787)

Ludwig	Luise	Klementine	Heinrich	Anton
† 1896	† 1850	† 1907	† 1897	† 1890
Hz. v. Nemours	∞ Leopold I.	∞ Pr. August	Hz. v. Aumale	Hz. v. Montpensier
	Kg. d. Belgier	v. Sachsen-Coburg		
	† 1865	Goth-Kohári		
		† 1881		

Namenregister

Marie Antoinette wird mit M. A. abgekürzt